Klaus Wegenast/Godwin Lämmermann

Gemeindepädagogik

Praktische Theologie heute

Herausgegeben von

Gottfried Bitter
Peter Cornehl
Ottmar Fuchs
Albert Gerhards
Henning Schröer
Klaus Wegenast

Band 18

Klaus Wegenast
Godwin Lämmermann

Gemeindepädagogik

Kirchliche Bildungsarbeit
als
Herausforderung

Verlag W. Kohlhammer
Stuttgart Berlin Köln

Die Deutsche Bibliothek – CIP-Einheitsaufnahme

Wegenast, Klaus:
Gemeindepädagogik : kirchliche Bildungsarbeit als
Herausforderung / Klaus Wegenast ; Godwin Lämmermann. –
Stuttgart ; Berlin ; Köln : Kohlhammer, 1994
(Praktische Theologie heute ; Bd. 18)
ISBN 3-17-013175-3
NE: Lämmermann, Godwin:; GT

Alle Rechte vorbehalten
© 1994 W. Kohlhammer GmbH
Stuttgart Berlin Köln
Verlagsort: Stuttgart
Gesamtherstellung:
W. Kohlhammer Druckerei GmbH + Co. Stuttgart
Printed in Germany

Inhalt

Vorwort 4

Einleitung – Ein Gespräch 5

I. „Gemeinde" als theologisches und soziologisches Problem .. 10

1. Der soziale Kontext der Kirchengemeinde 11
1.1 Die soziale Wahrnehmung von Gemeinde 11
1.2 Gemeinde im Schnittpunkt von Individuum und Gesellschaft 13
1.3 Kirchengemeinde im politisch-gesellschaftlichen Feld 15
2. Gemeinde als theologisches Programm 17
2.1 Ambivalente Traditionen 18
2.2 Gemeinde vom Bekenntnis her 21
2.3 Die Vor-Bildlichkeit des dreieinigen Gottes 24
2.4 Gemeinde nach trinitarischem Modell 26

II. Gemeindepädagogik 32

1. Einleitendes 32
2. Begriffliches 33
2.1 „Gemeinde" 33
2.2 Pädagogik als gemeindepädagogische Bezugswissenschaft 37
3. Konzeptionen der Gemeindepädagogik 43
3.1 Der Hintergrund: „Gemeindepädagogik" als Reaktion auf sozialen Wandel 43
3.2 Zur Konzeptionsdebatte 45
4. Die pädagogische Kirche braucht „neue" MitarbeiterInnen 48
5. Gemeindepädagogik unter den Bedingungen einer pluralistischen Leistungs- und Konsumgesellschaft – unsere Position 50
5.1 Was Gemeinde im Begriff Gemeindepädagogik bedeuten soll 50
5.2 Erziehungswissenschaftliche Impulse für eine Gemeindepädagogik . 51
5.3 Zu den Ämtern und Berufen in den Handlungsfeldern der Gemeindepädagogik 53
5.4 Zehn Thesen zum Programm einer „Gemeindepädagogik" 54

III. Evangelischer Kindergarten – Bedingungen und Aufgaben 57

1. Kirchliche Kindergärten – weshalb? 58
2. Zum Selbstverständnis kirchlicher Kindergärten 60
3. Kindsein heute 64

3.1	Die Lebenswelt von Kindern	66
3.2	Kindheit als Entwicklung	68
4.	Religiöse Momente der Kindergartenarbeit	71
5.	Methoden der Kindergartenarbeit	75

IV. Der Kirchliche Unterricht ... 79

1.	Vorbemerkungen	79
1.1	Glauben und Lernen/Bildung und Glaube	79
1.2	Lernen	80
1.3	Glauben	80
1.4	Gesellschaftliches	82
1.5	Lebensgeschichtliches	83
2.	Zur Geschichte des Kirchlichen Unterrichts	84
2.1	Die Wurzeln	84
2.1.1	„Lehren" im Neuen Testament	84
2.1.2	Die Taufe	85
2.1.3	Von der Taufe über die Firmung zur reformatorischen Konfirmation	86
2.1.4	Von der Aufklärung bis zur Mitte des 20. Jahrhunderts	89
3.	Der Diskussionsstand zwischen Herkommen und Aufbruch zu Neuem	90
4.	Didaktisches und Methodisches	101
5.	Rückblick und Ausblick	106

V. Jugendarbeit als „offenes" Angebot ... 109

1.	Jugend als Lebensphase	110
1.1	Zur Eingrenzung von „Jugend"	110
1.2	Jugend und ihre Kultur	113
1.3	„Jugend" als psychische und soziale Aufgabe	116
1.4	Familiendynamik und jugendliche Sexualität	117
1.5	Zur jugendlichen Religiosität und Kirchlichkeit	119
2.	Zur Begründung von Jugendarbeit	122
2.1	Zum Problem des „Propriums" kirchlicher Jugendarbeit	123
2.2	Zur Subjektstellung von Jugendlichen	125
2.3	Der gerechtfertigte Mensch als handlungsfähiges, freies Subjekt	127
3.	Methoden und Wege kirchlicher Jugendarbeit	129

VI. Kirchliche Erwachsenenbildung in Gemeinde und Gesellschaft ... 133

1.	Geschichtliches	133
2.	Zum Begriff der Erwachsenenbildung	134
3.	Erwachsenenbildung in kirchlicher Trägerschaft	136

3.1	Vorbemerkungen	136
3.2	Konzeptionen christlicher Erwachsenenbildung	138
3.2.1	Herkömmliche Konzeptionen kirchlicher Erwachsenenbildung	138
3.2.2	Erwachsenenbildung als „Sprachschule für die Freiheit"	141
3.2.3	Erwachsenenbildung als theologische Information im Horizont heutiger Erfahrung	143
3.2.4	Kirchliche Erwachsenenbildung und Gesellschaft – Das Konzept Christoph Meiers	144
3.2.5	Jürgen Lott und Henning Luther als Theoretiker kirchlich-theologischer Erwachsenenbildung	145
3.3	Resümee und Ausblick oder Zur Strategie kirchlicher Erwachsenenbildung	146
4.	Aktionsfelder und Organisationsformen kirchlicher Erwachsenenbildung in Gemeinde, Region und Gesellschaft	149
4.1	„Theologische Bildung"	150
4.2	„Eltern- und Familienarbeit"	151
4.3	„Politische Bildung – Gemeinwesenarbeit"	152
4.4	„Berufliche Qualifizierung, Fort- und Weiterbildung für haupt- und nebenamtliche Mitarbeiter der Kirche"	153
4.5	„Akademiearbeit"	155
4.6	Mitarbeit an örtlichen Volkshochschulen	156
5.	Zur Didaktik und Methodik kirchlicher Erwachsenenbildung	156
5.1	Zu didaktischen Grundstrukturen	156
5.2	Zum Stil kirchlicher Erwachsenenbildung und zu wichtigen Methoden	159
6.	Zum Verhältnis von Theologie und Andragogik in kirchlicher Erwachsenenbildung	160

VII. Kirchliche Bildungsarbeit mit alten Menschen ... 162

1.	Die Altersrevolution als sozialer Umbruch	162
2.	Das Defizitmodell in der Altenbetreuung der Kirche	164
3.	Zur Neubestimmung kirchlicher Altenarbeit: Bildung statt Betreuung	167
4.	Das „dumme" Vorurteil von der Dummheit des Alters	169
5.	Profile kirchlicher Altenbildung	171
6.	Zur Methodik kirchlicher Altenbildung	175

Literaturverzeichnis 180

Vorwort

Nach oder gemeinsam mit dem Thema "Gemeindeaufbau" ist der Begriff "Gemeindepädagogik" zu einem praktisch-theologischen Zentralbegriff geworden, der eine besonders enge Verbindung von theologischer Theoriebildung und kirchlicher Praxis zu gewährleisten verspricht. Zu fragen wäre allerdings, ob sich hier nur eine neue - und rasch zu vergessende - Mode abzeichnet oder ob der Begriff ein spezifisches Profil der Praktischen Theologie bietet, das hilfreich ist, den geänderten kirchlichen und sozialen Anforderungen einer Zeit zu genügen, die heute gerne als "postmodern" bezeichnet wird. Auf dem Hintergrund dieser Problemskizze versuchen die beiden Autoren, die unterschiedlichen Generationen und verschiedenen theologischen Traditionen entstammen, kooperativ Antwort zu finden. Dabei ergaben sich - nach gemeinsamer Überzeugung - zwei Aufgaben für die Darstellung einer "Gemeindepädagogik": Zum einen müßte die gegenwärtige Debatte kritisch auf ihre theologische, aber auch pädagogische Substanz hin befragt werden; zum anderen wären die geänderten, durch das Stichwort "Postmoderne" nur plakativ angedeuteten und erst noch genauer zu bestimmenden, sozialen wie weltanschaulichen Bedingungen zu klären.

Aus dem Gesagten ergibt sich die Disposition des Bandes: Nach einer Einleitung, die ein Gespräch zwischen den beiden Autoren wiedergibt, folgen zwei grundsätzliche Beiträge zum gesellschaftlichen Kontext heutiger kirchlicher Arbeit im Zusammenhang einer Erörterung von *Gemeinde* als theologisches und sozialwissenschaftliches Problem und zur *Gemeindepädagogik* als Sammelbegriff für Bemühungen, Religion und Glaube verstehbar und anschaubar zu repräsentieren und zu vermitteln. Dabei wird auch die Frage diskutiert, ob der Begriff Gemeindepädagogik nur ein neues Berufsbild umschreibt oder eine generelle Aufgabenstellung für die ganze Gemeinde in einer "postmodernen Welt". Abhängig von dieser Grundentscheidung werden Zielvorstellungen und Strategien für die Praxis unterschiedlich aussehen müssen.

Die nachfolgenden "Praxisartikel" verzichten - um den Umfang des Bandes in den gegebenen Grenzen zu halten - auf Vollständigkeit. Das bedeutet zum Beispiel den Verzicht auf die Behandlung so wichtiger Themen wie "Familienarbeit oder familienfreundliche Gemeindearbeit", "Ausbildung kirchlicher MitarbeiterInnen für gemeindepädagogische Handlungsfelder" u.ä. Exemplarisch werden statt dessen die wichtigsten Handlungsfelder, die religionspädagogisch verantwortet werden müssen, dargestellt und analysiert; zugleich werden Vorschläge für die Praxis unterbreitet. Deshalb ist jeder Abschnitt so aufgebaut, daß grundsätzliche - zum Teil auch geschichtliche - Informationen geboten sowie der aktuelle Diskussionsstand dargestellt werden, um daran anschließend Praxiskonzeptionen einschließlich didaktischer und methodischer Vorschläge anzuschließen.

Den Abschluß bilden dann stets "Lektürevorschläge", die zum eigenständigen Weiter- und Querlesen anregen wollen. Eine Auswahlbibliographie verweist auf die in den Texten zitierte Literatur; dort finden sich auch Hinweise auf Spezielles und Weiterführendes.

K. Wegenast/G. Lämmermann

Einleitung - Ein Gespräch

Wegenast: Wenn man sich unserem Thema nähert, dann gewinnt man manchmal den Eindruck, daß der Begriff der "Gemeindepädagogik" keine neue kirchliche Offensive signalisiert, sondern eher ein Indiz für Rückzugsgefechte christlicher Kirchen ist, die den Auszug aus der Gesellschaft ins Auge fassen. Wie immer, auf dem Buchmarkt begegnet einem vieles zum pädagogischen Handeln der Gemeinde, Bedenkenswertes, aber auch nur so Hingeworfenes. Ein Defizit jedoch ist fast allen Publikationen zur "Gemeindepädagogik" gemeinsam, das Fehlen einer wirklich realitätsgerechten Reflexion dessen, was heute Gemeinde darstellt in Stadt und Dorf.

Lämmermann: Im Blick auf die bisherige Diskussion fragt man sich dann oft, ob Begriff und Sache der "Gemeindepädagogik" u.a. nicht auch deshalb erfunden wurden, um für die AbsolventInnen der kirchlichen Fachhochschulen ein eigenständiges Tätigkeitsfeld zu umreißen, nachdem man - als Folge der nachlassenden Attraktivität des klassischen Diakonissen- und Diakonenamts - ein eher "ansäkularisiertes", dem gängigen Bildungssystem jedenfalls affirmiertes Ausbildungsangebot der Kirchen institutionalisiert hatte. Diesem Bildungsgang entsprach jedoch kein eigenständiges Berufsbild. Insbesondere kamen sich die "ReligionspädagogInnen/FH" in den öffentlichen Schulen als kirchlich besoldete "HilfsreligionslehrerInnen" doch etwas "verloren" vor. Dabei muß man vor allem bedenken, wie sehr sie in Konkurrenz mit den an den Pädagogischen Hochschulen bzw. Universitäten ausgebildeten LehrerInnen stehen und standen, die - weil sie zugleich KlassenleiterInnen sein konnten oder den SchülerInnen auch in anderen Fächern begegneten - weitaus integrierter waren.

Wegenast: Tatsächlich haben es die ReligionspädagogInnen nicht leicht: In den Gemeinden stehen sie oft unter "theologischer Vormundschaft", und in der Schule erleben sie sich als "Fremdlinge". Abgesehen davon ist das Fachhochschulstudium nicht gerade kurz und sicher auch kein "Zuckerschlecken". Ich denke, es liegt gerade im Interesse der kirchlichen MitarbeiterInnen, ihr eigenes Praxisfeld theoretisch, d.h. in diesem Falle pädagogisch und theologisch, zu durchdenken. Das stärkt ihre Position und ihr Selbstwertgefühl. Nicht, daß ich etwas gegen praktische Entwürfe und Hilfen hätte, aber vielleicht ist eine programmatische Selbstverständigung im Augenblick eine größere Herausforderung, als immer wieder neue "Praxis-Modelle" zu entwerfen, die ja meistens eher pragmatisch angelegt sind.

Lämmermann: Vor allem sehe ich unsere besondere Herausforderung als "Hochschultheologen" und "Praktische Theologen" an dieser Stelle, weil hier zugleich auch das m.E. größte Defizit der bisherigen Versuche liegt. Die theoretische oder gar theologisch-programmatische Reflexion erscheint mir gelegentlich im Blick auf das in Frage stehende Handlungsfeld wie ein nachgereichtes legitimatorisches Deckmäntelchen für Aufgaben und Forderungen, die sich nicht aus konzeptionellen Überlegungen innerhalb der Religionspädagogik und Praktischen Theologie ergaben, sondern aus dem Berufsinteresse einer Gruppe, der man - wer immer auch dieser "man" ist - falsche Hoffnungen gemacht hatte und die im Grunde noch gänzlich profillos ist. Da erinnerte man sich - so kommt es mir jedenfalls vor - an das alte Konzept des Gesamtkatechumenats, das man schamhaft umtaufte, um nicht das "moderne out-fit", um das man sich bemühte, bereits ad oculos zu desavouieren. Wie sehen Sie das?

Wegenast: Mir ist besonders aufgefallen, wie die einschlägigen Autoren, die sich zum Problem "Gemeindepädagogik" geäußert haben, eine bemerkenswerte Mißtrauenshaltung gegenüber den Humanwissenschaften an den Tag legen, auf dem Auge, das die Theologie betrachtet, jedoch nahezu erblindet erscheinen. Hier hat sich der hermeneutische Kahlschlag der achtziger Jahre ziemlich verheerend ausgewirkt, und deshalb wird man sicher sagen können, daß das Ringen um eine "Gemeindepädagogik" wohl kaum durch Anstöße seitens der erziehungswissenschaftlichen Diskussion ausgelöst wurde. Vor allen Dingen fehlen Versuche, auf dem Hintergrund eines definierten Gemeindebegriffs, der den gesellschaftlichen Gegebenheiten ebenso gerecht wird wie dem Wissen, daß Gemeinde immer auch noch mehr ist als eine abhängige Variable gesellschaftlichen Wandels, eine gemeindepädagogische Theorie im Kontext heutiger Lebenswelt zusammen mit Vorschlägen für eine konkrete Praxis vorzulegen.

Lämmermann: Entschuldigen Sie, aber wenn Sie das sagen, dann höre ich zugleich auch schon die kritisch-warnenden Stimmen, die eine Auflösung der Theologie in Soziologie oder Pädagogik kommen sehen und die eine Funktionalisierung des Glaubens für gesellschaftliche Bedürfnisse oder Programme vermuten und befürchten, daß die christliche Gemeinde mit ihren Angeboten profillos werde und sich nicht mehr eindeutig von "profanen" Angeboten unterscheide.

Wegenast: Ja, sicher fällt es vielen, die in einer evangelikalen oder pietistischen Tradition stehen, schwer, nicht-theologischen Überlegungen eine Gleichwertigkeit einzuräumen. Man muß ja auch sagen, daß diese oft sehr engagierten Menschen - ich denke z.B. an einige Formen der Verbandsjugendarbeit - Großartiges leisten und viele Menschen nicht nur flüchtig und vorübergehend erreichen, sondern wirkliche Orientierungen oder zumindest doch positive Erinnerungen für ein ganzes Leben setzen. Die Erfolge, die hier erzielt werden, sind oft augenfällig, und man übersieht leicht, daß diese Wirkung auch ambivalent sein könnte: Zum einen sind es - aufs Ganze gesehen - eher wenige Menschen, die erreicht werden, und zum anderen wird gerade die volkskirchliche Mehrheit, die die geforderte Verbindlichkeit und Entschiedenheit nicht aufbringen will, eher abgeschreckt.

Lämmermann: Wer eine höhere Verbindlichkeit gemeindepädagogischer Aktivitäten einklagt, der fragt meistens zugleich nach dem Proprium dieser Arbeit. Ich denke, es ist falsch, diese Rückfrage nach dem spezifisch "Eigenen" eines christlichen Engagements zu diskriminieren. Es ist zweifellos zu wenig, wenn kirchliche Arbeit sich von anderer ausschließlich durch die besonderen Motive ihrer MitarbeiterIn unterscheidet. Das Problem liegt m.E. darin, daß die Propriumsfrage allzuoft auf Äußerlichkeiten eingeschränkt wird: Da müssen festlegende Inhalte vorkommen oder bestimmte eher rituell eingebrachte Formen eingehalten werden u.ä. Für mich liegt die bewahrenswerte positive Anregung der Frage nach dem Proprium darin, daß sie uns zwingt, nach genuin theologischen Begründungen für die Arbeit zu fragen. Dann nämlich wird sie unaufgebbar, und zwar auch für den Fall, daß sie in der allgemeinen Pädagogik "unmodern" geworden ist. Deshalb darf die "Gemeindepädagogik" nicht in modischer Anlehnung an aktuelle pädagogische Tendenzen, sondern als ein grundständiges theologisches Programm von Gemeinde überhaupt entfaltet werden.

Wegenast: Und hier haben - soweit ich es sehe - die Propagandisten der "Gemeindepädagogik" ein Stück weit versagt oder sind nicht weit genug gegangen. Vor allem bei AutorInnen aus dem Fachhochschulbereich hat man nicht selten den Eindruck, daß sie im wesentlichen als InteressenvertreterInnen eines neuen Berufsstandes auftreten.

Lämmermann: Ich denke, solch ein neues, die Monopolstellung der PfarrerInnen und Priester relativierendes Berufsbild täte den Großkirchen und ihren Gemeinden durchaus gut. Gerade weil die ReligionspädagogInnen - im Unterschied zu den Diakonissen und Diakonen - nicht den traditionellen Amtsbegriff internalisiert haben, wären sie möglicherweise geeignet, das Laienelement in der evangelischen und katholischen Kirche zu stärken. Andererseits muß man realistischerweise aber auch sehen, daß die finanziellen Ressourcen der Kirchen immer geringer werden und daß mutmaßlich eher bei den nichttheologischen MitarbeiterInnen gespart werden wird.

Wegenast: Ich meine, daß es in der gegenwärtigen Situation der Kirche in unserer Gesellschaft ein Stück mehr Phantasie bedarf. Das seit den sechziger Jahren diskutierte Programm des Team-Pfarramtes, das ja nicht nur aus Theologen bestehen muß, wurde - von wenigen Ausnahmen abgesehen - eigentlich nirgends realisiert. In solch einem Team-Pfarramt könnten - so hieß es damals - verschiedene Kompetenzen gleichberechtigt zusammenwirken. Abgesehen davon, daß schon eine unterschiedliche Besoldung der "Team-Mitglieder" konfliktträchtig ist, setzt ein Team-Pfarramt von PfarrerInnen und ReligionspädagogInnen voraus, daß das Programm der "Gemeindepädagogik" ein Grundelement des kirchlichen Selbstverständnisses, aber auch der universitären Ausbildung wird. Was nun die universitäre Ausbildung in Gemeindepädagogik anbetrifft, so sind die Verhältnisse nur als trist zu bezeichnen. Wir pflegen immer noch einen Ausbildungsgang des 18. oder 19. Jahrhunderts, ohne zu merken, daß sich die gesellschaftlichen und kirchlichen Verhältnisse grundlegend verändert haben. Die Tatsache, daß es heute mehr denn je auf personale Repräsentanz ankommt, wird in Sachen Ausbildungsgängen noch nicht einmal ansatzweise entdeckt.

Lämmermann: Das Ge- oder Mißlingen von "Gemeindepädagogik" hängt sicher auch von einer Reform des theologischen Studiums ab. Neuere Untersuchungen unter PfarrerInnen haben erneut gezeigt, daß diese Defizite in ihrer kommunikativen und pädagogischen Kompetenz beklagen, während sie einen Überhang an exegetischen und historischen Anteilen an ihrem Studium kritisieren. Die von Ihnen genannte humanwissenschaftliche Blindheit der Theologie ist zugleich auch eine der von ihr ausgebildeten TheologInnen, die nicht behoben würde, wenn den PfarrerInnen nun ReligionspädagogInnen an die Seite gestellt würden. Im übrigen könnte die Einführung eines neuen Berufes - im Sinne unseres Verständnisses von "Gemeindepädagogik" - kontraproduktiv sein, weil den Laien jetzt noch mehr Professionelle gegenüberstehen. Überhaupt wäre es falsch, "Gemeindepädagogik" als Berufstheorie von TheologInnen und GemeindepädagogInnen zu verstehen. Deshalb richtet sich unser Buch auch nicht nur an die Profis, sondern vor allen Dingen auch an die Laien, wenn stimmen soll, daß eine pädagogisch orientierte Gemeinde von der Wechselseitigkeit des Lernens lebt.

Wegenast: Da müßten wir allerdings selbstkritisch rückfragen, ob unsere Beiträge für Laien auch wirklich verstehbar sind. Gerade Ihr Beitrag zur theologischen und soziologischen Bestimmung von Gemeinde mit seinen strukturellen und innertrinitarischen Erwägungen könnte für die uns vorschwebenden Leser kaum nachvollziehbar sein. Mir leuchtet zwar ein, daß Sie dadurch eine logische Stringenz erreichen wollen, dies aber auf Kosten einer Abstraktheit, die für Laien möglicherweise nicht immer nachvollziehbar ist.

Lämmermann: Auf diesen, uns beiden ja wohlbekannten Einwurf, der die wissenschaftliche Theologie ja generell immer wieder trifft, möchte ich zweierlei antworten: Zum ersten ergibt sich die scheinbare Abstraktheit der Argumentation ja durch die schwierige Aufgabe, die wir uns gestellt haben, nämlich Gemeindepädagogik nicht pragmatisch, sondern programmatisch zu entfalten; weil dann aber grundsätzliche Überlegungen notwendig sind, können diese nicht vorstellungs- und bildhaft bleiben, sondern sie bedürfen einer gewissen begrifflichen Stringenz. Auffällig in den bisherigen Publikationen zum Thema ist ja, daß die Aussagen zur Gemeinde entweder recht plakativ und dürftig sind oder Schlagwörter aufgreifen, die in ganz anderen Zusammenhängen entwickelt wurden. Zum zweiten meine ich, daß TheologInnen gelegentlich die sogenannten Laien unterschätzen. Theologie für Laien muß elementarisieren, ohne dabei zu simplifizieren und das - so meine ich - haben wir versucht. Die Entmündigung der Laien fängt bereits bei ihrer intellektuellen Unterforderung an; ich denke, daß engagierte Gemeindeglieder durchaus in der Lage und willens sind, eine auch zunächst schwierig erscheinende Denk-Arbeit zu leisten. Wenn man die Selbstbildung des mündigen Laien - und übertragen dann die Selbstbildung von Gemeinde - theologisch unterstützen will, dann darf man keinen prinzipiellen Unterschied zwischen Theologen- und Laienliteratur machen, es sei denn, man möchte Theologie zum Herrschaftswissen von Amtsträgern umdefinieren. Sicher wie das Amen in der Kirche dürfte aber der Vorwurf kommen, daß hier wieder einmal zwei "Praktische" Theologen allzu unpraktisch seien.

Wegenast: Unser ursprüngliches Konzept sah durchaus vor, praktische Modelle und methodische Anregungen aufzunehmen. Ich meine, es ist wirklich an der Zeit, daß wir akademischen Praktischen TheologInnen nicht im Konzeptionellen verharren und die praktischen Entwürfe einer "mittleren" Ebene, z.B. den Gemeindeakademien oder den Pastoralkollegien, aber auch den Fachhochschulen überlassen sollten. Wir haben doch praktische Erfahrungen genug. Aber dann - wie so oft - stellte sich der Umfang des Buches als ein Problem heraus. Zuletzt blieb nur der Kompromiß, grundsätzlich Theoretisches mit eher knappen methodischen Hinweisen zu verbinden - in der Hoffnung, daß die LeserInnen dadurch zu neuen, konkreten Entwürfen inspiriert werden.

Lämmermann: Möglicherweise hätten unsere LeserInnen nicht nur - obwohl wir auch dafür schon dankbar wären - konstruktive Kritik an unseren Gedanken, sondern haben auch Lust und Mut, uns ihre praktischen Entwürfe zuzusenden. Vielleicht könnten wir durch ein solches "feed-back" zwischen Praxis und Theorie Material für eine - dann praktische - Fortsetzung dieser "Gemeindepädagogik" erhalten, die wir dann bei Gelegenheit veröffentlichen würden.[1]

---

[1]*Wer Interesse hat, der/die schreibe uns bitte an: Universität Bern, Praktisch-theologisches Seminar, z.H. K. Wegenast, Erlachstr. 11, CH-3012 Bern oder: Universität Augsburg, Institut für Evangelische Theologie, z.H. G. Lämmermann, Universitätsstr. 10, D-86135 Augsburg*

I. "Gemeinde" als theologisches und soziologisches Problem

Blickt man auf andere Publikationen zur Gemeindepädagogik, so sind Aussagen zur "Gemeinde" als theologisches und soziologisches Problem eher rar oder rudimentär; sie erscheinen zumeist als exkursionsartige Beigaben zur Verständigung über das, was man unter "Gemeindepädagogik" verstehen will. Wenn wir statt dessen das Nachdenken über die wünschenswerten Strukturen und Aufgaben von "Gemeinde" an "den Anfang" setzen, so kann dies Mißverständnisse provozieren, etwa derart, daß wir aus einem vorgegebenen "Begriff" von Gemeinde die nachfolgenden gemeindepädagogischen Überlegungen "ableiten" wollten. Ein solches Mißverständnis läge diametral zu unseren Grundauffassungen. Aber andererseits sind wir davon überzeugt, daß jede "Gemeindepädagogik" ihre Grundbegrifflichkeit theologisch legitimieren muß. Das gilt selbst oder erst recht dann, wenn man sie gleichermaßen auch als ein pädagogisch zu begründendes Unternehmen ansieht. Bereits diese pädagogische Verantwortung schließt von sich her eine einseitig normative Deduktion gemeindepädagogischer Kategorien aus dogmatisch-ekklesiologischen oder biblisch-theologischen Vorgaben aus.

Hinzu kommt die Besonderheit einer *praktisch-theologischen* Perspektivik gegenüber der *exegetisch-historischen* und der *systematisch-dogmatischen*. Bedenkt man diese nicht, so steht man in der Gefahr, entweder sich selbst oder aber die anderen theologischen Disziplinen überflüssig zu machen. Dies gilt immer dann, wenn die Praktische Theologie sich in einer bloß wiederholenden Bezugnahme von theologischen Sätzen auf die kirchlich-gesellschaftliche Praxis erschöpft. Die Betonung eines eigenen praktisch-theologischen Erkenntnis- und Forschungsparadigmas setzt sich - zumeist aus dem Blickwinkel von Vertretern der anderen theologischen Fächer - leider immer noch dem Verdacht aus, "zu wenig theologisch" oder gar "untheologisch" zu sein. Zweifellos spielen systematische, exegetische und historische Momente in praktisch-theologischen Argumentationszusammenhängen eine konstitutive Rolle, aber anders als in ihren ursprünglichen Kontexten. Praktische Theologie wird mit theologischen Gehalten fragmentarischer, spielerischer, thesenhafter und vor allem *elementarisierender* umgehen müssen. Letzteres vor allem, weil der Praktischen Theologie der konkrete lebensweltliche Zusammenhang konstitutiv vorgegeben ist; ersteres, weil die damit angesprochene Alltagswelt in ihrer Widersprüchlichkeit mit der Eindeutigkeit theologischer Systeme und Begriffe nicht zureichend bestimmt werden kann.

Praktisch-theologische Systematisierungen haben so notwendigerweise nur Annäherungscharakter, sie fungieren als regulative Prinzipien bei der selbstkritischen Aufklärung von Praxis. Deshalb muß Praktische Theologie den Mut zum Vagabundieren und Dilettieren haben. Zudem ist die Praktische Theologie eine empirische Wissenschaft; sie betreibt Theologie als Hermeneutik kirchlicher und gesellschaftlicher Wirklichkeit. Die "theologischen Elemente von Kirche" dürfen deshalb "nicht für sich, d.h. nicht ohne den kirchensoziologischen Bezugrahmen damals und heute gesehen werden. Seine Beachtung verhindert, daß theologische Einsichten kurzschlüssig zu volkskirchlichen Normen umgegossen werden" (Jörns 1988, 49). Deshalb soll im folgenden die *soziologische Bedingungsanalyse für gemeindepädagogisches Handeln* mit grundsätzlichen - teilweise vielleicht "abstrakt" wirkenden - theologischen Gedanken derart verbunden werden, daß dadurch das spezifische "praktisch-theologische" Profil unseres Gemeindeverständnisses deutlich wird, das nicht als Norm, sondern als Interpretationsrahmen für weiterführende und konkretisierende Überlegungen dienen soll.

1. Der soziale Kontext der Kirchengemeinde

In Deutschland - sicher aber auch in der Schweiz und Österreich - sind die beiden Großkirchen nach wie vor die mitgliedstärksten Organisationen. Die katholische Kirche in der Bundesrepublik Deutschland hatte 1989 26,75 Mill. Gemeindeglieder, die sich auf ca 12.500 Pfarreien verteilten. Die Teilnahme am Gottesdienst lag durchschnittlich bei ca. 6 Mill.; das entspricht etwa 23%. Aber auch in der katholischen Kirche ist die Tendenz zum Mitgliederschwund unübersehbar: Das Verhältnis der Ein- und Übertritte zu den Austritten ist z.Z. 1:10; damit deutet der Trend in die gleiche Richtung wie beim evangelischen Bevölkerungsteil. Zwar verlassen noch immer - in absoluten Zahlen gesehen - mehr Evangelische als Katholische ihre Kirche, aber der Neu- und Wiederzugang ist im evangelischen Bereich deutlich, nämlich zehnfach, höher. Doch immer noch kehren dreimal mehr Menschen der evangelischen Kirche den Rücken zu, als sich ihr zuwenden (s. Statistisches Jahrbuch 1992). Die evangelische Kirche scheint schon länger vom Entkirchlichungs- und Säkularisierungsschub betroffen als die katholische. So bringen z.B. "64 Prozent der Katholiken, aber nur 40 Prozent der Protestanten der Kirche großes Vertrauen entgegen" (Köcher 1988, 150). Am Beispiel des Rückganges des Gottesdienstbesuches zwischen 1963 und 1973 (Lindloge, in: Matthes 1990, 293) zeigt sich exemplarisch, daß langfristig der deutsche Katholizismus das demoskopisch erfaßbare Schicksal des Protestantismus mit Zeitverschiebung nachholt; die evangelische Kirche kann deshalb ein Modell für die Trends in der gesamtkirchlichen Lage abgeben.

1.1 Die soziale Wahrnehmung von Gemeinde

Im Bereich der EKD gab es vor der sogenannten "Wende" (Stand 1.1.87) 10.707 rechtlich selbständige Kirchengemeinden (vgl. Kirchliches Jahrbuch 1987), deren Angebot 115.500 verschiedene Kreise - vom Bibelkreis bis zum Besuchsdienst, vom Seniorenkreis bis zum Kirchenchor - umfaßte und das von 2,3 Mill. der insgesamt 24,9 Mill. Kirchenglieder in Anspruch genommen wurde. Durchschnittlich besuchten 1,3 Mill. Menschen die sonntäglichen Hauptgottesdienste, von denen jährlich insgesamt 835.339 gehalten wurden. Den unwahrscheinlichen Fall vorausgesetzt, die TeilnehmerInnen am kirchlichen Leben hätten jeweils nur eine Gruppe besucht, beteiligten sich 9,2 % der evangelischen Christen an gemeindepädagogischen Aktivitäten. Realistisch gesehen dürfte allerdings das TeilnehmerInnen-Reservoir unter dem der Gottesdienstbesucher und damit unter 5% liegen, so daß das Potential für die Gemeindepädagogik bei leicht über 1 Mill. interessierter Menschen liegt. Auf die Gesamtbevölkerung bezogen sind das etwa 2%. Durch den Beitritt der ehemaligen DDR zum Geltungsbereich des Grundgesetzes und die ihm nachfolgende Erweiterung der EKD hat sich das *statistisch erfaßbare Gesamtinteresse an kirchlichen Angeboten deutlich verschlechtert*, weil nur noch eine Minderheit der Menschen in den Neuen Bundesländern formal wie inhaltlich kirchenbezogen ist. So sind von den 16,1 Mill. Einwohnern der Neuen Bundesländer nur noch 5,9 Mill. (36,6%) formelle Kirchenmitglieder (Stat. Jahrbuch 1992).

In Entsprechung zur Nichtwahrnehmung kirchlicher Angebote sind die Kenntnisse über die eigene Ortsgemeinde minimal (Feige 1982, U. Boos-Nünning 1972); übergeordnete kirchliche Institutionen sind dem Allgemeinbewußtsein vollständig fremd (Hild 1974). Dem kontrastiert, daß in der Regel der/die OrtspfarrerIn auch den distanzierten Kirchenmitgliedern persönlich oder namentlich bekannt ist (Hanselmann 1985). Obwohl in mittelständischen Gemeinden auf eine Pfarrstelle im Durchschnitt drei hauptamtliche und fünf nebenamtliche sowie ca. 20 ehrenamtliche MitarbeiterInnen entfallen (K.F. Daiber 1973) und in Großstädten sich das Gewicht noch weiter zu Ungunsten des Pfarrers verschiebt (Y. Spiegel 1970), erscheinen dem volkskirchlichen Bewußtsein die *PfarrerInnen als einzige Personalisierung der Gemeinde*. Leidvoll erfahren deshalb die neben- und ehrenamtlichen MitarbeiterInnen immer wieder, daß erst wenn der/die PfarrerIn kommt, auch Kirche höchstpersönlich kommt. Mit dieser pfarrerInnenzentrierten Erwartungshaltung muß die Gemeindepädagogik rechnen, wenn sie über den bisherigen Kreis ihrer treuen TeilnehmerInnen hinaus will. Positiv oder kritisch muß sie dabei zugleich auf die anderen Erwartungen normaler Volkskirchlichkeit reagieren.

Die *diffuse Wahrnehmung der Ortsgemeinde* ist Element einer Grundhaltung, die die großen Mitgliederbefragungen (1974, 1984) als "Unbestimmtheit" charakterisiert haben. Diese Kategorie ist zwar umstritten, weil die vermeintliche Unbestimmtheit in den Antworten durch die Unbestimmtheit der Items im Fragebogen begründet liegen kann (Rendtorff, in: Matthes 1990, 207ff), sie deutet aber die Diskrepanz zwischen der formellen Kirchentreue von etwa 90% (Kirchenamt 1986) auf der einen Seite und der geringen Beteiligung am kirchlichen Leben sowie der tendenziellen Nicht-Übereinstimmung mit kirchlichen Zielen und dogmatischen Lehrsätzen an. Soweit vorhanden, sind die Erwartungen an die Kirche nicht - jedenfalls nicht ausdrücklich und bewußt - auf deren Beitrag zur eigenen Lebens- und Freizeitgestaltung bezogen; sie zielen primär auf sozialdiakonische Maßnahmen, wie die Betreuung von Arbeitslosen, Alten, Behinderten u.ä. In solchen Erwartungen spiegelt sich nicht nur eine gewisse Vorstellung von gesellschaftlicher Arbeitsteilung, die der Kirche die Opfer überläßt, sondern auch eine gewisse Hoffnung, im Ernstfall von kirchlichen Institutionen aufgefangen zu werden, wenn das soziale Netz reißt. In die gleiche Richtung weisen auch die Trost- und Bestätigungserwartungen der distanzierten Volkskirchlichkeit.

Der kirchensoziologische Befund läßt sich im Rahmen allgemeiner religionssoziologischer Theorien interpretieren. Einseitig wäre es, den herrschenden Trend als bloße Entkirchlichungstendenz zu verstehen. Dazu ist die abstrakte, unbestimmte Zustimmung zur Kirche und ihren Diensten viel zu auffällig. Nicht die Kirche als solche, sondern *ihre persönliche Inanspruchnahme wird für obsolet erklärt*. Demgegenüber treten in der individuellen Sinn- und Wertsetzung durchaus noch Elemente der christlichen Tradition auf. Religionssoziologisch kann man das mit dem Stichwort der *Neutralisierung* oder dem der *Säkularisierung* erklären. Die Neutralisierungsthese erklärt, weshalb Versatzstücke des christlichen Glaubens als allgemein akzeptierte und plausible Einstellungsmomente in die Alltagsethik eingegangen sind und nunmehr als gesellschaftlicher Kitt selbstreferent funktionieren. Die Säkularisierungsthese besagt, daß sich das Christentum als Konsequenz der eigenen Entwicklungslogik in die Gesellschaft aufgelöst hat und konfessionelle, auf dogmatischen Lehren beruhende Orientierungen nur noch Sonderformen einer religiösen Äußerung sind. Damit verliert aber die Gemeinde ihr Monopol auf Repräsentanz des Christlichen; sie ist eine Erscheinungsform unter anderen. Ihr gemeinsamer Hintergrund und damit der Boden, auf dem ihre Beziehungen zu regeln sind, ist "die heute praktische Welt des Christentums" (Rendtorff 1972, 157).

1.2 Gemeinde im Schnittpunkt von Individuum und Gesellschaft

Die soziologische Bestimmung des faktischen Gemeindelebens ist - zumindest im gemeindepädagogischen Zusammenhang - keine statistische, den Anschein von Wissenschaftlichkeit erheischende Spielerei, sondern eine Grundvoraussetzung für gemeindepädagogische Elementarisierungen. Unter Elementarisierung verstehen wir eine spezifische religionspädagogische Strategie zum Suchen, Finden und Strukturieren der für gemeindepädagogische Aktivitäten relevanten Inhalte und Ziele. Im Sinne der pädagogischen Bestimmung des Begriffs gehen Elementarisierungsüberlegungen immer von geschichtlich-elementaren, d.h. von den konkreten Lebenszusammenhängen der TeilnehmerInnen und nicht von theologisch verordneten Lehrinhalten aus. In der gemeindepädagogischen Reflexion geht es deshalb um die von der fachwissenschaftlichen, d.h. binnentheologischen Fragestellung zunächst relativ abgelöste Analyse der sozialen Lebenswelt von Menschen, für die gemeindepädagogische Aktivitäten geplant werden sollen. Dabei müssen dann aber auch die Verbindungslinien zwischen den fundamentalen Fragen, Problemen, Erfahrungen und Verhaltensweisen der möglichen TeilnehmerInnen und den fundamentalen Sachverhalten des christlichen Glaubens aufgespürt und in angemessene Ziele und Inhalte umgesetzt werden. *Zunächst jedoch hat die Analyse der Lebenswelt, d.h. die praktisch-theologische Hermeneutik gemeindlicher und gesellschaftlicher Wirklichkeit Vorrang vor der Hermeneutik von Texten und der Applikation dogmatischer Vorgaben (s.o.).*

Durch diese ihre Doppelstrategie ist Elementarisierung stets ein kritisches Geschäft, denn sie versucht, andere und neue Perspektiven in die scheinbar selbstreferente Realität einzubringen. Voraussetzung dafür ist aber die genaue Kenntnis der Einstellungen und Wünsche potentieller TeilnehmerInnen. Obwohl am volkskirchlichen Bewußtsein und an subjektiven Bedürfnissen orientiert, können gemeindepädagogische Elementarisierungen die Erwartungen der distanzierten Kirchenmitglieder nicht unbesehen so nehmen, wie diese sich artikulieren. Abgesehen von methodologischen Einwänden gegen die Befragungen (s.o.) ist es immer sinnvoll, hinter manifesten Äußerungen von Menschen nach verborgenen, oftmals unbewußten Bedürfnissen und Erwartungen zu suchen. Dabei können Motive der Ausgrenzung und des negativen Urteils sich gelegentlich als enttäuschte aber weiterhin aufrechterhaltene Hoffnungen entpuppen. Eine dieser Erwartungen ist - entgegen dem Anschein einer persönlichen Beziehungslosigkeit zur Kirche - die *Anerkennung als werthaftes, entwicklungsfähiges und kompetentes Subjekt* (Lämmermann 1991). In unserer Gesellschaft, wo der Mensch - als Arbeitskraft, als

Konsument, als Wähler usw. - nur qua seiner Funktion etwas gilt, wächst das Bedürfnis nach einer Akzeptanz als Person. Hier liegt sicher ein Motivationspotential, das durch gemeindepädagogische Aktivitäten stärker als durch andere kirchliche Handlungen freigesetzt werden kann. In diese Richtung weist eine Einstellung, die gerade zum Abschied aus der Kirche geführt hat.

Wie bei anderen Institutionen (Gewerkschaften, Parteien usw.) auch ist die persönliche Relevanzabsage an die Kirche durch privatistische Tendenzen verursacht. Dementsprechend hoch akzeptiert sind die Schnittstellen zwischen privaten Ereignissen und religiöser Begleitung (Kirchenamt 1986). Daraus ergeben sich nicht nur Chancen und Herausforderungen für ein verändertes Kasualverständnis und dessen -praxis (vgl. z.B. Frisch/Kötterheinrich 1986; Nüchtern 1991), sondern auch für den Bereich der Gemeindepädagogik. Eine empirische Untersuchung über die *Situation der Frauen* zeigt beispielhaft, daß "weite Teile der Bevölkerung auch außerhalb des Kreises der Kirchgänger" "für Fragen der religiösen Erziehung" (Schmidtchen 1984, 74) ansprechbar sind. Insgesamt dürften die Themenfelder Kinder, Familie, Partnerschaft, Freundschaft und Geselligkeit auf größeres Interesse stoßen als die herkömmlichen Gemeindekreise. Hinzu kommt, daß Unbestimmtheit auch Unverbindlichkeit meint; gerade die in der Kirche erneut grassierende Einforderung von Verbindlichkeit dürfte eine unüberwindbare Hürde für die Teilnahme am kirchlichen Leben sein. Auf dem Hintergrund der Kirchengliederbefragungen ist zu vermuten, daß Kurzweiligkeit und Kurzzeitigkeit mehr gesucht sind als die doch eher beargwöhnte, weil als vereinnahmend und bevormundend interpretierte Verbindlichkeit und Ernsthaftigkeit (im negativen Sinne verstanden) traditioneller Gemeindearbeit.

Die gängige Gemeindepraxis scheint "umwelt-resistent" (Schibilsky 1983) zu sein. Dabei existieren Kirchengemeinden in *räumlichen, aber auch zeitlichen Umwelten*. Diese Umweltbeziehungen wirken prägend, zugleich setzen sie aber auch Herausforderungen, die nicht einzig aus missionarischer Perspektive (Schwarz/Schwarz 1987) in den Blick genommen und damit zugleich diskriminiert werden dürfen, wenn eine affirmative Anpassung der kirchlichen Praxis vermieden werden soll. Zeitlich gesehen ist die Kirche in der Freizeitwelt angesiedelt. Zunächst heißt das, daß kirchliche Aktivitäten mit anderen Freizeitangeboten hinsichtlich Attraktivität und Zeitbudget konkurrieren. Sodann meint es, daß die Kirche zum großen Feld der Kultur zu zählen ist. Darüber hinaus bedeutet es aber auch, daß die Gemeinde in der Regel ihren Bezug zur Arbeitswelt verloren hat (Schibilsky 1983; Schobel 1981). *Lebenszeitlich* erstreckt sich das Gemeindeleben des einzelnen schwerpunktmäßig auf die Kinder- und Jugendfrühzeit sowie das Alter; das Erwachsenenleben und die Erwerbszeit stellen ein "Moratorium" für Kirchlichkeit dar. Allerdings muß davor gewarnt werden, die empirisch feststellbare höhere Bereitschaft von älteren Menschen zur Teilnahme am kirchlichen Leben - unter dem Motto "je näher das Grab, um so frommer wird der Mensch" - zu einer anthropologischen Gesetzmäßigkeit zu erheben; auch ältere Menschen entfremden sich immer mehr dem traditionellen Gemeindeleben.

Da Kirchengemeinden in Bürgergemeinden sozial verortet sind, haben sie Anteil an der unmittelbaren Lebenswelt von BürgerInnen. Die Lebenswelt der BürgerInnen ist durch das gesellschaftliche Gesamtgefüge mit seinen Schichtungen, sozialen Ungleichheiten, wirtschaftlichen Scheinnotwendigkeiten, Werten, Normen u.ä. geprägt; sie reproduziert sich weitgehend auch in der Kirchengemeinde und bestimmt die Beziehungen der Gemeindeglieder untereinander. Augenscheinlich ist, wie sich in der kirchlichen Praxis z.B. die Rollenverteilung zwischen den Geschlechtern nicht nur wiederholt, sondern noch verschärft. Obwohl (zumeist nichtberufstätige) Frauen in den Gemeinden weitaus aktiver sind, eine höhere Affinität zur Institution zeigen und - als LaiInnen - die eigentliche Gemeindearbeit tragen (Lämmermann 1991, 139ff), sind sie in den Gestaltungs-, Führungs- und Entscheidungspositionen unterrepräsentiert. Dies ist nicht ausschließlich eine Folge männlicher Dominanz und auf Männer bezogener Leitungsstrukturen, sondern auch eine Folge des eigenen Selbstverständnisses von weiblichen Gemeindegliedern: Je "stärker Frauen sich religiös-kirchlich verbunden fühlen" (Lukattis, in: Matthes 1990, 129), um so stärker vertreten sie die überkommenen Klischees von der Frauenrolle. Auf der anderen Seite neigen Frauen, für die diese Stereotype kein angemessenes Selbstbild ist, zu einer größeren Distanzierung von der Gemeindearbeit (Bußmann 1988).

Weil generelle Gesellschaftsstrukturen auf das Gemeindeleben durchschlagen, hängen die Akzeptanz und die Integrationsleistung bestimmter gemeindepädagogischer Angebote z.B. auch von schichtenspezifischen Normen und Sprachformen ab. In der Kirche dominieren nicht die Hand-, sondern die KopfarbeiterInnen. Von ihrer Führungselite (Spiegel 1974) wie von ihrer Pfarrerschaft her ist die *evangelische Kirche mittelschichtorientiert*. Theologische Verstärkung erfährt diese Präferenz für die Mittelschicht durch den besonderen Stellenwert des verkündigten und verkündigenden Wortes (Albrecht 1982). Die Sprache der (evangelischen) Kirche ist die des *elaborierten* Codes mit seiner semantischen Struktur und seinem hohen Abstraktionsgrad. Das restringierte Sprachspiel mit seiner Konkretheit, Bildhaftigkeit, aber auch knappen Kärglichkeit und Unklarheit, fühlt sich in den Gemeinden selten heimisch. Weil Denken und Sprechen unmittelbar koinzidieren, sind die "Sprachbarrieren in der kirchlichen Praxis" (Grözinger 1991, 54) zugleich auch Denk- und Vorstellungsbarrieren. Es könnte deshalb sein, daß das traditionelle gemeindepädagogische Angebot von seiner thematischen Ausrichtung und seiner pädagogischen Aufmachung her nur bestimmte Adressaten erreicht. Es wäre ruinöse Selbstverblendung, wenn man diese und andere gesellschaftlich bedingte Einflüsse auf die Gemeinde aus ideologischen Gründen verleugnen wollte. Gerade wenn Gemeinde sich als Gemeinschaft von Schwestern und Brüdern verstehen und realisieren will, dann muß sie die strukturell gesetzten Grenzen zwischen den Gemeindegliedern reflektieren und überwinden.

1.3 Kirchengemeinde im politisch-gesellschaftlichen Feld
Die Einbindung der Gemeinde in die gesellschaftliche Gesamtlandschaft fordert zunächst eine allgemeine Zeitgenossenschaft (Jetter 1968), die auch für das pädagogische Engagement der Gemeinde inhaltliche und didaktische Konsequenzen nach sich zieht. Über seinen Kirchturm hinauszublicken, bedeutet auch, das eigene Eingebundensein in politische, soziale und wirtschaftliche Gesamtzusammenhänge zu reflektieren. Weil Gemeinde

im gesellschaftlichen Kontext lebt, drängen sich ihr Fragen der Verantwortung für Politik und Weltgesellschaft von selbst auf. Die Didaktik und Methodik kirchlich-pädagogischen Handelns können modellhaft Impulse für eine veränderte gesellschaftliche Praxis und eine neue politische Kultur setzen. Aber in der Globalität der Perspektive verlieren sich oft die alltagspraktischen Folgerungen. Die politische Bezogenheit der Kirchengemeinde konkretisiert sich im lebensweltlichen Nahbereich. Unmittelbar sozial vernetzt ist die Kirchengemeinde einerseits mit der *politischen Gemeinde* und andererseits mit dem *Stadtteil*. Über diesen Konnex hat sie Einfluß, Verantwortung und Bedeutung für die dort lebenden Menschen, gleichgültig ob diese Gemeindeglieder sind oder nicht. Exemplarisch deutlich wird dies im ortsgemeindlichen Engagement für Ausländer und Flüchtlinge. Kirche lebt nicht nur *in* der Stadt (Dorf), sondern auch *für* die Stadt (Dorf). Wegen des Konnexes zwischen kirchlicher und politischer Gemeinde muß Gemeindepädagogik immer auch ein Stück Gemeinwesenarbeit (Strohm, in: Bäumler/Mette 1987; Denning/Krämer) und Stadtteilarbeit (Krauß-Siemann 1983) enthalten.

Der kommunale Kontext der Ortsgemeinde wirkt sich auf ihr internes Leben aus. Zunächst heißt dies, daß z.B. eine Kirchengemeinde in einem Villenviertel ein anderes Profil hat und haben muß als die in einem Arbeiterviertel, in einer Trabantenstadt oder in einem klassischen Bauerndorf. Die demographischen Gegebenheiten haben sodann Auswirkungen auf die Ansprechbarkeit der Gemeindeglieder und auf die Langfristigkeit ihres möglichen Engagements. Großstadtgemeinden müssen damit rechnen, "daß sich im Durchschnitt ein Fünftel der Gemeindemitglieder in der Stadt umschichtet" (Steckhan, in: Matthes 1990, 243) und daß mit der Häufigkeit von Umzügen die Kontaktbereitschaft zur Ortsgemeinde - als Folge eines grundlegenden "Beziehungs- und Bindungsverlust(s) in allen Bereichen" (Albrecht 1988) - überproportional abnimmt. Ferner müssen sie sich auf einen übergroßen Anteil von Arbeitslosen und Armen auf der einen sowie von reichen Einpersonenhaushalten und Doppelverdienern auf der anderen Seite ebenso einstellen wie auf eine hohe Freizeitmobilität und eine größere Bandbreite konkurrierender Angebote. Zudem ist der Anteil junger Menschen signifikant höher als auf dem Lande, das - schon wegen der Mietpreise - zum Rückzugsort der Familien mit mehreren Kindern wird. Damit verbunden ist aber für viele Menschen die Trennung von Arbeits- bzw. Schulort und Wohnort gegeben. Hinzu kommen Differenzen in der religiös-kirchlichen Orientierung.

Während auf dem Lande das kirchliche Leben noch weitgehend traditionsorientiert, die Kirchenbindung noch relativ in Ordnung und die Inanspruchnahme kirchlicher Kasualien überdurchschnittlich ist, stellt sich die großstädtische Situation bereits gänzlich anders dar (Bäumler 1993, 137ff). Wenn überhaupt, dann wird *Religion nicht mehr substantiell, sondern funktional gefaßt*. Die religiös-kirchlichen Inhalte verlieren an Attraktivität gegenüber den persönlichen und sozialen Leistungen der Kirche. Insbesondere wird Religion mehrheitlich auf ihre Funktion für gesellschaftliche Grundwerte und für eine ethisch anständige Lebensführung bezogen. Dieses Motiv kennzeichnet die sogenannte *"civil religion"* (Schieder 1987; Kleger/Müller 1986) und damit die religiöse Ladung eines spezifisch urbanen Selbstverständnisses. Für dieses sind Grundwerte als "Jedermannsethik" funktionale Äquivalente von Religion. Das zivilreligiöse Klima braucht deshalb zwar für seine Tradierung keine gemeindliche oder kirchliche Verankerung, weil es vielmehr Element der allgemeinen politischen Orientierung ist, aber durch die Rückkopplung an Kirche "erweist und präzisiert sich das, was als Zivilreligion unterstellt ist, als Religion" (Luhmann, in: Kleger/Müller 1986, 190). Weil Zivilreligion unbekannte, implizite Religion ist, stellt sie - didaktisch gesehen - einen möglichen Anknüpfungspunkt für gemeindepädagogische Angebote in der Großstadt dar.

Wenn großstädtische Religiosität - gegenüber dem Land - durch höhere Selektivität und verstärktes Konsumverhalten (Bäumler 1993, 143) charakterisiert ist, dann dürfte insgesamt ein offenes gemeindepädagogische Angebot hier bessere Chancen haben als die an traditionellen Kreisen orientierte Gemeindearbeit. Der Blick auf die Großstadt zeigt überdies, daß die *parochiale Struktur von Kirche obsolet* geworden ist: Selbst kirchlich hoch verbundene Menschen respektieren schon lange nicht mehr die Grenzen der Parochie; sie wählen vielmehr - nach Interesse und dem Grad der eigenen Mobilität - zwischen Angeboten aus. Falsch wäre es deshalb, den Begriff der "Gemeinde" konnotativ an die Parochie zu binden. Demgemäß sind gemeindepädagogische Aufgabenfelder nicht nur gemeindlich, sondern auch übergemeindlich zu organisieren. Zu den Handlungsfeldern der Gemeindepädagogik gehören demgemäß auch Bildungswerke, (Stadt-)Akademien, Informationsbüros u.ä. Der Begriff "Gemeinde" bezeichnet die Vergesellschaftungs- und Gemeinschaftsformen des Christentums und nicht das "Herrschaftsgebiet" eines Parochus.

2. Gemeinde als theologisches Programm

Die Divergenz zwischen der empirischen Wirklichkeit und theologischer Programmatik war stets Quelle eines Mißbehagens, aus dem Reformvorschläge für Kirche und Gemeinde erwuchsen. Reform der Kirche hieß dabei immer Ruf zur Rückbesinnung auf die eigenen Ursprünge. Das Wesen von Kirche wurde damit auf ein historisches Urdatum fixiert, von dem her die aktuellen Erscheinungsformen einzig als Depravationen bestimmt werden können. Leitend dabei war zumeist ein Begriff von Gemeinde, der als Gegenentwurf zur institutionalisierten Amtskirche mit ihren bürokratischen, hierarchischen und patriarchalischen Strukturen verstanden wurde. Die oftmals als Kampfbegriff verwendete Bezeichnung Gemeinde sollte dabei das Einfache, Ursprüngliche, Unverfälschte und Verbindliche der ecclesia charakterisieren, gegenüber dem der Begriff Kirche fast wie ein Kainsmal wirkte (Schwarz/Schwarz 1987). Der Begriff "Gemeinde" wurde zum Programm eines demokratischen Basis-Christentums (Schwarz/Sudbrack 1980), weil er eo ipso "Kirche von unten" meint. Sympathisch wirkt der Ansatz, weil er die Autonomie der Gemeinden gegenüber den institutionalisierten Großkirchen stärkt und die Erlebbarkeit, Anschaulichkeit und Geborgenheit christlichen Gemeinschaftslebens zu gewährleisten scheint.

Dieser positiven Fiktion von "Gemeinde" halten Kritiker nicht nur entgegen, daß dieses Modell - trotz seines amtskritischen Ansatzes - letztlich doch das parochiale Grundmodell kopiert, sondern vor allem auch, daß die Gemeindekirche zu elitärem, exklusivem und möglicherweise gar zu intolerantem Denken führen kann. Überdies ist auffallend, daß - entgegen dem *basisdemokratischen Anspruch* - der Gemeinschaft oftmals eine eigene Entität zugeschrieben wird, die über der individuellen Persönlichkeit des einzelnen angesiedelt ist und die den Privatinteressen gegenüber als höherstehend angesehen wird. Die Strategen des verbindlichen oder missionarischen Gemeindeaufbaus erwarten von den Mitgliedern eine Ein- und Unterordnung, die ihrerseits wiederum zur wahren Selbstfindung erklärt wird: Einzig "Selbst" bist du als Gemeinschaftsglied. Communitäre Ideale sind oft kämpferisch antiliberal; der Mangel an Verbindlichkeit wird als Folge liberalistischer und individualistischer Strebungen des modernen Menschen interpretiert. Ist die Absage ans Subjekt tatsächlich eine ekklesiologische Notwendigkeit, oder wäre es denkbar, daß "Gemeinde" *als Gemeinde von Subjekten* verstanden werden kann und muß?

2.1 Ambivalente Traditionen

Es liegt nahe, vom programmatischen, die Diskussion um den Gemeindeaufbau bestimmenden Streit um die Legitimität der Volkskirche und ihrer vermeintlichen Alternativen (Gemeindekirche, Basisgemeinde) aus, die für eine gemeindepädagogische Grundlegung bestimmende Begrifflichkeit zu entwickeln und in ihren pädagogischen Konsequenzen zu durchdenken. Dies um so mehr, weil in der Debatte um eine Gemeindeerneuerung immer wieder Versuche unternommen wurden, durch Rekonstruktionen der ekklesiologischen Vorgaben der Bibel (vgl. z.B. Schneider 1982) und der reformatorischen Grundeinsichten kritisch-konstruktive Impulse für die Strukturen und Aufgaben der Gemeinde in der Gegenwart freizusetzen. Die positionellen Verhärtungen der Diskussion zeigen, daß allein durch den Rückgang auf Grunddaten der biblischen Botschaft und der christlichen Tradition keine Eindeutigkeit geschaffen werden kann, weil der Rückgriff auf die gleichen Vorgaben jeweils interessengeleitet erfolgt. Überdies entsteht bei derartigen Legitimationsstrategien leicht der Verdacht eines unkritischen Ursprungsfetischismus, der die geschichtlich-gesellschaftlichen Veränderungen und die gänzlich unterschiedlichen Zeitbedingungen ignoriert. Zudem sind die *vermeintlich eindeutigen Grunddaten durchaus ambivalent und selbstwidersprüchlich*, und zwar sowohl in ihren eigenen Kontexten wie in ihrer Wirkungsgeschichte.

Bereits der in polemischen Wendungen gegen Amts- und Volkskirche gern zitierte Satz A. Loisys "Jesus predigte das Reich Gottes - gekommen ist die Kirche" (Loisy 1904) besagt, daß zwar bei Jesus vom Gottesreich und von Nachfolge die Rede war, nicht aber von einer Gemeinde. Aufgrund seiner eigenen Naherwartung des Gottesreiches, konnte er kein Interesse an langfristigen Strukturen und pädagogischen Programmen haben. Selbst die Organisation seiner Jüngerschaft ist als Modell für Gemeinde untauglich. So hat denn auch die Wiederentdeckung des Wanderradikalismus der ursprünglichen Jesusbewegung (Theissen 1977) keine realisierbare Alternative für heutige Gemeindearbeit geboten. Selbst im Konzept der Basisgemeinden kann man keine unmittelbare Anknüpfung an die soziale Struktur der Jesusbewegung entdecken. In gleicher Weise schrecken auch jene, die in der Diskussion um den Gemeindeaufbau auf das einfache Evangelium Jesu setzen, von der sozial gelebten Radikalität der

Jüngerschaft zurück: die überschaubare Gemeinde ist nur im Glauben radikal, nämlich radikal exklusiv und intolerant, da sie ja keinesfalls "dümmlich pluralistisch" (Schwarz/Sudbrack, 104) sein soll.

Wenn der Rückgriff auf das *Modell der Jesusgemeinschaft* verunmöglicht ist, dann müßte wenigstens die Botschaft Jesu eindeutige Hinweise im Streit um das angemessene Gemeindeverständnis geben. Doch auch über die Predigt Jesu kommt man - so scheint es - auf direktem Wege zu keinem Entwurf von Gemeinde. Weder bei ihm noch in der Bibel überhaupt sind Kirche und Gemeinde vorrangige Themen. Bestenfalls kann man aus anderen Elementen seiner Botschaft Momente für die (Re-)Konstruktion eines jesuanischen Gemeindeverständnisses erheben. So kann man etwa aus dem *Inklusivitätsanspruch*, den Jesus gegenüber einem exklusiven Gemeindeverständnis seiner jüdischen Umwelt - exemplarisch verdeutlicht im Gleichnis vom Barmherzigen Samariter - postulierte, durchaus Anregungen für eine offene Gemeindestruktur entnehmen. Denn der hebräische Begriff "rea" meint primär den Glaubensbruder und nicht den Nächsten im allgemeinen Sinne. Auch die Tatsache, daß gerade die kirchlichen Amtsträger die Bedürftigkeit des Überfallenen ignorierten (Lk 10,32f), könnte als eine polemische Spitze gegen ein verengtes Gemeindeverständnis interpretiert werden. Die Umkehrung der Frage nach dem Nächsten (Lk 10,36) kann als Aufforderung eines Perspektivwechsels bei der Interpretation von Zugehörigkeits- und Bedürftigkeitskriterien verstanden werden. Schon aus diesem Gleichnis ließen sich Vorgaben für ein an Jesus orientiertes Gemeindeverständnis ableiten.

Aus seiner Reich-Gottes-Predigt ergäben sich zudem weitere Kriterien, insofern Gemeinde immer auch ein *Stück antizipatorische Verwirklichung des Zukünftigen* (Pannenberg 1974, 56f) sein soll. Die gerade im Gemeindeleben so gern verwendete Metapher von der Arbeit im Weinberg Gottes könnte dazu veranlassen, das im entsprechenden Gleichnis (Mt 20, 1-16) über die Gerechtigkeit Gottes Gesagte in der Gemeinde strukturell zu verwirklichen. Die dort von Jesus vorgetragene Kritik an einer Lohngerechtigkeit und einer Bewertung von Menschen ausschließlich nach Leistungen zielt auch auf das Leben in der christlichen Gemeinde: Es soll von der *Anerkennung des einzelnen* in seiner Individualität und *besonderen Bedürftigkeit*, sowie von *Liebe, Gleichheit und Solidarität* geprägt sein. Doch derartige "jesuanische" Impulse blieben stets Fiktionen. Um der historischen Wahrheit willen muß man deshalb auch sagen, daß sie sich ebensowenig als Selbstverständnis der Gemeinde durchgesetzt haben wie die darin enthaltene Forderung zum *Perspektivwechsel* im Sinne eines Denkens-vom-anderen-her. Bekanntlich brachen schon zur Lebenszeit Jesu in der Jüngerschaft selbst Rangstreitigkeiten aus, die sich nach seinem Tod durchaus fortsetzten.

Bereits in der *Jerusalemer Urgemeinde* entwickelte sich bald der Streit um Abgrenzungs- und Zugehörigkeitskriterien. Die urchristliche Kommunikationsgemeinde und Gütergemeinschaft stellte sich bei historisch-kritischer Betrachtung eher als ein theologisches Programm und als ekklesiologische Fiktion, denn als Wirklichkeit heraus (Schneemelcher 1981). Die Ambivalenzen gingen weiter. Die Grenzüberschreitung, zu der *Paulus* aufrief (vgl. z.B. Gal 3,28), wurde bereits von ihm selbst reduziert, etwa in seinen noch heute nachwirkenden Äußerungen zur Stellung der Frau in der Gemeinde

(1.Kor 14, 34-35; Eph 5,23). Sein integratives Postulat eines *geschwisterlich organisierten Gemeindelebens* steht in auffälligem Kontrast zu den internen Spannungen, von denen seine Briefe Zeugnis ablegen (Becker 1987). Und seine Betonung der Gleichwertigkeit unterschiedlicher Charismen (1. Kor 12) sowie der zu unterscheidenden, funktional aufeinander bezogenen und in ihrer Unterschiedenheit erst die Einheit des Leibes Christi herstellenden Glieder (Röm 12,3ff) hat empirisch nicht die daraus zu folgernde Pluralität und Buntheit der Gemeinde zur Konsequenz. Auch die paulinischen Gemeinden waren nie, wie sie sein sollten.

In gleicher Weise verpuffte die Wiedergewinnung des Prinzips Gemeinde durch die *Reformatoren* rasch in ihrem normativen Elan für das faktische Gemeindeleben. So hatten z.B. Luthers Vorstellung vom allgemeinem Priestertum und seine quasi basisdemokratischen Vorschläge, die er 1523 etwa gegenüber der Leisniger Gemeinde artikulierte, die Entwicklung zu einer hierarchischen Amtskirche nicht verhindert. Ursächlich dafür war auch, daß Luther selbst den kontroverstheologisch zunächst so bedeutsamen Begriff zurückgenommen hatte. Sicher wäre es ein sinnvolles Unterfangen, die frühreformatorischen Grundeinsichten zu rekonstruieren und von dort her Impulse für die Selbsterneuerung der christlichen Gemeinde zu suchen. Als Resultat der Rechtfertigungslehre meint die Vorstellung vom allgemeinen Priestertum aller Getauften, daß durch die in der Taufe erfahrene Anerkennung jedes einzelnen Christen durch den rechtfertigenden Gott die *Gleichheit aller Getauften* gesetzt ist. Von daher kann es keine hierarchischen Strukturen einer sich evangelisch verstehenden Gemeinde geben.

Die über die Lehre vom allgemeinen Priestertum vermittelte Rückerinnerung an Luthers Freiheitsschrift könnte dessen Einsicht in Erinnerung rufen, daß den Menschen durch Christus "Gnade, Gerechtigkeit, Friede und Freiheit" zugesagt sind. Damit wären Kriterien für gemeindliche Strukturen angegeben; aus Luthers Freiheitsschrift ergeben sich weitere, z.B. das von der Selbstbindung der Freiheit durch Liebe. Die in der Liebe verankerte Reziprozität der Perspektive garantiert die Gleichheit und Freiheit aller Gemeindeglieder. Damit gewinnt die *evangelische Gemeinde prinzipiell eine kommunikative und plurale Struktur*. Im Prozeß Gemeinde ist jeder als ein kompetenter Gesprächspartner mit seinen besonderen Bedürfnissen und eigenständigen Lebensentwürfen ernst zu nehmen. Das Stichwort vom Priestertum aller Getauften verweist so auf den grundsätzlich inklusiven Selbstanspruch von Gemeinde.

Nicht nur der historische Rückblick, sondern auch die Gegenwart gibt Anlaß zur Selbstkritik. Blickt man auf die neuere Kirchengeschichte, so ist auch hier die frustrierende Erfahrung verebbender Programmatik zu bilanzieren: Die *Barmer These*, daß Kirche als Gemeinde von (Schwestern und) Brüdern existiere, ist als gesamtprotestantisches Grundbekenntnis gern zitiert und wenig realisiert. Der gemeindekirchliche Aufbruch des *2. Vatikanums* verebbte und schlug um in ein Wiedererstarken von amtskirchlicher Entmündigung. Neuere theologische Programmbegriffe erlitten das gleiche Schicksal: Der den ökumenischen Dialog so sehr bestimmende ekklesiologische Leitbegriff der *"Koinonia"* gab zwar zugkräftige Kongreßthemen ab, die in ihm skizzierte Architektur von Gemeinde - etwa im paulinischen Sinne einer Glaubens- und Lebensgemeinschaft - führte bisher jedoch zu keinem erkennbaren Gemeindeneubau;

unter der Hand wurde das Verständnis von Koinonia einseitig eschatologisiert und damit als Gestaltungsaufgabe entrückt. Gleiches gilt vom Programmbegriff der *"Konziliarität"*: Auch hier ging der konziliare Prozeß an den ganz unkonziliaren Gemeindestrukturen vorbei. Die *pädagogische Wende,* die Gemeinde als symmetrisch strukturierte Lebens- und Lerngemeinschaft konstituieren wollte, kreierte zwar den Begriff Gemeindepädagogik, schuf aber bisher nicht einmal in Ansätzen ein pädagogisches Verhältnis in der Kirche. Aufs Ganze gesehen hat Gemeinde nie ihren Wortsinn gelebt: allen gemein, allgemein und gemeint für alle zu sein.

2.2 Gemeinde vom Bekenntnis her

Obwohl sich die unterschiedlichen Fragmente aus biblischen und kirchengeschichtlich vorgegebenen Ansätzen sicher zu einem relativ geschlossenen und plausiblen Mosaik zusammensetzen lassen, überzeugt dieser Weg eines *synthetisierenden Gemeindekonzepts* doch nicht. Denn die gängigen Begründungen von Gemeinde bleiben nicht nur widersprüchlich, weil - historisch-kritisch gesehen - immer auch ihr Gegenteil vertreten wurde, sondern sie kranken zudem daran, daß in ihnen stets normative Forderungen, Ideale und Begriffe von außen an die Gemeinde herangetragen wurden. Anders wäre es, wenn Aussagen über "Gemeinde" im (Kantischen) Sinne eines *analytischen Urteils* vorgenommen würden, weil dann aus dem Begriff von "Gemeinde" selbst heraus deren Strukturen bestimmbar werden. Allerdings muß man dabei einräumen, daß analytisches Urteilen leicht dem Verdacht sophistischer Gedankenspielerei unterliegt, weil ja die zu machende Aussage sich nur aus der inneren Struktur des zu analysierenden Begriffs ergibt. Aber wenn man die christliche Gemeinde aus ihrem "Wesen" heraus begreifen will, dann gibt es - auch für gemeindepädagogische Überlegungen und damit auch für den Leser - keine Alternative zu dieser "Gedankenarbeit". Fragt man in diesem Sinn, was christliche Gemeinden von anderen Gemeinschaftsformen konstitutiv unterscheidet, dann muß man das *Bekenntnis zum dreieinigen Gott* nennen; insofern kann man Gemeinde - wie die Überschrift besagt - vom Bekenntnis her bestimmen. Allerdings kann unsere Überschrift ein Mißverständnis derart provozieren, daß Gemeinde immer schon und nur dort ist, wo die Bekenntnisformel rituell präsent ist. Demgegenüber fragen wir nicht nach dem formulierten, sondern nach dem gelebten Bekenntnis.

Gemeinde soll im folgenden deshalb nicht als durch den Akt des Bekennens konstituiert betrachtet werden. Das entspräche zwar der traditionellen Auffassung, daß Gemeinde als die *im Gottesdienst versammelte Gemeinschaft* zu definieren ist, wäre aber eine recht äußerliche, formale und innovationsresistente Bestimmung. Überdies würde sie - angesichts des sozialen Kontexts der Kirchengemeinde - schon vom Ansatz her das Gelingen eines gemeindepädagogischen Ansatzes verunmöglichen, weil sie die Zustimmung zum Bekenntnis zu einer Eingangsvoraussetzung erhebt; damit wäre implizit das Aktionsfeld der Gemeindepädagogik von vorn herein auf die Kerngemeinde eingeschränkt. Nicht einmal vom Sinn des Artikel 7 der CA her ist diese Engführung zwingend. Die Formen und Inhalte eines rechten Verständnisses des Evangeliums sind zeitbedingt und wechseln; deshalb ist es illegitim, eine bestimmte Form für einzig verbindlich zu erklären.

Fragt man nach dem *gelebten Bekenntnis,* so fragt man nicht so sehr nach der Form, sondern nach dem Inhalt des Bekenntnisses in seiner Bedeutung für ein rechtes Verständnis von Gemeinde. Dabei wird von der Annahme ausgegangen, daß materiale Aussagen über Kirche und Gemeinde letztendlich immer auf die Vergemeinschaftungsform des Glaubens bezogene Explikationen der fundamentalen Glaubensaussagen selbst sind. In der Frage nach dem Wesen von Gemeinde geht es nicht um das gesprochene, sondern um das gelebte Bekenntnis. Weil Aussagen zur Gemeinde auf sozial gelebten Glauben zielen, können sie - im pädagogischen Sinne - als Elementarisierungen des Fundamentalen gelten. *Im Gemeindeleben und in den Aktionen der Gemeinde muß elementar zum Ausdruck kommen, was dem Glauben so fundamental ist, daß es zum Bekenntnis erhoben wurde.* Deshalb erscheint es sinnvoll, von einem derartigen fundamentalen Gehalt aus Prinzipien für die Bildungsaufgabe der Gemeinde zu suchen und dabei dann die in der Diskussion isolierten Begriffe und Programme zu integrieren. Im Grunde war dies - systematisch betrachtet - schon bei Paulus und Luther der Fall. Die Vorstellung von der geschwisterlichen Gemeinschaft bei Paulus und die vom Allgemeinen Priestertum bei Luther können als Ausflüsse der Rechtfertigungslehre verstanden werden. Dieser Argumentationszusammenhang behält sein Recht; er ist aber ergänzungsbedürftig. Denn diese auf die Gottesbeziehung des einzelnen zielende Lehre kann Gemeinde nicht aus ihrem eigenen Begriff heraus bestimmen, sondern nur als äußerliches Aggregat von Individuen.

So interpretieren in dieser Tradition stehend z.B. Gräb/Korsch Kirche und Gemeinde als "Ort der Selbstthematisierung von Freiheit" (Gräb/Korsch 1985, 85) und als "Vermittlungsagentur im Konstitutionsvorgang handlungsfähiger Subjekte" (94). Damit ist zu Recht ein objektivistisches Verständnis von Gemeinde - etwa im Sinne einer objektiven Heilsanstalt, eines objektiv vorgegebenen Verhaltens- und Einstellungsmusters u.ä. - ausgeschlossen und deutlich gemacht, daß als "Gemeinschaft der Heiligen" verstanden, Kirche und Gemeinde personal zu verstehen sein wird. Wenn Gemeinde allerdings - etwa im Sinne Schleiermachers - nur von Individuen her gedacht und als deren Kommunikationsgemeinschaft begriffen wird, besteht die Gefahr, sie als "eine bloße Gesinnungsgemeinschaft, die in gemeinsamen Überzeugungen begründet wäre" (Rössler 1986, 275), unterzubestimmen.

Bei einer rein *personalistischen Interpretation* blieben überdies *strukturelle Zusammenhänge* undeutlich. Zwar kann sich aus der Rechtfertigungslehre und dem ihr folgenden Subjektivitätsgedanken die Freiheit der Geselligkeit als strukturelle und strukturierende Vorgabe für die Gemeinde ergeben, so daß diese als Kommunikationsgemeinschaft aufzufassen ist, aber wenn diese Bestimmung nicht formal bleiben soll, dann müssen über die Regeln der Kommunikation weitere theologische Angaben gemacht werden, die sich aus der Rechtfertigungslehre selbst jedenfalls nicht unmittelbar ergeben. Sowohl die objektivistische - weitgehend mit dem katholischen Verständnis identifizierbare Interpretation - als auch die subjektivistische, pietistisch-sektiererisch pointierte Auffassung erscheinen als defizitäre Antworten auf die *Frage, wie Gemeinde gleichzeitig Subjekt ihrer selbst und damit eine eigene Größe sein sowie eodem actu auch als Gemeinde von Subjekten auftreten kann.*

Der Gedanke, daß Kirche und damit Gemeinde als eigenständige Größe und als eine dem Individuum gegenüberstehende Institution verstanden werden muß, signalisiert bereits die allen geschichtlich-gesellschaftlichen Wandlungen und individuellen Besonderheiten entzogene "objektive" Fassung des Bekenntnisses. Ausgangspunkt für die bereits angedeutete "analytische" Variante für die theologische Bestimmung von Gemeinde soll deshalb hier das Gottesbekenntnis des christlichen Glaubens selbst werden. In seiner *trinitarisch-christologischen* Fassung reflektiert der christliche Gottesgedanke ein *Strukturmodell von gelungener Beziehung zwischen Personen*. Von diesem Sachverhalt ausgehend wenden wir uns deshalb nicht christologisch-trinitarischen oder pneumatologischen Einzelaussagen zu, sondern fragen - da es ja um die strukturelle Verfaßtheit von Gemeinde geht - nach der Struktur des trinitarisch entfalteten Gottesgedankens, also nach einer Theo-logie, Christo-logie und Pneumato-logie. Systematisch vorauszusetzen ist dabei, daß eine christliche Gemeinde, die sich auf den dreieinigen Gott beruft, in ihren Beziehungsstrukturen die christologisch-trinitarische Vorstellung abbilden muß. Will man nach der *Modellhaftigkeit des Gottesbekenntnis für Gemeindestrukturen* fragen, so muß man zunächst den christlichen Gottesgedanken selbst bedenken, wobei insbesondere die christologische Aussage von der Menschwerdung Gottes - über ihren soteriologischen Gehalt hinaus - auch als Aussage über das christliche Gottesverständnis verstanden werden kann: Gott ist als Beziehung zu denken.

Wenn die gern zitierte Formel Bonhoeffers "Christus als Gemeinde existierend" praktische Bedeutung gewinnen soll, dann müssen Folgerungen aus der Christologie für die Bestimmung von Gemeinde gezogen werden. Und soll die im dritten Artikel des Glaubensbekenntnisses vorgegebene Zuordnung von Heiligem Geist und Kirche einen ekklesiologischen Sinn machen, dann ist Gemeinde pneumatologisch, also insgesamt trinitarisch zu begründen. Zu fragen wäre also: Welche Verfassung von Gemeinde entspricht der Trinitätslehre und - innerhalb dieser - der Christologie? Bei der Beantwortung der so gestellten Frage nach dem Grundmodell von Gemeinde spielen notwendigerweise Kategorien der formalen Logik eine Rolle. Dabei muß zugegeben werden, daß eine derartig logisch-begriffliche Argumentation (Wagner 1989, 326ff; 384ff; 444ff) gewisse Verständnisschwierigkeiten mit sich bringen kann. Zudem muß man das in der Praxis wie in der Praktischen Theologie dominierende Vorurteil von den "Fabeln der Dogmatiker" (Bastian) aufgeben, indem man nach der - über Predigt und Apologie hinausgehenden - *Praxisrelevanz dogmatischer Topoi* fragt; allerdings ist dabei die praktisch-theologische Perspektive beizubehalten. Gegenüber den gängigen vorstellungshaften, oft assoziativ und eklektisch verfahrenden Begründungsversuchen hat dieses "begriffliche" Vorgehen den Vorzug höherer Allgemeinheit und Stringenz, weil sie eben nicht "synthetisch" sondern "analytisch" ist und insofern versucht, die "Gemeinde" bei ihrem eigenen Selbstverständnis zu packen. Es geht im folgenden also darum, über die Struktur von Gemeinde - im Wortsinn - "nach-zu-denken", welche Beziehungsmuster im Bekenntnis zum dreieinigen Gott vor-gegeben sind.

2.3 Die Vor-Bildlichkeit des dreieinigen Gottes

Dem formalen Aufbau des Glaubensbekenntnis entsprechend gehen wir zunächst vom Gottesgedanken und seinen christologischen Implikationen aus, weil wir darin bereits das *Grundmodell für gottentsprechende Beziehungsmodi von Personen* suchen wollen. Damit sind wir - dogmatisch - innerhalb der Darstellung der immanenten Trinität. Diese ist so zu denken, daß innerhalb der immanenten Trinität sich Gott selbst in Christus durch einen Akt von Selbstunterscheidung expliziert: Nur deshalb kann es der Mensch dann - ökonomisch gesehen - "in der Sendung des Sohnes ... mit Gott selbst zu tun" (Moltmann 1975, 71) haben. In der Vorstellung der immanenten Trinität wird reflektiert, daß Gott auf monadenhafte Selbstbezüglichkeit und Verschlossenheit verzichtet und sich ent-äußert. Zugleich ist dieser *Akt der Selbsttranszendierung* als ein *Akt der Freiheit* zu begreifen; in ihm erweist sich Gott als absolute Subjektivität (Wagner 1975) und als "absolute Autonomie" (Rendtorff 1972). Seine Selbstexplikation im anderen seiner selbst, also in Christus und mit diesem im Geist, macht deutlich, daß die Beziehung auf anderes, die Vermittlung nach außen, zum eigenen Wesen Gottes gehört.

Dieses Aus-sich-Heraustreten Gottes ist nicht als ein imperialistischer Akt gegenüber einem an-sich Fremden zu verstehen. Vielmehr gilt für beide Seiten (Gott und Christus), daß sie zwar *different,* aber zugleich auch *wesensmäßig identisch* sind. Daraus erwächst die besondere Struktur ihrer - als für menschliche Verhältnisse exemplarisch zu denkende - *Beziehung von Fremdheit und Vertrautheit*. Der christliche, d.h. trinitarisch gedachte Gott verzichtet - da es sich um Selbstunterscheidung handelt - auf Gewalt und Macht, indem er - durch Selbstdelegation - Gewalt teilt und so die Bedingungen für Liebe schafft. Voraussetzung für Liebe ist die *Preisgabe von Selbstmächtigkeit und Selbstbezogenheit* sowie die *prinzipielle Gleichrangigkeit* der sich in Liebe bezogen Wissenden. L. Boff kann deshalb zu Recht sagen, daß "die heiligste Dreifaltigkeit ... das beste Programm für die umfassende Befreiung" (Boff 1990, 146) sei. Dementsprechend besteht in der immanenten Trinität kein Macht- und Rangverhältnis; "Jede Vorordnung des Vaters (als 'Erzeuger') vor dem Sohn ('Erzeugtsein') ist ... als dem trinitarischen Sachverhalt nicht angemessen auszuscheiden" (Wagner 1989, 447). Obwohl aus dem Vater qua Selbstunterscheidung hervorgegangen, erhält der Sohn Freiheit und Selbständigkeit, denn in ihm soll ja der als absolute Freiheit gedachte Vater sich selbst explizieren.

Da Gott in Christus bei sich selbst ist, besteht zwischen Vater und Sohn ein *symmetrisches Verhältnis;* deshalb kann zu Recht von Gott als dem Gott des Friedens gesprochen werden (1.Kor 7,15). Zugleich bietet der christologische Gedanke ein *Modell von Selbstbestimmung und Freiheit, das das andere nicht ausgrenzt,* sondern in die Selbstdefinition einbeziehen kann, indem das Subjekt im anderen sich selbst erkennt und gewahr wird, daß es "nur dann seine Freiheit realisieren kann, wenn es sich in anderen Individuen und in den übergreifenden Institutionen darstellt" (Wagner 1989, 388). Im christologischen Modell wird also das basale *Angewiesensein des Subjekts auf andere Subjekte* (individueller und institutioneller Art) exemplarisch so entfaltet, daß das Subjekt in dieser notwendigen Bezogenheit Selbständigkeit behält.

Zunächst scheint es auf den ersten Blick, als ob im "anderen" überhaupt nichts Neues zu erkennen ist, weil das "andere" ja ein Resultat von Selbstexplikation ist. Vater und Sohn wären deckungsgleich. Aber die Selbstvermittlung Gottes in Christus ist nicht nur ein Akt der Selbstanwendung, sondern auch einer der *Selbstnegation:* Christus ist nicht nur als gottgleich, sondern auch als das Gegenüber Gottes, mithin als das ihm Fremde, zu verstehen, wenn die christologischen Aussagen Sinn machen sollen. "Der Gedanke der Selbstexplikation Gottes als anderes ... kann nur so gedacht werden, daß Gott als das Allgemeine schlechthin als Selbstanwendung und Selbstnegation seiner selbst sich als besonderes Selbstbewußtsein zur Darstellung bringt" (Wagner 1989, 330). In Christus wird die absolute Subjektivität zu einer besonderen, individualisierten; die Allgemeinheit Gottes setzt sich als eine Besonderheit, die Erscheinung des Allgemeinen und zugleich Negation des Allgemeinen als Allgemeines ist: Christus ist Gott und ist es zugleich nicht. Insofern Christus Gott ist, ist er - mit den Kategorien der Logik gesprochen - Allgemeinheit. Das Allgemeine expliziert sich also nicht im Besonderen als einem fremden Ort, sondern das Besondere selbst stellt Allgemeinheit dar, sie ist in ihm heimisch und bei sich selbst. Dieses "Bei-sich-Sein" ist aber relativ, weil das Besondere - gegenüber dem Allgemeinen - eben etwas "Besonderes", d.h. unverwechselbar Eigenes bleibt.

Diese Doppelbestimmung von Fremdheit und Vertrautheit wird - in den Kategorien der Logik - als Negation der Negation bestimmt. Negation gegen Negation meint, daß zwei sich negierende Bestimmungen keinen kontradiktorischen, absoluten Gegensatz bilden, sondern in einem "höheren" Sinne durch ihren Widerspruch hindurch zu einer Einheit finden. Was hier noch als abstrakte, logische Spielerei von Dogmatikern erscheinen mag, hat für die Bestimmung sowohl des Verhältnisses des einzelnen Gemeindeglieds zur Gemeinde als solcher wie auch für die Beziehung der Gemeindeglieder untereinander eine konstruktive Bedeutung, weil die *Anerkennung des Anders-Seins von Menschen* die *Einheit der Gemeinde nicht* gefährdet, sondern - im Sinne des christologischen Modells - überhaupt erst konstituiert. Wie nur eingeschliffenes, eindimensionales Denken eine logische Unverträglichkeit zwischen dem monotheistischen Gottesbild des christlichen Glaubens und seinem christologischen Bekenntnis behaupten kann, so kann auch nur "Scheuklappen-Mentalität" einen Widerspruch zwischen Individualität und Gemeinschaft, d.h. zwischen der Achtung vor der Eigentümlichkeit von Individuen und dem Allgemeininteresse von Gemeinde unterstellen. Die Grundaussage der Christologie besagt demgegenüber, daß gerade *im Fremden das Eigene, im Differenten das Identische zu sehen ist.*

Die christologische Grundstruktur konkretisiert sich als *Inkarnation.* Aufgrund seiner eigenen Strukturiertheit als Selbstexplikation im anderen ist der Hang zur Menschwerdung Gott selbst inhärent; dogmatisch folgert daraus die "Einheit von 'ökonomischer' und 'immanenter' Trinität" (Jüngel 1980, 275). Indem Gott in Jesus Christus Mensch wurde, wurde der Mensch Ort für die Selbstexplikation Gottes im anderen. In Christus bekundet Gott seinen Willen, ein Selbst nur sein zu wollen durch seine Beziehung auf den Menschen. Das entspricht der *Struktur von Liebe,* denn "liebend gibt sich das Ich an das geliebte Du so hin, daß es nicht ohne dieses Du sein will" (Jüngel

1977, 435). Das hat Konsequenzen für den Subjektstatus des Menschen, weil nun gesagt werden kann, daß durch Christus der Mensch ontologisch aufs neue in Entsprechung zu Gott gebracht (Jüngel 1980, 297f) und seine Gottebenbildlichkeit wiederhergestellt ist. Hier ist die Schnittstelle zwischen den christologisch-trinitarischen Überlegungen zur Gemeinde und ihrer Grundlegung aus der Rechtfertigungslehre zu sehen, insofern Paulus den Gott-entsprechenden Menschen als den gerechtfertigten bezeichnet.

Die dialektische Entsprechung von Vater und Sohn bleibt nicht in einer selbstgenügsamen Binnenbezogenheit verschlossen. Vielmehr ist die Selbstvermittlung im anderen als ein dynamischer, nach außen gerichteter Prozeß zu verstehen; dieser Sachverhalt symbolisiert sich im Gedanken vom Heiligen Geist. Die immanente Trinität wirkt - ihrer eigenen Vermittlungsstruktur gemäß - nach außen und manifestiert sich geschichtlich-empirisch in der Inkarnation (s.o.) und in der Wirkung des Geistes: die "Trinität des Ursprungs" wird zur "Trinität der Sendung" (Moltmann). Die Selbstöffnung Gottes wirkt so auf den Menschen: der Himmel öffnet sich zur Erde hin. Die durch den Geist vollzogene Öffnung macht aus der dualen eine triadische Struktur. Das in der Christologie zunächst abstrakt Vermittelte tritt als neue Allgemeinheit in einen neuen, nun empirisch-sozialen Fall von Selbstüberschreitung: Die Christologie verwirklicht sich als Pneumatologie. Die ursprüngliche Vermittlung von Allgemeinem (Gott) und Besonderem (Christus) löst sich aus ihrer eigenen abstrakten Allgemeinheit und wiederholt sich - als Geistvermittlung von Gott und Mensch - in der Sphäre des Besonderen.

2.4 Gemeinde nach trinitarischem Modell

Beides, das individuelle religiöse Selbstbewußtsein wie auch die "Gemeinschaft der Heiligen" sind die empirischen Orte, an denen der Geist sich expliziert. Damit ist das Verhältnis des Gemeindeglieds zur Gemeinde et vice versa angesprochen und damit die Frage, wie beide zugleich Subjekte sein können und wie Abhängigkeit und Selbständigkeit, Entsprechung und Differenz zu denken sind. Die angesprochene Beziehung von Gemeinde als solcher und Gemeindeglied muß ihrerseits der christologischen Struktur entsprechen: Beide verhalten sich wiederum wie Allgemeinheit und Besonderheit zueinander. Entsprechend der Logik einer Selbstdarstellung im anderen heißt das, daß sich beide *zwar unterscheiden, gleichwohl aber auch sich wechselseitig repräsentieren*. Ihre Beziehung ist zu denken in der logischen Struktur einer Identität von Identität und Differenz. Nun ist der Identitätsgedanke ins Gerede gekommen, weil er einerseits in fast allen Humanwissenschaften inflationär verwendet und insofern entleert wurde. Andererseits geriet er in Verdacht, nur eine platte, einfache Identität zu meinen, die das andere von sich ausschließt. Nur unter den logischen Voraussetzungen des *eindimensionalen Denkens* können die Gemeinde als solche und ihre Glieder *nicht* gleichzeitig als Subjekte verstanden werden.

Diese monadistische Vorstellung von Identität entspricht jedoch nicht der Struktur eines entfalteten Identitätsgedankens. Bezogen auf menschliche Subjekte besagt dieser, daß Selbstbewußtsein stets auch als Differenzbewußtsein verstanden werden muß. Es ist mithin ein Bewußtsein, das sich selbst nur in und durch anderes zu erfassen und das sich nur durch Entäußerung und Entfremdung hindurch genetisch zu entwickeln vermag;

erst dadurch wandelt sich das in seiner Besonderheit und Einzigkeit verschlossene Subjekt zu einer Subjektivität. Im Unterschied zum Subjekt ist *Subjektivität als konkrete Einheit von Subjekt und Objekt zu denken,* als gelungene Vermittlung von Besonderem und Allgemeinen; die Unmittelbarkeit des Subjekts hingegen ist Schein. Identität ist - ungeachtet des Gedankens eines vorausgesetzten Identitätskerns - die Folge eines Vermittlungsprozesses.

Das hat für das menschliche Subjekt zur Konsequenz, daß es Subjektivität nur sein kann, indem es in Bezogenheit lebt, und zwar als Bezogenheit auf etwas "Fremdes", das als potentiell "Eigenes" erkannt werden kann. Die strukturell vorgegebene Offenheit des Subjektivitätsbegriffs drückt sich konkret-anthropologisch als die *Neugierde des Menschen* aus. Neugierde drückt einerseits die Erfahrung einer Differenz und andererseits den immanenten Willen aus, diese zu überwinden; sie ist der im Subjekt selbst verankerte Antrieb, in Neues und Fremdes vorzustoßen, um sich darin selbst zu finden. Neugierde wird zum Motor von erkennender Auseinandersetzung: "Erkennt Ungleiches sich, dann muß das Interesse an der Andersartigkeit des anderen größer als an seiner Gleichartigkeit sein" (Moltmann 1990, 409). Nicht die Sicherheit eines festen Wissens und einer klaren Überzeugung, sondern die auf anderes und andere gerichtete Neugierde konstituieren den Menschen als Subjektivität.

Diese selbstüberschreitende Bezogenheit hat drei Dimensionen. Zunächst wäre sie erstens als *Gottesbezug* zu konkretisieren. Die Rede der Dialektischen Theologie, daß "für die Menschen 'Gott' der Ganz-Andere ist" (a.a.O., 411), unterstreicht die notwendige Differenz, die allerdings als solche nicht hypostasiert werden darf, denn dem sich öffnendem, sozusagen *"neugierigen" Gott* entspricht der *sich öffnende, neugierige Mensch.* Für unser Nachdenken über die dem Gottesgedanken und der Gottesbeziehung angemessenen Strukturen von Gemeinde sind die beiden anderen als "sozial" zu charakterisierende Beziehungsebenen besonders wichtig: Die Entgrenzung des Subjekts thematisiert sich zweitens auch als *Vernetztheit mit anderen Subjekten* und drittens als *Bezogensein auf Institutionen,* denn das individuelle Selbstbewußtsein bildet in sich die Struktur von Selbstvermittlung in andere ab, die ja als Beziehung von Besonderem und Allgemeinem zu charakterisieren ist. Deshalb kann und darf Subjektivität nicht nur als in interpersonalen Verhältnissen existierend gedacht werden; vielmehr expliziert "sich das singuläre Subjekt in Objektivationen des Allgemeinen" (Wagner 1989, 388). Die *Gemeinde ist nicht nur als Summe ihrer Glieder* zu fassen, sondern auch als eine eigenständige Größe zu verstehen. Die Bezogenheit des Subjekts auf objektive Institutionen und auf Individuen zugleich entspricht der triadischen Struktur der Trinitätslehre. Die Selbstöffnung der Christologie durch die Pneumatologie wiederholt sich einerseits als *Offenheit des Individuums,* das zu seiner Konstitution sich nach außen wenden und auf anderes beziehen muß, und andererseits als Offenheit der Gemeinde. "Die Dreieinigkeit ermöglicht Gemeinschaft und Einschluß ..., Offenheit und Einigung der Gegensätze" (Boff 1990, 24).

Wenn das Verhältnis des Individuums zur Gemeinde als das einer Identität von Identität und Differenz zu verstehen ist, dann *kann das einzelne Gemeindeglied nicht nur auf seine Funktion für die Gemeinde eingegrenzt* werden. Vielmehr hat es gegenüber der

Gemeinde ein *Eigenrecht,* auch wenn er in und aus der Gemeinde heraus lebt. Und die Gemeinde ist eine von ihm relativ unabhängig zu denkende Größe, auch wenn sie durch ihre Glieder konstituiert wird. Zwischen Gemeinde und ihren Mitgliedern darf und muß eine *gewisse Distanz* bestehen; eine Verschmelzung des einen mit dem anderen wäre für beide ruinös. So kann die Überidentifikation von Gemeindegliedern mit der (Kern-)Gemeinde auf eine schwache personale Identität deuten; religiöser Subjektivismus wäre es auf der anderen Seite, wenn der einzelne ohne Gemeindebezug meint, Christ sein zu können. Dies wäre so "unchristlich" wie die Behaftung jedes Gemeindeglieds mit den kerngemeindlichen Erwartungen. Erst die Differenz zwischen Identifizierung und Distanz schafft die Bedingung für die Freiheit eines Christenmenschen.

Die Angewiesenheit des einzelnen auf Institutionen hat die Forderung zur Folge, daß diese Institutionen ihren Beitrag für die Konstitution des Individuums als Subjektivität tun müssen. Dies gilt für alle Institutionen, aber erst recht für eine christologisch-trinitarisch verfaßte Gemeinde. T. Rendtorff hat die Kirche deshalb zu Recht als "Institution der Freiheit" bezeichnet, weil sie *als unvereinnahmende Institution* einen Beitrag zur individuellen wie sozialen *Realisierung von Freiheit* zu leisten hat. Demgemäß können und dürfen gemeindepädagogische Veranstaltungen deshalb nie als reine Rekrutierungsversuche angelegt sein; sie dürfen auch nicht einseitig im Sinne von Evangelisations- und Missionierungsabsichten konzipiert werden. Vielmehr muß jeder/jede TeilnehmerIn an gemeindepädagogischen Initiativen einen Gewinn an Subjektivität und Freiheit verbuchen können. Gemeindeaufbau im gemeindepädagogischen Verständnis wird nicht auf Kosten von Selbstentfaltung und Bildung des einzelnen gehen; er vollzieht sich vielmehr erst dann und dadurch, daß Menschen zu sich selbst kommen. Die *Expressivität einer ureigensten Persönlichkeit* zu ermöglichen, wird Ziel von Gemeindepädagogik sein müssen. Daß dabei die Achtung des anderen nicht tangiert werden darf, dürfte selbstverständlich sein. Sie erwächst aus der Stärke des Ichs, nicht jedoch aus der vermeintlich christlichen Tugend der bescheidenen Zurücknahme egoistischer Impulse und durch Verzicht auf das eigene "Selbst". Im Gegenteil: Der Wunsch, durch Teilnahme an gemeindlichen Aktivitäten "selbst" zu werden, ist dem christologisch-trinitarischen Grundgedanken angemessen und deshalb legitim.

Das Konzept einer offenen Volkskirche und einer offenen Gemeinde ist keine Kapitulation an den Zeitgeist und insbesondere an demokratische Vorstellungen, sondern resultiert aus dem Trinitätsgedanken selbst. In "der Trinität der Sendung" offenbart sich "die Trinität im Ursprung als eine von Ewigkeit her offene Trinität" (Moltmann 1975, 72). Falsch wäre es allerdings, wenn man diesen Zusammenhang so interpretiert als erschöpfe sich die Offenheit der Gemeinde in ihrem missionarischen Auftrag. Dies würde der Reziprozität des trinitarischen Vermittlungsverhältnisses widersprechen. Als in andere selbstvermittelt braucht sie gerade auch die individuelle Besonderheit unterschiedlicher Charaktere, Veranlagungen, Charismen, Erwartungen, Fähigkeiten usw. Die *Offenheit von Gemeinde* ist nicht nur eine *taktische,* sondern eine *strategische* (Bäumler 1984, 92ff); d.h. Gemeinde verwirklicht sich erst in und durch bunte Verschiedenheit. Allerdings wird Gemeinde auch mehr sein wollen als nur die Summe ihrer Mitglieder, denn sie muß - gemäß der Logik einer Identität von Identität und

Differenz - auch ihr differentes Moment entfalten. Gemeinde wird so zur Repräsentation der Objektivität der christlichen Botschaft gegenüber dem einzelnen.

Insofern "Kirche in der Kraft des Geistes" (Moltmann) lebt, werden in ihr die Kriterien der Trinitätslehre und deren Struktur bestimmend wirken. Grundsätzlich geht es dabei - wie wir sahen - um eine spezifische *Struktur von wechselseitiger Selbstvermittlung*. Zunächst besagt dies, daß die Objektivität der Botschaft nicht autoritativ darstellt, weil sonst die eine Seite der Vermittlung 'stillgelegt' wird. Auch und gerade bei der Rezeption der biblischen Aussagen wird das Subjekt aktiv bleiben. Deshalb ist die Vermittlung der Glaubensbotschaft nur als *diskursives Geschehen* denkbar. Denn charakteristisch für den Diskurs ist, daß die an ihm Teilnehmenden sich und ihre Sicht von den zur Debatte stehenden "objektiven" Sachverhalten repressionsfrei einbringen. Gerade auch darin realisiert sich die Gemeinde als "geschichtliche Darstellung der eschatologischen Friedensordnung Gottes" (Moltmann 1975, 319). In der diskursiven Begegnung mit anderen ist von der *regulativen Hypothese* auszugehen, daß sich in den besonderen Lebensäußerungen ein Erscheinungsmoment des gleichen Allgemeinen ausdrückt wie in meiner eigenen. Dadurch erhalten sie Wertigkeit und Gültigkeit sowie die Symmetrie der Beziehungen innerhalb einer diskursiv verfaßten Gemeinde.

In jedem Diskurs geht es - trotz der notwendigen Vermittlung durch Subjekte - primär um eine *Auseinandersetzung mit Sachen;* das unterscheidet ihn wesentlich von der Kommunikation, bei der bekanntlich die Beziehungsebene als Ort der Metakommunikation oft wichtiger als die Sachebene ist (Wazlawick 1969, 56). Der "Kommunikation des Evangeliums" (Lange 1981, 101) entspricht der Diskurs; insofern ist er Grundstruktur und nicht nur ein "regulatives Prinzip" (Bäumler 1984, 139) von Gemeinde. Im Diskurs wird deutlich, daß das Allgemeine im Besonderen, das Objektive im Subjekt präsent ist. Bonhoeffer hatte dies implizit bereits mit dem *Gedanken der Stellvertretung* zum Ausdruck gebracht (Bonhoeffer 1969, 98). Dieser Grundsatz spiegelt sich dann auch im Verständnis von Gemeinde. Das Verhältnis von Allgemeinheit und Besonderheit auf die Gemeinde angewendet besagt dabei, daß jede Einzelgemeinde als Besonderheit Explikation der trinitarisch entfalteten Allgemeinheit Gottes sein muß, sofern sie sich vom Geist Gottes getragen weiß: *An ihr und in ihr wird greif- und erlebbar, was mit dem Gott der Christenheit gemeint* ist. Weil sie als Besonderheit aber Explikation des Allgemeinen ist, gewinnt sie Selbständigkeit und Freiheit; die Gemeinde wird *zum Subjekt ihrer eigenen Praxis*. Damit wäre der Subjektstatus von Gemeinde eine weitere Konsequenz aus ihrer trinitarischen Grundlegung.

Durch ihre Rückvermittlung an die Allgemeinheit Gottes ist Gemeinde zugleich eingebettet "in die Bewegung der trinitarischen Geschichte Gottes mit der Welt" (Moltmann 1975, 81). Notwendigerweise existiert Gemeinde nur als "Gemeinde für die Welt", und zwar in einem nicht einschränkbaren Sinne. Würde Gemeinde ihre Verantwortung reduzieren und sich nur auf Einzelbereiche (z.B. den der religiösen Erbauung) beschränken, so würde sie sich als Besonderheit in ihrer Besonderheit einschließen. Dann wäre sie aber nicht mehr der Struktur einer Selbstvermittlung des Allgemeinem im Besonderen und des Besonderen im Allgemeinen gemäß. Wesentliches Moment des trinitarischen Vermittlungsgedankens war (s.o.) die Notwendigkeit zur

Selbstnegation und zur *Selbstentgrenzung. Gemeinde existiert auf der Grenze; auf der zwischen Gott und Mensch, zwischen Alltäglichkeit und Feierlichkeit, zwischen Glaube und Unglaube, vor allem aber zwischen Heiligem und Profanem.* Die Überschreitung von Grenzen ist eine christliche Urerfahrung schlechthin. Die Ausbreitung der Kirche geht über Grenzen, "die aus religiösen, konfessionellen, schichtenspezifischen oder allgemein: soziokulturellen Bindungen stammen" (Jörns 1988, 43).

Wenn der Prozeß Gemeinde als Selbstüberschreitung verstanden wird, dann bedeutet das nicht, daß sie keine Grenzen kennt und selbst unbegrenzt wäre. Grenzen bleiben, auch wo sie überschritten werden; sie können heilsam und hilfreich sein. Denn erst "die Grenze ermöglicht eigenes Leben", aber eben dadurch, "daß sie immer wieder neu zu überschreiten ist" (Hanusch 1987, 310). Grenzen sind, selbst wenn sie als aufhebbar gedacht werden können, "notwendige Formen sich vollziehender Verhältnisse" (Jüngel 1980, 373). An den Grenzen werden Beziehungen geregelt und in Ordnung gebracht. Dies geschieht aber nicht durch Abgrenzung und Autarkiebestrebungen, sondern durch *geregelten Grenzverkehr,* nämlich durch Überlegungen, welche Begrenzungen sinnvoll und notwendig und welche tödlich und langweilig sind. Eine Gemeinde, die gerade daraus lebt, daß Gott selbst die Grenze zwischen sich und den Menschen überschritten hat, wird den Mut haben, Grenzen zu überschreiten, um Verhältnisse neu zu regeln. Versuche, "die endlichen Grenzen, die der Mensch sich selbst setzt, für unendliche oder unantastbare und unwiderrufliche Grenzen auszugeben" sind Ausdrücke der "Verhältnislosigkeit des homo peccator" (Jüngel 1980, 360f) und einer *congregatio sanctorum gerade unangemessen.*

Für das Konzept von Gemeinde hat dies die Preisgabe von Exklusivitäts- und Eliteansprüchen zur Konsequenz. Sich selbst zurücknehmen können ohne Angst vor Identitäts- und Profilverlust entspricht dem Wesen einer trinitarisch begründeten Gemeinde ebenso wie das unbedingte, vorurteilsfreie Zugehen auf andere. Denn sie weiß, daß sie im scheinbar Fremden und noch-Unbekannten ein Stück eigener Identität suchen und gewinnen kann. In diesem Sinne kann man dann H. Luther zustimmen, der das Prinzip des "Vom-anderen-her-Denken" zum "Grundprinzip christlicher Praxis" (Luther 1991, 253) überhaupt erklärt. Durch die Wahrnehmung der Welt vom anderen her relativiert und wandelt sich so das eigene Welt- und Selbstbild. Die Chancen für eine selbstrelativierende Grenzüberschreitung liegen darin, daß jene zum Anlaß werden, "sich ins Gebiet des Fremden und anderen vorzuwagen, um dann das eigene Lebensgebiet mit neuen Augen zu sehen" (Luther 1984, 230).

Wenn man selbstkritisch die Geschichte der wissenschaftlichen Praktischen Theologie rekonstruiert, so stellt man rasch fest, daß diese ihrer eigenen Programmatik stets untreu war. Gegenüber einer amtsorientierten Pastoraltheologie wollen - über konfessionelle Grenzen hinweg - nahezu alle führenden VertreterInnen des Faches, daß die Gemeinden zum Subjekt ihrer eigenen Praxis werden sollten. Die tendenzielle pastoraltheologische Engführung der Praktischen Theologie liegt darin begründet, daß man die Gemeinde zwar als Subjekt wollte, dabei aber übersah, daß sie dies nur sein kann, wenn sie ihrerseits sich als *Gemeinde von Subjekten* versteht. Denn für die Gemeinde als Subjekt der eigenen Praxis gilt Analoges wie für menschliche Subjektivitäten: Sie verlieren sich, wo sie sich in abstrakter Selbstbezüglichkeit zu gewinnen und zu sichern suchen. Ihre eigentümliche Selbständigkeit gewinnen Gemeinden nur dort, wo sie die eigentümliche Selbständigkeit der in ihr agierenden Subjekte akzeptieren und fördern, d.h., wenn sie selbst nicht besserwisserisch, sondern neugierig sind. Die gemeindepädagogisch zu favorisierende Gemeinde ist also die "neu-gierige" Gemeinde, die von ihrer Struktur her offen für "neu-gierige" Menschen ist. Dieses Verständnis von Gemeinde induziert aber unmittelbar ein spezifisches Verständnis von Gemeindepädagogik, die nicht zur "pädagogischen" Nachstellung und Vereinnahmung verkommen darf.

Literaturempfehlung:
- *Bäumler, C.*, Kommunikative Gemeindepraxis. Eine Untersuchung über ihre Bedingungen und Möglichkeiten, München 1984
- *Bäumler, C./Mette, N. (Hg.)*, Gemeindepraxis in Grundbegriffen. Ökumenische Orientierungen und Perspektiven München u.a. 1987
- *Goßmann, K./Pithan, A.*, Schritte der Hoffnung gehen. Ökumenisches Lernen zwischen Basisgruppen und Kirchengemeinden, Gütersloh 1992
- *Huber, W.*, Kirche, Stuttgart/Berlin 1979
- *Luther, H.*, Religion und Alltag. Bausteine zu einer Praktischen Theologie des Subjekts, Stuttgart 1992
- *Nüchtern, M.*, Kirche bei Gelegenheit. Kasualien - Akademiearbeit - Erwachsenenbildung, Stuttgart 1991

II. Gemeindepädagogik

Die Entstehungsgeschichte der sog. Gemeindepädagogik ist schon mehrfach und auch zutreffend beschrieben worden (s. z.B. Foitzik 1992a, 435ff; ders. 1992b; Blühm 1993, 18ff); anders steht es mit einer kritischen Analyse der einzelnen Entwürfe hinsichtlich ihrer theologischen und humanwissenschaftlichen Voraussetzungen, Ideenproduktionen und Handlungsanweisungen. Der folgende Beitrag möchte so vorgehen, daß er zuerst die Begrifflichkeit, die sich in der Gemeindepädagogik herausgebildet hat, zu klären versucht und einige Grundprobleme erörtert, um dann in einem weiteren Kapitel heute diskutierte Konzeptionen hinsichtlich ihrer Leitideen und Ziele und im Blick auf die Trägerinnen und Träger der für wesentlich gehaltenen Aktivitäten näher in Augenschein zu nehmen. Den Schluß des Beitrags sollen Erwägungen zu möglichen Zukunftsperspektiven bilden.

1. Einleitendes

Es ist offenkundig, daß die Betonung der Gemeindefrömmigkeit des Christentums und entsprechende Erfahrungen im Rahmen der Bekennenden Kirche zur Zeit des Dritten Reiches und in der Nachkriegszeit nach 1945 die seit der Aufklärung beobachtbare und heute gesellschaftlich vorherrschende *Individualisierung* der Religion (Berger 1980) nicht zu verhindern vermochte. Dennoch erhoffte man sich in den siebziger Jahren angesichts eines auffälligen Säkularisierungsschubs und zunehmender Ausblendung spezifisch christlicher Inhalte und kirchlicher Themen im Rahmen des Religionsunterrichts und der Kirchlichen Unterweisung von einer spezifisch in den *Gemeinden* verorteten *Pädagogik* Hilfe im Kampf gegen weitere Entkirchlichung und Verweltlichung der Gesellschaft. Offensichtlich hatte man vergessen, daß das Christentum der westlichen Industriegesellschaften neben einer kirchlichen Form mit Kerngemeinden und Randsiedlern in zunehmendem Maße durchaus kirchenferne, privat-religiöse Strukturen zeitigt (Rössler 1986, 79ff). Man erinnerte sich auch nicht mehr an Analysen wie die von O. Hammelsbeck aus den Jahren 1939 und 1947 (9), die von einer "gemeindeschwachen Christenheit" zu reden wußten.

Jetzt sollte eine *kirchliche Pädagogik* die Wende markieren. Am *"Lernort Gemeinde"* sollten Glaube und Kirche pädagogisch interpretiert und so vor allem die nachwachsende Generation zur Gemeinschaft der an Christus Glaubenden gerufen werden. Die in solchem Zusammenhang begegnenden Vorstellungen von Gemeinde verdankten sich, wie zu vermuten ist, nicht realistischer Analyse, sondern biblischen oder dogmatischen "Vorbildern", die den Blick auf die Realität der Kirche im Zusammenhang einer säkularisierten, pluralistischen und sich demokratisierenden Gesellschaft zumindest trübten. Dachte man hierbei vielleicht an bestimmte Gruppen, die "im Zwischenbereich zwischen kerngemeindlicher Verbundenheit ... und extrem individualisierter Privatreligion" (Nipkow 1990, 48) so etwas wie "Nähe" verkörperten, wenn man jetzt die Gemeinde als *Dienstgruppe* und *Lebenszusammenhang* verstehen hieß?

Dann wäre zu fragen, welches Christentum die maßgebende Bezugsgröße gemeindepädagogischen Handelns sein kann, zu welchem Ende das Unternehmen

Gemeindepädagogik führen soll und wer die imaginierten Handlungsfelder zwischen Kinderarbeit und Altenbildung zu "beackern" imstande ist. Sicher war nur eines: *Träger und Ziel der Wende ist die Gemeinde.* Sie sollte angesichts ihrer eigenen akuten Krise und des nicht zu übersehenden Identitätsverlustes von Religions- und Konfirmandenunterricht das Steuer herumreißen und mit den Mitteln pädagogischer Professionalität Glauben und Kirche neu ins Bewußtsein der Menschen bringen. Drei Fragen mögen erlaubt sein:
- Wurde da der Grund der Kirche, das Evangelium von der unbedingten in Jesus Christus offenbar gewordenen Liebe Gottes, nicht mit einem durchaus "ideologischen" Bild von Gemeinde verwechselt?
- Konnte es nicht sein, daß Gemeindepädagogik trotz bester Vorsätze nicht in erster Linie als "Erinnerung" an den Grund des Glaubens und der Gemeinde wirksam wurde, sondern eher als Form der Bestandeswahrung des kirchlichen Sozialgefüges mit den Mitteln von Lehren und Lernen?
- Signalisiert der Begriff Gemeindepädagogik bei genauerer Betrachtung statt einer kirchlichen Offensive nicht viel eher resignative Rückzugsgefechte?

2. Begriffliches

2.1 "Gemeinde"

In den frühen Publikationen zur sog. Gemeindepädagogik begegnet der Begriff "Gemeinde" mit z.T. sehr verschiedenen Konnotationen. *E. Hessler* (1973) versteht Gemeinde idealtypisch als Gemeinschaft mit dem erhöhten Christus, indem sie auf die Urform der Abendmahlsgemeinde verweist. *E. Rosenboom* (1974, 19) will die Gemeinde einmal als ein "Feld pädagogischer Phänomene und Vorgänge" und als "Grundbedingung", unter der an diesem Ort Erziehung stattfindet, verstanden wissen, dann aber auch als "Schar von Menschen, die ihre Existenz keinem menschlichen Entschluß, sondern Gott allein verdankt."(30) Diese Schar wisse darum, daß nicht *Erziehung* den Menschen zum wahren Menschen oder gar zum Christen macht, sondern das *Zeugnis des Evangeliums,* bemühe sich aber dennoch um eine pädagogisch verantwortete und verantwortbare Gemeindearbeit und erfülle so den Auftrag, "mitten in ihrer Umwelt mit Wort und Tat das Kommen der Gottesherrschaft zu bezeugen" (34), sich selbst als *Bildungsprozeß* zu verstehen und die Glieder der Gemeinde als aktive MitarbeiterInnen in Dienst zu nehmen.

Traditionelle *Glaubensaussagen* ad vocem Gemeinde werden hier ebenso fortgeschrieben, wie der Autor deutlich macht, daß eben diese als Werk Gottes verstandene Gemeinde auch ein "Erziehungsfaktor" ist und darin ein auf eine professionelle Pädagogik angewiesenes Unternehmen. Die professionelle Pädagogik wird allerdings nicht in *ihrem* Selbstverständnis als autonome Bemühung ernstgenommen und gedacht, sondern eher als "ancilla theologiae" (Magd der Theologie) verstanden, der Grenzen vor allem da gesetzt werden müßten, wo sie damit beginne, selbst Totalansprüche an den Menschen zu stellen. *Neu* im Vergleich zu den bekannten Stimmen aus der *Dialektischen Theologie,* welche "die Distanz zwischen Theologie und Pädagogik grundsätzlich mit der Doktrin rechtfertigte, eine entschiedene Verkündigung des Evangeliums verlange die Abkehr von aller Interpretation des christlichen Glaubens mit Bildungskategorien" (Blühm, 11), ist hier zweifellos, daß der Verlust des Christlichen in Kultur und Bildung nicht mehr als Zeichen des Sieges des Evangeliums über seine pädagogische Verfremdung verstanden wird, sondern als Not, die nur mit den Mitteln pädagogisch-theologischer Kooperation behoben werden kann.

H. Frickel (1983, 207ff) war es, der das gemeindepädagogische Unternehmen eng mit dem Leitbild einer sog. "missionarischen Gemeinde" in Beziehung zu setzen versuchte. Wieder anders verstehen die *"Empfehlungen zur Gemeindepädagogik"* (Kirchenamt der Evangelischen Kirche in Deutschland 1982) "Gemeinde". Man hatte inzwischen erkannt, daß Kirche und christliche Gemeinde mit ausschließlich theologischen Kategorien kaum zureichend beschrieben werden konnten. Soziologisch betrachtet war die Kirche eben nicht ein Werk des Heiligen Geistes, sondern ein soziales Gebilde, in dem verschiedene Gruppen kommunizieren und das bestimmte Funktionen in der Gesellschaft erfüllte. Diese Funktionen waren es, die interessierten: Das Füreinander-da-Sein in einem "Nähe" bietenden sozialen Feld und das Handeln an der Welt nach dem Vorbild Jesu. "Kirche für andere" lautete die Devise. Wo aber war die integrierende Mitte, die Bedingung der Möglichkeit von Gemeinde, der jenseits der Gemeinde liegende Grund?, fragten Kritiker. *C. Möller* (1987, 51) dachte an Gottesdienst und Sakrament, *C. Bizer* (1988, 701ff) an das die Kirche erst ermöglichende Evangelium von der Freiheit, das sich nicht auf irgendwelche Idealbilder von Gemeinde (z.B. als Lerngemeinschaft) festlegen lasse: "Die gesuchte Unmittelbarkeit des Lebens sucht hier (in solchen Gemeindebildern) den evangelischen Glaubensbegriff aufzusaugen. Die Differenz zwischen Glauben und gemeindegemäßem Verhalten verwischt sich. Die Gemeindepädagogik läuft Gefahr, daß das von ihr entworfene Bild von Kirche die fortschrittlichen Methoden ihrer privilegierten Gruppen euphorisch spiegelt." (705)

Der Katholik *Erich Feifel* (1975, 42ff) hat dann als erster die theologisch und sozialwissenschaftlich überflüssige Alternative zwischen soziologischem und theologischem Gemeindebegriff wirklich überwunden und zu einer integrativen Betrachtung von Kirche gefunden. Er geht davon aus, daß eine nähere Umschreibung der religionspädagogischen Funktion von Kirche weder allein aus einer wie auch immer gestalteten theologischen Definition ableitbar ist noch aus einem Katalog von Aufgaben, die eine Korrektur von Defiziten bewerkstelligen sollten. *Nur* ein "Grundkonzept", in dem die christliche Gemeinde ihr Selbstverständnis mit dem sie umgebenden, ja übergreifenden sozialen System konfrontiert, könne aus dem Dilemma zwischen sichtbarer und unsichtbarer Gemeinde herausführen. Dabei werde rasch deutlich, daß Kirche auf die sich im raschen Wandel befindlichen sozialen Verhältnisse reagieren müsse.

Bemerkenswert in diesem Zusammenhang ist es, daß Feifel in der Folge nicht die Amtskirche in die Pflicht nimmt, auch nicht eine geschlossene Gemeinschaft der Glaubenden als missionarische Gemeinde, sondern die sog. *"offene Volkskirche"*, die in ihren Gruppen und mit ihren zur Verfügung stehenden MitarbeiterInnen den konkreten Bedürfnissen christlicher Lebenspraxis dienen möchte. Bei den Bedürfnissen denkt er unter anderem an Akzeptanz, Zuwendung, Sinn, Orientierung und Trost, an sprachliche

Kompetenz in der Auseinandersetzung mit dem Glauben und seiner Tradition, an Gemeinschaftsbildung und brüderlichen und schwesterlichen Dialog über den Glauben, aus dem alles lebt, was Kirche ist. Gemeinde ist nicht mehr der Ausgangspunkt von allem. *Ausgangspunkt ist das Evangelium*, das mit Hilfe eines Lernprozesses Gemeinde als Lerngemeinschaft zum Ziel im Glauben und in der Liebe führt:

"Gewiß verdankt sich christliche Gemeinde nicht einem menschlichen Zusammenschluß, sondern Gott. Als konkret erfahrene Kirche unterliegt sie jedoch der Vielfalt christlicher Kommunikation. Substrukturen in der Form zeitlich begrenzter, sach- oder funktionsbezogener Lernprozesse entlasten die Gemeinde davon, ihre Arbeit *stets* unter dem Zwang der Gemeinschaftsbildung zu tun. Die heute immer wieder erhobene Forderung nach einer brüderlich-missionarischen Kirche entspringt allzuleicht einer Gemeindeideologie, welche die Realitäten ignoriert." (48)

Die wesentlichen Leitlinien für eine offene Kirche lauten dann:
- Ort der Identitätsbildung und Kommunikation durch Bildung von Gruppenfähigkeit
- Lernfeld des Erwachsenwerdens der Christen
- Modell gegenseitiger Hilfe und Geborgenheit
- Raum für ein Vertrautmachen mit der Kirche und für den Dienst an der gläubigen Existenz
- Ermöglichungsgrund und Gelegenheit für eine glaubende, feiernde und liebende missionarische Gemeinschaft.

Eine solche Zusammensicht der theologischen und pädagogischen Dimension von Kirche schließt für Feifel eine Beschränkung der Gemeinde auf innerkirchliche pädagogische Funktionen aus und läßt ein Sich-Einlassen auf die Bedürfnisse und Fragen der Gesellschaft notwendig erscheinen. Dabei sollte allerdings das, was dem Glauben zu tun wesentlich erscheint, in lernbare Konzepte umgesetzt werden.

Hier schließt sich *Godwin Lämmermann* mit seinem Beitrag zum Problem *Gemeinde* in diesem Band (S. 10ff) unmittelbar an, wenn er gleich zu Beginn das Dictum von K.-P. Jörns (1988, 49) mit Zustimmung zitiert: Die "theologischen Momente von Kirchen" dürfen "nicht für sich, d.h. nicht ohne kirchensoziologischen Bezugsrahmen damals und heute gesehen werden. Seine Beachtung verhindert, daß theologische Einsichten kurzschlüssig zu volkskirchlichen Normen umgegossen werden." Theologisch geht Lämmermann in seiner Problemexplikation eher traditionell vor. Er setzt bei Jesus ein, geht weiter zu Paulus und Luther und von da in die Gegenwart. Interessant seine Ansicht, daß es aufgrund der Verkündigung und des Lebens Jesu kein inklusives Gemeindeverständnis geben könne ohne "Samariter" und "Sünder". Dagegen gehörten zu einer Gemeinde in der Nachfolge Jesu ein Stück weit antizipatorische Verwirklichung des kommenden Reichs. Was sollten sonst z.B. die "Gärtner im Weinberg" (Mt 20)?

Nach diesem historisch-theologischen Excurs ist deutlich:
Ein Gemeindebild kann nicht einfach aus biblischen und geschichtlichen Tatbeständen abgeleitet werden. Nach den biblischen und historischen Reminiszenzen folgen Bemerkungen zur jüngsten Geschichte, die augenscheinlich die Funktion haben, ganz neu zu einem theologischen Nachdenken über das, was Gemeinde ist oder sein könnte, zu motivieren: *"Die pädagogische Wende, welche die Gemeinde als symmetrisch*

strukturierte Lerngemeinschaft konstituieren wollte, kreierte zwar den Begriff Gemeindepädagogik, schuf aber bisher nicht einmal in Ansätzen ein pädagogisches Verhältnis in der Kirche." Der Ruf weg von der Betreuungs- und hin zur Beteiligungskirche war offensichtlich nicht gehört worden. Woran mochte das liegen? Wahrscheinlich doch an einer *ungenügenden theologischen Reflexion* über Grund und Auftrag von Gemeinde, vielleicht auch am "cultural lag" der Kirchen, die nach wie vor hierarchisch denken und nicht wahrhaben wollen, daß auch der Glaube eines Christen *sein* Glaube ist und einer Reglementierung nicht bedarf.

Was die theologische Reflexion anbetrifft, scheinen Lämmermann zuerst Interpretationen von Gemeinde, die Gräb/Korsch (1985, 85; 94) auf dem Hintergrund der Rechtfertigungslehre vorgelegt haben, weiterführend: *Gemeinde ist "Ort der Selbstthematisierung von Freiheit" oder "Vermittlungsagentur im Konstitutionsvorgang handlungsfähiger Subjekte."* Gegenüber früheren theologischen Annäherungen an den Begriff Gemeinde bedeuten diese Definitionen zweifellos einen Fortschritt, aber beachten sie den Sachverhalt, daß Gemeinde auch als Gemeinde von Gerechtfertigten eine congregatio sanctorum *et* peccatorum ist, genügend? Nach Lämmermann bedarf es hier weitergehender theologischer Überlegungen, um zu einer befriedigenden, dem Evangelium *und* den Menschen im Kontext der modernen Gesellschaft angemessenen Definition von Gemeinde zu gelangen. Er sieht eine Chance dafür im Nachdenken über das Bekenntnis der christlichen Gemeinde zum dreieinigen Gott, die sowohl dem einzelnen Subjekt als auch der Gemeinde in ihren strukturellen Zusammenhängen gerecht zu werden verspricht. Unter Bezugnahme auf die von D. Bonhoeffer geprägte Formel "Christus als Gemeinde existierend" fragt er nach der Struktur des trinitarisch entfalteten Gottesgedankens und damit in enger Verbindung nach der strukturellen Verfaßtheit der Gemeinde: *"Zwischen Gemeinde und ihren Mitgliedern darf und muß eine gewisse Distanz bestehen; eine Verschmelzung des einen mit dem anderen wäre für beide ruinös."* Mit anderen Worten heißt das, daß der einzelne gegenüber der Gemeinde stets ein Eigenrecht besitzt und die Gemeinde ihrerseits eine unabhängig zu denkende Grösse darstellt. In einer wahrhaft christlichen Gemeinde entspreche dieser Distanz ein Miteinander, das sich z.B. darin zeitigt, daß eine Gemeinde, welche ihre Mitglieder nicht zu vereinnahmen sucht, einen Beitrag leisten möchte zur Bereicherung ihrer individuellen *und* sozialen Freiheit, und die in der Gemeinde lebenden Subjekte ihrerseits sich selbst und ihren Glauben in den DisKurs der Gemeinde über Leben und Glauben einbringen. Für die Gemeindepädagogik bedeutet solches, daß ihre Veranstaltungen nicht so etwas wie Rekrutierungsversuche sein können, sondern offene Lernprozesse sein sollten. Nur so könne mit einigem Recht von christlicher Gemeinde und von Kirche als Kommunikationsgemeinschaft geredet werden.

Wer hier Verrat am Evangelium und an der heiligen Überlieferung vermutet, dem wird ein Doppeltes zur Erwägung gegeben: 1. wird er darauf hingewiesen, daß im Mittelpunkt des Diskurses nicht Individuen und ihre Meinungen stehen, sondern das Evangelium und der in ihm gründende Glaube; 2. daß das Evangelium nicht identisch ist mit Tradition, sondern je neu im Zusammenhang mit den Fragen des Lebens und in der Auseinandersetzung mit den eigenen und den in der Überlieferung "aufgehobenen" Erfahrungen entdeckt werden muß.

Wir halten fest: *Gemeinde ist als soziologisches und theologisches Datum zu begreifen und nur in einer doppelseitigen Betrachtung angemessen zu definieren. Wer eine der beiden Dimensionen vergißt oder verdrängt, verliert die Chance, das, was Gemeinde trägt und ausmacht, zu Gesicht zu bekommen.* Am Anfang der Diskussion um die Gemeindepädagogik bestand, so sahen wir, die Gefahr, dogmatische Sätze und soziale Wirklichkeit miteinander zu verwechseln. Die Folgen waren ideologische Behauptungen und Frustrationen im Kontext von Wirklichkeit. Der Fortgang der Diskussion in Kirchensoziologie, kirchenamtlichen Dokumenten und Religionspädagogik ließ dann zuweilen die "Realität" der Gemeinde für das Ganze halten und führte nicht selten zu einem gesetzlichen Machertum, das von guten Ratschlägen lebte.

E. Feifel und *G. Lämmermann* versuchen angesichts beider "Holzwege", die theologische und soziologische Frage nach der Gemeinde zu integrieren und auf diese Weise zu einem neuen Verständnis von Gemeinde zu gelangen, das offen ist für eine Praxis der Gemeindepädagogik als "Sprachschule für die Freiheit" (Lange), als Diskurs im und über den Glauben, als Quellort diakonischen Handelns an einzelnen und an der Welt. "Offene Volkskirche" ist der Begriff, der diesem Gemeindeverständnis entspricht. Die Botschaft von der Rechtfertigung ist der Grund für ihre Möglichkeit; das trinitarische Bekenntnis der wegleitende *theologische Grundsatz für Freiheit und Bindung.*

2.2 Pädagogik als gemeindepädagogische Bezugswissenschaft

Unter Pädagogik versteht man landläufig eine Lehre, welche begründete Weisungen für die Praxis der Erziehung bereitstellt und den in der Erziehung Tätigen eine gewisse Sicherheit für ihr Tun verleiht. Gewöhnlich beinhalten solche Erziehungslehren sowohl deskriptive als auch normative Aussagen, die, werden sie nicht sorgfältig voneinander unterschieden, einem unbilligen Vermischen von Ideal und Wirklichkeit Vorschub leisten, wie wir es im Blick auf "Gemeinde" in der Theologie entdeckten. Beide, die deskriptiven und die normativen Aussagen sind bewußt, zuweilen auch unbewußt, abhängige Variablen bestimmter gesellschaftlicher Verhältnisse, von Traditionen und von vorwissenschaftlichen und wissenschaftlichen Meinungen und Vorurteilen. Je nach dem Beziehungsbereich unterscheidet man zwischen allgemeinen und speziellen Erziehungslehren.

Es kann nun nicht unsere Aufgabe sein, die lange und spannungsreiche Geschichte des Verhältnisses von Theologie und Pädagogik Revue passieren zu lassen (vgl. dazu z.B. Feifel 1970, 537-598 und Nipkow 1982, 239ff), aber notwendig erscheint es mir, wenigstens die jüngsten Phasen der Diskussion des in Frage stehenden Verhältnisses in gebotener Kürze zu vergegenwärtigen.

Die theologische Diskussion der Jahre 1926-1933 und der Jahre nach dem 2. Weltkrieg war im evangelischen Bereich von der Überzeugung bestimmt, daß eine Instrumentalisierung der Theologie für pädagogische Zwecke ebenso unerträglich sei wie eine Indienstnahme der Pädagogik für theologische Zwecke. Das ist im Grunde eine neue Position im Rahmen der Theologie, denn nicht nur die katholische, sondern auch die protestantische Theologie beachteten in den vorangehenden Jahrhunderten eher eine Synthese von Glaube und Erziehung. Für die protestantische Seite ist in diesem Zusammenhang z.B. an die christlich-moralisch-humanistischen Erziehungskonzepte im Rahmen des orthodoxen Luthertums zu denken, auch an die pansophisch-pädagogischen Utopien der Barockzeit und die Modelle von Frömmigkeitserziehung im Umkreis des Pietismus des 18. Jahrhunderts.

Während des 18. Jahrhunderts trat dann an die Stelle der *theologischen* Dominanz im Rahmen der Diskussion über Erziehung trotz fortdauernder Bedeutung christlicher Motive und Einsichten eine Vorreiterrolle der Pädagogik mit ihrer Option für die Emanzipationsbewegung der Aufklärung in Europa. Daran änderte sich erst wieder etwas mit der "Erneuerung des reformatorischen Erziehungsdenkens" nach dem 1. Weltkrieg im Gefolge *Karl Barths* und *lutherischer* Gedankengänge zur Unterscheidung von Gesetz und Evangelium. Vor allem solche Erziehungskonzepte wurden seinerzeit ins Visier genommen, die einen auf sich selbst vertrauenden Menschen für erstrebenswert hielten und auf Methoden und psychologische Kenntnisse setzten. Dabei wurde jedoch übersehen, daß die inkriminierten Synthesen zwischen Theologie und Pädagogik aus dem 17.-19. Jahrhundert ja weniger der Selbstverherrlichung des einzelnen oder gar der Verleugnung der Geschöpflichkeit des Menschen zu dienen gedachten als eher gesellschaftlicher Stabilisierung und einer bestimmten politischen Ordnung. Deshalb ist es im Grunde nicht verwunderlich, daß die jedem *Selbst-Sein-Wollen* abholde lutherische Theologie ohne eine Spur von Scheu nicht nur dem handelnden anstelle des theoretischen Menschen Priorität in der Erziehung einräumte, sondern auch sog. *unmittelbar prägende* Gemeinschaftsordnungen wie Volk, Staat, Kirche, Bünde für wesentlich erklärte im Zusammenhang mit der Erziehung der Jugend. Da lag man jedoch unversehens im Trend völkischer und nationalistischer Bewegungen der Zeit: Zum Kampf angetreten *gegen* eine unbillige Synthese von Theologie und Pädagogik und *für* eine sorgfältige Unterscheidung derselben war man bei einer neuen Synthese gelandet, die Familie, Volk und Nation als Schöpfungs- und Erhaltungsordnungen verstehen hießen, welche angeblich die Würde des Hinweises auf das göttliche Erziehungswerk am Menschen besitzen.

Das Beispiel zeigt Grundsätzliches auf: Offensichtlich gibt es *keine Möglichkeit, theologisches Nachdenken über Erziehung außerhalb von geschichtlich-gesellschaftlichen Einflüssen* zu plazieren und "Gesetz und Evangelium" hinlänglich sorgfältig voneinander zu unterscheiden. Das bedeutet, daß die nach wie vor notwendigen Versuche, "zwischen Gottes rechtfertigendem Handeln und menschlicher Erziehung zu unterscheiden", stets mitbedenken müssen, "welchen gesellschaftlichen Verwendungszusammenhängen und pädagogischen Interessenlagen sie auch noch mit den eigenen Unterscheidungen unterworfen bleiben und oft geradezu Vorschub leisten" (Nipkow 1990, 248). Nipkow spricht im Zusammenhang mit solchen Überlegungen von der Aufgabe einer "interpretativen Vermittlung" zwischen Theologie und Pädagogik jenseits katholischer und altprotestantischer Integration, jenseits aber auch des Modells einer gegenseitig "freisetzenden Unterscheidung" von Theologie und Pädagogik mittels des theologischen Konstruktes einer Unterscheidung von Gesetz und Evangelium, sprich rechtfertigender Gnade Gottes und menschlicher Erziehungsbemühung.

Diese von Nipkow als *"dritter Weg"* bezeichnete interpretative Vermittlung zwischen Theologie und Pädagogik (Grundfragen I, 17, 197ff; TRE 10, 248) kann dann sowohl zu einer *Bejahung* als auch zu einer *Verneinung* bestimmter pädagogischer Gedankenproduktionen führen, darüber hinaus auch zu selbstkritischer Überprüfung theologischer Gedanken über Erziehung. Dieser dritte Weg sei zuerst *dialektisch* zu nennen, weil er den Namen Gottes ins pädagogische Geschäft hineinziehe, gleichzeitig aber auch heilige; er sei *hermeneutisch*, weil er Konvergenzen zwischen Theologie und Pädagogik in ihrer geschichtlichen Bedingtheit zu verstehen suche, und er sei *konstruktiv*, weil er aus Glauben ein pädagogisches Wort wage. Als *ideologiekritisch* gelte er, weil er sich darum bemühe, die je historische Relativität bestimmter Konvergenzen zu durchschauen.

Bei aller Zustimmung bleiben auch Fragen:
- Nach welchen Kriterien vermag es der Theologe, pädagogische Konstrukte ideologiekritisch zu untersuchen? (Mittels eines marxistischen Instrumentariums in Richtung auf eine Überprüfung des Zusammenhangs von Theorie und Praxis, mittels eines gesellschafts- und geschichtslosen Evangeliums, das dazu in die Lage versetzt, Menschliches von Göttlichem zu scheiden, oder mit Hilfe systematisch-theologischer Reflexion heutigen Glaubens an Gott den Herrn?)
- Welches ist das Ziel solcher interpretativen Vermittlung außer der Ermöglichung eines Verständnisses bestimmter Konvergenzen in ihrem geschichtlichen Kontext und der Unterscheidung zwischen pädagogischen und theologischen Aussagen im Horizont von Erziehung?

Wenn wir Nipkow zustimmen, daß Christen "aus ihrem Glauben wie politisch so auch pädagogisch konkret Stellung beziehen und handeln", dann bleibt auch noch die Frage, ob es denn tunlich sei, pädagogische Aussagen theologisch zu bewerten. Wäre es nicht besser, pädagogische Aussagen mit pädagogischen Kriterien, die allerdings in ihrer vorwissenschaftlichen Bedingtheit durchschaut werden müßten, zu werten? Danach mag sich zeigen, ob Grundaussagen des Glaubens uns dazu nötigen, z.B. laut zu sagen, daß der Mensch coram Deo immer mehr ist als das, was er in seiner Leistung oder seinem Charakter darstellt, oder ob wir aus Gründen der Liebe Gottes, die allen gilt, im Bildungswesen für die eintreten, die keine Chance haben. Auf dem Hintergrund der skizzierten Problemgeschichte der Beziehung von Theologie und Pädagogik kann nunmehr nach dem spezifischen Pädagogikverständnis der Gemeindepädagogik gefragt werden. Ich exemplifiziere an *E. Rosenboom/J. Henkys/G. Adam/R. Lachmann (1987) und H.B. Kaufmann (1987).*

E. Rosenboom betonte 1974 die Notwendigkeit, wenn es um den Glauben geht, die Menschen "ganzheitlich", d.h. im Kontext ihrer Lebensgeschichte und im Horizont ihrer Altersstufe im Blick auf Denken, Fühlen und Handeln anzusprechen. Um dieser Notwendigkeit gerecht zu werden, fordert er die Entwicklung einer "Gemeindepädagogik". Diese versteht er als jene wissenschaftliche Bemühung, "die sich grundsätzlich auf das Phänomen Erziehung bezieht", wobei "dieses Phänomen gar nicht weit genug gesteckt werden" könne (26). Näherhin umschreibt er "Pädagogik" dann als eine auf Praxis ausgerichtete Handlungswissenschaft, die bei aller Verpflichtung zur Theoriebildung zunächst auf die praktische Bildung des Verstandes und der Gefühlskräfte, auf die Erziehung zur Gewissenhaftigkeit und Handfertigkeit und die Übermittlung der überlieferten Lebensordnung und die Förderung der Kritikfähigkeit ausgerichtet ist. Als Kriterium einer solchen auf Praxis zielenden wissenschaftlichen Durchdringung aller Pläne und Vorgänge, in denen sich Erziehung realisiert, nennt er die Frage, "ob und wie menschliches Leben menschenwürdiges Leben bleibt oder wird." (26) Ist aber Gemeindepädagogik vor allem anderen Pädagogik, so wird sie wie diese Universalität und Totalität nicht aus den Augen verlieren dürfen, also Religionspädagogik, Sozialpädagogik, Freizeitpädagogik, Sexualpädagogik, Andragogik und in gewisser Weise auch Schulpädagogik sein. Es erstaunt nicht, daß sich Rosenboom von den in diesen Jahren noch üblichen Abgrenzungen theologischer Autoren von der Pädagogik distanziert, ja diese als Quellen der Irrelevanz des Glaubens für die Welt identifiziert. Als Klammer für alle Aspekte der Gemeinde*pädagogik* nennt Rosenboom die *Gemeinde*, die für ihn, wie wir gesehen haben, sowohl "Werk Gottes" als auch "Feld pädagogischer Phänomene und Vorgänge" ist.

Jeder Kenner theologischer Argumentationswege weiß, daß das auch für einen *modernen* Kirchenmann nicht alles sein kann, was zur Gemeindepädagogik zu sagen ist. Deshalb schränkt Rosenboom ein: *Erziehung ist kein Heilsweg*: "Man wird von erzieherischem Wirken weder die Rettung eines einzelnen Menschen noch die der Gesellschaft erwarten können." (30) Gerade in dieser Begrenzung sieht Rosenboom die Ermöglichung einer Öffnung der Gemeindepädagogik für alle in der Pädagogik vorhandenen menschlichen Überlegungen, über deren Gültigkeit und Brauchbarkeit allerdings in jedem Einzelfall zu befinden sei. Es bleibt auch hier die Frage, welche Kriterien es sein sollen, mit Hilfe derer eine solche Überprüfung vorgenommen werden kann. Genügt es da, darauf hinzuweisen, daß alles, was einen educandus zum Objekt mache, ebenso abzulehnen sei, wie jeder Versuch einer totalen Verpflichtung eines educandus durch den Erzieher?

Wir können im Rückblick auf Rosenboom von einer *"Heimholung" der Pädagogik* in die Theologie reden, die mit hohen Erwartungen verbunden scheint, das Heil aber nicht pädagogisch zu verrechnen versucht. Das ist so, weil Rosenboom etwas davon weiß, daß Pädagogik immer schon vorwissenschaftliche Bindungen impliziert, die im Raum der Gemeinde solche sein sollten, die im Evangelium gründen. Was solche Bindungen an das Evangelium verunmöglicht, kommt für Rosenboom nicht als Hilfsmittel für das Evangelium in Frage. Die Pädagogik ist hier zwar wichtig, aber sie ist kein gleichwertiger Gesprächspartner der Theologie und der Gemeinde, sondern eben nach wie vor "Magd". Was ist da mit der interpretativen Vermittlung, von der Nipkow spricht?

Mit Rosenboom sind auch andere Autoren (J. Henkys, H.B. Kaufmann, K.E. Nipkow, G. Adam u.v.a.) und mit ihnen die Synoden der EKD und des Bundes der Evangelischen Kirchen in der DDR von der Bedeutung einer pädagogischen Ausrichtung der kirchlichen Arbeit und damit einer Kooperation mit den Erziehungswissenschaften überzeugt. Unterschiede gibt es aber aufgrund der jeweiligen gesellschaftlichen Kontexte (BRD; DDR etc.) und auch wegen des sehr verschiedenen erziehungswissenschaftlichen Kenntnisstandes der Autoren. Sie betreffen vor allem die Ziele gemeindepädagogischer Arbeit und das Verständnis des Verhältnisses von Pädagogik und Theologie.

J. *Henkys*, in der ehemaligen DDR beheimatet, will z.B. die Gemeindepädagogik als recht verstandene Katechetik konstituieren, d.h. als wissenschaftliche Klärung der Gesamtheit aller theoretischen und praktischen Einrichtungen und Tätigkeiten, mit denen die Kirche ihre Verantwortung für ihre getauften Glieder wahrnimmt, möchte weiter das pädagogische Verantwortungs- und Handlungsspektrum vergrössern und alle in den pädagogisch zumindest *auch* zu verantwortenden Handlungsfeldern Tätigen auf die notwendige Beachtung soziokultureller Bedingungen aufmerksam machen. Allerdings bringt er für diese Forderungen nahezu ausschließlich theologische Argumente vor. Interdisziplinarität im wahren Sinne des Begriffs ist auch da noch nicht in Sicht, aber es besteht ein Wissen darum, daß die Theologie auf die Pädagogik angewiesen ist, wenn die Botschaft des Evangeliums Gestalt gewinnen soll. (Henkys 1979, 15-24)

G. *Adam/R. Lachmann* (1987) bezeichnen "Kommunikation des Evangeliums" als Integrationsbegriff für alle gemeindepädagogischen Handlungsfelder. In ihm "verbinden sich humanwissenschaftliche und theologische Anliegen" (28). Als Mitteilung sei Kommunikation sowohl die Bezeichnung einer Nachricht z.B. über ein Ereignis von Bedeutung als auch des persönlichen Austausches zwischen Dialogpartnern. Im Anschluß an solche sehr weitgehenden Aussagen erwartet der Leser jetzt eine In-Beziehung-Setzung der durchaus allgemeinen Aussagen zum Problem der Kommunikation und ihrer theologischen Interpretation mit Beispielen pädagogischen Begriffsgebrauchs. Das jedoch wird dem Leser zwar nicht ganz vorenthalten (48ff), aber doch eigentlich nur "im Vorbeigehen" gewährt, obwohl es doch einer Frage wert gewesen wäre, in welchem Verhältnis der in der Pädagogik im Anschluß an J. Habermas (1968) üblich gewordene Kommunikationsbegriff (Lenzen 1973; Schäfer/Schaller 1973) im Sinne herrschaftsfreier Kommunikation zwischen gleichberechtigten Partnern, deren Inhalt strittig ist und bleibt und erst durch Diskurs als solcher konstituiert wird, und die "Kommunikation des Evangeliums", für die der Inhalt weitestgehend vorgegeben erscheint (Lange), zueinander stehen. Wo ist hier von einer wirklichen Analogie und wo von deutlichen Unterschieden zu reden? (Vgl. dazu Bäumler 1990; ders. 1984, 92ff; 130ff; Biehl 1991, 210-214.)

Hier genügt es nicht festzustellen, daß die Kommunikation des Evangeliums "bereits terminologisch auf die kritisch-kommunikative Didaktik" hinweise, die sich als "Ergänzung, Fortführung und Korrektur der beiden inzwischen bereits klassisch gewordenen Richtungen der bildungstheoretischen und lerntheoretischen Didaktik" zu verstehen sei (48); das auch dann nicht, wenn man behauptet, die kritisch-kommunikative Didaktik leite "ihre Normen, das Verbindliche, Autoritative des Lehrens und Lernens letztlich von dem grundgesetzlichen Anspruch der Demokratisierung und Humanisierung aller Lebensbereiche her". Auch die gleichsam additive Hervorhebung des Maßstabes christlicher Liebe für die Kommunikation des Evangeliums als leitendes Kriterium im Prozeß gemeindedidaktisch reflektierter Arbeit ist unzureichend, zumal die in diesem Zusammenhang aufgeführten Aufgaben und Zielkriterien agapemäßiger Kommunikation eher abstrakt bleiben und theologisch nicht verantwortet erscheinen. Man könnte jetzt sagen, daß die Pädagogik bei Adam/Lachmann wenigstens ansatzweise mehr ist als eine bloße Hilfswissenschaft, ja, es gibt erste Anzeichen für eine Partnerschaft zwischen Erziehungswissenschaft und Pädagogik. Ob dabei allerdings die Authentizität des Evangeliums angemessen beachtet wird, ist uns ebenso zweifelhaft, wie wir uns nicht sicher sind, ob die Erziehungswissenschaften in ihrem eigenen Selbstverständnis ernstgenommen werden.

Ausgehend von der Feststellung, daß die theologische Kritik an der Pädagogik schon Geschichte habe und in ihrer heutigen Gestalt auf Karl Barth und die Dialektische Theologie zurückgehe, zeigt *H.B. Kaufmann* (Goßmannn/Kaufmann 1987, 14-41), wie die Religionspädagogik im Gegenzug zu der von Barth behaupteten Alternative Offenbarung *oder* menschliche Religion und Bildung sich aus der Umklammerung durch die Theologie befreite und mit Hilfe der Humanwissenschaften ganz neu nach dem Menschen, seiner Religion und vor allem seinem religiösen Bewußtsein zu fragen begann. Nur so meinte sie den Anschluß an die Schul- und Bildungsentwicklung gewinnen zu können und die religiöse Erziehung aus ihrer Lebens- und Wirklichkeitsferne, aber auch ihrer Irrelevanz für Leben und Denken zu befreien. Theologische und pädagogische Kriterien wurden von nun an in der Religionspädagogik miteinander verschränkt bzw. aufeinander abgebildet. Das hatte natürlich Folgen auch für die Bestimmung der Inhalte religiöser Erziehung. Manchen TheologInnen war das zu viel der Ehre für nichttheologische wissenschaftliche Bemühungen in der Theologie (z.B. Sauter 1986, 127-147. Vgl. dazu Nipkow 1987, 51-62).

Kaufmann diagnostiziert für diese TheologInnen ein Pädagogikverständnis, das "den pädagogischen Auftrag auf das Methodenproblem reduziert und die Bestimmung der Inhalte der theologischen Reflexion vorbehält." (15) Nach den Adressaten religiöser Erziehung in Kirche und Gesellschaft wird da offensichtlich nicht gefragt, auch nicht nach der Funktion des Glaubens und religiösen Wissens für Leben und Denken. Die hier zu erwartenden Folgen sind leicht zu nennen: Die Vermittlung von theologisch richtigen Inhalten an Adressaten, die diese Inhalte entweder nicht zu verstehen vermögen oder aber in ihrer Lebenswirklichkeit nirgends "unterbringen" können. Kaufmann stellt angesichts solcher Folgen unmißverständlich fest: "Die Verbindung von Theologie und Religionspädagogik kann nicht als Verhältnis von Was und Wie bestimmt werden " (17). Die Frage nach Gott und nach dem Glauben erfordert stets theologisches *und* pädagogisches Nachdenken, vor allem auch was die Inhalte betrifft. Nur so wird es möglich sein, Lernprozesse auf Glauben hin zu beziehen "damit sich der Glaube als befreiende Lebensorientierung in die Grunderfahrung des Menschseins hinein auswirken kann."(24) Die Frage an die Adresse theologischer Kritiker lautet dann: "Heißt Glauben lernen die lernende Übernahme eines in jeder Beziehung vorgegebenen, 'fertigen' Glaubensgefüges, oder meint es einen Lernprozeß, worin der Lernende die Wahrheit des Glaubens und sich selbst in dieser Wahrheit findet?" (Werbick 1984, 269) Die Antwort fällt leicht: Es geht um die Entdeckung von Lebensmöglichkeiten, auf die der Glaube abzielt. Solche Lebensmöglichkeiten erschließen sich aber nicht gleichsam senkrecht von oben z.B. aus einem Glaubenssatz oder auch aus *irgendeinem* Text, sondern aus altersstufengemäß gewählten und im Blick auf die Lebenswirklichkeit bestimmter SchülerInnen didaktisch reflektierten Inhalten, die nach den Grundsätzen pädagogischer Arbeit vermittelt werden. Hier ist dann das Problem des *Verhältnisses von Glauben und Lernen* virulent, auf das wir im Zusammenhang mit dem Kirchlichen Unterricht eingehen werden.

Im Blick auf die bisherige Diskussion um die gemeindepädagogische Funktion der Erziehungswissenschaft können wir sagen, daß Kaufmann neben K.E. Nipkow einer der ersten gewesen ist, der in der gemeindepädagogischen Diskussion die Erziehungswissenschaften als echte Partner ernst zu nehmen bereit gewesen ist. Pädagogik ist für ihn nicht mehr Hilfswissenschaft, sondern gleichberechtigter Partner der Theologie mit mancherlei kritischen Rückfragen an Glaubenstradition und gegenwärtige Gestalt kirchlichen und theologischen Denkens und Handelns, darin aber auch eine Wissenschaft, die ihrerseits kritische Rückfragen aus Theologie und Kirche zur Kenntnis nehmen sollte. Das gilt insbesondere im Blick auf verbreitete Grundauffassungen von ErziehungswissenschaftlerInnen, die alle möglichen Inhalte von Unterricht als Mittel für Erziehungsziele zu verdinglichen drohen. Da ist der Dialog gleichberechtigter Partner, nun mit umgekehrtem Gefälle als es in der Dialektischen Theologie der Fall war, zu einem Befehl-Gehorsamsverhältnis degeneriert oder besser verkommen.

3. Konzeptionen der Gemeindepädagogik

3.1 Der Hintergrund: "Gemeindepädagogik" als Reaktion auf sozialen Wandel

Gemeindepädagogische Konzeptionen, wie sie seit der Mitte der siebziger Jahre begegnen, sind im Spiegel der Geschichte des 18. bis 20. Jahrhunderts nur im Zusammenhang mit bemerkenswerten gesellschaftlichen Entwicklungen zu verstehen, an deren Beginn die Einführung der allgemeinen Schulpflicht gegen Ende des 18. Jahrhunderts steht, welche z.B. die Verantwortung für die religiöse Erziehung der nachwachsenden Generation von der Familie und der Gemeinde auf den schulischen Religionsunterricht übergehen ließ. Analoges geschah im Zusammenhang der industriellen Revolution des 19. Jahrhunderts mit der Jugend- und Erwachsenenarbeit vor allem in industriellen Ballungsgebieten. Hier übernahmen Vereine und Verbände, welche die Zeichen der Zeit besser verstanden als die Gemeinden die Repräsentanz des Glaubens in der Lebenswelt der Menschen.

So kam es zu einem Nebeneinander durchaus verschiedener religionspädagogischer Handlungsfelder. Gegen Ende des 19. Jahrhunderts und dann vor allem in der Zeit nach dem 1. Weltkrieg wurde angesichts der beschriebenen Verhältnisse der Ruf nach einem *Gesamtkatechumenat* laut, in dem die verschiedenen Aktivitäten einander zugeordnet werden sollten. Die "Machtergreifung" der Nationalsozialisten 1933 bedeutete hier einen "Fortschritt", da jetzt die Gemeinden gezwungenermaßen alle Formen religiöser Erziehung selbst zu übernehmen hatten. Dabei entstand jedoch bald die Frage, was die verschiedenen Aktivitäten, die sich an unterschiedliche Altersstufen richteten, miteinander zu tun hatten. Die solchem Fragen folgenden Bemühungen scheiterten aber aufs Ganze gesehen, weil Glauben und Lernen in ihrem Zusammenhang nicht reflektiert wurden und so auch weiterführende Lernprozesse für die verschiedenen Generationen kein Gegenstand waren. Gegen Mitte der siebziger Jahre gewann die Frage eine neue Qualität, da der schulische Religionsunterricht im Abwehrkampf gegen seine Eliminierung aus dem öffentlichen Bildungswesen die früher beachtete Verbindung zur Gemeinde kappte und angesichts der bekannten theologischen Engführungen dazu überging, die Inhalte nicht mehr deduktiv von den Glaubensinhalten her zu definieren, sondern im Blick auf die Lebenswirklichkeit und da entstehende Probleme der Kinder und Jugendlichen, die als Frage an den Glauben verstanden wurden. Dieser Schritt war schon deshalb notwendig, weil die meisten Schülerinnen und Schüler keine Beziehungen zur Gemeinde pflegten und so eine außerschulische Motivation, sich mit Inhalten des Glaubens zu beschäftigen, eher selten war. Eine Kirche, die kein anschaubares Modell des Lebens mehr sein konnte, fiel aus der Tagesordnung.

Angesichts dieser Sachlage wurde die hier zu verhandelnde *Gemeindepädagogik* zur Lebensfrage der Gemeinden. Nach einer Phase "programmatischer Akzentuierung" (Goßmann 1988, 13) begann in den "alten Bundesländern" Mitte der achtziger Jahre eine Phase konzeptioneller Entfaltung oder besser theoretischer Klärung dessen, was Gemeindepädagogik sein konnte und sollte (Adam/Lachmann 1987, 13-54; Goßmann/Kaufmann 1987; Nipkow 1990; Foitzik 1992 u.a.). Während die erste Phase ein Reflex auf die galoppierende Entkirchlichung der Gesellschaft um die Mitte der siebziger Jahre gewesen ist, die mit einem auffälligen Relevanz- und Funktionsverlust vor allem der Groß-Kirchen in der Gesellschaft verbunden erschien, stellte sich die Theoriebildung der achtziger Jahre in erster Linie als Versuch dar, die mannigfachen und durchaus unterschiedlichen Anläufe, pädagogische Aktivitäten in den Gemeinden in Gang zu setzen, theologisch "einzuholen" und pädagogisch zu strukturieren, zumal die Zeit gekommen war, die anfängliche Begeisterung und idealistischen Gemeindevorstellungen mit den gesellschaftlichen und kirchlichen Realitäten zu konfrontieren. An die Stelle normativ-deduktiver Vermittlungswege zwischen Glaube und Wirklichkeit traten jetzt dialogische Modelle und damit verbunden die Beachtung des Kindes und des Jugendlichen als ernst zu nehmende Partner der Gemeinde. In diesen Zusammenhang gehören auch deutlich artikulierte Erwartungen an die Gemeinden, sich als Experimentierräume für Kinder, Jugendliche und Erwachsene verstehen zu lernen und Mitbestimmung aller in der Gemeinde Lebenden vorzusehen, denn nur so kann es möglich werden, daß die Kirche als Gemeinschaft anschaubar und zum Modell für alternative Lebensentwürfe jenseits des gesellschaftsbestimmenden Konsumegoismus und hierarchischer Strukturen wird.

In der damaligen DDR hatte die Entstehung der Gemeindepädagogik nicht nur andere gesellschaftliche und kirchliche Voraussetzungen, sondern auch andere Beweggründe. Nicht das Leiden an einer reinen Betreuungskirche, die das Christliche nicht mehr anschaubar als Gemeinde zu repräsentieren vermochte und nach und nach immer mehr Funktionen in der Gesellschaft einbüßte, motivierte die Entwicklung einer Gemeindepädagogik, sondern der Verlust der Sprachfähigkeit, um das Evangelium im Gegenüber einer kirchenfeindlichen sozialistischen Gesellschaft als Gemeinde zu artikulieren. Gemeindepädagogik ist hier der Versuch, mit Hilfe pädagogischer Implikate der Theologie die Gemeinden dazu instand zu setzen, mehr als bis anhin ein gemeinsames Leben aus der Liebe Gottes zu führen und Kindern, Jugendlichen und Erwachsenen die Möglichkeit zuzuspielen, den Glauben im kirchenfeindlichen Umfeld zu artikulieren und zu leben. Interessant ist, daß diese Gemeindepädagogik nicht TheologInnen zur Verwirklichung anempfohlen wurde, sondern einem neuen Berufsstand, den GemeindepädagogInnen mit einer katechetischen Ausbildung und dann den Gemeinden als ganze.

3.2 Zur Konzeptionsdebatte

Erste *konzeptionelle* Ansätze für eine theoretische Grundlegung der Gemeindepädagogik finden sich schon bei *E. Rosenboom* (1974), wenn er z.B. fordert, der Gemeinde in Theorie und Praxis das ihr zukommende Gewicht als Übungs- und Bewährungsfeld des Glaubens zuzubilligen und der Gemeinde empfiehlt, sich selbst als Bildungsprozeß zu verstehen und als Gemeinschaft sich bewährender MitarbeiterInnen. Allerdings gelingt es Rosenboom nicht, das Verhältnis von Theologie und Pädagogik befriedigend zu umschreiben und sein Gemeindebild an der Realität zu messen. Immerhin gebührt ihm das Verdienst, die Praxis der Gemeinde aus dem Prokrustesbett eines hypertrophen Verkündigungsbegriffs befreien zu wollen und die Relevanz pädagogischer Arbeit für den Glauben und das Leben ganz neu beschrieben zu haben.

Neue Facetten gewinnt die Gemeindepädagogik als Theorie kirchlichen Handelns in den "*Empfehlungen zur Gemeindepädagogik*" der Kammer für Bildung und Erziehung der EKD aus dem Jahr 1982, die unter dem Titel "Zusammenhang von Leben, Glauben und Lernen" publiziert worden sind. Hier bezeichnet Gemeindepädagogik nicht nur die vielgestaltige unterrichtliche Vermittlung das Glaubens, sondern auch die Verantwortung aller Gemeindeglieder in den Lebensbezügen der Alltagswelt. Erziehung und Bildung in der Kirche seien ohne Zusammenhang von Leben, Glauben und Lernen nicht möglich. Einen solchen Zusammenhang herzustellen gilt deshalb als *die* Aufgabe der Gemeindepädagogik. Entsprechende Lernprozesse zu entwickeln und einen "Lebensvollzug 'aus Glauben in Glauben' (Röm 1,17)" anzustreben, heißt deshalb die Devise.

Das Verhältnis von Gemeinde und Pädagogik wird, trotz der Betonung der Notwendigkeit humanwissenschaftlicher Erkenntnisse, nach wie vor von der Theologie her definiert. Sie sei es, welche qualitative Vorgaben definiere und eine Eigenmächtigkeit der Pädagogik zu verhüten habe. Auf der anderen Seite besitzt die Pädagogik ebenfalls eine kritische Funktion im Gegenüber zu Theologie und Gemeinde, indem sie auf die Bedeutung der Lebensgeschichte und des gesellschaftlichen Umfeldes der Adressaten als unbedingt zu beachtende Faktoren pädagogischen Handelns in der Kirche hinweist. Allerdings läßt sich fragen, ob die Lebenswelt der Adressaten angemessen bedacht worden ist.

C. Bäumlers und *Norbert Mettes* "Gemeindepraxis in Grundbegriffen" (München 1984) ist zwar keine "Gemeindepädagogik", aber erbringt doch Grundlegendes für eine Theorie pädagogischen Handelns in der Gemeinde. Dafür steht der Grundbegriff "Gemeinde der Befreiten", der immer wieder in Erscheinung tritt. Grundsätzlich sind dabei alle Glieder der Gemeinde *Subjekte* und nicht Objekte kirchlichen Handelns. "Im Blick auf eine pädagogische Fragerichtung ist dieser 'Befreiungsansatz' insofern interessant, als hier der Ansatz einer emanzipatorischen Pädagogik eingeschlossen ist", die offensichtlich tiefer geht als die Emanzipationsdebatte der sechziger Jahre (Goßmann 1988, 147). Der gemeindepädagogische Ertrag des Ansatzes ist in der "Dialektik von Individualität und Sozialität" (25) zu sehen, welche z.B. Kinder und Jugendliche als wahre Partner erscheinen läßt, und dann in einem realitätsnahen Gemeindebild, wie wir es in den bisher beschriebenen Konzeptionen nicht zu finden vermochten. Da gibt es sowohl Chancen als auch Grenzen für Wünschbares, vor allem aber Perspektiven für einen Lernort Gemeinde, der die einzelnen Gemeindeglieder in spezifischer Weise beteiligen möchte, "sei es, daß sie die Dimension des Lebens in der Gemeinde lernend und gestaltend verändern, sei es das sie die ihnen geschenkte Freiheit in 'Offenheit, Herrschaftsfreiheit, Partizipation, Solidarität' leben und dadurch die Gemeinde der Befreiten zu einem kritischen Prinzip einer offenen Volkskirche werden lassen" (Bäumler/Mette 1984, 29 und 34ff).

G. Adam und *R. Lachmann* entfalten die Gemeindepädagogik als religionspädagogisches Handlungsfeld im Blick auf die christliche Gemeinde als sozialer Ort und Subjekt des Handelns. Deshalb ist Gemeindepädagogik für sie eine *religionspädagogische* Handlungstheorie, die das Glaubenlernen für verschiedene Bezugsgruppen in der Gemeinde reflektiert und für konkrete Praxis bedenkt. Wie wir schon gesehen haben, ist dabei der Begriff *Kommunikation* von ausschlaggebender Bedeutung. Wie K. Goßmann (149) richtig gesehen hat, dient dieser Begriff bei Adam/Lachmann nicht wie z.B. bei Bäumler/Mette als "Bestimmung der Realisierung von Befreiung", sondern als Vermittlungskategorie im Zusammenhang mit religiösen Lernprozessen oder, wie sie selbst sagen, "im Interaktionsgefüge von Evangelium, Lehrenden und Lernenden" (32). Sie bezeichnen Gemeindepädagogik auch als "Lernprogramm des Glaubens im Lebensbereich der Gemeinde", das eine "an der Sache des Evangeliums orientierte Erziehung" (43) intendiert. Deshalb betonen Adam und Lachmann ihren Entwurf um so nachhaltiger als ein umfassendes Konzept christlicher Erziehung vom Kindergarten bis hin zur Altenbildung, das von der Gemeinde initiiert, geplant und verantwortet wird.

K.E. Nipkow war es, der 1990 den Versuch angestellt hat, eigene und fremde Überlegungen zur Religions- und Gemeindepädagogik zu einem integrativen Konzept zusammenzufassen, das die "relativ stark verselbständigte(n) Aufgabenfelder" aufeinander beziehen sollte (Nipkow 1990). Als Integrationsebene sieht er die christliche Gemeinde an, versteht aber nicht, wie man erwarten könnte, die Religionspädagogik als Teil der Gemeindepädagogik, sondern versteht im Gegenteil die Gemeindepädagogik als *den* Bestandteil der federführenden Religionspädagogik an, der gemeindebezogene Teilaufaben bearbeitet "und so in gewisser Weise" das Erbe der klassischen Katechetik (109) fortführt. Evangelischer Bildungsverantwortung stellt sich seiner Meinung nach eine doppelte Aufgabe:
1. die Erneuerung der Kirche durch Weitergabe der Glaubensbotschaft und
2. die Erneuerung der Gesellschaft durch eine Bildungsbemühung, die konkreten Lebensproblemen der Menschen nachgeht.

Dabei ist sich Nipkow dessen bewußt, daß Glaube und Bildung durchaus zu unterscheidende Kategorien sind, die sogar miteinander konkurrieren können.

Wie immer, *Gemeindepädagogik* ist für *Nipkow* eine Erweiterung des Unterrichts als Unternehmen des Lehrens und Lernens um produktive und Generationen übergreifende Sozialformen im Zusammenhang mit einer anschaubaren Gemeinschaft. Weil der Glaube und das Glauben zur Unmittelbarkeit von Erfahrung tendiert, sieht er die konkrete Gemeinde als den gegebenen Ort für "gemeinsames Leben, Glauben und Lernen". Kenner der Geschichte der Pädagogik fühlen sich an gewisse reformpädagogische Entwürfe aus den ersten Jahrzehnten unseres Jahrhunderts erinnert, die ähnlich argumentierten.

An der westdeutschen Diskussion beteiligten sich auch andere; wir denken vor allem an Arbeiten von K. Foitzik, K. Goßmann, R. Blühm, W.E. Failing, G. Ruddat. In der ehemaligen DDR meldeten sich E. Schwerin, R. Degen und D. Reiher, aber vor allem *Jürgen Henkys* zu Wort. Dieser hat in den Jahren 1978ff, 1987 und 1991 gleichsam in drei Anläufen das bisher von Eva Hessler u.a. Erarbeitete kritisch geklärt und zu einer als durchaus neu zu bezeichnenden *"Katechetik"* nach dem Ende der Katechetik entwickelt (Henkys 1978, 12-64; 1979, 15-24; 1987, 55-86; 1991, 13-30).

Leitende Idee für ihn ist die Gemeinde als "Gemeinschaft von Diensten", welche die in Deutschland herkömmliche Dominanz der TheologInnen in der Kirche ablösen möchte. Das Ziel der Gemeindepädagogik ist für Henkys ein dreifaches: Sie soll a) die Vermittlung des Glaubens der Tradition für einen selbständigen Glauben im Jetzt gewährleisten; b) Hilfen bieten zur Selbstfindung im Zusammenhang mit Gemeinschaftserfahrungen und c) auch in Formen der Weltverantwortung einüben. Das alles erwartet sich Henkys von einer "Kirche in der Diaspora", die nicht mehr und auch nicht weniger als eine kognitive Minderheit im Rahmen der atheistischen sozialistischen Gesellschaft der DDR darstellt und die für viele Dienste keine hauptamtlichen MitarbeiterInnen zur Verfügung hat. Die Gemeinden sollten von ihren Gliedern und ihrer Mitarbeit getragen werden. "Kirche als Gemeinschaft von Lernenden" lautet die Devise für den Aufbau des Neuen. So auch das Thema der Synode des Bundes der Evangelischen Kirchen in der DDR 1974. Diesem Programm entsprach nicht nur eine Erneuerung der kirchlichen Strukturen und des Gemeindeverständnisses, sondern auch eine Reform des kirchlichen Ausbildungswesens seit Beginn der siebziger Jahre. Die Gemeinde ist nicht mehr die zu katechetisierende, unter das Wort zu stellende, wie in der klassischen Katechetik, sondern eben Zeugnis- und Dienstgemeinschaft inmitten einer säkularen Welt. Nicht Unterweisung heißt das Ziel, sondern Orientierung aus dem Evangelium für den Alltag in der sozialistischen Gesellschaft, wo Menschen als Christen leben und handeln können sollten.

Weil Gemeindepädagogik trotz des Tatbestandes, daß sie ursprünglich als Dimension für die gesamte Gemeindearbeit gedacht war, sich an vielen Stellen vornehmlich als Handlungstheorie einer neuen kirchlichen Berufsgruppe artikulierte, möchten wir dieser Seite des Problems einen eigenen Abschnitt widmen, um erst dann einen eigenen Entwurf zu vorzulegen, der versuchen soll, der Gemeinde als Trägerin der Gemeindepädagogik ebenso gerecht zu werden, wie der gesellschaftlichen Situation, in der

Christen eine Gemeinde bilden und professionelle MitarbeiterInnen im Rahmen dieser Gemeinde einen unveräußerlichen Dienst tun.

4. Die pädagogische Kirche braucht "neue" MitarbeiterInnen

Seit 1971/72 gibt es an den evangelischen Fachhochschulen sog. Dritte Fachbereiche für Gemeindepädagogik, an denen neben theologischen und humanwissenschaftlichen Kenntnissen auch Formen personaler und sozialer Kompetenz vermittelt werden sollen. "Erfahrungsnahes, biographisches, subjektorientierendes und ganzheitliches Lernen" (Foitzik 1992a, 438f) soll in diesem Ausbildungsgang dazu führen, daß bei allen inhaltlichen Schwerpunkten des Studiums das persönliche Wachstum der Studierenden nicht aus den Augen verloren wird. Mit diesen neuen Studiengängen wollten die Fachhochschulen dem Wunsch der EKD nachkommen, welche diesen 1972 wie folgt formulierte: "*Die Kirche bedarf für ihre differenzierten Aufgaben in der gegenwärtigen Gesellschaft einer differenzierten Ausbildung. Sie braucht daher neben dem stärker forschungsorientiert ausgebildeten TheologInnen von den theologischen Fakultäten den praxisorientiert ausgebildeten Fachhochschultheologen, der durch seine Ausbildung zur selbständigen Reflexion und Entscheidung wie zu verantwortlichem Handeln befähigt wird.*" (Buttler 1977, 292)

Als die ersten Absolventen und Absolventinnen im Jahre 1976 ihr Studium abgeschlossen hatten, war der seinerzeit dringende Wunsch der Kirchen, vakante Stellen mit gut ausgebildeten PraktikerInnen zu besetzen, gegenstandslos geworden, da die Zahl der StudienabgängerInnen an den theologischen Fakultäten sprunghaft gestiegen war. Daß die Kirchen "andere Mitarbeiter" brauchten, wie D. Aschenbrenner und G. Buttler 1970 in einer engagiert geschriebenen Broschüre bekundeten, war wieder von dem "alteingesessenen" Vorurteil in Kirchen und Gemeinden verdrängt worden, daß im Zweifelsfall TheologInnen alles besser können. Die geplante Veränderung der Mitarbeiterstruktur in den Gemeinden war damit gestorben. Man setzte wieder auf Altbekanntes und angeblich Bewährtes. Das alles wäre verschmerzbar gewesen, wenn die theologischen Ausbildungsstätten jetzt daran gegangen wären, eine angemessene Ausbildung der TheologInnen via Studienordnungen zu gewährleisten und entsprechende Praktika mit sorgfältiger Begleitung einzuführen. Bei der Durchsicht einiger Studienordnungen fiel auf, daß es einem Studierenden der Theologie an einigen Stellen nach wie vor möglich ist, eine religionspädagogische Ausbildung während des Grundstudiums sogar zu vermeiden.

Was die Dritten Fachbereiche der Fachhochschulen anbetrifft, reagierte man rasch. Gemeindepädagogik sollten hinfort nur noch die studieren können, die bereits als SozialpädagogInnen oder SozialarbeiterInnen diplomiert wurden. Unter diesen Umständen litt selbstredend auch das Bestreben, während des Studiums Erfahrungen zu ermöglichen, die es den künftigen PraktikerInnen zumindest erleichtern könnten, später andere anzuleiten und zu begleiten. Zu denken ist in diesem Zusammenhang vor allem an Veranstaltungen, in denen biographische Lernerfahrungen aufgearbeitet und sachgemäß ausgewertet werden. Die Folgen sind bekannt: Die Mitarbeiterstruktur der Gemeinden blieb in vielen Fällen die alte. Nicht wenige PfarrerInnen scheiterten im pädagogischen Bereich ihrer Amtspflichten. Der Versuch, Jugendarbeit neu zu strukturieren und generationsübergreifende Arbeit zu entwickeln, wurde an vielen Stellen abgebrochen, und Anstrengungen im Bereich des konfirmierenden Handelns der Kirche, Jugendliche sprachfähig zu machen in Sachen Leben und Glauben, indem man konsequent entwicklungspsychologische und erziehungswissenschaftliche Erkenntnisse in die theologische Reflexion integrierte, blieben mehr oder weniger Spezialisten vorbehalten, ganz zu schweigen davon, daß die Gemeinde nur in Einzelfällen Anleitungen erfuhren, selbst als Lerngemeinschaft und Lehrgemeinschaft zu leben und zu wirken. Nach wie vor gilt deshalb: "Die Kirche braucht andere Mitarbeiter", pädagogisch gebildete und ausgebildete Frauen und Männer, seien es GemeindepädagogInnen oder TheologInnen mit einer einschlägigen Zusatzausbildung oder einer intensiven Weiterbildung im Rahmen begleiteter Praktika.

Was deren persönliche und soziale Kompetenz anbetrifft, müssen Wege gesucht werden, diese z.B. im Predigerseminar zu erwerben. Unsere langjährigen Erfahrungen an Hochschulen läßt uns vermuten, daß die Akademie kein geeigneter Ort ist für solche Lernziele. Man denke nur an die auch heute noch durchaus übliche Kommunikationsstruktur akademischen Unterrichts, die sich in den Gemeinden nicht selten "wiederholt". Wenn Kirche als Lehr-/Lerngemeinschaft mit dem Ziel, Leben, Glauben und Lernen zu integrieren, verstanden werden soll, muß auf jeden Fall etwas geschehen. Zu denken wäre an die Entwicklung sog. reflektierter Gruppen, an generationenübergreifende Projekte, an bibelzentrierte Veranstaltungen, wo vor allem die Nicht-TheologInnen ihre Erfahrungen mit gelesenen Texten einzubringen vermögen, etc. Um solches möglich werden zu lassen, bedarf es eben der *GemeindepädagogInnen*, die neben den TheologInnen und nicht *unter* TheologInnen mit eigener Kompetenz und in eigener Verantwortung zusammen mit Gruppen wirken können. Das wird nur möglich sein, wenn das Amt der GemeindepädagogInnen nicht defizitär vom Amt des Pfarrers oder der Pfarrerin abgeleitet erscheint.

In diesem Zusammenhang ist von Entwicklungen in den Kirchen der DDR zu handeln, die auch angesichts des Tatbestandes, daß sie auch dort zu scheitern drohen, vorbildlich gewesen sind. Die Kommission für Ausbildung in der Evangelischen Kirchen in der DDR drängte aufgrund der sich rasch verändernden kirchlichen Gegebenheiten zu Beginn der siebziger Jahre auf eine umfassende Ausbildungsreform. Man wollte ein Verständnis von Gemeinde entwickeln, das nicht mehr vornehmlich auf das Amt der akademisch ausgebildeten TheologInnen ausgerichtet war, sondern neben den TheologInnen andere Amtsträger mit anderen als pastoralen Kompetenzen, aber mit derselben Dignität wie sie PfarrerInnen besaßen, kannte. Die 1979 gegründete, von drei Landeskirchen getragene Ausbildungsstätte für GemeindepädagogInnen in Potsdam war ein erster Schritt in diese Richtung. In einer vierjährigen Grundausbildung und einem daraufffolgenden zweijährigen Vorbereitungsdienst wurden die GemeindepädagogInnen auf ihren Dienst vorbereitet, der nicht nur den herkömmlichen katechetischen Dienst im Rahmen der Christenlehre umfaßte, sondern auch Elternbildung, Erwachsenenbildung und in vielen Gemeinden auch pastorale Aufgaben.

1981 kam es zu dem seither vielzitierten "Gesetz über die dienstrechtlichen Verhältnisse der Gemeindepädagogen", das die in vielen Gemeinden herrschenden Verhältnisse festschrieb. Das gilt auch für die Verlautbarung der sächsischen Ev.-luth. Landeskirche, die am 31.8.1984 in ihrem Amtsblatt den Beruf des Gemeindepädagogen/der -pädagogin folgendermaßen beschrieb: "Der Gemeindepädagoge ist für pädagogische Aufgaben umfassend ausgebildet. Er übt seinen Dienst in partnerschaftlicher Zusammenarbeit mit dem Pfarrer und anderen MitarbeiterInnen der Gemeinde eigenverantwortlich aus. Zu den Aufgabenschwerpunkten gehören besonders die Arbeit mit Kindern- und Jugendgruppen in einer Gemeinde oder Region, Erwachsenenarbeit, Zurüstungsaufgaben für Laien und nebenamtliche MitarbeiterInnen, Aufgaben der Seelsorge und des Gemeindeaufbaus." Gehaltlich wurden die GemeindepädagogInnen gleich oder doch ähnlich besoldet wie die Inhaber eines Pfarramts.

Die "Wende" brachte an dieser Stelle ein großes Maß an Verunsicherung mit sich. Man ist gespannt, wie es weitergeht. Wird der an Popularität gewinnende, im Augenblick der Wende noch undenkbare Religionsunterricht der Schule die Gemeindepädagogik zurückdrängen? Werden sich gemeindepädagogische und schulische Formen religiöser Erziehung und Bildung konkurrieren oder ergänzen? Werden viele ausgebildete GemeindepädagogInnen in die Schulen übertreten, um Religionsunterricht zu erteilen? Werden TheologInnen wieder das entscheidende Wort in den Gemeinden zu sagen haben? Wird der gerade begonnene Prozeß hin zu einer Gemeinde als Lerngemeinschaft, die eigene Verantwortung trägt, wieder zurückbuchstabiert?

5. Gemeindepädagogik unter den Bedingungen einer pluralistischen Leistungs- und Konsumgesellschaft - unsere Position

5.1 Was Gemeinde im Begriff Gemeindepädagogik bedeuten soll

Wir nannten weiter oben als Perspektive für eine christliche Gemeinde im Kontext einer nachmodernen Gesellschaft die "offene Volkskirche", die alle Bevölkerungsgruppen umfaßt und potentiell der Quellort diakonischen Handelns, eine Gelegenheit für die Kommunikation des Evangeliums und eine Sprachschule für die Freiheit sein oder werden kann. Als ihren Quellgrund bezeichneten wir die Botschaft von der Rechtfertigung des Sünders, welche die Freiheit des einzelnen respektieren läßt, Individualität und Sozialität zu vermitteln hilft, prinzipiell allen Gemeindemitgliedern die Möglichkeit offenläßt, Gruppen zu bilden, und dazu befähigt, Konflikte aufzudecken, wahrzunehmen und zu bearbeiten. In einer so verstandenen offenen Volkskirche gilt es Lernprozesse zu organisieren, "in denen bereits Kinder und Heranwachsende ebenso wie Erwachsene und alte Menschen, Starke und Schwache, diejenigen Erfahrungen freiheitlicher Anerkennung und liebevoller Inanspruchnahme machen können, die für die Entwicklung mündiger Christen förderlich sind." (Bäumler/Mette 1987, 25f)

Für die Entwicklung solcher Lernprozesse braucht die offene Volkskirche MitarbeiterInnen, die Inhalts- und Beziehungsebene im Rahmen der Kommunikation des Evangeliums so miteinander verknüpfen können, daß es nicht zu einer deduktiven Vermittlung z.B. theologischen Herrschaftswissens kommt, sondern zu der Fähigkeit selbständigen Urteilens im Rahmen wechselseitiger Lernerwartungen und -erfahrungen.

Hilfreich dabei erscheinen unter anderem eine Kooperation zwischen verschieden ausgebildeten MitarbeiterInnen bereits bei der Vorbereitung, eine kontinuierliche Supervision und vor allem die Bereitschaft aller Professionellen, "die 'Laien' in ihrer Kompetenz für eine christliche Existenz in ihrer konkreten alltäglichen Situation ernst zu nehmen" (Bäumler/Mette, 28). Die in diesem Gemeindeverständnis vorausgesetzte Freiheit führt möglicherweise zu einer Vielfalt, die immer wieder neu nach der "Mitte" fragen läßt. Das bedingt jedoch ein "diskursives Klima","in dem es möglich ist gemeinsame Ziele der Gemeindepraxis zu finden, Konflikte auszutragen, Entscheidungen nach regelgeleiteten Verfahren zu treffen und, falls nötig, auf dem gleichen Wege auch wieder zu korrigieren" (Bäumler/Mette, 31). In alldem ist die Differenz zwischen dem Glauben und dem wünschbaren gemeindegemäßen Verhalten bewußt zu halten, wenn es wahr ist, daß das Reich Gottes noch aussteht. Sollte es trotz Diskurs und konziliarem Miteinander zu einem auf die Dauer unerträglichen Pluralismus zwischen Charismatikern und kritischen Basisinitiativen kommen, der die Gemeinde zerreißt, wird nur die Fähigkeit weiterhelfen, Korrekturen und Kritik von außen zu akzeptieren und sich nicht abzukapseln. Gemeinde jedenfalls, wie wir sie skizziert haben und wie sie im gemeinten Sinn des Wortes Lernort sein kann, gewinnt ihre Möglichkeit im Glauben an die geschenkte Versöhnung und die Hoffnung auf verheißene Freiheit. Da liegt der Grund für eine Praxis kommunikativer Freiheit, wie fragmentarisch auch immer sie sich darstellen mag.

5.2 Erziehungswissenschaftliche Impulse für eine Gemeindepädagogik

Wir haben gesehen, daß die meisten Konzeptionen der Gemeindepädagogik die Bedeutung der Pädagogik und anderer Humanwissenschaften für eine weiterführende Gemeindepraxis zwar nicht ausschließen, aber nur in Einzelfällen dazu bereit sind (Kaufmann; Nipkow), nichttheologische Wissenschaften ohne Wenn und Aber als Partner zu akzeptieren. Die Rede ist statt dessen immer wieder von notwendigen Grenzziehungen, kritischen Prüfungen und zuweilen auch von der Überflüssigkeit z.B. pädagogischer Forschung für die Gemeindepädagogik. Von einer notwendigen Korrektur der Gemeindepädagogik durch die Erziehungswissenschaft hört man dagegen wenig. Charakteristisch R. Blühm (1993, 51): *"Bei der Übernahme humanwissenschaftlicher Aussagen ist es erforderlich nach deren Voraussetzungen und Implikaten zu fragen. Wo man sich jedoch zur Begründung gemeindepädagogischer Theorie ausdrücklich und entschieden auf humanwissenschaftliche Aussagen beruft, müßte zumindest ein entsprechendes Problembewußtsein erkennbar sein bzw. vermittelt werden... Es kann nicht genügen, wenn sozialwissenschaftliche oder psychologische Aussagen nur lose auf einen allgemeinen Religionsbegriff bezogen werden, eine eigentliche Erörterung der Integrationsproblematik und eine Auseinandersetzung mit theologischen Gesichtspunkten jedoch nicht stattfindet."*

Hier ist bereits vergessen, daß es Pädagogen waren, die z.B. "die Verleugnung des Kindes in der evangelischen Pädagogik" (Loch 1964) aufdeckten und so dazu beitrugen, daß endlich auch die Adressaten des Evangeliums in den Blick unterrichtlicher Bemühungen der Kirchen kamen. Auch die Aufforderung zu einer "empirischen

Wendung in der Religionspädagogik" (Wegenast 1969, 111-125) war durch entsprechende pädagogische Bemühungen initiiert worden. K.E. Nipkow und der Rat der Evangelischen Kirche Deutschlands sind ebenfalls nicht durch theologische Grundlagenforschung zu ihren Anstrengungen für eine kirchliche Bildungsreform motiviert worden, sondern durch die von Pädagogen in Gang gesetzten Reformanstrengungen im Rahmen des öffentlichen Schulwesens. Und woher mag der "Situationsansatz" im evangelischen Kindergarten (Religionspädagogisches Förderprogramm für den Kindergarten 1975f) und die Entwicklung des sog. problem- und themenorientierten Religions- und Konfirmandenunterrichts seine Impulse gewonnen haben?

Man wird im Rückblick auf das Gesagte bescheinigen können, daß in den Jahren 1965-1975 Kirche und Religionspädagogik zumindest versucht haben, den erziehungswissenschaftlichen Diskussionsstand einzuholen. Wie steht es aber damit heute und nicht zuletzt in den konkreten Gemeinden? "Wie steht es hier mit dem angemahnten Ernstnehmen des zweiten Wortbestandteils 'pädagogik' " in der Gemeindepädagogik? (Bargheer 1992, 479) "Wird nicht, wo zunächst Gemeindepädagogik angesprochen ist, oft unter der Hand (auch mangels Trennschärfe) 'Gemeindeaufbau', -'erneuerung' oder einfach '-praxis' daraus? So, als ob Gemeinde eine Konstante wäre und Pädagogik soviel wie eine austauschbare Größe" (a.a.O., 479f).

Ursächlich dafür ist nicht nur *notorische Unkenntnis* vieler TheologInnen im Blick auf die Erziehungswissenschaft, sondern auch *Blindheit* gegenüber der Zeitbedingtheit aller Theologie und ihrer Quellen. Deshalb gilt es auch in der Gegenwart, die human- und sozialwissenschaftlichen Nachbardisziplinen der Religionspädagogik, ihre Wahrnehmungen und Vorschläge zu berücksichtigen und für die gemeindepädagogischen Entwicklungen fruchtbar zu machen. Dabei wird es notwendig sein, vorgängig aus der Theologie übernommene Vorurteile zu überprüfen. Es wird sich dabei zeigen, daß pädagogische Feststellungen nicht erst dann wahr werden, wenn sie theologisch habilitiert worden sind, sondern daß es sogar möglich sein kann, sie auch abgesehen von theologischen Aussagezusammenhängen für gültig zu erachten. Zu denken in diesem Kontext ist da z.B. an die so oft, auch von uns selbst, abgewehrte Feststellung der allgemeinen Pädagogik, daß die Didaktik darüber zu befinden hat, welche Inhalte es sein können, die in einer bestimmten Altersstufe vermittelt werden sollen. Viel Neues könnte die Gemeindepädagogik so z.B. aus der sog. *Lebensweltforschung*, die der Pädagoge D. Baacke entwickelt hat, lernen. Sie unterteilt die Lebenswelt Jugendlicher in vier verschiedene Zonen, die je andere Formen der Sozialisation möglich und notwendig erscheinen lassen (Baacke 1987, 108). Das könnte zu weiterführenden Unternehmungen nicht nur im Blick auf die Familienerziehung führen, sondern alle gemeindepädagogischen Praxisfelder unter Einschluß des Gottesdienstes nachhaltig fördern. Zu denken ist auch an die verschiedenen Schulen der *Entwicklungspsychologie*, welche uns darauf aufmerksam machen, daß Verstehen nicht für alle Altersstufen das Gleiche bedeutet, und die uns dabei helfen können, "rechtzeitig", d.h. im Augenblick, zu dem etwas hilfreich ist, bestimmte Inhalte zu erschließen zu versuchen (Englert 1985).

5.3 Zu den Ämtern und Berufen in den Handlungsfeldern der Gemeindepädagogik

D. Aschenbrenner, W. Fahlbusch und K. Foitzik schreiben 1981 (Aschenbrenner/ Foitzik 1981, 63) im Blick auf das angesprochene Problem der Ämter und Berufe: *"Die notwendige pädagogische Dimension kirchlichen Handelns und ihre soziale Kraft werden nur dann wirklich prägend sein können, wenn MitarbeiterInnen mit entsprechender Qualifikation ausreichend zur Verfügung stehen. Zwar wird auch bei der Ausbildung der Pfarrer diese Dimension nicht mehr länger nur der zweiten Ausbildungsphase vorbehalten bleiben können, doch das theologische Studium ist nach wie vor mit guten Gründen vorrangig an der theologisch-hermeneutischen Grundqualifikation orientiert."*
Im gleichen Band (69-119) werden dann von verschiedenen Autoren Studienmodelle vorgestellt, welche die entsprechenden Qualifikationen der Gemeinde- und Religionspädagogik zu vermitteln versprechen. Alle beschriebenen Studiengänge wollen für Jugendarbeit, Erwachsenenbildung, kirchlichen Unterricht und Religionsunterricht an Grund- Haupt- und Realschulen qualifizieren. "Die Absolventen sollen religionspädagogische Situationen in der Gemeinde und in der Schule autonom und kompetent gestalten können." (71)
H.U. Nübel (85) wird noch konkreter, wenn er von den Zielen studienbegleitender Praktika handelt: "Die Ziele sind:
- mit Gruppen und einzelnen in verschiedenen Situationen umgehen lernen;
- eigene Möglichkeiten und Grenzen kennenlernen;
- Kooperationsmöglichkeiten erfahren und einüben;
- eigene Gefühle und Ansprüche wahrnehmen und verbalisieren lernen;
- Programme als Hilfsmittel zur Kommunikation einsetzen lernen;
- theologische Erkenntnisse und eigene Werte mit humanwissenschaftlichen Kenntnissen verbinden und einbringen lernen;
- eigene Fähigkeiten entdecken und sie im Rahmen der Gemeindepädagogik verwirklichen."

Es ist deutlich: Bei den *DiplomreligionspädagogInnen* oder *GemeindepädagogInnen* handelt es sich nicht um weisungsgebundene Subalterne, sondern um kirchliche MitarbeiterInnen mit spezifischen Kompetenzen. Daraus ist zu folgern, daß die herkömmliche Struktur unserer Gemeinden verändert werden muß. An die Stelle des alles bestimmenden Leitungsamtes des Pfarrers/der Pfarrerin muß ein Team verschieden ausgebildeter MitarbeiterInnen treten, das gemeinsam in Zusammenarbeit mit dem Kirchenvorstand für Planung, Konzeption und Impulsgebung verantwortlich ist. Unsere Kenntnis vieler Gemeinden im In- und Ausland, lutherischen, reformierten und katholischen, läßt uns vermuten, daß wir von einer solchen neuen Gemeindestruktur in der Regel noch weit entfernt sind. Noch immer ist das auf der Ordination fußende "Amt" maßgebend; das "Priestertum aller Gläubigen", das allen Gemeindegliedern in der Taufe verliehen ist und laut dem es für einen Zugang zur Gnade und Liebe Gottes keines besonderen Mittlers bedarf, ist ebenso vergessen oder in den Hintergrund getreten, wie die Lehre von den mancherlei Gnadengaben in der Gemeinde (1.Kor 12), die eigentlich kein hierarchisches Gefälle erlaubt, sondern besondere Aufgaben zu selbständiger Wahrnehmung übertragen heißt.

Die Alternative formulierte der Ausschuß Amt und Gemeinde der EKU im April 1980 (Burgsmüller/Frieling 1984, 56) :"Die theologisch erkannte Gleichheit des geistlichen Ranges aller Ämter und Dienste im Rahmen des allgemeinen Priestertums der Gläubigen nötigt zu Konsequenzen für die rechtliche Regelung ihrer institutionellen Gestaltung ... Das verlangt auch eine Änderung kirchlicher Ordnungen und Gesetze, soweit sie die Bedeutung des einzelnen Amtes, z.b. des Pfarrers, unangemessen betonen und den Anteil aller Ämter und Dienste am Verkündigungsauftrag der Kirche nicht eindeutig genug berücksichtigen." Zu den bereits angeführten Qualifikationen theologischen, humanwissenschaftlichen und personalen Zuschnitts für GemeindepädagogInnen wären m.E. noch einige Perspektiven hinzufügen, die nicht aus den Augen verloren werden sollten, wenn mit einzelnen und Gruppen in der Gemeinde kooperiert wird. Ich denke (1.) an die *Fähigkeit, Kritik von Jugendlichen und Erwachsenen in der Gemeinde auszuhalten* und ernst zu nehmen. Hier geht es auch um ein empathisches Zuhören-Können und um die Möglichkeit, hinter oft ungelenken Worten das eigentlich Gemeinte zu verstehen, um dann gemeinsam nach Wegen zu suchen, die ins Offene führen. Ich meine (2.) die *Bereitschaft, zusammen mit Kindern, Jugendlichen und Erwachsenen originäre Erfahrungen zu machen und diese gemeinsam zu reflektieren*, und (3.) die *Fähigkeit, Glaubensinhalte, auch den eigenen Glauben, zu problematisieren und zusammen mit anderen nach Sprache zu suchen, den Glauben neu zu sagen*, und nach Formen, ihn neu und vielleicht anders als bisher zu leben.

An dieser Stelle kommt die Gruppe in Sicht, mit der und in der gearbeitet wird. Der/die eine solche Gruppe pädagogisch begleitende MitarbeiterIn sollte die in jeder Gruppe schon bald sichtbare Dynamik entdecken und sich und den Gruppenmitgliedern bewußt machen können. Auf diese Weise entsteht die sog. "reflektierte Gruppe", in der sich Solidarität ausbilden kann, auch Heimatgefühl und Gemeinschaft. In solchen Gruppen kann dem einzelnen wirksame Hilfe zuteil werden und Kooperationsfähigkeit wachsen, können Gaben entfaltet werden und Partnerschaften sich entfalten (vgl. H. Steinkamp 1977, 16ff).

5.4 Zehn Thesen zum Programm einer "Gemeindepädagogik"

1. Wenn Gemeindepädagogik mehr sein soll als eine "Chiffre für ein bestimmtes Krisenbewußtsein" christlicher Gemeindeabeit (Failing 1989, 248) muß darauf hingearbeitet werden, daß sie z.B. im Rahmen religionspädagogischer Lehrstühle an Fakultäten und Fachhochschulen als eigene Dimension kirchlichen Handelns in Forschung und Lehre vertreten wird. Nur so wird es möglich sein, die doch sehr verschiedenen pädagogisch und religionspädagogisch zu verantwortenden Handlungsfelder in der Gemeinde angemessen zu bearbeiten und eine Handlungstheorie zu entwickeln, die den sehr unterschiedlichen Adressaten ebenso gerecht wird wie einer "Kommunikation des Evangeliums".
2. Angesichts des sich schnell ausbreitenden religiösen Analphabetismus in unserer Gesellschaft, der selbst in den sog. Bildungsschichten grassiert, wird die Gemeinde-

pädagogik die Aufgabe wahrnehmen müssen, zusammen mit dem schulischen Religionsunterricht die Organisation religiösen Wissens besser als bisher zu gestalten, um das Ziel, Erwachsene und Jugendliche ein Wissen darum zu eröffnen, was es heißt, evangelisch zu sein und eine Herkunftsgeschichte zu haben, die eine christliche ist, mit größeren Erfolgsabsichten anstreben zu können.

3. Gemeindepädagogik wird sich in allen ihren Feldern darum mühen müssen, bei den Alltagserfahrungen ihrer Adressaten einzusetzen und danach zu trachten, diesen Adressaten in ihrer Freizeit Gelegenheiten zuzuspielen für Formen des gemeinsamen Glaubens, Lebens und Lernens, und d. h. auch zu gemeinsamem Fest. Dabei gilt es, Gruppen mit gemeinsamen Problemen (Alleinerziehende, Alleinstehende, alte Menschen, theologisch Interessierte) ebenso zu beachten wie generationenübergreifende Gruppen wie Familien mit Kindern, KonfirmandInnen und Konfirmandeneltern etc.

4. Wenn Gemeindepädagogik auf eine Gemeinde der Befreiten hinarbeiten möchte, wird sie bestrebt sein, alle die, welche sich für einen gemeindepädagogischen Beruf ausbilden lassen wollen, in ihren mitgebrachten Vorstellungen und Motiven ernst zu nehmen und im Horizont dieser "Vorurteile" zusammen mit ihnen das Studium zu planen und zu gestalten. Das bedingt auch ein immer neues Kontaktsuchen mit den kirchenleitenden Gremien im Zusammenhang mit vielerorts notwendigen Neustrukturierungen im Leben von Kirche und Gemeinden.

5. Wenn die Gemeinde Lernort und Lerngemeinschaft werden soll, bedarf es neben Berufsleuten auch ehrenamtlicher MitarbeiterInnen für einzelne Bereiche. Sie handlungsfeldbezogen auszubilden, fortzubilden und zu fördern wird die Aufgabe der hauptamtlichen GemeindepädagogInnen sein. So denkt z.B. auch die Rhein. Landessynode (vgl. den bei Ruddat 1992, 464 angezogenen Beschluß "Zur Struktur des pfarramtlichen Dienstes im Kontext des gesamten Mitarbeitergefüges" aus dem Jahr 1992).

6. Alle Bemühungen gemeindepädagogischen Forschens und Lehrens, Planens und Handelns gelten der Initiation je neuer Lernbewegungen, die das Herkommen im Blick auf seine Angemessenheit oder Unbrauchbarkeit für die Bewältigung gegenwärtiger Probleme und die Beantwortung aktueller Fragen prüfen, nach Wegen ins Offene suchen und für eine adressaten- und zeitgemäße "Kommunikation des Evangeliums" wirken. Dabei wird immer darauf zu achten sein, daß Grund und Ziel der Arbeit nicht Situationen sind, sondern das Evangelium für die Menschen.

7. Zum Lernen gehört auch die Erörterung des eigenen Glaubens und seiner Inhalte angesichts von Rückfragen und Bestreitungen von seiten anderer Deutungen von Welt, Gott und Mensch. In einer interkulturellen, interreligiösen und darin pluralistischen Gesellschaft, in der jeder selbst unter den möglichen Angeboten wählen muß, kann sich die Gemeinde nicht damit begnügen, eine Behauptungskultur zu pflegen oder subjektive Bekenntnisse zu bekräftigen. Hier bedarf es sowohl der Kenntnisnahme der anderen als auch kommunikativer Kompetenz im Gespräch mit anderen. Beides muß erworben werden.

8. Da die landläufigen Strukturen kirchlicher Arbeit noch immer von längst vergangenen Verhältnissen geprägt erscheinen, in denen die Kirchen weitgehend die öffentliche Meinung prägten, die heutige Welt aber gerade durch eine Vielzahl verschiedener Meinungen, Deutungen und Ansichten bestimmt erscheint, die in den Medien durcheinander und gegeneinander zur Sprache kommen, gilt es für die Gemeindepädagogik, in einen kritischen Umgang mit Informationen und Medien einzuüben. Dabei wird es immer wieder auch zu Konfrontationen mit dem Glauben und seiner Tradition kommen müssen. Der persönliche Dialog im kleinen Kreis kann da nicht nur zu einer differenzierten Sicht der Dinge führen, sondern auch zu einer Klärung des eigenen Glaubens.

9. Die Schwierigkeit, heutige Menschen dazu zu motivieren, die Bibel ohne theologischen Mentor "mit eigenen Augen" zu lesen und mit ihr zu interagieren, ist ein Signal für die Gemeindepädagogik, nach neuen Wegen zu suchen, die dazu geeignet sind, die Schätze der Bibel neu zu entdecken (S. z.B. Wegenast 1983, 202-214, Berg 1992; Baldermann 1990; 1991 u.a.)

10. Gemeindepädagogik zielt nicht auf einen Ekklesiozentrismus mit entsprechender Selbstgenügsamkeit, sondern auf ein Kirche-Sein für andere, d.h. auf gesellschaftliche Verantwortung der Christen für eine Bewahrung der Schöpfung, für gesellschaftliche Gerechtigkeit auch gegenüber denen, die keine eigene Stimme haben, für die öffentliche Bildung und ihre Zielvorstellungen und nicht zuletzt für die Versöhnung von Einheimischen und Fremden. Da gibt es viel zu lernen und auch zu verlernen. Es wird die Aufgabe der einzelnen Handlungsfeldern gewidmeten Beiträgen sein, hier konkreter zu werden.

Literaturempfehlung:

- *G. Adam/R. Lachmann (Hg.)*, Gemeindepädagogisches Kompendium, Göttingen 1987
- *C. Bäumler/N. Mette (Hg.)*, Gemeindepraxis in Grundbegriffen, München/Düsseldorf 1987
- *K. Foitzik*, Gemeindepädagogik. Die Problemgeschichte eines umstrittenen Begriffs, Gütersloh 1992
- *E. Goßmann/H.B. Kaufmann (Hg.)*, Forum Gemeindepädagogik, Münster 1987
- *K.E. Nipkow*, Bildung als Lebensbegleitung und Erneuerung, Gütersloh 2. Aufl. 1992
- *E. Schwerin (Hg.)*, Gemeindepädagogik. Lernwege der Kirche in einer sozialistischen Gesellschaft. Gemeindepädagogisches Ansätze, Spuren, Erträge, Münster 1991

III. Evangelischer Kindergarten - Bedingungen und Aufgaben

Der Bereich der vorschulischen Betreuung von Kindern ist erneut in die Diskussion geraten. Anders als in der Reformdebatte der siebziger Jahre, in der große Modellversuche durchgeführt und nach neuen Konzepten - von der antiautoritären Kinderladenbewegung und den zahlreichen Elterninitiativen bis zur großangelegten Übertragung der Curriculumdebatte auf den Elementarbereich - gesucht wurde, stehen heute jedoch nicht so sehr pädagogische, sondern politische Überlegungen im Vordergrund. Der öffentliche Streit hält auch nach der Anfang 1991 vollzogenen Ablösung des bisherigen Jugendwohlfahrtsgesetzes (JWG) durch das Kinder- und Jugendhilfegesetz (KJHG) und damit der Neuregelung der gesetzlichen Basis für Kindergärten an. Denn die Frage nach Trägerschaft, pädagogischer Gestaltung und Umfang der Vorschulerziehung berührt gesamtgesellschaftliche Grundentscheidungen über den Sinn und die Notwendigkeit der Erwerbstätigkeit von Frauen, den Stellenwert von Familie und Familienpolitik, von Bildung und Erziehung sowie über die Grenzziehung zwischen staatlicher, privater und kirchlicher Verantwortung. Unmittelbarer Anlaß der gegenwärtigen Auseinandersetzung war zunächst das Streben um eine Angleichung der Lebensverhältnisse in den Alten und Neuen Bundesländern der BRD. Die bisherige nahezu flächendeckende Kinderbetreuung in der ehemaligen DDR durch Kindertagesstätten, Horte und Kindergärten gilt aus finanziellen und familienpolitischen Gründen nicht länger als vertretbar; zudem unterliegt sie dem ideologischen Verdacht eines sozialistischen Zugriffs auf junge Menschen und einer gezielten Unterminierung des Elternrechts. Hinter den Einrichtungen des Elementarbereichs der beiden deutschen Länder standen überdies unterschiedliche pädagogische Grundsatzentscheidungen: Während in der DDR der Kindergarten der Schulvorbereitung diente und in einen Bildungsgesamtplan eingefügt war, galt er in der BRD als eine Ergänzung zur familiären Erziehung. Dementsprechend war in der DDR die Kindergartenpraxis durch verschulte, zumeist kognitiv orientierte Bildungspläne vorgegeben, deren Erfüllung verpflichtend war, während in den alten Bundesländern primär das soziale Lernen und Erleben im Vordergrund stand.

Der durch die "Wiedervereinigung" Deutschlands angestoßene Streit belebte auch die bereits in der alten BRD schlummernde Kontroverse darüber, ob der Kindergarten dem Wohlfahrtssektor oder - wie z.B. im Bildungsgesamtplan projektiert - dem Bildungsbereich zuzuordnen sei. Dementsprechend kam es zu unterschiedlichen landesrechtlichen Regelungen: So liegt in fast allen Bundesländern die politische Verantwortung für den Kindergarten bei den Sozialministerien, in Bayern hingegen untersteht die Elementarerziehung dem Kultusministerium; dementsprechend fehlt im neuen Bayerischen Kinder- und Jugendhilfegesetz eine Regelung für diesen Bereich, nachdem das neue Bundesgesetz explizit diese andersartige Zuweisung des Kindergartens zuläßt (JKHG §26). Die im Hintergrund stehenden sozialpolitischen Implikationen der Kindergartenpolitik werden darin deutlich, daß die Diskussion um den Kindergarten durch den politischen Streit um eine Reform des §218 verschärft wurde. Während die eine Seite unter den Prämissen der Fürsorge den Ausbau des Kindergartenwesens als flankierende Sozialmaßnahme für die Liberalisierung des §218 StGB gesetzlich verankern will, wird dies von anderer Seite u.a. deshalb abgelehnt, weil es sich beim Kindergarten um keine sozialpolitisch, sondern bildungspolitisch zu begründende Maßnahme handelt. Zudem wird in der Öffentlichkeit zunehmend zur Kenntnis genommen, daß das gesetzlich verbriefte Recht auf einen Kindergartenplatz (JKHG §24) im Widerspruch zu dem weiterhin anhaltenden Mangel an Kindergartenplätzen steht, der z.Z. eher zu- als abnimmt, nachdem zum einen die Geburtenrate wieder leicht ansteigt und andererseits die steigende Staatsverschuldung die Möglichkeiten eines weiteren Ausbaus des staatlichen Kindergarten- und Hortwesens stark einschränkt. Zwar haben knapp 80% der Fünfjährigen mittlerweile ihren Kindergartenplatz; der Mangel zeigt sich vor allem im angehobenen Eintrittsalter: In der Regel nehmen Kindergärten - obwohl in den meisten Kindergartengesetzen das dritte Lebensjahr als Grenze gilt - Kinder erst ab ihrem vierten Geburtstag auf. Weil in der BRD insgesamt über eine halbe Million Kindergartenplätze fehlen, wird ihre Verteilung Jahr für Jahr - zumindest in den Großstädten - zur "Verteilungslotterie". Im Vergleich z.B. zu Frankreich ist das eine klägliche Bilanz: Dort besuchen bereits 40% der Zweijährigen einen Kindergarten, und ab dem dritten Lebensjahr sind alle Kinder in der "école maternelle" (Nehls, in: Ebert 1991, 175f). Der bundesdeutsche Mangel wird dadurch kaschiert, daß in den meisten Einrichtungen die gesetzlich vorgesehene Gruppengröße beträchtlich überschritten wird. Wo aber bis zu dreißig und mehr Kinder zusammengefaßt werden, mutiert der Kindergarten zwangsläufig von einer pädagogischen Veranstaltung zur reinen Verwahranstalt; an diesen strukturellen Bedingungen zerplatzen Bildungskonzepte wie Seifenblasen. Dementsprechend demotiviert sind die ErzieherInnen, die in der Regel ihren Beruf aus idealistischen Motiven ergriffen haben. Es ist deshalb notwendig, in der akuten politischen Debatte bewußt zu machen, daß nicht nur eine quantitative Erweiterung des Angebots, sondern gleichermaßen auch eine qualitative Verbesserung der Kindergartenarbeit notwendig ist.

1. Kirchliche Kindergärten - weshalb?

Die gesellschaftspolitische Entwicklung hat auch die Frage nach kirchlichen Kindergärten aufleben lassen. Immerhin werden etwa 70% der Kindergärten in der (alten) BRD von den Kirchen betrieben; im innereuropäischen Vergleich ist das ein singulärer Fall, denn in der Regel sind die Einrichtungen zur Vorschulbetreuung staatlich. Auch in der BRD ist die Konfessionalität der Kindergartenarbeit in der Öffentlichkeit höchst umstritten. Dies nicht nur, weil Kritiker in ihr eine schleichende Zwangsrekrutierung von Unmündigen für die Kirche sehen, und auch nicht nur, weil Maßnahmen des sogenannten Tendenzschutzes insbesondere auf seiten der katholischen Kirche (z.B. Entlassungen von geschiedenen Erzieherinnen) für Empörung sorgen. Vielmehr gehört die Sorge für die Erziehung von Kindern generell weitaus weniger als etwa die Betreuung von Alten, Gebrechlichen oder Behinderten zu den kirchlichen Soll-Leistungen (Hanselmann 1984, 126ff). Ein Selbstverständnis, das im Kindergarten "die Kinderstube der evangelischen Kirchengemeinde" (Richter 1972, 100) sieht, liegt - aufs Ganze gesehen - quer zu den Erwartungen der Bevölkerung, unter der nur 21% den Kindergarten als eine ausschließlich kirchliche Aufgabe betrachten (Hanselmann 1984, 134f; Angaben gelten für die alten Bundesländer).

Gleichwohl würden 54% aller Befragten ihre Kinder lieber in einen kirchlichen als in einen staatlichen Kindergarten schicken (Hanselmann 1984, 190f); in der Altersgruppe, die tatsächlich Kleinkinder hat, sind es allerdings nur 34%. Vermutlich spielt bei dieser Bevorzugung auch eine realistische Einschätzung der tatsächlichen Trägerschaft eine Rolle. Besondere pädagogische Erwartungen gerade an die kirchlichen Träger verbinden sich damit jedenfalls kaum: jeweils 31% meinten, daß in kirchlichen Einrichtungen mehr Wert auf ein anständiges Benehmen gelegt würde, bzw. daß dort das Kind besser aufgehoben wäre. Mutmaßlich steht hinter der Präferenz für den kirchlichen Kindergarten, daß dadurch die religiöse Erziehung des Kindes sachgemäß delegiert und die damit überforderte elterliche Erziehung entlastet werden kann. Auch wenn die Erwachsenen selbst wenig davon halten, so gilt unter ihnen weiterhin als "commen sense", daß Religion für Kinder gut sei: nur 3% schreiben der religiösen Erziehung negative Folgen zu, und nur 38% finden, daß es praktisch keinen Unterschied macht, ob Kinder religiös erzogen werden oder nicht (Allensbach 1983, 121). "44% der Eltern sind froh, wenn ihnen der Kindergarten ihr Problem der religiösen Erziehung abnimmt" und 35,6% stehen ihm gleichgültig gegenüber (Stoller 1980, 156). Allerdings dürften die Chancen für eine in die Kindergartenarbeit integrierte Elternarbeit relativ begrenzt sein und wohl kaum über die unmittelbar die Kinder selbst berührenden Fragen hinausgehen können.

Die relativ hohe Akzeptanz einer kirchlichen Trägerschaft ist sicher auch Manifestation einer unbestimmten, distanzierten Kirchlichkeit, die eben durch die Inanspruchnahme einer kirchlichen Einrichtung zum Ausdruck gebracht wird: Weil man formal "evangelisch" bzw. "katholisch" ist, wird auf die Einrichtung der jeweiligen Konfession zurückgegriffen und erfüllt damit einen Aspekt der eigenen Konfessionalität, die ansonsten keine sozial strukturierende Kraft mehr ist. Von den durch die Konfessionalität des Kindergartens nicht direkt betroffenen Befragten ohne Kinder (Alter über 35 Jahre) würden sich immerhin im hypothetischen Fall 50% für eine kirchliche Betreuung entscheiden; offensichtlich liegt in der kirchlichen Trägerschaft eine entscheidende Motivationsressource für die Bereitschaft zur Kirchensteuerabgabe. Der Kindergarten gehört für viele offenbar untrennbar zum Profil der Kirche; er kann deshalb nicht einem staatlichen Monopol überlassen werden; dies um so weniger, als die Skepsis gegenüber staatlicher Omnipräsenz zunimmt.

Sozialpolitisch und rechtlich gesehen ist die kirchliche Verantwortung für Kindergärten eine Konsequenz aus dem Subsidiaritätsprinzip, das die Verlagerung staatlicher Aufgaben auf untere soziale Ebenen der freien Träger vorsieht. Das Kinder- und Jugendhilfegesetz (KJHG) stellt in §4 (2) diesbezüglich fest, daß, "soweit Einrichtungen, Dienste und Veranstaltungen von anerkannten Trägern der freien Jugendhilfe betrieben oder rechtzeitig geschaffen werden können", die Kommunen "von eigenen Maßnahmen absehen" sollten. Unter den freien Trägern sind "die Kirchen und sonstigen Religionsgemeinschaften öffentlichen Rechts" bereits als solche ohne Verfahren anerkannt (KJHG 75, 3). Durch diese Regelung soll eine stärkere Integration und Vernetzung sowie eine bedürfnisgerechtere Ausrichtung der Arbeit gewährleistet und dem Wunsch- und Wahlrecht der Betroffenen entsprochen (KJHG §5) werden. Die

Gefahr des Subsidiaritätsprinzips liegt allerdings darin, daß es zu verbands- oder gemeindeinternen Interessen mißbraucht werden kann, sofern daraus kein Dienstauftrag, sondern ein Rechts- und Herrschaftsanspruch abgeleitet wird. Dies hängt wiederum vom Selbstverständnis der kirchlichen Einrichtung ab.

2. Zum Selbstverständnis kirchlicher Kindergärten

In der gesetzlichen Zuordnung der Kindergartenarbeit zur Wohlfahrtspflege wirkt - historisch gesehen - ein Konzept nach, das den Kindergarten primär nicht als Bildungs-, sondern als Betreuungs- und Verwahranstalt ansah. Kirchlicherseits wird diese Tendenz verstärkt, wenn die eigene Verantwortung für Kindergärten primär diakonisch verstanden wird. In beiden Perspektiven wird - aufs Ganze gesehen - eher vom Allgemeinen (Staat, Kirche, Gesellschaft, Familie) als vom Besonderen (Kind) her gedacht. Dementsprechend favorisiert man ein Defizitmodell, das dem hilflosen Kind Fürsorge zukommen lassen will. Aber ein derartiges Verständnis blieb in der Geschichte des Kindergartens nicht alternativlos; unter eher Bildungs- und Entwicklungskriterien wurde auch vom Kind als einem potentiellen Subjekt ausgegangen. Es ist deshalb sinnvoll, kurz die Idee- und Sozialgeschichte des Kindergartens zurückzuverfolgen, um nach ungeborgenen Impulsen für ein modernes Selbstverständnis gerade auch einer kirchlichen Einrichtung zu fragen, denn - positiv wie negativ - standen theologisch-kirchliche Vorstellungen Pate.

Landläufig gilt F. Fröbel als geistiger Vater des Kindergartens, der seinerseits weltweit als eine typisch deutsche Erfindung identifiziert wird. Doch Fröbel hatte theoretische und praktische Vorläufer, die zumeist aus dem Kreis eines sozial-diakonisch engagierten Protestantismus kamen. Dabei wäre zu denken an die Strickschule, die J.F. Obelin 1769 einrichtete und die sich zur Kleinkinderschule für vier- bis siebenjährige Kinder weiterentwickelte (Hofmeier 1987, 16ff), oder an die Kleinkinderschule F. Fliedners, die holländische und englische Anregungen aufnehmend ab 1836 entstand. 1840 prägte dann Fröbel nicht nur den Begriff "Kindergarten", sondern auch dessen weiterwirkendes pädagogisches Profil. Bereits im Titel nannte er ihn eine allgemeine "Anstalt zur Verbreitung allseitiger Beachtung des Lebens der Kinder", die vom kindlichen Spieltrieb ausgehend der Menschenerziehung dienen sollte. Das von Fröbel vertretene Entwicklungsideal entsprach weitgehend den Bildungsvorstellungen des Bürgertums, so daß der Kindergarten zunächst eine bürgerliche Eliteanstalt zu werden drohte. Eine entscheidende Weichenstellung führte 1848 die Gründung der Inneren Mission herbei. Unter Ablehnung seiner philosophisch-pantheistischen Prämissen adaptierten die neu entstandenen evangelischen Einrichtungen die methodischen Vorgaben Fröbels. Entsprechend dem sozialpräventiven Ansatz Wicherns wurde der Kindergarten als Anstalt für alle Kinder der Sozialarbeit zugeschlagen und damit langfristig aus dem Zusammenhang einer Bildungsgesamtaufgabe herausgelöst. Der karitative Betreuungsaspekt überlagerte den pädagogischen Förderungsgedanken. Dieser Ansatz kann als überkonfessionell gelten; so wurde katholischerseits die Vorschulkinderarbeit unter dem Stichwort der "Kinderfürsorgen" organisiert (Hofmeister 1987, 33).

Gegenläufig dazu ist eine genuin bildungstheologische Tradition, die noch weit hinter die unmittelbare Geschichte der Kindergartenbewegung zurückreicht und die für das moderne Selbstverständnis eines kirchlichen Kindergartens möglicherweise ertragreicher sein könnte. So hatte schon J.A. Comenius - neben seinen heute "modern" anmutenden Vorstellungen zur pränatalen Erziehung - die Idee einer Mutterschule entwickelt, die ihrerseits auf das praktische Vorbild "einer geplanten außerfamiliären Kleinkindererziehung ... in den 'Kinderhäusern' und 'kleinen Schulen' der Böhmischen Brüdergemeinschaften des 16. und 17. Jahrhunderts" (Hofmeier 1987, 13) zurückgeführt werden kann, die von Kindern im Alter zwischen eineinhalb und sechs Jahren besucht wurden. Im Unterschied zur späteren Entwicklung, die im Kindergarten primär eine Verwahranstalt sah, begründete ihn Comenius vom Kind und dessen Bildungsbedürftigkeit und Bildungsfähigkeit her. Für Comenius ist dem Menschen bereits von Natur aus seine eigentliche Bestimmung vorgegeben. Er trägt seine Bestimmung in sich, auch wenn seine konkrete Bestimmtheit noch nicht dieser Bestimmung entspricht: "Unsere Beschaffenheit zeigt uns, daß die Wirklichkeit dieses Lebens unsere Bestimmung noch nicht erfüllt", heißt es in der Didactica magna. Aufgrund seiner Bestimmung als Gottes Ebenbild und seiner von Gott als Schöpfer gegebenen natürlichen Anlagen ist der Mensch für Comenius von Anfang an bildungsfähig; aufgrund seiner aktuellen Bestimmtheit als einem noch unsittlichen, noch unvernünftigen und noch nicht zu sich selbst gekommenen Menschen aber ist das Kind auch bildungsbedürftig; die Bildungsbedürftigkeit des Kindes erwächst so aus der pädagogisch zu wendenden dialektischen Beziehung zwischen einer ursprünglichen, idealen Bestimmung und der konkreten, lebensgeschichtlichen Bestimmtheit.

Das Konzept von Comenius würden wir heute "ganzheitlich" nennen, denn er betont, daß die menschliche Grundbedürftigkeit und damit die Bildung notwendigerweise drei Dimensionen hat: (1.) gelehrte Bildung (eruditio); (2.) Tugend und Sittlichkeit (mores) und (3.) Frömmigkeit und Religiosität (religio). Wenn Comenius so für eine ganzheitliche Sicht des Menschen und seiner Bildung plädiert, dann will er diese allerdings nicht individualistisch eingeschränkt sehen; vielmehr verortet er den einzelnen und seine Bildung in den Gesamtzusammenhang von Welt und Geschichte. So kann er z.B. bereits für die Einjährigen geographische und rhetorische Bildung fordern; erstere besteht allerdings darin, z.B. das eigene Bett von Mutters Schoß zu unterscheiden, und letztere darin, eigene Gebärden zu entwickeln. Darin zeigt sich, daß nach Comenius Bildung sich nur dann vollzieht, wenn dabei von der gegebenen Umwelt sowie von den natürlichen Fähigkeiten und Lernwegen ausgegangen wird. Dazu gehört z.B. das Fortschreiten vom Leichten zum Schweren, vom Nahen zum Fernen, vom Allgemeinen zum Besonderen. Die Erinnerung an Comenius macht darauf aufmerksam, daß das Kind im Kindergarten nicht Objekt pädagogischer Nachstellungen und Kolonialisierungen sein und auch nicht zum Objekt kirchlicher Vereinnahmungen und Überformungen gemacht werden darf, sondern als "Subjekt auf dem Weg" zu verstehen ist.

In den klassischen Konzeptionen für den Kindergarten ist dies jedoch kaum der Fall. Innerhalb der Begründungstheorien unterscheidet Lachmann vier Modelle: a) das Antikonzept, das im Kindergarten keine spezifisch kirchliche Aufgabe sieht und sich langfristig daraus verabschieden will, um sich den eigentlichen Aufgaben der Gemeindearbeit zuzuwenden; b) das missionarisch-gemeindliche Konzept, das Eltern und Kinder in die Gemeinde integrieren will; c) das (exemplarisch-)diakonische Konzept, das karitativ und kompensatorisch motiviert ist, sowie d) das gesellschaftspolitisch-diakonische Konzept, das sich als kritischer Gegenentwurf gegenüber dem staatlichem Bildungsmonopol versteht (Lachmann 1987, 245ff). Gemeinsam ist diesen Modellen, daß sie den Kindergarten stets aus der Perspektive eines gemeindlichen Selbstverständnisses konzipieren. Unter anderen, stärker aus der allgemeinen Religionsdidaktik entliehenen Kriterien kommt Hofmeier ebenfalls zu vier Modellen: a) einem katechetisch-kerygmatischen Ansatz, der dezidierte Glaubensunterweisung beabsichtigt; b) dem anthropologisch-hermeneutischen Ansatz, der Anlagen, Lebensgeschichte und Lebenswelt als Anknüpfungspunkte für eine eher existentiale Glaubensvermittlung betrachtet; c) dem ekklesial-religionsdidaktischen Ansatz, der den Kindergarten als eigenständige Institution betrachtet und auf die personale Vermittlung christlicher Wahrheit setzt (Hofmeier 1987, 99ff), sowie d) dem von Hofmeier selbst favorisierten Neukonzept einer ganzheitlich elementaren Persönlichkeitsbildung (a.a.O., 114ff), das von einer theologisch-anthropologischen Grundlegung her auf den "Aufbau der anthropologischen Grundhaltungen" als der kindergartengemäßen "Vermittlung der Heilsbotschaft" (a.a.O., 116) abzielt und dabei zugleich ein angemessenes Gottesverständnis vermitteln will.

Vereinfachend lassen sich die unterschiedlichen Begründungsmodelle für eine kirchliche Kindergartenarbeit durch zwei Schwerpunktsverlagerungen charakterisieren, die in der Regel gegeneinander ausgespielt werden, obwohl sie wechselseitig vermittelbar sind, nämlich eine Theologie der Gemeinde auf der einen und eine Theologie des Kindes auf der anderen Seite. Unter dem Verweis auf Mk 9, 33-37 hat U. Becker darauf verwiesen, daß eine evangeliumsgemäße Kindergartenarbeit "das Kind in die Mitte" (Becker 1985, 99) zu stellen und alle anderen Überlegungen - bestenfalls als sekundär - beiseite zu lassen hat, weil "der Vorrang der Kinder ... uneingeschränkt und bedingungslos" (a.a.O., 104) gilt. Allerdings meint Becker damit keine romantisierende Hypostasierung des Kindes, die dieses zum Inbegriff angemessenen Lebens und Glaubens stilisiert. Die Forderung besagt vielmehr, die Welt auch aus der Perspektive von Kindern zu sehen, von und mit ihnen zu lernen und für eine kindergerechte Lebenswelt zu sorgen. Das Kind in die Mitte zu stellen, bedeutet, es als Objekt von Kinderbetreuung zu verabschieden und ihm zu helfen, zum Subjekt der eigenen Lebenspraxis zu werden. Nicht die Gemeinde und ihre Interessen, sondern das Kindsein des Kindes und das Augenmerk auf kindliche Bedürftigkeit stehen im Vordergrund gerade auch einer kirchlich verantworteten Kindergartenarbeit, die das Kind nicht als Verfügungsmasse, sondern als Kind Gottes betrachtet. Selbstverständlich schließt diese Sicht auch die Verantwortung dafür ein, daß der kirchliche Kindergarten nicht zur Verwahranstalt verkommt. Die qualitative und quantitative Verbesserung der Kindergartenarbeit sollte den kirchlichen Trägern auch ein theologisch begründetes Anliegen sein.

Das Recht des Kindes auf sich selbst ist - obwohl bekanntlich auch dort vertreten - keine bloße Anleihe an säkulare Pädagogik, sondern es ist unmittelbare Konsequenz der

Taufe. Obwohl mit der Taufe auch die Aufnahme des Kindes in die Gemeinde verbunden ist, verleiht sie der Gemeinde kein Zugriffsrecht auf das Kind; die Taufe spricht dem Kind im Gegenteil ein unverbrüchliches Eigenrecht zu, von dem her alle Besitzansprüche auf das Kind abzuwehren sind. Theologisch gesehen ist die Taufe nicht nur ein Reinigungsritus, sondern sie symbolisiert auch einen Herrschaftswechsel. Der Getaufte steht nicht mehr unter der Herrschaft der Sünde, sondern unter der Christi. In der Taufe manifestiert sich lebensgeschichtlich greifbar die Rechtfertigung des Menschen durch Gott. In der lutherischen Theologie wird die Taufe deshalb zu Recht als Sakrament der zuvorkommenden Gnade verstanden (Wenz 1988, 81). Aus diesem theologischen Fundamentalverständnis läßt sich unschwer und konsequent die Tradition der Kindertaufe legitimieren: Indem kleine unmündige Kinder getauft werden, die weder zu einer eigenen (Glaubens-)Praxis fähig noch zu einem eigenständigen Bekenntnis in der Lage sind, wird die Radikalität der Sola gratia der Rechtfertigungsbotschaft unterstrichen, indem augenfällig gemacht wird, daß in der Taufe des praxisunfähigen Menschen tatsächlich allein Gott wirkt und vom Täufling keinerlei Leistung gefordert werden darf, also auch keine Glaubensleistung. Der durch die Taufe symbolisierte Gnadenzuspruch verbindet sich zugleich mit einem Anspruch, nämlich dem Herrschafts- und Fürsorgeanspruch Gottes für den Täufling. Das bedeutet aber zugleich, daß das Kind allen Besitzansprüchen anderer - seien es nun die der Eltern oder der Gesellschaft, aber auch die einer Gemeinde, in die das Kind hineingetauft wurde - entzogen ist.

Als auf die Rechtfertigung bezogen symbolisiert die Taufe zugleich die Hoffnung und Verheißung auf gelingendes Leben. Bekanntlich besagt die Rechtfertigungslehre, daß der Mensch vor jeder Eigenleistung vorbehaltlos von Gott angenommen ist. Durch das Rechtfertigungsgeschehen wird potentiell auch die verlorengegangene Gottesebenbildlichkeit des Menschen wiederhergestellt; damit konstituiert die Gnade Gottes den Menschen als kompetentes, handlungsfähiges Subjekt mit seinem durch keine Umstände, Menschen oder Strukturen aufhebbaren Eigenrecht. Weil erst die Güte Gottes wahres Leben ermöglicht, muß deshalb die Taufe am Anfang stehen. Die durch Gott gesetzte und in der Taufe manifestierte konstitutive Vor-Gabe gilt es, lebensgeschichtlich und pädagogisch einzulösen; der Mensch muß sich als das setzen, als was er von Gott vorausgesetzt ist, nämlich als werthafte, unverwechselbare Subjektivität. Davon hat jede Kindergartenarbeit auszugehen und zwar unabhängig davon, ob die Kinder nun getauft sind oder nicht. Denn die Gnade Gottes kommt durch Christus allen Menschen zu (Röm 5,18); insofern ist jedes Kind in seiner Subjektivität zu achten. Kindergartenarbeit tauftheologisch zu begründen, heißt nicht, die Taufe als formalen Akt vorauszusetzen, sondern den theologischen Grundgedanken der Taufe im Sinn einer Theologie des Kindes religionspädagogisch zu wenden.

Das Selbstverständnis eines kirchlichen Kindergartens kann nie "rein" religionspädagogisch im engeren Sinne sein, denn wer einen Kindergarten unterhält, der fällt damit stets auch sozialpolitische und familienpolitische Werturteile über den Sinn und die Bedeutung von Familie, Frauenarbeit und Frauenrolle. Dieser, die strukturellen Rahmenbedingungen der Kindergartenarbeit implizierende politische Kontext, wird z.B. exemplarisch offenkundig an der scheinbar eher pragmatischen oder technischen Frage der Öffnungszeiten, die in MitarbeiterInnen-Besprechungen nicht nur aus arbeitszeitrechtlichen Gründen umstritten sind. Trotz skandalös ansteigender Arbeitslosigkeit wächst der Anteil der berufstätigen Frauen mit Kindern im Kindergartenalter. Einerseits liegt diese Entwicklung an der anhaltenden Notwendigkeit zum Doppelverdienst für viele Familien, andererseits gehört für viele, insbesondere hochqualifizierte Frauen eine Berufstätigkeit so eng zu ihrem Selbstverständnis, daß auch eine zeitweilige Unterbrechung zur Kinderbetreuung nicht mehr akzeptiert wird. Vor allem manche konservativen PfarrerInnen benutzen die Öffnungszeiten "ihrer" Kindergarten zur Erziehung der Mütter. Denn oftmals werden die Zeiten so gelegt, daß eine geregelte Berufstätigkeit der Mutter bewußt ausgeschlossen ist. Auch die Frage der Ganztagsbetreuung wird gelegentlich als Vehikel familienpolitischer Einflußnahme mißbraucht.

Eine freiere, selbstverantwortete Planung des Zeitbudgets ist auch für Frauen, die zeitweise oder andauernd ausschließlich die Rolle der Hausfrau übernommen haben, zunehmend ein wesentliches Moment ihrer Identitätsinterpretation, ohne daß dies als Konsum- und Freizeitorientierung diskreditiert werden darf. Bei sogenannten "Nur-Hausfrauen" wird jedoch ihr Antrag auf Vormittagsplätze nicht selten unter dem Hinweis zurückgewiesen, daß sie während der Schulzeit der älteren Geschwister sich besonders intensiv um die jüngeren Kinder kümmern und deren soziale Bedürfnisse genausogut in Nachmittagsgruppen befriedigt werden können, zumal dann zusätzlich die Hausaufgaben- und Nachmittagsbetreuung der älteren Kinder verbessert würde. Die Tatsache, daß Zeitplanung ein Moment des Selbstverständnisses von Frauen sein kann, wird schlichtweg ignoriert. Was hier negativ wahrgenommen wird, kann programmatisch auch positiv gewendet werden. Durch die Art und Weise, wie die Kirchen ihre Kindergärten betreiben und ausstatten, können sie einen direkten Beitrag zur Emanzipation der Frau in unserer Gesellschaft leisten. Indirekt wäre dies auch eine Förderung für die Familie, wenn man davon ausgeht, daß selbstbewußte, zufriedene Frauen ein Bedingungsfaktor für ein kinderförderliches, partnerschaftliches Familienleben sind.

3. Kindsein heute

Wer das Kind in die Mitte seiner Pädagogik stellen will, der muß sich vergegenwärtigen, wie Kindsein heute tatsächlich aussieht, ohne sich den Blick durch Projektionen und verfälschende Erinnerungen zu verstellen. Denn jeder meint zu wissen, was Kindsein bedeutet, weil jeder selbst einmal Kind war. Aber der Rückblick auf wohl keine andere Epoche in der menschlichen Biographie ist derartig stark überlagert vom Vergessen und Verdrängen wie diese. Nur so ist - psychodynamisch - erklärbar, weshalb - kulturgeschichtlich - die Entdeckung der Kindheit als eines eigenständigen psychologischen wie sozialen Phänomens so lange auf sich warten ließ. Selbst in den historischen Rekonstruktionen wird Kindheit nicht nur mit vermeintlicher Freiheit, Spiel und Spaß assoziiert (Aries 1975), sondern auch mit Ängsten, Unsicherheiten und Unselbständigkeit (de Mause 1977). Entsprechend ambivalent ist das allgemeine (anthropologische) Bild vom Kind. Neben unbewußten Erinnerungen gehen weltanschauliche, philosophische, pädagogische, theologische, ja sogar ökonomische Prämissen in das Verständnis von Kindheit ein.

Vorstellungen über die Wirklichkeit sind stets sozial konstruiert; deshalb weisen unterschiedliche Epochen auch differierende Wirklichkeitsverständnisse auf. Das gilt auch für die Wahrnehmung von Kindheit. J.A. Lee hat diesbezüglich drei Paradigmen von Kindheit identifiziert, die historisch nacheinander entstanden und gegenwärtig nebeneinander weiterexistieren: "das vor-industrielle" bezeichnet er "als das Eigentumsmodell der Kindheit, das industrielle als das Obhutsmodell und das nach-industrielle als das Persönlichkeitsmodell" (Lee 1985, 239). Im ersten Modell gab es für Kinder keine Schon- und Schutzräume; weil die Kindheit endete, bevor sie als solche wahrgenommen wurde, konnte sie auch sozial nicht entdeckt werden. Dies geschah erst durch die industrielle Revolution, die nicht nur das Proletariat schuf, sondern mit ihm auch die Vorstellung einer Kindheit. Zumindest ist dies eine logische Voraussetzung für einen gesetzlichen Kinderschutz, wie er z.B. in den Regelungen für die Kinderarbeit greifbar wurde. Geburtsort des Obhutsmodells von Kindheit war jedoch das Bürgertum, das seine Kinder nicht mehr als Eigentum, sondern als treuhänderisch zu verwaltende Gabe ansah. Im Sinne des Schutzmodells wurden dann schützende Einrichtungen für Kinder entwickelt (Kinderzimmer, Schulen, Kindergärten, Kinderkleidung, Kindermoral usw.). Während in diesem, heute wohl dominierenden Modell die Kindheit biographisch relativ eindeutig fixiert war, ist dies im Persönlichkeitsmodell nicht mehr der Fall. Das Ende der Kindheit gilt als Resultat individueller Reifung. Gegenüber den Kindern empfinden Erwachsene nicht mehr ein Mandat; vielmehr werden sie als Personen eigenen Rechts angesehen (Datta, in: Johannsen u.a. 1990, s. 52ff). Mit der Deklaration von Kinderrechten (Noormann, in: Johannsen u.a. 1990, 60ff) ist die Eigenwertigkeit der Kindheit sozial ratifiziert. Diese eher positive Sicht von Kindheit konvergiert mit dem tauftheologischen Bild vom Kind; beide zielen darauf, das Behütungs- und Verwahrmodell durch ein Bildungs- und Entwicklungsförderungsmodell abzulösen.

Historisch gesehen verband sich die Entdeckung des Kindes zunächst allerdings mit einer pessimistischen Sichtweise. Obwohl die Vorstellung einer kindlichen Unschuld genuin christlich sein dürfte (de Mause 1977, 76), galt insbesondere dem Pietismus das Kind - trotz einer gleichzeitigen Hochschätzung kindlicher Frömmigkeit und Gottes-Unmittelbarkeit z.B. bei v. Zinzendorf - als Inkarnation der Erbsünde (vgl. Lachmann 1988, 162). Mit seinem Programmruf: "Alles ist gut, wie es aus den Händen des Schöpfers hervorgeht" (Rousseau 1963, 7), führte Rousseau hin zu einem romantischen Bild von der seligen, unverfälschten und naturnahen Kinderzeit, das zuletzt in der antipädagogischen Bewegung unserer Tage Nachhall fand. Gestört und zurechtgerückt wurde es durch die Psychoanalyse, die einerseits das Kind als "polymorph-pervers" (Freud 1961, 64) bezeichnet, weil es ambivalente Anlagen zu seiner Entwicklung aufweist, und andererseits die traumatischen Anteile der Kinderwelt bloßlegt. Die öffentliche Diskussion um Kinderfeindschaft, Kindesmißhandlungen und Kindervernachlässigungen offenbarte die soziale Seite einer negativen Kindheit, die sich heute auch in der Gewalt auf Spielplätzen und Schulhöfen manifestiert. Gleichwohl perenniert per saldo das positive Bild einer unbelasteten Kinderzeit.

3.1 Die Lebenswelt von Kindern

Die Lebenswelt von Kindern wird in den letzten Jahren zunehmend zum Gegenstand sozialwissenschaftlicher Forschung. Allerdings erstaunt dabei, daß man die *frühe Kindheit* zu wenig beachtete. Während für die psychoanalytische und psychologische Forschung der Lebensabschnitt vor dem Schuleintritt ganz zentral ist, gilt er in soziologischer Perspektive als eher peripher. Augenscheinlich steht hinter dieser Abstinenz die Einsicht, daß Kinder dieser Altersgruppe primär in personalen, denn in größeren sozialen Bezugssystemen leben. Selbstverständlich bleibt die Familie primär die Lebenswelt von Kindergartenkindern, aber diese ist - als Konsequenz makrosoziologischer Wandlungsprozesse - einem Struktur- und Funktionswandel ausgesetzt, der dramatische Folgen für das Kindsein heute hat. So leben immer mehr Kinder in sogenannten Restfamilien; "in vielen europäischen Ländern ist der Anteil der sogenannten 'vollständigen Familien' unter 46% gesunken" (Langer, in: Pestalozzi-Fröbel-Verband 1989, 27); die Scheidungsrate lag 1984 - bei steigender Tendenz - bei etwa 30%. Mit den psychischen Folgen der Scheidung - und oft noch tiefgreifender denen der Sorgerechtsregelung - werden die Kinder zumeist alleingelassen; oftmals müssen sie den verbleibenden Elternteil ihrerseits trösten, oder sie müssen die Rolle des ausgefallenen Ehepartners übernehmen. Psychodynamisch heißt dies, daß sie zu den Ersatzobjekten des erziehungsberechtigten Erwachsenen werden, der seine negativen oder positiven Impulse auf sie projiziert. Eine unterschätzte psychische Belastung stellt darüber hinaus die juristische Regelung und familiendynamische Praxis des Besuchs des nicht-sorgeberechtigten Elternteils dar. Das Kind wird dabei nicht selten zum Medium, um die unbearbeiteten Konflikte zwischen den Eltern auszutragen. Nur in den seltenen Fällen, in denen die Scheidung in gegenseitigem Einvernehmen erfolgte und die Kommunikation der ehemaligen Ehepartner normal bis freundschaftlich ist, sind keine Schäden für die betroffenen Kinder zu erwarten.

Selbst in den "vollständigen Familien" hat sich ein bedeutsamer Strukturwandel vollzogen; wuchsen noch eine Generation vorher Kinder in einer Geschwistergruppe auf, steht heute das Kind allein einer Übermacht von Erwachsenen gegenüber: Nur noch 6% der bundesdeutschen Familien haben drei oder mehr Kinder. Das Familienleben ist dementsprechend primär erwachsenenorientiert: Es wird bestimmt vom Arbeitsrhythmus und von den Freizeitinteressen der Eltern, denen das Kind sich unterordnen muß. Das Kinderzimmer erscheint - wo es nicht bereits vom Stil der Erwachsenenwelt okkupiert und infiziert wurde - als Enklave verlorener Kindheit. Zwar gibt das Kinderzimmer dem Kind einen eigenen (Rückzugs-)Ort, zugleich ist es aber auch Indiz für die räumliche Ausgrenzung von Kindern. Der Kindergarten hat deshalb beides zu ersetzen: die Lebens- und Solidaritätsgemeinschaft von Geschwistern und eine eigenständige Kinderwelt. Zugleich bietet der Kindergarten Raumerfahrungen, die Kinder in den kleinen Wohnungen mit ihren zumeist besonders kleinen - nach DIN 18 011 sind 6,75 qm im sozialen Wohnungsbau vorgeschrieben (Heide 1981, 55) - Kinderzimmern nicht machen. Die insbesondere in Wohnanlagen üblichen Reglementierungen des kindlichen Spiel- und Bewegungsdrangs sind im Kindergarten - idealiter - aufgehoben. Seine Existenz zeigt aber auch, daß die Räume für unorganisierte, natürliche Spiel- und Erlebnissituationen für Kinder in unserer Gesellschaft - zumindest in den Städten - äußerst eingeschränkt sind. Kinder haben es heute schwerer als früher, "überhaupt noch Orte und Nischen zu finden, die sie sich aktiv und selbstbestimmt aneignen können" (Rolff/Zimmermann 1985, 77).

Die räumliche und soziale Ausgrenzung von Kindern hat die Kinderwelt zu einer Medienwelt aus Schallplatten, Kassetten, Computern und Viedeospielen werden lassen. Vor allem für die Noch-nicht-Lesekinder ist das Vorlesen durch Eltern oder Großeltern ersetzt worden durch Tonkonserven. Vor allem aber besteht heute die normale deutsche Familie nicht nur aus zwei Erwachsenen und einem Kind, hinzu kommt noch als dominanter Faktor ein bzw. mittlerweile zwei Fernsehgeräte. Je niedriger die soziale Schichtzugehörigkeit, um so größer ist der Fernseh- und Videokonsum bei Kindern und Erwachsenen. Die in vielen Haushalten prägende Dauerberieselung durch das Fernsehen verhindert die direkte Kommunikation zwischen den Familienmitgliedern. Viele Kinder erleben ihre Väter meist nur noch als TV-Seher. Bereits 1978 sah ein Kindergartenkind durchschnittlich täglich etwa eine Stunde fern; am Wochende mehr. Eine Untersuchung aus dem Jahr 1976 zeigte, daß 30% aller Drei- bis Siebenjährigen zwischen 18.30 und 19.00 vorm Bildschirm saßen; in der Zeit von 17.30 bis 18.00 Uhr waren es 20%. Stellt man diese Altersgruppe vor die Alternative, fernzusehen oder draußen zu spielen, so können sich 16% nicht entscheiden, 36% ziehen den Fernseher vor (a.a.O., 84f). Durch die Verbreitung des Videos und durch Computerspiele wurde die Kinderwelt weiter der elektronischen Technisierung preisgegeben.

Diese Entwicklung ist ambivalent zu werten. Einerseits erleben Kinder Wirklichkeit zunehmend nicht mehr direkt, sondern medial, andererseits können sie bereits frühzeitig ihren Erfahrungsbereich gegenüber vorangegangenen Generationen erweitern. Allerdings ist selbst dieser positive Effekt zweischneidig, denn Kinder vermögen - mangels Aufarbeitung des Gesehenen - die gewonnenen Informationen nicht sachgerecht einzuordnen. Das kann z.B. Ängste und Unsicherheiten verstärken. Aus der Friedensforschung wissen wir, daß die Omnipräsenz von Krieg in den Medien zu einer tiefen Verunsicherung der Kinder geführt hat. Weil ihnen historische, geographische oder politische Zusammenhänge nicht klar sein können, findet der Krieg für sie sozusagen stets "vor der Haustüre" statt; er kann jeden Moment hereinkommen. Dies gilt zwar vor allem für Grundschüler, aber auch Kindergartenkinder sind davon zum Teil infiziert.

Die Bilderflut, die über Kinder hereinbricht, fixiert sie in einer ikonographischen Aneignungsform von Wirklichkeit und behindert verbalisierende, reflektierende und analytische Wahrnehmungs- und Äußerungsformen. Die Beliebtheit von Werbesendungen gerade bei Vorschulkindern zeigt, daß Bilder ihren Informationswert verlieren und Selbstreferenz erhalten: Egal wofür, Hauptsache das Bild ist schön und bewegt sich. Die um den TV-Altar versammelte Familie stellt weder ein Experimentierfeld für kindliche Sprach- und damit Denkentwicklung dar noch für soziales Lernen. Dafür lernen Kinder aber - indirekt - etwas anderes. Die Tatsache, daß auch unter Vorschülern die Gewaltbereitschaft zugenommen hat, ist eine mittelbare Folge der Gewaltdarstellungen im Fernsehen. Für Kinder, deren Lebenswelt bereits Aggressivität fördert, stellt die Fernsehgewalt - lerntheoretisch gesehen - einen Verstärker dar. Gewalt im Fernsehen produziert also nicht Gewaltbereitschaft, sondern setzt sie nur frei. Ursächlich ist nicht sie, sondern die familiären und sozialen Bedingungen der Kinderwelt.

Die Konsumhaltung dem TV gegenüber ist nur die Erscheinungsform einer Grundhaltung: Vermutlich noch nie vorher waren bereits die Kindergartenkinder als Konsumenten so gefragt wie die der letzten beiden Jahrzehnte. Die Süßwarenstände vor den Kassen zielen auf das Kind als Konsumenten; der Spielzeug- und Tonkassettenmarkt ist eine prosperierende Angelegenheit; die Kinderkultur mutierte zur Warenwelt, in der der Tauschwert mehr zählt als der Gebrauchswert (Lenzen 1978, 88ff). Die kindliche Begierde hat einen Markennamen, der je nach Profitinteresse und Konjunktur wechselt. Die Beliebigkeit des Tauschwertes setzt die Beliebigkeit der Spielware, die begehrlich nur ist, solange man sie noch nicht besitzt. Die Selbstverständlichkeit des Überflusses wurde zur zweiten Kindernatur selbst in Familien mit engem finanziellen Rahmen. Knappheit von Gütern kommt in der Lebenswelt unserer Kinder kaum noch vor. Auch Vorschulkinder sind es zwischenzeitlich gewöhnt, wie selbstverständlich Dienstleistungen in Anspruch zu nehmen. Entsprechend rückläufig ist die Beteiligung der Kinder an Hausarbeiten, die ja nicht nur als Last, sondern auch als Feld für übernommene Verantwortung verstanden werden kann. Die Konsumhaltung, in die Kinder durch ihre Lebenswelt hineingedrängt werden, führt zu einer relativen Unselbständigkeit bei gleichzeitig steigender Anspruchshaltung. Das macht sich auch im Kindergarten insofern bemerkbar, daß Kinder freies und kreatives Spielen oft erst wieder erlernen müssen. Die konsumierten Vorbilder prägen - als "hidden curriculum" - Verhaltensregeln und engen die Phantasie zum Spiel ein; oft wird nur nachgespielt, was über Video, TV oder Kassette vorgegeben ist. Unterschwellig wandern dadurch auch die dort versteckten Werte in die Aktionswelt der Kinder ein.

3.2 Kindheit als Entwicklung

Psychodynamisch fällt - nach S. Freud (1961) - die Kindergartenzeit mehrheitlich in die genitale Phase; sie beginnt damit, daß das Kind das eigene Sexualorgan als wertvoll und lustspendend entdeckt. Das dabei erworbene Wissen um den Geschlechtsunterschied ist eine erste Bedingung für die sich anbahnende Übernahme der Geschlechterrolle, die ihrerseits als Prototyp für Rollenwahrnehmung überhaupt gelten kann. Spiele und Phantasien um das Genital haben in dieser Zeit eine große Bedeutung, die über das "rein Sexuelle" weit hinausgeht, insofern das Kind sich als ein aktives Wesen begreift. Identitätstheoretisch spricht man in bezug auf diese Phase von einer Rollenidentität des Kindes, welche die ursprüngliche natürliche Identität ablöst, insofern das Kind lernen muß, unterschiedlichen Anforderungen gerecht zu werden, d.h. auch verschiedenartige Rollen wahrnehmen zu können. Dabei leistet der sogenannte "ödipale Konflikt" eine wichtige Weichenstellung. Freuds nicht unumstrittene Theorie vom Ödipuskonflikt besagt, daß das Kind seine aufkeimende Geschlechtsidentität phantastisch in der primären Bezugsgruppe ausprobiert. Das Kind will unbewußt das gleichgeschlechtliche Elternteil verdrängen, zugleich liebt und identifiziert es sich mit ihm. Die Identifikation mit dem gleichgeschlechtlichen Elternteil stellt insofern eine gelungene Lösung des

Konflikts dar, weil das Kind sein biologisches Geschlecht als eine soziale Rolle anerkannt hat; begrenzt ist die Lösung allerdings dadurch, daß sie nicht aus dem Ich heraus geschieht, sondern durch Identifikation, die darüber hinaus als Identifikation mit dem Aggressor beschrieben werden kann. Denn die Identifikaton vollzieht sich aus der unbewußten Angst vor Bestrafung des Inzestwunsches gegenüber dem gegengeschlechtlichen und dem Todeswunsch gegenüber dem gleichgeschlechtlichen Elternteil. Wie man zu dieser Theorie im einzelnen auch stehen mag, sicher ist, daß - trotz scheinbarer Ruhe - die Eltern-Kind-Beziehung in der Kindergartenzeit äußerst konfliktreich ist, denn das Kind will nun mehr sein als das Imitat seiner Eltern.

Für die sich hier bereits abzeichnende, dann in der Pubertät voll ausbrechende Ablösung von einer Elternidentifikation können sogenannte Übergangsobjekte (Kuscheltiere, Schnuffeltuch u.ä.) hilfreich sein. Übergangsobjekte - nach Winnicott (1973) - gewinnen ihre psychohygienische Bedeutung bereits im Säuglingsalter: Daumen, Bettzipfel usw. sind erste "Besitztümer" des Kleinstkindes, die libidinös wie aggressiv besetzt sind. Sie stammen zwar aus der äußeren Welt, gehören aber in ihrer subjektiven Bedeutung zur "inneren Welt" des Kindes; diese verleiht ihnen die Illusion einer schützenden Wirklichkeit, die dem Kind hilft, Ängste abzuwehren. Deshalb haben sie zunächst ihren Platz im Kinderbett, wandern dann aber wie selbstverständlich mit in den Kindergarten. Übergangsobjekte haben die Entwicklungsfunktion, daß das Kind sich als ein Selbst finden und zugleich verwirklichen kann. Haben sie diese Funktion erfüllt, so verschwinden sie aus dem Leben der Kinder; ihnen kommt bestenfalls Erinnerungswert zu. Ihrer Form und Funktion nach sind Übergangsobjekte den Symbolen verwandt; sie sind Indikatoren für die didaktisch höchst relevante (4) Symbolfähigkeit bereits der Kleinstkinder.

E. Erikson (1977, 1988) hat Freuds Einsicht, daß die genitale Phase durch Aktivitätsdrang gekennzeichnet ist, generalisiert und den für die Vorschul- bzw. Spielalter charakteristischen Konflikt als den zwischen Initiative und Schuldgefühl beschrieben. Der nach außen gerichtete Eroberungstrieb führt das Kind tendenziell aus seiner Primärbindung heraus; dieser Erstversuch einer Ablösung kann vorbewußte Schuldgefühle gegenüber den Eltern freisetzen. Dies u.a. auch deshalb, weil die aktive Umsetzung gewonnenen Selbstbewußtseins nicht ohne Übertretungen der von den Eltern gesetzten Grenzen geht. Die hier entstehenden Schuldgefühle können die kindliche Initiative lähmen. Gelingt die Konfliktlösung, so wächst Entschlußkraft. In religionsdidaktischer Hinsicht liegt eine wesentliche Bedeutung dieser Phase in der Gewissensbildung. Wird Glaube hier als Über-Ich-Bindung verstanden, kommt es zu einer Moralisierung der Religion (Fraas 1983) und die Schuld- und Sündensymbolik tritt dominant hervor (Klessmann 1980). Damit sind erste Hinweise auf die religiöse Entwicklung im Kindergartenalter geben.

Nach Oser/Gmünder (1984; Oser 1987) sieht das Kind zu diesem Zeitpunkt seiner religiösen Entwicklung in Gott eine Macht, die unmittelbar in die Wirklichkeit der Welt eingreift und dem Menschen nur ein reaktives Verhalten (Gehorsam) einräumt (Stufe des "deus-ex-machina"-Denkens). Darin spiegelt sich die bisherigen lebensgeschichtlichen Erfahrungen des Angewiesen- und Abhängigseins (Eltern) wider. Das Kind fühlt sich vollständig heteronom bestimmt; zugleich erwartet es, daß der Gott auch erfüllt, worum er gebeten wird. Diesbezügliche Defiziterfahrungen führen häufig zum Fortschreiten auf die zweite Stufe, die von Oser/Gmünder als "do-ut-des"-Perspektive bezeichnet wird und die frühestens am Ende der Kindergartenzeit bereits eingenommen werden kann. Jetzt hat das Kind das Gefühl, Gott aktiv - durch rituelle Praktiken, religiöse Leistungen, Gebete - beeinflussen zu können. Das individuelle Gottesverhältnis wird - unter dem Gesichtspunkt des Gebens und Nehmens - nicht mehr ein-, sondern zweiseitig gesehen. Lebensgeschichtlich erfährt sich nun das Kind als Subjekt, das handeln kann und dessen Handlungen Folgen haben. Positive wie negative Schicksalsschläge werden als unmittelbare Konsequenzen des eigenen Handelns interpretiert; dementsprechend wird für gute Taten auch eine Gegenleistung des Ultimaten erwartet, wie andererseits auf positive Erfahrungen auch positiv reagiert werden muß (Dank, Gebet). Gott und sein Handeln erscheinen als berechen- und beein- flußbar. Nach J.W. Fowler (1981) befindet sich das Kind im Alter von drei bis sieben Jahren auf der Stufe des "intuitiv-projektiven Glaubens". Es vermag noch nicht zwischen Phantasie und Wirklichkeit zu unterscheiden. Naiv vertrauend übernimmt das Kind Elemente aus dem religiösen Verhaltens- und Begriffsrepertoire von vertrauenswürdigen Erwachsenen; macht sie zu seinen eigenen, ohne sie relativieren und durchschauen zu können. Das Gehörte gilt als unmittelbar wahr, wenn es von einer Vertrauensperson bezeugt wird.

Die religiöse Entwicklung steht in enger Beziehung zur moralischen. Nach L. Kohlberg stehen Kindergartenkinder auf der Ebene einer "vorkonventionellen" Moral, auf der Gesetze und Konventionen noch keine direkte, sondern höchstens eine personal vermittelte Rolle spielen. Es dominiert primär eine personale Sicht und eine egozentrische Perspektive, die der anhaltenden, allerdings äußerst ambivalenten, narzistischen Grundstimmung der VorschülerInnen entspricht. Werte und Normen werden als Forderungen von Personen (Eltern, KindergärtnerInnen usw.) wahrgenommen; gleichwohl scheinen sie eine quasi-physische Sanktionsinstanz hinter sich zu haben; sie gelten deshalb als absolut und unhinterfragbar. Hinsichtlich dieser vorkonventionellen Moral der Kindheit unterscheidet Kohlberg zwei Abstufungen. Auf der ersten Stufe zeigen Kinder eine extrem heteronome Moral, die sich an Strafe und Gehorsam orientiert; diese Orientierung ist unabhängig von der tatsächlichen Erfahrung des Gestraftwerdens. Der Gehorsam wird durch den Wunsch der Strafvermeidung ausgelöst; moralisch richtig ist, alle Regeln einzuhalten, deren Übertreten mit Strafe bedroht ist. Die zweite Stufe des Individualismus oder der instrumentellen Moral anerkennt zwar auch die Bedürfnisse anderer, aber auf der Ebene konkurrierender Individualansprüche. Zwischen ihnen muß ein fairer Ausgleich und Austausch herbeigeführt werden, wobei überindividuelle Prinzipien noch nicht zur Geltung kommen. Hedonistische Vorstellungen spielen eine Rolle: Man möchte nicht zu kurz kommen. Diese Form moralischer Urteilsbildung findet sich frühestens am Ende der Vorschulzeit.

Hinsichtlich der kognitiven Entwicklung spricht man in bezug auf das Kindergartenalter von der voroperativen Phase; mit ihr beginnt das Denken des Kindes im engeren Sinne. Dabei lassen sich zwei Entwicklungsabschnitte unterscheiden: die "vorbegriffliche" Phase (2. bis 4. Lebensjahr) und die Stufe des anschaulichen Denkens (4. bis

7. Lebensjahr). Wurde die Sprache anfänglich rein instrumentell eingesetzt, um etwas zu erreichen, so dient sie nunmehr zunehmend der Klassifizierung von Objekten aus der Umwelt. Das Kind bildet aufgrund von direkter Erfahrung Begriffe ("Apfel" meint nicht mehr nur "ich will einen Apfel", sondern auch die Zuschreibung zu einer Obstgattung), verbindet mit ihnen "innere Bilder", d.h. Vorstellungen, und verwendet sie intuitiv. Die präoperationale Stufe ist abgeschlossen, wenn von der Begriffsbildung zum Regelwissen (z.B. das Wissen um Größenordnungen) weitergegangen wird. Charakteristisch ist allerdings, daß Regeln noch nicht kombiniert (z.B. Kugeln nach Größe und Farbe ordnen) und Zusammenhänge nicht reziprok gesehen werden können. Das kindliche Denken bleibt an Phänomene gebunden und ist egozentrisch; es fehlt die Fähigkeit, Alternativen zur eigenen Denkweise oder Ansicht annehmen zu können. Dieser kognitive Egozentrismus wirkt sich auch auf die kindliche Kommunikation aus: Gespräche unter Kindergartenkindern sind im Grunde Selbstgespräche; eine echte Verständigung und ein tatsächliches Verstehen ist - etwa bis zum fünften Lebensjahr - eher die Ausnahme, weil die Kinder in die Äußerungen des anderen ihre eigenen Bilder hineinlegen. Ursache dafür ist, daß die Fähigkeit zum Perspektivwechsel wenig ausgeprägt ist. Die analogisierende Schlußfolgerung von sich auf alles andere konkretisiert sich u.a. im animistischen Denken der Kindergartenkinder. Für sie sind auch "tote" Dinge lebendig: Diese führen geradezu ein Eigenleben und sind beseelt.

4. Religiöse Momente der Kindergartenarbeit

Das "Proprium" kirchlicher Kindergartenarbeit ist das Eigenrecht des Kindes und nicht ein wie auch immer gearteter Missionierungs- oder Integrationsanspruch gegenüber Kindern oder gar Eltern. Das schließt religiöse Momente der Arbeit nicht aus, sondern geradezu ein, insofern das Kind auch das Recht auf Entwicklung und Entfaltung seiner Religiosität hat. Die Besonderheit kindlicher Religiosität, wie sie in den Evangelien als vorbildlich gelobt wird, kann strukturell als deren vorbehaltlose und zugleich neugierige Offenheit (Schori 1992) interpretiert werden. Diese ungeschützte Offenheit des Kindes darf nicht ideologisch mißbraucht werden. Die Art und Weise, wie mit dieser anthropologisch fundierten Offenheit des Kindes nicht nur für Wirklichkeit überhaupt, sondern darin eodem factu auch für Religion und Glauben umgegangen wird, leitet sich aber ausschließlich vom Recht des Kindes auf Subjektwerdung und Identitätsfindung ab. Aus diesem Grundsatz und angesichts des kirchlichen Monopols im Vorschulbereich verbietet sich von selbst eine enge, unmittelbare konfessionelle Normierung der Kindergartenarbeit; selbst eine explizite religiös-christliche Erziehung muß gegenüber einer behutsamen impliziten Konfrontation mit christlichen Inhalten und Traditionen zurücktreten.

Bei "einer religiösen Erziehung in den ersten Lebensjahren" kommt es vor allem darauf an, "dem Kind den Raum zur Verfügung zu stellen, der seinem Entwicklungsbedürfnis Rechnung trägt" (Mette 1983, 312). Der Kindergarten ist deshalb primär als Raum zu verstehen. Im Unterschied zum Ort ist der Raum weniger festgelegt, er bietet mehr an Freiheit und Bewegung. Als umgrenzter Raum bietet er Schutz, als gestaltetes Arrangement Anregungen und Herausforderungen; er gewährt den Freiraum, selbst mit aufkeimenden Fähigkeiten und Fertigkeiten zu experimentieren und sie auszubilden sowie spielerisch Entdeckungen an sich, an anderen und an der Umwelt zu machen. Der Kindergarten als kirchliche Einrichtung kann das sein, was die Schule - allen pädagogischen Programmen zum Trotz - nie war: ein Schutzraum gegen die gesellschaftliche Überformung des Menschen und ein Freiraum zur ersten, tastenden und deshalb besonders zu schützenden Suche des Menschen nach sich selbst. Im Sinne eines weiten, kritischen Bildungsverständnisses ist der Kindergarten so gesehen eine Bildungseinrichtung gerade dadurch, daß er nicht "Vorschule" sein will.

Als Erfahrungsraum und Experimentierfeld des Kindes geht es im Kindergarten noch mehr als in anderen kirchlichen Bildungsbereichen darum, die christliche Botschaft zu leben, anstatt sie zu lehren. Das entspricht zwar der Ganzheitlichkeit kindlicher Erfahrung, macht es aber für viele Außenstehende (z.B. Kirchenvorsteher; Kerngemeinde usw.) so schwierig, ihren Kindergarten als eine spezifisch kirchliche Arbeit zu akzeptieren. Soll jedoch das Kind die Wahrheit seiner Taufe erfahren, dann ist es die erste und vornehmste Aufgabe eines kirchlichen Kindergartens, daß das Kind sich als vorbehaltlos angenommen und als vollwertig geachtetes Wesen in seiner Eigenart und Eigenwertigkeit erlebt, auch wenn weltanschaulich anders orientierte Einrichtungen ähnliche Prinzipien verfolgen. Der Kindergarten baut dabei auf Grunderfahrungen auf, welche die Kinder - negativ wie positiv - aus ihren Familien mitbringen. Diese Erfahrungen können sehr unterschiedlich, ja ambivalent sein. So hat z.B. die durch Kontrazeptiva gegebene Möglichkeit einer bewußten Familienplanung dazu geführt, daß Kinder heute in der Regel "Wunschkinder" sind. Einerseits ergibt sich von vornherein eine positive Zuwendung der Eltern zu ihren Kindern, andererseits resultieren daraus aber auch hohe Ansprüche, die Kinder leicht enttäuschen können. Diese Enttäuschungen treten lebensgeschichtlich gerade in der Kindergartenzeit auf, die ja in die Phase der nach außen gerichteten Aktivierung des Kindes fällt. Von ihren Kindern enttäuschte Eltern strafen - bewußt oder unbewußt - zumeist mit Liebesentzug: Das Kind erfährt sich zum einen nicht als akzeptiert und wertvoll; zum anderen leidet es darunter, daß es die geliebten Eltern enttäuscht. Indem der Kindergarten kompensatorisch die psychische Stabilität des Kindes wiederherzustellen hilft, gibt es dem Kind Kraft und Perspektiven, seine Elternbeziehung positiv zu regeln.

Die bewußte Gestaltung der Elternbeziehung ist ein erster Schritt zur Selbständigkeit; indem der Kindergarten hier unterstützend wirkt, kann so bereits der Grund für eine positive Lösung des pubertären Ablöseprozesses gelegt werden. Wenn es Ziel der kirchlichen Einrichtung ist, daß jedes einzelne Kind sich als wertvoll und liebenswert erlebt, dann kann das Kind zugleich erfahren, daß auch die anderen in ihrer Subjekthaftigkeit und ihren Eigenarten zu achten sind. Die Förderung sozialen Verhaltens ist zweifelsfrei auch gelebte Glaubensvermittlung, insofern Jesus vorbildhaft gegen Härte, Mißachtung und Stigmatisierung von Menschen eingetreten ist. Wir wissen, daß viele Vorurteile und insbesondere die ethnischen bereits im Vorschulalter erworben werden und sich als basale Einstellung durch die Schulzeit hindurch erhalten. Im Unterschied zur schulischen Erziehung, die hier primär gegenwirkend tätig sein muß, kann der Kindergarten die prinzipielle Offenheit des Kleinkindes positiv aufgreifen und als soziale

Eigenschaft kultivieren. Aus theologischen wie entwicklungspsychologischen Gründen hat ein kirchlicher Kindergarten seinen Beitrag zur Bildung von Vorurteilsfreiheit zu leisten. Schon deshalb darf er keine konfessionellen und kulturellen Grenzen aufbauen; er muß vielmehr zur Toleranz gegenüber anderen Bräuchen und Lebensweisen anleiten.

Die anhaltend hohe Akzeptanz der Kindertaufe und die mehrheitliche Bejahung der Notwendigkeit einer religiösen Erziehung des Kleinkindes läßt vermuten, daß auch in den kirchlich-distanzierten, ja selbst in den explizit unkirchlichen Familien, so etwas wie religiöse Erziehung stattfindet. Empirische Untersuchungen weisen ebenfalls in diese Richtung. Allerdings ist an die Stelle einer kirchlichen oder doch explizit christlichen Normierung eine allgemeine, diffuse religiöse Sozialisation mit Ersatzriten und Kryptosymbolen getreten. Häufig tragen bereits kleine Kinder Talismane und Glücksbringer oder es entwickeln sich in Familien, die bisher dafür nicht anfällig schienen, besondere Zeremonien bei Tisch oder vor dem Zubettgehen. Sich auf- und abgeklärt gebende Mütter führen Behütungsriten ein, wie abendliches Singen oder die Duftlampe am Bett u.a. Wie die noch wenig erforschte semireligiöse Familienerziehung im einzelnen auch aussehen mag, jedenfalls ist für die Kindergartenarbeit damit zu rechnen, daß jedes Kind "jeweils seine privaten religiösen Symbole" (Fraas 1983, 245) mitbringt, die es entweder selbst entwickelt (s.o. 3.2) oder erworben hat. Die familiär erworbenen Symbole und Riten können durchaus als Erscheinungsweisen einer neutralisierten Religion im Sinne Th.W. Adornos verstanden werden, denn sie haben ihren ursprünglichen, über die eigene frühkindlich-religiöse Sozialisation der vorangegangenen Generationen tradierten Haftort in der christlichen Kleinkindererziehung, auch wenn Adaptionen aus esoterischen und fernöstlichen Weltanschauungen integriert sind.

Die Reaktivierung religiöser Momente bei "modernen" und "aufgeklärten" Eltern läßt sich durch die Ambivalenz der Aufklärung selbst verständlich machen. Angesichts der Bedürftigkeit, Hilflosigkeit und Kreatürlichkeit des Kindes wird Eltern der mit der Aufklärung gesetzte Verlust an Sinnlichkeit sowie die Preisgabe eines notwendigen Restes von "Nicht-Verfügbarkeit" der Welt und das schlechthinnige Gegebensein des menschlichen Lebens zumindest vorbewußt deutlich. Gegenüber der Eindimensionalität des rationalen Denkens gewinnt die Mehrdeutigkeit, Tiefe und Transzendenz des Religiösen eine gewisse Plausibilität und Attraktivität. Das führt aber nun nicht zu einer Hinwendung zu Kirche und Glauben, weil darin der Gewinn der modernen Aufklärung für die Mehrheit bedroht zu sein scheint. An ihre Stelle treten die Neutralisierungen des Christentums. Aus den tradierten Glaubensinhalten werden solche Elemente ausgewählt, die den eigenen, primär nicht religiös begründeten Interessen nützen. Neutralisierung bedeutet somit die Funktionalisierung von Religion. Derartigen Neutralisierungen und Funktionalisierungen verdankt z.B. die Kindertaufe ihren hohen Stellenwert. Die in die allgemeine familiäre Sozialisation eingegangenen neutralisierten Religionsmomente können Anknüpfungspunkte für eine explizite religiöse Erziehung werden, die im Sinne von D. Stoodt (1973) als sozialisationsbegleitend verstanden werden kann.

Der sozialisationsbegleitende, kompensatorische Ansatz ist einer nicht-direktiven, nicht-einvernehmenden Didaktik deshalb angemessen, weil er vom Recht des Kindes auf

Identität ausgeht. Wir sahen bereits die Schädigungen, die durch die kindliche Lebenswelt produziert wurden (Vereinsamung, Hypervisualisierung usw.). Mehr noch als für andere Aspekte der kindlichen Persönlichkeit ist die Religiosität des Kindes durch neutralisierte religiöse Sozialisation negativ beeinflußt. Diese in der falschen oder fehlenden religiösen Sozialisation verursachte Beschädigung des einzelnen reversibel zu machen und zu kompensieren, kann zur Aufgabe eines kirchlichen Kindergartens werden. Ausgehend von den mitgebrachten Symbolen und angesichts des anschauungshaften Denkens der Kinder kann die Kindergartenarbeit dabei Elemente der Symboldidaktik (Biehl 1989) aufgreifen, deren Anliegen die Korrektur falscher Symbolisierungen zum Zweck des Kompetenz- und Subjektivitätszuwachses für das Kind ist. Sicher wird - entgegen den didaktischen Direktiven der siebziger Jahre - das Symbolverstehen im Kindergarten nicht vollständig curricular durchstrukturiert sein. Zwar bietet der Tages- und Jahresrhythmus (Begrüßung, Essen, Fest- und Feiertage) vielfältige Möglichkeiten, um Symbole aufzugreifen und vertiefend zu befragen, aber das Wesentliche geschieht eher "nebenbei". Denn wenn es um die Aufarbeitung privater Symbole geht, dann muß der/die KindergärterIn sensibel für Situationen sein, in denen Kinder ihre Symbolisierungen präsentieren.

Kinder im Vorschulalter haben einen ausgesprochenen Hang zu Ritualisierungen; dies u.a. deshalb, weil sie - aufgrund ihrer begrenzten kognitiven Fähigkeiten - mehr noch als Erwachsene sich vor überfordernder Komplexität schützen müssen und diese deshalb rituell reduzieren. Daraus erwächst der Anschein, man habe es bei Drei- bis Sechsjährigen mit kleinen Zwangscharakteren zu tun, die verunsichert sind und sich wehren, wenn Gewohntes durchbrochen wird. Überschaubare Abläufe und eingeübte Verhaltensmuster verleihen Sicherheit und helfen, sich auf das Wesentliche zu konzentrieren. Neues wird leichter versteh- und lernbar, wenn es in gewohnten Handlungskontexten angebahnt wird. Was manchen Erwachsenen als einengende Gesetzlichkeit des Kinderalltags und als unreflektierte Routine erscheint, ist in Wirklichkeit für die Kinder behütender und bergender Ritus. Er ist eine kindgemäße Art des Weltumgangs und der Erfahrungsverarbeitung und von daher für die Praxis der Arbeit im Kindergarten didaktisch wertvoll. Allerdings besteht die Gefahr, daß bei Kindern, die der analen Phase ihrer Entwicklung noch sehr nahestehen oder in ihr fixiert geblieben sind, der Hang zur Zwanghaftigkeit verstärkt wird. Angesichts des noch vorherrschenden animistischen Denkens droht zudem die Fehlentwicklung zu einem abergläubischen Ritualismus (Fraas 1990, 198). Ausgehend von der allgemeinen Lernregel, daß jede Lern- und Entwicklungsstufe die Bedingungen für das Weitere grundlegen soll, dürfen Riten keine Selbstreferenz zugeschrieben werden; sie müssen vielmehr für Reflexion und Veränderung offenbleiben und in entsprechende Prozesse eingeordnet sein. Die Ermöglichung einer kritischen Reflexion unterscheidet kirchliche Kindergärten programmatisch z.B. von Waldorfkindergärten, die besonders hoch ritualisiert und symbolisch überfrachtet sind.

Bekanntlich ist die rituelle eine zentrale Dimension von Religiosität überhaupt (Boos-Nünning 1972); das Rituelle selbst kann als eine Vorform des Religiösen interpretiert werden, zumindest sind Alltagsriten für eine religiöse Erweiterung offen. Deshalb kommt dem durch Riten strukturierten Leben im Kindergarten ein hoher Stellenwert zu, vor allem, wenn der Ritus für die Selbstwahrnehmung des Kindes förderlich ist. Begrüßungsrituale haben derartige Funktionen ebenso wie Geburtstagsriten. Andere Riten (z.B. Tischsitten, Tischgebet, aber auch Singen oder Kreisspiele u.a.) symbolisieren das Eingebettet- und Aufgefangensein des einzelnen in einer Gruppe. Durch die Fragen, weshalb dieses und jenes getan wird, und was es bedeuten könnte, werden Reflexionsprozesse angebahnt. Bei derartigen Anbahnungen wird das Lernen im Kindergarten wohl in der Regel stehenbleiben müssen, die Artikulationsstufen des Entfaltens und Gestaltens bleiben eher der Schule überlassen, wenn die Lernprozesse intentional gesteuert werden.

5. Methoden der Kindergartenarbeit

Spielen ist die kindgemäße Form des Arbeitens, insofern Arbeit - bildungstheoretisch gesehen - die subjektive Aneigung der objektiven Welt und einen interaktionellen Prozeß meint. Weil das Kind spielend lernt und spielen will, ist das Spiel die bevorzugte "Lernmethode" im Kindergarten; sie entspricht einer nicht-direktiven, impliziten Religionspädagogik. Lernen im Spiel ist nicht intentional gesteuert, es ist experimentell, offen für Phantasie und entspricht dem ganzheitlichen Interesse der Kinder. Mehr noch als Basteln und Erzählen verknüpft es emotionale, pragmatische sowie kognitive Momente und ermöglicht zugleich Gemeinschaftserfahrung, auch wenn ein "echtes " Zusammenspiel erst für ältere Kindergartenkinder möglich wird. Entsprechend ihrer entwicklungsgemäßen Prädispositionen haben Spielregeln Gesetzescharakter: Sie sind unhinterfragbar, nicht variierbar, selbstreferent und in ihrem Sinn (Spielidee) oft nicht durchschaubar. Spiele bieten die Möglichkeit, Sprechen, Bewegung, Spaß und Denken miteinander zu verbinden und darin Fortschritte zu erzielen.

Eine besondere Bedeutung haben Rollenspiele, denn Kindergartenkinder experimentieren einerseits bereits "natürlich" mit Rollen (vgl. Geschlechtsrollenerwerb) und andererseits können sie das tun, was ihnen im sonstigen Spiel noch nicht möglich ist, nämlich selbst Spielideen einbringen und Regeln festlegen. Einfacher als das freie, unstrukturierte Rollenspiel ist zwar das angeleitete, strukturierte, aber ersteres hat vor allem dadurch den Vorteil, daß die Kinder "selbst zur Sprache" kommen. Denn in einer nicht im einzelnen vorgegebenen Rolle kommen ihre eigenen Erfahrungen, Ängste und Wünsche zur Sprache. Gelegentlich ergeben sich daraus diagnostisch-therapeutische Möglichkeiten insofern der/die KindergärtnerIn auf entsprechende Signale von Kindern reagieren und individuelle Probleme aufgreifen kann. Durch das Rollenspiel lassen sich überdies gruppendynamische Effekte erzielen, z.B. dann, wenn ein zurückhaltendes oder isoliertes Kind eine begehrenswerte und tragende Rolle spielt. Die noch nicht zum Perspektivwechsel fähigen Kindergartenkinder können durch das Rollenspiel angeregt werden, momenthaft die Perspektive eines anderen zu übernehmen, und lernen ansatzweise dessen Situation zu verstehen.

Bevor Menschen schreiben, malen sie. Bildnerische Äußerungen gehören augenscheinlich zu den elementarsten Selbstdarstellungen des nach sich selbst suchenden Subjekts; bildnerisches Gestalten ist deshalb eine wichtige Methode in der Kindergartenarbeit. Denn bevor die Hand zum Formen von Buchstaben dressiert wird, bricht sich im Bild die noch unrestringierte Phantasie des Kindes Bahn, einzig durch technische Unvollkommenheit begrenzt. Es scheint so, als würden Kreativität und Kreatürlichkeit eine ursprüngliche Symbiose bilden; daraus erwächst die Faszination des Erwachsenen gegenüber den kindlichen Bildern. Denen aus dem Kindergarten fehlt - sofern pädagogisch-methodische Kolonialisation noch nicht zugegriffen hat - die Gleichförmigkeit, die den Bildern ab Mitte der Grundschule zu eigen wird. Leider reißt die Unsitte aus dem Grundschulreligionsunterricht und dem Kindergottesdienst auch in den Kindergärten ein: Malen verkommt zum Ausmalen vorgegebener Figuren. Das Mechanische dieses Tuns erstickt die Kreativität und Phantasie; sie macht nicht nur die Vorstellung, sondern auch die Kinder selbst uniform.

Oft erschließt sich dabei den Erwachsenen der Inhalt nur undeutlich, während das Kind in und über seine Bilder Geschichten erzählen kann. Das Ungebaren überschäumender Phantasie, die in der prinzipiellen Offenheit des Kindes wurzelt, birgt die Gefahr von Irrationalität und Unwirklichkeit. Das Diffuse des Reiches Fantasia, in dem das Kind lebt, kann - bleibt es darin fixiert - eine Ich-Findung erschweren. Auch die Phantasie will Struktur - sei es auch um den Preis notwendiger Selbstbeschränkung. Dies schon deshalb, weil die Bilder der Kinder deren ambivalente Seelenlage spiegeln. Das Kind ist hin und her gerissen von Allmachts- und Ohnmachtsphantasien, von narzißtischer Selbstspiegelung und Abhängigkeitserfahrung. In seinen Bildern macht es der/dem ErzieherIn diese Welt mit ihren Ängsten und Hoffnungen zugänglich. Wie das Rollenspiel hat deshalb auch das Bild eine diagnostisch-therapeutische Funktion. Bildhaft können z.B. Hilferufe artikuliert werden, die sonst ausblieben (etwa bei Mißhandlungen, bei traumatischen Erlebnissen etc.). Generell können im Bild auch Kinder, die sonst eher wortkarg und sprachgestört sind, sich ausdrücken und darüber zur verbesserten Artikulationsfähigkeit geführt werden.

Anschauungen und Vorstellungen sind die Grundlage für späteres begriffliches Denken; wer hier Einschränkungen erfährt, wird auch im Nachfolgenden kurzatmig. Die Fähigkeit, eigene Vorstellung anschaulich zu machen, hilft zu einem Denken, das sich nicht rationalistisch und technizistisch beschränkt. Die Förderung der naturwüchsigen Lust an der bildnerischen Gestaltung ist möglicherweise ein Beitrag des Kindergarten, der Eindimensionalität des gesellschaftlich verordneten Denkens ansatzweise zu begegnen. Im Gegensatz zu diesem ist der Hang zum Chaotischen der Kunst wesentlich; er stört und befruchtet die Ordnung, die begriffliches Denken will. Dieses seinerseits dringt in die Sphäre der Bilderwelt ohne den Hang, jene zu verdrängen; das geschieht im Gespräch über die Bilder. Denn Malen bedeutet im Kindergarten mehr als Zeitvertreib oder Stillbeschäftigung. Die Selbstbezogenheit des malenden Kindes muß zu kommunikativen Formen geöffnet werden. Indem das Kind selbst oder andere über sein Bild sprechen, wird die Phantasie strukturiert und zugleich weitergeführt. Die Forderung nach kommunikativer Ergänzung der bildlichen Darstellung meint nun aber keine Bildbetrachtung; sie vollzieht sich durch Erzählungen, die das Bild auslöst.

Das Bild oder die Musik bieten Widerpart zu der Übermacht des Objektiven in Kultur, Schule und Gesellschaft, weil Individualität stets bei den Musen wohnt. Deshalb sind musikalische Formen Bestandteil der Kindergartenmethodik. Kinder singen gerne, weil der Rhythmus ihren ritualistischen Optionen entgegenkommt. Die Bekanntheit von Texten und Melodien schafft Vertrauen zu den eigenen Fähigkeiten wie zur Gruppe. Singen ist ein Gemeinschaftserlebnis und fördert insofern den Zusammenhalt der Gruppe und die Integration des einzelnen. Kindergartenlieder müssen alters- und kindgemäß sein; dieser Grundsatz gilt auch dann, wenn z.B. ein neu erlerntes Lied später in einem Familiengottesdienst "vorgesungen" werden soll. Derartige Auftritte stellen für Kinder eine positive Herausforderung dar, weil sie einerseits ihre Fähigkeiten und andererseits ihre ihnen wesentlich gewordene Kindergartengruppe den Eltern demonstrieren können. Neben die Lieder treten Klangspiele mit einfachen Instrumenten, die z.B. von den Kindern selbst gebastelt werden können. Sie eignen sich zum Darstellen von Stimmungen; sie können Handlungsabläufe von Geschichten untermalen usw. Mit Klanginstrumenten (Triangel, Trommel u.ä.) kann auch in der "Bildbetrachtung" und in der "Erzählverarbeitung" gearbeitet werden, wenn etwa jedes Kind sich ein passendes Instrument aussuchen kann, um damit seine eigene Reaktion auf das Gesehene oder Gehörte auszudrücken oder klanglich bestimmte Elemente des Bildes oder der Erzählung hervorzuheben.

Die Einführung neuer Lieder darf sich nicht in einem Vor- und Nachsingen erschöpfen; sie muß vielmehr eingebettet sein in andere Methoden. Generell können und sollten die unterschiedlichen Methoden in einen thematischen Zusammenhang gestellt werden. Dieser ergibt sich erstens aus den Jahreszeiten (Frühling, Sommer ..., Weihnachten, Ostern ...), zweitens aus dem Leben der Kindergartengruppe selbst (Geburtstagsfeier, Kindergartenfest, Verabschiedung der Schulkinder, Aufnahmen der Neuen ...) und drittens durch religionspädagogisch begründete Themenstellungen, die sich vorzugsweise an zentrale Symbole anschließen. Zur Symboldidaktik im Kindergarten gehört zweifelsfrei auch die "offizielle" kirchlich-christliche Symbolik, aber auch Symbole, die entweder bewußt didaktisch für die jeweilige Gruppe eingesetzt sind oder die im Gruppenprozeß für diese Bedeutung gewonnen haben. So erhalten bestimmte Gegenstände, Spielecken usw. im Laufe der Zeit für die jeweilige Gruppe Bedeutungen, die über den unmittelbaren Gebrauch hinausgehen. Eine Kuschelecke kann mehr als nur ein Rückzugsort sein, die Kochnische dient nicht nur zum Kochen usw. Solche sozusagen "kinderweltlich" vorkommenden Symbole können thematische Kristallisationspunkte sein.

Für letzteres sei ein Beispiel angeführt: Ausgehend von der Bestimmung des Kindergartens als Raum wählen wir das Symbol "Haus". Dieses Symbol ist sozusagen ein Gegen- und Hoffnungsbild gegenüber der ungeschützten Offenheit als der anthropologischen Grundbefindlichkeit des Kindes. Im Elternhaus erfährt es erstmalig die schützende Geborgenheit des umgrenzten Raumes. In diesem Erleben lädt sich der Begriff bereits zu einem lebensweltlich und lebensgeschichtlich bedeutsamen Symbol auf; insofern gehört es bereits zu den von den Kindern in den Kindergarten getragenen Alltagssymbolen (s.o.). "Das Kind hat" zwar noch "ein naives Vertrauen zum Haus", aber die Zeit, wo "das Haus noch die ganze Welt" (Biehl 1989, 76) war, ist angesichts der jetzt gewonnenen Außenorientierung vorbei. Das Symbol "Haus" muß neu bestimmt werden. Von der emotional hohen Bedeutsamkeit machen Kindergartenkinder vielfältig Gebrauch: sie bauen Höhlen, ziehen sich unter Decken zurück, umgrenzen ihren Spielbereich zu Spiel-räumen (Wohnung, Zimmer, Küche usw.), sie verteidigen ihren Gruppen-raum gegen andere Gruppen als höherwertig und einzig. Diese Affinität zum Symbol kann didaktisch aufgegriffen werden. Vorstellbar ist, daß die Kinder gemeinsam ein "Haus" bauen, entweder real-funktional (im Spielgarten, in der Zimmerecke, ein Baumhaus) oder fiktiv (Modell eines Hauses, in einem Rollenspiel). Kinder können "Erlebnisse im Haus" erzählen und dabei wechselseitig ihre Vorstellungen ergänzen, insbesondere dann, wenn sie aus unterschiedlichen Kulturkreisen kommen. Generell eignet sich das Symbol zur Anbahnung eines multikulturellen Verständnisses. Am Symbol des Hauses können Kinder über die unterschiedlichen Behausungen der Menschen nachdenken und überlegen, welche gleichartigen Bedürfnisse, Wünsche und Empfindungen für Kinder anderer Kulturkreise mit diesem Symbol verbunden sind. Möglicherweise läßt sich bereits ein abstraktes Verständnis von der Erde als dem allen gemeinsamen Haus anbahnen. Geeignet wären dazu Phantasien über die Bewohner der verschiedenen Zimmer, ihre Aufgaben und ihre Beziehungen untereinander. Selbstverständlich lassen sich auch biblische Geschichten integrieren, die den religiösen Gehalt des Symbols andeuten; etwa die Geschichte von der Heimkehr des verlorenen Sohnes oder vom Stall zu Bethlehem. Bei einem derartigen didaktischen Transfer ist allerdings eine übergroße "Verkopfung" zu vermeiden; die Gespräche, Erzählungen und Materialien müssen entwicklungsgemäß sein. Zugleich ist darauf zu achten, daß kindgemäße Fehlinterpretationen nicht verstärkt und ein zukünftiger, möglicherweise kritischerer Umgang mit den Symbolen nicht verunmöglicht wird. Auch wenn durch diese Forderung ein indirekter Bezug auf die Schule vorgenommen wird, so ist der Kindergarten dennoch keine Vorschule, sondern bleibt Erfahrungs- und Lebensraum für Kinder, die ein Recht auf sich selbst haben.

Literaturempfehlung:

- *Colberg-Schrader, H.* u.a., Soziales Lernen im Kindergarten, München 1991
- *Fraas, H.-J.*, Religiöse Erziehung und Sozialisation im Kindesalter, Göttingen 1975
- *Geulen, D.* (Hg.), Kindheit. Neue Realitäten und Aspekte, Weinheim 1989
- *Heide, C.*, Kind in Deutschland, Hamburg 1981
- *Lenzen, K.-D.*, Kinderkultur - die sanfte Anpassung, Frankfurt 1978
- *Mette, N.*, Voraussetzungen christlicher Elementarerziehung, Düsseldorf 1983
- *Rolff, H.-G./Zimmermann, P.*, Kindheit im Wandel. Eine Einführung in die Sozialisation im Kindesalter, Weinheim 1985

IV. Der Kirchliche Unterricht

1. Vorbemerkungen

Der *Kirchliche Unterricht* (KU) ist *das* Handlungsfeld in unseren Gemeinden, in dem es in besonderer Weise um *Lernen* geht. Dabei ist es in der Regel trotz anderslautender Behauptungen nicht immer ganz deutlich, *was* da gelernt werden soll. Sollen die KonfirmandInnen *das* Glauben oder *den* Glauben lernen oder sollen sie sich nur mit Gemeinde und Kirche bekannt machen oder dann sich über ein spezifisches, traditionelles Angebot auf dem reicher gewordenen Markt der religiös-spirituellen und weltanschaulichen Möglichkeiten relativ wertneutral informieren? - Und wie soll das alles zugehen? Um da von Anfang an mit klaren Begriffen arbeiten zu können, beginnen wir im Rahmen einer ersten Vorbemerkung über das *Lernen* und das *Glauben* nachzudenken. Weil es weder ein Lernen noch ein Glauben *ohne* gesellschaftliche und lebensgeschichtliche Voraussetzungen gibt, soll in der Folge in zwei weiteren Vorbemerkungen über diese Voraussetzungen gesprochen werden. Sie sind nur kurz, weil einiges ja auch schon früher in diesem Buch ausgeführt worden ist. Erst nach diesen Vorüberlegungen werden wir zu *Geschichtlichem* gelangen, was den kirchlichen Unterricht anbetrifft, und zu *Theologischem*, und in alldem zum Glauben und Lernen und seinen Inhalten und Formen, die im KU gelernt werden müssen.

1.1 Glauben und Lernen/Bildung und Glaube

Der Glaube an Jesus Christus ist als in der Geschichte dieser Welt wurzelnder nicht nur eine abstrakte Haltung, Stimmung oder Gesinnung, sondern immer schon mit *Wissen* und deshalb auch mit *Lernen* verbunden. Indem ein Mensch an Jesus Christus glaubt, hat sein Glauben einen bestimmten *Inhalt*, der unter anderem sein Selbstsein und In-der-Welt-Sein auf spezifische Weise prägt. Das ist der Grund, weshalb christlicher Glaube von Anfang an zumindest auch *geistige Tradition* gewesen ist und zum Grundbestand von *Bildung* gehört. Allerdings haben derartige Aussagen, wie wir sie hier vorhaben, zumindest seit dem Sieg der sog. Dialektischen Theologie über den theologischen Liberalismus in den dreißiger Jahren mit lebhaftem Widerspruch zu rechnen, gilt es doch in weiten Kreisen von Theologie und Kirche auch heute noch, daß Lernen als ein dem Menschen zuhandenes Tun und Glauben als ein unverfügbares Werk des in Jesus Christus offenbaren Gottes niemals wie Ursache und Wirkung zusammengehören können (vgl. z.B. Hammelsbeck 1940, 11f).

Wer sich aus welchen Gründen auch immer mit diesem *Gegensatz von Glauben und Lernen* nicht abfinden kann, wird entweder als theologischer Ignorant abgetan oder aber wortreich beschwichtigt: Natürlich könne man bestimmte Inhalte des Glaubens lernend zur Kenntnis nehmen, vielleicht sogar verstehen, niemals sei es jedoch denkbar und möglich, Glauben zu lernen. Die naheliegende Frage, warum sich die Kirche dann seit eh und je mit großem Einsatz darum bemüht, "den Glauben" zu lehren, ist damit allerdings noch nicht beantwortet. Hier "riecht" für mein Dafürhalten alles nach Ideologie auf die Melodie, "was nicht sein kann, das nicht sein darf". Um weiter zu kommen, bedarf es an dieser Stelle zuerst einer Klärung dessen, was unter "Lernen" zu verstehen sei, und dann eines Versuchs, das in der Diskussion leitende Verständnis von Glauben wenigstens zu skizzieren.

1.2 Lernen

Es ist hier nicht der Ort, die heute in den Erziehungswissenschaften und der Psychologie bestimmenden Lerntheorien Revue passieren zu lassen (vgl. Dietrich 1984, Ruprecht 1974, Treiber u.a. 1983), aber es besteht die Möglichkeit, wenigstens den hinter dem von den "Dialektikern" behaupteten Gegensatz von Glauben und Lernen zu vermutenden Begriff von Lernen beim Namen zu nennen. Er bezeichnet offensichtlich vornehmlich die gedächtnismäßige Aneignung von Wissensbeständen, die Einübung in gewisse Verhaltensmuster und vielleicht noch ein verständiges Bedenken derselben. Dieser Lernbegriff hat in den Erziehungswissenschaften und in der Psychologie längst ausgedient und wird höchstens noch als Beschreibung eines marginalen Ausschnitts dessen, was unter kognitivem Lernen verstanden wird, verwendet. Daneben bezeichnet Lernen in diesen Wissenschaften durchaus noch anderes: z.B. die aufgrund von Erfahrung erfolgende *affektive Bindung* an Werte und Normen, die *Veränderung des Verhaltens* im Rahmen von Gruppen, die *Gewinnung neuer Einstellungen und Haltungen*, ja sogar das *Wagnis, eine neue Lebensform auszuprobieren* (vgl. Vierzig 1975, 15ff). Lernen ist nicht nur erzwungenes oder auch selbstgewähltes Aneignen von Informationen, Kenntnissen, Wissensbeständen und Regeln, sondern umfaßt *alle beabsichtigten und unbeabsichtigten Veränderungen des Wissens, Denkens, Urteilens, Wertens, Verhaltens, Handelns und entsprechender Einstellungen und Haltungen in allen Lebensbereichen*. Lernen ist so etwas wie die Bezeichnung der Lebensdynamik eines Menschen, genauer seiner Fähigkeit zu neuen Erfahrungen mit sich selbst, der Welt und Gott. Damit ist noch nichts über Formen des *Lernens* ausgesagt. Hier wäre z.B. zu unterscheiden zwischen Lernen als Effekt von Konditionierung, Nachahmungslernen oder Lernen als Gestaltfinden auf der Wissens-, Gefühls- und Handlungsebene (vgl. Aebli 1983).

1.3 Glauben

Es war Kant, der zwischen verschiedenen Weisen von "Glauben" unterschieden hat. Neben einem Glauben als theoretischem Fürwahrhalten kennt er den sog. *doktrinalen Glauben* an einen weisen Schöpfer der Welt als Bedingung unserer sittlichen Vernunft und den *moralischen Glauben* an Gott den Richter, der uns an unseren Handlungen mißt. Auch der doktrinale und der moralische Glaube sind für Kant Weisen des Fürwahrhaltens, sprich kognitive Akte.

In der Theologie liegen die Dinge offensichtlich anders. Nicht eine Weise des Fürwahrhaltens von *etwas* sei der christliche Glaube, sondern persönliche Zuwendung zu einer Person als Annahme der Zusage, daß nichts und niemand den so Glaubenden von der Liebe Gottes zu trennen vermag, auch nicht die eigene Vergangenheit des Unglaubens und die Gegenwart der Anfechtung. "Zeichen" dieses Glaubens sind Gewißheit, unbeugsame Hoffnung und bedingungslose Liebe. Man kann verstehen, daß viele TheologInnen angesichts dieses Glaubensverständnisses nicht ohne weiteres von

Lernen handeln können. Aber ist nicht auch dieser recht verstandene Glaube auf Zur-Kenntnisnahme des *Evangeliums* vom in Jesus Christus geschehenen Heil angewiesen und damit auf Lernen, auf Reflexion, auf kritisches Fragen, auf Abwägen der Konsequenzen etc.? Im Blick auf diesen Glauben ausschließlich von einem unverfügbaren Geschenk, von einer Wirkung des Heiligen Geistes und ähnlich zu reden im Gegensatz zu menschlichem Lernen mag zwar dann legitim erscheinen, wenn darauf abgehoben wird, daß das den Glauben ermöglichende Evangelium sich niemand selbst sagen kann, oder wenn jemand nach seinem Zum-Glauben-Gekommen-Sein Gott als den Grund seines Glaubens preist, der ihn frei sein läßt, zureichend ist aber eine solche Bestimmung des Glaubens nicht. Empirische Psychologen und Lerntheoretiker werden in jedem Fall auch noch anders über solchen Glauben reden, nämlich als von einem Ergebnis vielschichtiger Lernprozesse. Dabei sprechen für sie z.B. Untersuchungen, deren Ergebnis es ist, daß zwischen fehlender christlicher Erziehung im Elternhaus und sich ausweitender Glaubenslosigkeit ebenso ein enger Zusammenhang besteht wie zwischen gelungener religiöser Erziehung und Glauben. Ohne "Lernen" also kein Glauben.

Vielleicht sollten wir weniger spitz sagen, Glaube an Jesus Christus kann nur in, mit und unter Lernprozessen Ereignis werden. Eine Kontraposition von Glaube und Lernen wäre nur dann sinnvoll, wenn wir es mit dem engen Lernbegriff hielten, für den z.B. Veränderungen des Fühlens, Wollens, Verhaltens, Handelns, der Einstellungen und Haltungen, des Selbst- und Weltverständnisses nichts mit Lernen zu tun haben. Wenn Lernen aber gerade in solchen Zusammenhängen Bedeutung hat und Glaube als Syndrom differenzierter Werthaltungen, Identifikationen, Reflexionen, Verhaltensmuster und Einstellungen verstanden wird, das in Erfahrungen mit Menschen, mit Überlieferung, mit Kult und Fest gründet, dann gehören *Lernen* und *Glauben* ebenso eng zusammen wie *Glauben* und *Verstehen*. In dieser Einsicht liegt ein unaufgebbares Erbe der Existentialtheologie und der ihr verpflichteten hermeneutischen Religionspädagogik am Tage, welches z.B. angesichts aktueller Versuche, Frömmigkeit und Glaube unmittelbar herzustellen, zu erinnern ist. Das bedeutet, daß Theologie und Kirche gut daran tun, unter anderem wie die Erziehungswissenschaften den sozialen und psychischen Gegebenheiten des Menschseins im Rahmen bestimmter gesellschaftlicher Verhältnisse und den verschiedenen Formen des Lehrens und Lernens ebenso Rechnung zu tragen wie den Ur-Kunden des Glaubens, die ja im Grunde nichts anderes sind als Niederschläge von Erfahrungen, die zum Glauben geführt haben; von Lernerfahrungen wohlgemerkt. Dabei sollten wir es jedoch nicht bei einer Reflexion anthropogener und soziokultureller Voraussetzungen religiösen Lernens bewenden lassen, sondern auch der Lebens- und Glaubensgeschichte der uns anvertrauten Jugendlichen im Blick auf eine mögliche Bedeutung der uns anvertrauten Tradition nach-denken. Dabei wird es uns auch um den *Bildungsgehalt* bestimmter Inhalte zu tun sein müssen und in diesem Zusammenhang um eine Reflexion der Bildungsfähigkeit unserer Adressaten. Fragen, die viel zu wenig beachtet werden, stellen sich dann sofort:
- Ist die Überlieferung des Glaubens, wie wir sie in biblischen Texten und in Katechismen vorfinden, noch angemessenes Lehrmittel für ein Lernen des Glaubens,

oder sollten wir nach neuer Sprache suchen, um Glauben zu verantworten und zu lehren?
- Ist der Weg vom Jugendlichen und seinem Selbst- und Weltverständnis her zur Überlieferung der richtige, oder sollten wir, wie das Herkommen es lehrt, nicht doch vom "Glauben" her zu den jungen Menschen gelangen?
- Welche "Inhalte" des Glaubens sind es, die dem Subjekt Kategorien anbieten können, sich selbst, die Welt und Gott zusammenzubringen und Lernprozesse zu initiieren an der Nahtstelle von Rechtfertigung und Heiligung, und welche mit Wahrscheinlichkeit nicht?

1.4 Gesellschaftliches

In seinem Buch "Der Zwang zur Häresie. Religion in der pluralistischen Gesellschaft" (1980) vertritt *Peter L. Berger* die Ansicht, daß "die Modernität die Religion in eine ganz spezifische Krise gestürzt (hat), die ... durch Pluralismus gekennzeichnet ist" (9). In modernen Gesellschaften seien es zunehmend weniger Menschen, die *eine* bestimmte Tradition als verständlich und plausibel akzeptieren. Aus diesem Grund sehe sich der einzelne fast pausenlos dazu genötigt, zwischen mehreren Sinnangeboten, Lebensentwürfen und Deutungen von Welt, Mensch und Gott zu wählen. "Anders gesagt, modernes Bewußtsein zieht eine Bewegung vom Schicksal zur Wahl nach sich." (24) "Modernität schafft eine neue Situation, in der Aussuchen und Auswählen zum Imperativ wird."(41)

W. Welsch, ein anderer aufmerksamer Beobachter unserer Tage, spricht in solchen Zusammenhängen von "Postmoderne" und bezeichnet diese "als diejenige geschichtliche Phase, in der radikale Pluralität als Grundverfassung der Gesellschaft real und anerkannt wird und in der plurale Sinn- uns Aktionsmuster vordringlich, ja dominant und obligat werden." (1987, 5). Aus der Sicht der Jugendlichen, die zu uns in den Konfirmandenunterricht kommen, heißt das Gesagte, daß sie in der Regel nicht spezifisch christlich sozialisiert sind, möglicherweise Erfahrungen mit sehr unterschiedlichen Sinnentwürfen und Wertvorstellungen gemacht haben, Religion als Privatsache verstehen, allergisch sind gegen jegliches autoritäre Behaupten oder In-Anspruch-Genommen-Werden durch eine bestimmte religiöse Gruppe, und je neu danach fragen, wohin es gehen soll. Es erscheint also dringlich, sich Gedanken darüber zu machen, wie sich Religion in der Gesellschaft angesichts des Beschriebenen mit Erfolg organisieren kann. Dabei wird darauf zu achten sein, daß die *Individualisierung* von Religion, Wertorientierung, Sinnsuche etc. Schicksal ist, die *Familie*, die *Kirchengemeinde* und andere verfaßte Lebensräume für eine Einübung gemeinschaftlichen Erfahrens, Handelns und Erleidens zunehmend an Bedeutung verlieren und die *strukturelle Komplexität der Gesellschaft* mit ihrer unübersehbaren Fülle von Institutionen, Gruppen, Interessen etc. noch immer im Wachsen begriffen ist.

Niklaus Luhmann rät den Kirchen angesichts des Beschriebenen dazu, "den Ernst des Fragens, Prüfens und Lernens als Modi gemeinsamer Interaktionen" mit besonderer Sorgfalt zu pflegen und den bisher eher "normativen und präskriptiven Erwartungsstil durch primär kognitive, gleichsam religiös-experimentelle Einstellungen zu ersetzen" (1972, 282f).

Nur so kann Kirche in einer Welt, in der der Mensch seinen Alltag weithin nur noch in einer Weise erfährt, die im Gegensatz steht zur Überlieferung des christlichen Glaubens an Gott den Schöpfer und Herrn der Geschichte, den Erlöser und Richter, ihre Sache mit Hoffnung darauf, gehört zu werden, sinnvoll verantworten und ausrichten. Ein weiteres gesellschaftliches Datum, das im Zusammenhang mit der Organisation von Religion bedeutsam erscheint, ist darin zu sehen, daß Jugendliche nur das für wichtig und eines Einsatzes für wert halten, was augenscheinlich für die Bewältigung des Alltags nützlich und brauchbar erscheint. Wo Kirche und Christentum überzeugende Modelle gemeinschaftlichen Lebens anschaubar repräsentieren und nachahmenswerte Lebensmuster "vorzeigen" können, werden deshalb die Probleme für eine Motivation Jugendlicher, über den Glauben nachzudenken und in seinem Licht nach sich selbst, der Welt und Gott zu fragen, begrenzt sein. Wo der KU aber auf nichts dergleichen zu verweisen vermag, wird er trotz aller redlichen Bemühungen um das Interesse der Jugendlichen nur wenig Chancen besitzen, zu mehr zu gelangen als zu einem Glauben qua Bewußtseinsstelle, über die man zwar diskutieren kann, die aber niemals Grundkraft des Lebens in der Gesellschaft zu werden vermag.

Der in diesem Zusammenhang immer wieder begegnende Ruf Wohlmeinender zur Rückkehr zu einer verbindlichen Ordnung mit definierten Lerninhalten und Pflichten führt nicht weiter. Das gilt besonders im Blick auf einen vitalen Glaubensvollzug aufgrund von Unterricht mit den "richtigen" Inhalten. Das kann nicht anders sein, wenn wir bedenken, daß der Glaube für viele Eltern unserer KonfirmandInnen, ja sogar für Glieder der Kerngemeinde, nicht zur gesellschaftlichen Konstitution der Identität des Subjekts gehört, sondern im besten Fall als Ergänzung zu einer anderswo errungenen Identität verstanden wird; etwa als kirchliche Einstellung oder persönliches Empfinden oder "Ornament und Kulisse für bürgerliche Lebensfeiern", "die privatim und gratis" zur Verfügung stehen (so Metz 1978, 30). Kurzum, der Pluralismus der Moderne und Postmoderne hat zum Traditionsabbruch, zu überbordendem Pluralismus, zur Individualisierung und Privatisierung des Glaubens geführt und damit zu weitgehender Abstinenz vieler Familien in Sachen religiöser Erziehung der Kinder und zu einer eher kümmerlichen Religiosität einer tendenziell kognitiven Minderheit von Christen in der Gesellschaft. Was tun, wenn wir der Meinung sind, daß es gerade der Glaube ist, der angesichts der öffentlichen Orientierungsschwäche, des überbordenden Konsumindividualismus, des gnadenlosen Konkurrenzkampfes, zu neuen Ufern führen könnte?

1.5 Lebensgeschichtliches
Seit einigen Jahren gehört es zu den Selbstverständlichkeiten religionspädagogischer Theorie und zunehmend auch einschlägiger Praxis kirchlicher Arbeit für und mit Kindern und Jugendlichen, daß gleichursprünglich sowohl nach den für wichtig gehaltenen Inhalten als auch nach den Adressaten gefragt wird. Seltener begegnet die Frage nach dem aktuellen "Wert" eines Inhalts für Jugendliche eines bestimmten Alters oder einer sozialen Situation.

Wie immer, es wird wieder wie zu Beginn des Jahrhunderts nach der Entwicklung des kognitiven, moralischen und religiösen Urteils gefragt, nach sozial bedingten Retardierungen und Verfrühungen, nach Wechselwirkungen zwischen Sozialisation und Entwicklung und vielem anderen. Dabei beschränkt man sich in der Regel nicht auf *eine* entwicklungspsychologische Schule, sondern beachtet neben psychoanalytischen Publikationen auch solche der strukturgenetischen und sozialisationstheoretischen Forschung (vgl. Bucher/Reich 1989, Englert 1985; Esser 1991, Fowler 1991; Fraas/Heimbrock 1987; Nipkow/Schweitzer/Fowler 1988; Nipkow 1987, Oser 1988, Oser/Gmünder 1992; Oser/Scarlett 1991; Schöll 1992; Schweitzer 1992).

Was den KU anbetrifft, ist in diesem Zusammenhang auch noch auf ein Phänomen hinzuweisen, das nur wenig bedacht wird, aber für eine zeitgemäße Theorie des kirchlichen Unterrichts wichtig erscheint: auf ein Defizit lebenszyklischer Vorgaben für große Teile der in der Pubertät befindlichen Generation. Der Hauptgrund für die Vernachlässigung solcher Begehungen und Riten mag darin liegen, daß der junge Mensch unserer Tage in der Regel mit dem Abschluß der Pubertät nicht eigentlich Erwachsener wird, sondern noch für viele Jahre die Schulbank drückt. Dennoch ist hier von einem Defizit zu reden, dessen Folgen wir zwar erahnen, aber noch nicht kennen. Hier könnte eine entwicklungspsychologisch, biographisch und theologisch reflektierte Praxis von KU und Konfirmation, welche solidarisch ist mit den anempfohlenen Jugendlichen, begründete Normen suchen und Gemeinschaft stiften in subkulturellen Gruppen, eine wesentliche Hilfe sein. Wo bestehen bessere Chancen, Probleme der Jugendlichen mit Hilfe aktuell gistifteter Erfahrungen, aber auch unter Indienstnahme überlieferter Erfahrung zu bedenken und in offener Kommunikation einer Lösung näher zu bringen? Solche Gruppen bieten auch die Möglichkeit, unter Supervision durch einen Erwachsenen mit verschiedensten Rollen zu experimentieren und sich selbst zu testen. Vielleicht könnte man in diesem Zusammenhang sogar von einer gesamtgesellschaftlichen Bedeutung konfirmierenden Handelns der Kirche reden, wenn Jürgen Habermas recht hätte, daß ein konventioneller oder ein nicht-konventioneller Ausgang der Adoleszens über eine Bewältigung oder Nicht-Bewältigung der Motivationskrise unserer Gesellschaft entscheidet (Matthes 1975, 90f; Wegenast 1991, 45ff).

2. Zur Geschichte des Kirchlichen Unterrichts

2.1 Die Wurzeln

2.1.1 "Lehren" im Neuen Testament

Es ist das übereinstimmende und vermutlich der Wirklichkeit nahekommende Zeugnis aller vier Evangelisten, daß Jesus öffentlich *lehrte* (Mt 9,35; 13, 54 par; Mk 1,21; 6,34; 11,17; 12,4 par; Lk 5,3; 21,37 u.ö.), sei es in einer Synagoge, im Tempel oder auch im Freien. Über die äußere Form seines Lehrens hören wir Lk 4,16ff Näheres: stehende Verlesung eines Prophetentextes und sitzende Auslegung der Stelle. So entspricht es der rabbinischen Sitte.

Interessant ist die Stelle Mk 1,21f. Nachdem in 1,14f davon die Rede war, daß Jesu Auftrag darin bestehe, das Kommen des Reiches Gottes anzusagen, beginnt Jesus nach einer kurzen Berufungsszene (16-20) in der Synagoge von Kapernaum zu "lehren".

Bemerkenwert erscheint es dem Evangelisten, daß sich die Hörer "entsetzten". Der Grund dafür scheint Jesu "Vollmacht", die ihn offenbar von den Schriftgelehrten unterscheidet. Sie läßt die Hörer von einer "neuen Lehre" reden, die Jesus bringt. "Neu" ist, das beweist schon der Ort des Lehrens, kaum der Inhalt, der "Gesetz" oder "Propheten" gewesen sein wird, sondern die Auslegung, die "durchs Herz" geht, m.a.W. die Einsicht schafft, daß gerade jetzt alles auf dem Spiel steht: Gegenwart und Zukunft, Heil und Unheil. Man kann vielleicht sagen, daß Jesu "Lehre" die Situation der Hörer neu qualifizierte, ihr Selbst vor Gott und in der Welt neu verstehen ließ und durchsichtig machte auf das hin, was not tut. Offenbar war Jesu Rede nicht so etwas wie eine "Wiederholung" von Tradition, sondern aktuelle, d.h. neue Verantwortung des "Textes" im Licht einer konkreten Situation, die ein Neuverstehen eben dieser Situation zuspielte.

Lehre Jesu, das ist das Ergebnis, qualifiziert die aktuelle Situation der Hörer im Lichte der Tradition neu und läßt die an und für sich bekannte Tradition im Lichte eben dieser Situation neu verstehen. Interessant ist, daß Markus ab 8,27 Jesus nicht mehr allein als Subjekt von Lehre beschreibt, sondern auch als deren Objekt. Aus der situativen Auslegung von Tradition wird jetzt die Verkündigung des Geschicks Jesu als Grund des Heils. Es wäre noch manches zu sagen, z.B. zu Matthäus, für den Jesus der Lehrer des aktuellen Willen Gottes ist, welcher nach Karfreitag und Ostern von den Jüngern weitergesagt wird (28,20), oder zu Johannes, für den Jesus sich selbst als Offenbarer lehrt, und das so, wie es ihn der Vater gelehrt hat.

2.1.2 Die Taufe

In der Apostelgeschichte ist die Lehre dann die nachösterliche Heilsbotschaft (4,2), die weiterzugeben ist, und in den Pastoralbriefen (1.Tim, 2.Tim, Tit) die "gute" und "gesunde" Lehre, die es als "depositum" zu bewahren gilt. Nur ausgewählte Männer sollen sie "verwalten" dürfen. Noch anders liegen die Dinge bei Paulus, der nur an fünf nicht besonders bedeutsamen Stellen von "lehren" redet, aber dessen Briefe auf vielfältige Weise zeigen, wie er sich "Lehre" nach Ostern vorstellt, nämlich als situative Verkündigung des Evangeliums vom Kreuz und von der Auferstehung, die für Juden anders lautet als z.B. für Griechen (Wegenast 1962, 91). Kurzum, die Jesusbewegung begann mit dem in Vollmacht lehrenden Jesus, die Kirche mit der situativen Verkündigung Jesu Christi als Heilsereignis. Die weitergehende Geschichte hat dann aus dem situativen Wort wieder "Überlieferung" werden lassen, die schriftlich fixiert, durch ein Lehramt gesichert und durch "Regeln des Glaubens" in ihrem Verständnis normiert wurde.

Eine zweite Wurzel des KU ist zweifellos die *Taufe*. Seit Ostern ist die "Lehre der Apostel" (Apg 2,42) eng mit der Taufe verbunden. So sieht es auch der Evangelist Matthäus (28,19f). Schon für die Alte Kirche war der Unterricht vor der Taufe so grundlegend, daß sich ein besonderer Katechumenenstand bildete. In Did 7,1 und auch im 2.Clem (2. Jh.) wird ein Taufunterricht für Taufwillige schon vorausgesetzt. Vielleicht kann ein solcher Unterricht sogar schon für die neutestamentliche Zeit angenommen werden (vgl. z.B. Hebr 6,1-3). Mit der Einführung der Säuglingstaufe, die sich im 2. Jahrhundert als Möglichkeit durchzusetzen beginnt und die im 4. Jahrhundert wohl zum Regelfall geworden ist, gibt es eine wesentliche Änderung. Der Taufunterricht ist nicht mehr Vorbedingung der Taufe, sondern folgt ihr zeitlich nach. Dabei ist es, abgesehen von Erwachsenen, welche eine Taufe anstreben, bis heute geblieben. Das von Eltern und Paten stellvertretend für den Täufling bejahte Bekenntnis zu Jesus Christus soll später aufgrund von "Lehre", angefangen bei der religiösen Kindererziehung in der Familie über die Kirchliche Kinderarbeit, die Jungschar und familiennahe Gemeindearbeit bis hin zum eigentlichen Konfirmandenunterricht von nun "mündigen" Jugendlichen aus eigenem Antrieb übernommen werden.

Aus der Perspektive der KonfirmandInnen sieht das allerdings anders aus: Das Damals der Taufe ist für sie in der Regel keiner Überlegung wert oder gar "gegenstandslos". Dagegen erwarten sie "einiges" von der bevorstehenden Konfirmation. Hier stellt sich für den KU eine fundamentale Aufgabe, auf die vor allem H. Schröer (1988) und K.E. Nipkows (1990, 400f) hingewiesen haben, nämlich die Taufe als Grund von Glauben und Christ-Sein zu erschließen, zumal es ja die Taufe sei und bleibe, welche "die Grundlage des Glaubens in der Verbundenheit mit Jesus Christus, dem Grund des christlichen Glaubens" darstellt. Schröer spricht in diesem Zusammenhang von fünf Perspektiven, welche die Taufe didaktisch neu oder wieder zu entdecken eine Hilfe bieten könnten.

- Die Taufe als Sakrament gegen Rassismus und darin der neuen Einheit menschlichen Seins und Zusammenseins.
- Die Taufe als Seelsorge für Identität in Gemeinschaft, d.h. als Sakrament gegen Anonymität in einer Gemeinschaft von Brüdern und Schwestern.
- Die Taufe als Einübung in Erinnerung an das ein für allemal rettende Handeln Gottes in der einmaligen Geschichte Jesu von Nazareth.
- Die Taufe als Paradigma symboldidaktischer Erfahrung.
- Die Taufe als Lehrstück über das Wirken des Heiligen Geistes an der Nahtstelle von Rechtfertigung und Heiligung.

2.1.3 Von der Taufe über die Firmung zur reformatorischen Konfirmation
Die Taufe, "liturgisch" ursprünglich ein einfaches Tauchbad, wurde schon im Urchristentum reicher ausgestattet. Zum Tauchbad kam die Handauflegung und bald auch eine Salbung. Dabei ist festzustellen, daß sich der Ritus der Salbung schon früh vom eigentlichen Taufakt zu lösen begann. Bei Cyprian († 258) und dann vor allem bei Augustin († 430) wird die Trennung bereits vorausgesetzt. Damit im Zusammenhang wird die Taufe mehr und mehr zum bloßen Reinigungssakrament und verliert ihre Bedeutung als Weise der Geistbegabung und als Nahtstelle für Rechtfertigung und Heiligung. Dagegen wird die *Salbung* jetzt "positiv" als wesentliche Form der Geistmitteilung, ja sogar als eine Art Vervollkommnung der Taufe und des dort nur "anfänglich" verliehenen Geistes verstanden. Zu dieser eher "theoretischen" Differenzierung von Taufe und Salbung trat im frühen Mittelalter eine rituelle. Die Salbung wurde jetzt dem Bischof vorbehalten, geschah aber noch in einem zeitlichen Zusammenhang mit der vom Presbyter vorgenommenen Taufe. Im 5. Jahrhundert begegnet zuerst vereinzelt, schon

bald aber gehäuft der Begriff *Confirmatio* als Bezeichnung des Salbungsaktes, der jetzt als Bestätigung der Taufgnade verstanden wurde und sich zu einem eigenständigen Sakrament entwickelte. Pseudisidor stellt um 850 sogar die Überlegenheit der Firmung gegenüber der Taufe ausdrücklich fest. In dieser Welt genüge die Taufgnade eben nicht zum Sieg und zur Bewährung des Bekenntnisses. Ein größerer zeitlicher Abstand zwischen Taufe und Firmung ist zu Beginn des 13. Jahrhunderts festzustellen (jetzt wird im 7. Lebensjahr gefirmt). Es waren Bonaventura und Thomas, die im Verlauf des 13. Jahrhunderts die verbindliche Form der Firmung definierten, wie sie auch noch zu Beginn der Reformationszeit in Geltung war: "In der Firmung empfängt der Mensch die Kraft, das zu tun, was zum geistlichen Kampf gegen die Feinde des Glaubens gehört." (Thomas von Aquin, Summa Theologiae III, 72)

Es waren *Katharer* und *Waldenser*, welche das "neue Sakrament" pädagogisch in einem Lehrverfahren vorbereiteten. Sie können deshalb als die Begründer der sog. "Katechetischen Konfirmation" gelten. Bei den *Böhmischen Brüdern* des 15. Jahrhunderts führte die Auffassung, die Taufe werde erst dann wirksam, wenn sie in einem eigenen Bekenntnis bejaht werde, ebenfalls zu einem Katechumenat "post festum", das mit einer Prüfung, dem Bekenntnis zum Gelernten und einer sich daran anschließenden Handauflegung als Bestätigung des selbst bekannten Glaubens abgeschlossen wurde. Diese Form der "Konfirmation" galt gleichzeitig als Zulassung (admissio) zum Abendmahl. Daran knüpfte *Erasmus von Rotterdam* an, wenn er die Taufe und das spätere Bekenntnis des Täuflings in einem engen Zusammenhang sehen möchte. Für Erasmus kann nur der zur Firmung zugelassen werden, der vorgängig belehrt und geprüft worden ist. Am Anfang steht der Bewußtseinsakt, dem der Willensakt des Bekenntnisses und das Sakrament als Gefühlsakt folgen. Das Sakrament ad robur wird hier pädagogisch und psychologisch weiterentwickelt. Dahinter steht die Hoffnung, die Kirche durch eine Hebung des Niveaus religiöser Bildung erneuern zu können und so dem Irrglauben entgegenzusteuern.

Im Rückblick kann gesagt werden, daß die Firmung nacheinander den verschiedensten Einflüssen ausgesetzt gewesen ist: magischem Sakramentalismus, hierarchischen Machtansprüchen, volkspädagogischen Bemühungen, Abwehrbedürfnissen der Kirche gegen Häresie und nicht zuletzt der beginnenden Individualisierung und Intellektualisierung des Christentums im "Herbst des Mittelalters". Die Katharer, Waldenser, Böhmischen Brüder und Erasmus hatten trotz bedeutsamer Modifikationen durch katechetische Neuerungen den *sakramentalen Charakter* der confirmatio nicht beseitigt. Das ist anders bei *Martin Luther*, der seit 1523 ein sakramentales Verständnis der Konfirmation aus Gründen der fehlenden biblischen Begründung und der offensichtlichen Entwertung der Taufe grundsätzlich ausschloß, jedoch nichts gegen eine Zeremonie einzuwenden hatte, die im Nachgang zu einem Unterricht im rechten Glauben neuerlich die Taufgnade zusprach und unter der Fürbitte der Gemeinde eine Handauflegung vorsah. Diese Handauflegung verstand der Reformator als Zeichen der Absolution und nur insofern als Form der Geistmitteilung, als und soweit sie dem an die Vergebung Glaubenden Absolution "zusprach". Nichts wurde so der Taufe hinzugefügt und abgesprochen, zumal auch der Akzent des "Glaubensverhörs" nicht auf dem subjektiven Bekenntnis, sondern auf der Anwesenheit des objektiven und in der Handauflegung bestätigten Taufglaubens lag.

Wichtig ist für Luther die ausdrückliche Betonung der Konfirmation als *Voraussetzung des Abendmahlsempfangs*.

Eine *liturgische Form* der lutherischen "Konfirmation" erarbeitete der Hesse J. Hefenträger, der im Jahre 1529 in Waldeck eine evangelische Abendmahlsgemeinde als Bekenntnisgemeinde gründen wollte und deshalb die Konfirmation zu einer Art Zulassungsakt ausgestaltete. Neben dem Bekenntnis zum reformatorischen Glauben umfaßte dieser Akt eine Segenshandlung und die Fürbitte der Gemeinde. Dazu kamen eine Verpflichtung zur Belehrung aller Hausgenossen und die Unterwerfung unter die Abendmahlszucht der Gemeinde.

Für *Zwingli* machte die Kindertaufe wie für Erasmus ein späteres persönliches *Bekenntnis* notwendig, dem ein Unterricht mit abschließendem Katechismusverhör vorausgeht. Interessant ist dabei, daß dieses "Taufbekenntnis" alle halbe Jahre wiederholt werden mußte. Ob man da noch von Konfirmation reden kann, ist fraglich, wiewohl Zwingli Verhör und anschließendes Bekenntnis so nannte. *Calvin* ist ganz in der Nähe von Hefenträger zu sehen, wenn er Kinder und junge Leute ab dem 10. Lebensjahr einer Lehrbefragung unterzog, um so eine evangelische Abendmahlsgemeinde zu konstituieren. Allerdings lehnte Calvin eine Handauflegung im Zusammenhang mit der Lehrbefragung ab. Auch er hält die "Konfirmation" für wiederholbar.

Erst *Martin Bucer* hat die Konfirmation in eine Form gebracht, die an die heutige Praxis in den protestantischen Kirchen erinnert. Er überwindet das rein katechetische Verständnis der oberdeutschen Reformierten, indem er das Ziel des Unterrichts nicht allein in der Erneuerung des Taufbekenntnisses sieht, sondern ebenso in der Handauflegung als Form der Geistmitteilung an den Täufling unter der Fürbitte der Gemeinde. Wie bei Luther ist die Konfirmation auch für Bucer die Voraussetzung für eine Zulassung zum Abendmahl und zugleich ein Akt der Eingliederung des confirmatus in die Gemeinde. Sechs Elemente, die auch heute noch von Bedeutung sind, konstituieren für Bucer die Konfirmation:
- die Wiederholung des Taufbekenntnisses nach absolviertem Unterricht,
- die Verpflichtung zu einem sittlichen Wandel,
- die Fürbitte der Gemeinde,
- die Handauflegung als Segensgeste,
- die Zulassung zum Abendmahl,
- die Unterwerfung unter die Abendmahlszucht der Gemeinde.

Gemeinsam für die Reformatoren ist bei aller Verschiedenheit des Verständnisses und der Liturgie die *Ablehnung der Konfirmation als Sakrament*. Gemeinsam ist auch das katechetische Interesse und die Betonung der Konfirmation als Voraussetzung für eine Zulassung zum Abendmahl (vgl. zu dem hier Ausgeführten: Frör 1959; Hareide 1971; Vischer 1958).

2.1.4 Von der Aufklärung bis zur Mitte des 20. Jahrhunderts

In der Folge der Reformation betonten *Pietismus und Aufklärung* vor allem die katechetische Seite der Konfirmation. Erwartete jedoch die Reformation von der Katechese vor allem eine Vermittlung des rechten Glaubens, so erklärt z.B. der Pietist *Spener* zuerst Buße und Bekehrung als die Hauptziele des Unterrichts. Die Inhalte sollten zu Herzen gehen und für das eigene Leben bedeutsam werden, nicht aber nur zur Kenntnis genommen. Die Konfirmation selbst gilt zwar als "nützliche ceremonie", zählt aber nicht zu den notwendigen Institutionen des Glaubens. Für die Aufklärung erhalten die Konfirmation und der ihr zugeordnete Unterricht noch eine andere Bedeutung. Sie sollten hinfort insonderheit in die bürgerlichen Tugenden einüben und die Vernunft fördern. Die Konfirmation gilt deshalb in diesen Kreisen nicht nur als Akt der Eingliederung in die Kirche, sondern auch als Aufnahmeritus in die bürgerliche Erwachsenengesellschaft. Erstmals steht ausdrücklich der heranwachsende Jugendliche im Mittelpunkt des Interesses. Seine Eigenart gilt als zu beachtendes Datum für Unterricht und abschließendes Fest. Im Hintergrund steht die sog. neue Pädagogik, welche von aufgeklärten Pfarrern mit Eifer zur Kenntnis genommen wurde. Rationalisierung der Unterweisung, Moralisierung der Inhalte und eine Verstärkung einer ans Herz gehenden Feierlichkeit sind wichtige Anzeichen des Neuen.

Wie immer, Pietismus und Aufklärung sorgten für eine "flächendeckende" Einführung der Konfirmation in allen protestantischen Kirchentümern Europas und festigten die Bedeutung der Konfirmation für das allgemeine gesellschaftliche Bewußtsein. Alle Probleme und auch die entsprechenden Lösungsversuche seit der Reformation wiederholen sich im 19. Jahrhundert: Die Beziehung zur Taufe, das Verhältnis zwischen Konfirmation und Bekenntnis, die mit der Konfirmation verbundenen Zielvorstellungen, die gesellschaftliche Einbettung etc. (Frör 1959, 51ff).

Die Erlanger J.C.K. von Hoffmann, C.G.A. von Zezschwitz, Th. Harnack und J.F.W. Höfling sehen jetzt alle Schwierigkeiten der Kirche in der Konfirmation zentriert und sind sich darin einig, daß eine Reform der Kirche nur über eine Reform der Konfirmation möglich sei. So wollen sie die Konfirmation in zwei unterschiedliche Akte aufteilen, in einen Akt der Erneuerung des Taufbundes für alle und in einen weiteren Akt der Aufnahme in die volle Kirchengemeinschaft, der nur zu einer aktiven "Vollbürgerschaft" bereiten Jugendlichen offenstehen sollte. Uneinigkeit herrschte nur insofern, als die einen die Abendmahlszulassung allen gewähren wollten, andere aber eine solche nur den "VollbürgerInnen" zu gewähren bereit waren. Als *Inhalt des Katechumenats* gelten jetzt neben den Hauptstücken des Glaubens Taufe und Abendmahl eine Erziehung zum "Reifeziel" christlicher Mündigkeit und "zu bewußter Gliedschaft an der Cultusgemeinde" (von Zezschwitz). Noch in einer anderen Richtung denkt *J.H. Wichern* über die Konfirmation nach, wenn er fragt, ob es nicht tunlich sein könnte, die Konfirmation und den ihr zugeordneten Unterricht für freiwillig zu erklären. War das nicht der Weg zu einer wirklich lebendigen Gemeinde? In den Kreisen der *Inneren Mission* gab es auch Überlegungen zu einer angemesseneren Pädagogik unterrichtlicher Arbeit in der Kirche und zur Beachtung der Reifevoraussetzungen der nachwachsenden Generation.

3. Der Diskussionsstand zwischen Herkommen und Aufbruch zu Neuem

Die Problemgeschichte des KU zwischen 1900 und 1960 ist von *Christof Bäumler* und *Henning Luther* sorgfältig dargestellt, dokumentiert und mit Hilfe durchaus moderner Fragestellungen kritisch gewürdigt worden, so daß wir uns kurz fassen können (Bäumler/Luther 1982, 17-29). Luther und Bäumler befragen die Autoren aus Liberaler und Dialektischer Theologie, ob und inwiefern sie die Adressaten des KU als Subjekte ernstgenommen haben, ob sie Kirche im Rahmen ihrer Arbeit für und mit Jugendlichen als flexible und für Jugendliche offene Institution sehen wollten und ob sie die für eine Begegnung von Kirche und Jugend so wesentlichen gesellschaftlichen Voraussetzungen angemessen zu beachten imstande waren. Das Ergebnis der Durchsicht ist ambivalent:

Was die *Ernstnahme der Jugendlichen* anbetrifft, urteilen die beiden Berichterstatter trotz einiger Aussagen F. Niebergalls (1866-1932) und D. Bonhoeffers zur Subjektivität der KonfirmandInnen eher abwertend und sprechen sogar von einem eklatanten Defizit. Angesichts der in den ersten Jahrzehnten unseres Jahrhunderts im Schulwesen Furore machenden Reformpädagogik, die ganz neu nach dem/der SchülerIn zu fragen begann, sei im Bereich des KU nirgends so etwas wie eine gleichursprünglich nach Adressat und "Sache" fragende Didaktik zu entdecken. Was die *Offenheit der Kirche für Jugendliche* angeht, müsse von einer Fehlanzeige geredet werden. Nicht Offenheit gegenüber einer Generation, die zunehmend Distanz nahm zur bestehenden Volkskirche, lautete die Devise, sondern Kampf für eine Kirche derer, die mit Ernst Christen sein wollen im Gehorsam des Glaubens. Dieser Kampf sollte nicht über eine Öffnung der Kirche für die Fragen, die Kritik und die Wünsche der Jugendlichen zu seinem Ziel gelangen, sondern ganz im Gegenteil mit Hilfe einer eher deduktiven Vermittlung des "Glaubens" und der Aufforderung, diesen im Gehorsam zu übernehmen.

So blieb es bis in die sechziger Jahre bei einer gesellschaftlich nur als Utopie zu bezeichnenden normativen Zielsetzung der Wiedergewinnung des Volkes für die Kirche bei gleichzeitiger Weigerung, dieses Volk ernst zu nehmen. Einzelne Stimmen in der Wüste, welche im Zusammenhang des KU auf zu beachtende gesellschaftliche Bedingungen für eine erfolgreiche unterrichtliche Arbeit hinwiesen, hatten offensichtlich keine Chance gehört zu werden. So verwundert es nicht, daß die Reformvorschläge der Zeit nicht eigentlich dem Unterricht und seinen Adressaten galten, sondern wünschbaren Zielen und hier und da neuen Organisationsformen. Die Inhalte waren kein Gegenstand der Diskussion. Interessante Ausnahmen sind *F. Niebergall*, der ein "selbständiges und sicheres religiöses Eigenleben" der Jugendlichen forderte, und *D. Bonhoeffer*, der von einer Anleitung zum Leben als verantwortliche Person zu handeln wußte. *M. Doerne* rief dagegen zu einer Einordnung der Jugend in eine zu erneuernde Kirche mit Hilfe einer Verlängerung des Katechumenats bis zur Schwelle des Erwachsenenalters auf. Hierher gehört auch die schon bekannte Unterscheidung zwischen einem feierlichen Abschluß eines christlichen Elementarunterrichts für alle und einer Konfirmation nur für solche, die mit Ernst Christen sein wollten. Sie allein sollten in die Rechte eines wirklichen Gemeindeglieds eingesetzt werden. Das hier sichtbare Bild von Kirche changiert bemerkenswert zwischen Volks- und Bekenntniskirche und läßt ungefähr alle Fragen, die sich in diesem Zusammenhang stellen, offen.

Am Ende der fünfziger Jahre sieht sich dann Theorie und Praxis des KU ungefähr mit folgender Situation konfrontiert: Die *Inhalte* waren die des Herkommens, nämlich der Kleine Katechismus Luthers oder der "Heidelberger", ergänzt durch eine elementare Einführung in die Bibel, Kernsprüche des Alten und Neuen Testaments, wichtig erscheinende Gesangbuchlieder und eine Einführung in den Gottesdienst. Die *Organisationsform* war in der Regel die Wochenstunde am schulfreien Nachmittag oder, wie heute noch in bestimmten Kantonen der Schweiz, im Rahmen des schulischen Unterrichts. Der *Unterrichtsstil* war jener der Schule. Als wesentlich galten die *Eingliederung in die Erwachsenengemeinde*, eine *elementare Einführung in den Lehrbestand der Kirche* und die Befähigung der Jugendlichen, den Gefahren einer immer permissiver werdenden Gesellschaft in christlicher Verantwortung zu widerstehen. In diesem Zusammenhang konnten hier und da auch aktuelle Probleme der Jugendlichen zur Sprache kommen.

Eine Realitätskontrolle im Blick auf die Ziele war nicht vorgesehen. In vielen Gemeinden hatten Pfarrer (Pfarrerinnen gab es nur ganz wenige) zunehmend mit Disziplinschwierigkeiten, vornehmlich aus Gründen mangelhafter Motivation der Jugendlichen, zu kämpfen. Eine didaktische und methodische Ausbildung stand ihnen für eine Bearbeitung der Krisenmomente nicht zur Verfügung.

Da erschien 1964 das leider viel zu wenig beachtete Buch des Basler Theologen *Walter Neidhart* "Konfirmandenunterricht in der Volkskirche", das nicht nur einige Erklärungen für die Krisensymptome lieferte, sondern darüber hinaus Wege ins Freie zu zeigen versuchte. Von nun an konnte man sich nicht mehr mit "Schönheitskorrekturen" in Sachen Organisation oder mit kirchenamtlichen Proklamationen realitätsferner Wunschvorstellungen begnügen. Angesichts des ins allgemeine Bewußtsein vorgedrungenen Auseinanderfallens von Glaube und Alltagserfahrung und angesichts auch gesellschafts- und bildungspolitischer Reformbestrebungen, welche den Kirchlichen Unterricht als antiquiert erscheinen ließen, begann man jetzt auch in Theologie und Kirche zu entdecken, daß es Kirche abgesehen von Gesellschaft nicht gibt und eine Emigration aus der Gesellschaft zu einem Sektendasein einer kognitiven Minderheit führen mußte.

Die Konsequenz dieser Entdeckung war unter anderem ein ganzes Bündel von Reformvorschlägen, die außer der Organisationsform auch die Ziele und Inhalte, vor allem aber auch den Unterrichtsstil und das methodische Arrangement betrafen (Dienst 1973). Noch wichtiger erscheint uns aber, daß man sich jetzt dazu bereit fand, außer der Theologie auch noch andere Wissenschaften für die Planung und Durchführung von Unterricht zu Rate zu ziehen: die Soziologie, die Psychologie und die Erziehungswissenschaften. Es war deutlich geworden, daß es nicht genügen konnte, im KU die Grunddaten des reformatorischen Glaubens in der Sprache des 16. Jahrhunderts zu erinnern, wenn es darum ging, z.B. eine kirchliche Nachsozialisation der nachwachsenden Generation zu sichern und damit den Weg von der traditionell zugeschriebenen Kirchenzugehörigkeit zu einer zu erwerbenden zu wagen.

Folgende Themen erwiesen sich für die Diskussion wichtig:
- Die KonfirmandInnen als eigentliche Subjekte des KU.

- Die Entwicklung einer spezifischen Fachdidaktik des KU unter Ernstnahme der Grundfaktoren von Gesellschaft, Kirche, Theologie, Pädagogik, SchülerIn, Bildungsinhalt und Relevanz desselben.
- Die Konfirmation im Kontext der Lebensgeschichte der Jugendlichen.
- Das Verständnis von Kirche im Horizont ihres Unterrichts.

In unserem kurzen Abriß kann es nicht Aufgabe sein, alle diese Themen zu diskutieren, aber es besteht die Möglichkeit, sie bei der Darstellung einiger wichtiger Vorschläge für einen neuen KU als Fragehinsichten zu beachten.

Aufs Ganze gesehen lassen sich von nun an *drei Grundtypen* einer Theorie und Praxis des Kirchlichen Unterrichts unterscheiden, die alle zu neuen Ufern führen wollen:
- ein eher *traditioneller Typ* mit herkömmlichen Zielen, Inhalten und Organisationsformen, aber mit dem Bemühen, unterrichtliche Prozesse mit Hilfe von Medien, neueren Arbeitsmitteln und ansprechenden methodischen Arrangements zu optimieren;
- ein sich den *Fragen und dem Alltag, der Gegenwart und Zukunft, den Zweifeln und der Unsicherheit der Jugendlichen stellender Unterricht*, der unter Ernstnahme der Adressaten und ihres gesellschaftlichen Kontextes einen Dialog zwischen der Tradition und dem Leben der Jugendlichen zu initiieren versucht, um so Plausibilität des Glaubens für Leben, Handeln und Denken zu erarbeiten;
- ein Typ von Konfirmandenunterricht oder besser konfirmierendem Handeln der Gemeinde, der *lange vor der Pubertät einsetzen sollte* und Erleben, Feiern, Nachdenken und Handeln in freien, aber wohlgeplanten Lernprozessen zu integrieren sich bemüht.

a) *Der herkömmliche Typ*:

Zu diesem *herkömmlichen Typ von KU* können wir uns kurz fassen (Schweizerischer Evangelischer Kirchenbund 1974, 194ff). Kirche ist hier immer schon eine von der Gesellschaft unterschiedene Grösse, deren Konstitution und Zusammenhalt nicht durch soziale Faktoren gewährleistet wird, sondern allein durch Gottes Ruf. In dieser Auffassung von Kirche gründet u.a. die bei Vertretern dieses Typs immer wieder sichtbare Distanz zur Volkskirche.

Dem Kirchenverständnis entspricht das Zielspektrum des KU:
- Wecken des Glaubens durch ein Bekanntmachen des Evangeliums als Ruf Gottes.
- Einführung in die Überlieferung des Glaubens (Bibel, Bekenntnisse, Lieder, Gebete).
- Hinführung der KonfirmandInnen zur gottesdienstlichen Kerngemeinde und zum Abendmahl.

Inhaltlich orientiert sich dieser KU an einer Laiendogmatik mit oder ohne Katechismus, an einer Einführung in ein selbständiges Lesen-Können der Bibel, an der Vermittlung einer elementaren christlichen Ethik mit Hilfe des Dekalogs und an einer singenden Erschließung des Gesangbuches. Gegenüber früheren Jahrzehnten erscheint der Lernstoff reduziert. Das Selbstverständnis des unterrichtenden Pfarrers tendiert sichtbar weg vom "Amtsträger" und hin zum erwachsenen Partner mit Glaubensvorsprung und Vorbildcharakter.

Die Jugendlichen werden zwar immer noch fast ausschließlich als Adressaten und Objekte des göttlichen Wortes verstanden, aber gegenüber früheren Unterrichtsvorstellungen kommen sie wenigstens in ihrem Denk- und Verstehensvermögen als ernst zu nehmende in den Blick. Kritische Rückfragen oder gar Ablehnung des Glaubens durch KonfirmandInnen gelten weiterhin als im Grunde nicht duldbar. Das Ausgeführte läßt vermuten, daß es vornehmlich deduktive Verfahren sind, welche den Unterricht bestimmen (Frontalunterricht mit fragend-erörternden Sequenzen, Lehrervortrag, Memorierübungen).

Nach meiner Erfahrung kann es auch im Rahmen dieses Typs von KU zu modernen Lehr-Lernarrangements mit Gespräch, Gruppenarbeit, Diskussion und Formen der Arbeit mit Medien kommen. Allerdings gilt auch dann, daß die Wahrheit im Grunde bekannt ist und es im Grunde keiner *schöpferisch-kritischen* Vermittlungsformen bedarf. Daß es in einem solchen Unterricht im Kontext einer pluralistischen und durchaus säkularen Gesellschaft mit nicht zu übersehenden Individualisierungstendenzen zu Spannungen zwischen Jugend und Kirche kommen muß, ist deutlich. Solange Kirche und Gesellschaft mehr oder weniger deckungsgleich waren, hatte die beschriebene Konzeption durchaus ihre Zeit gehabt, heute ist sie jedoch selbst bei überzeugenden LehrerInnen der Kirche eher kontraproduktiv. In einer Gesellschaft, die vom Argument und von Erfahrung lebt, bedarf es anderer Organisationsformen für die Vermittlung und Erschließung von Glauben und entsprechenden Traditionen. Das gilt selbst dann, wenn wir zur Kenntnis nehmen, daß es nicht wenige Jugendliche gibt, die in ihrer Orientierungsnot nach Autoritäten suchen und bereit sind, ihnen zu folgen.

b) *Der reformorientierte Typ:*
Der hier zu skizzierende, die Zeichen der Zeit ernst nehmende und für weiterführende Reformen offene KU wollte es seit Beginn der sechziger Jahre nicht mehr dabei bewenden lassen, danach zu fragen, wie man die KonfirmandInnen methodisch am ehesten und besten in den immer gleichen christlichen Glauben, die vorfindliche Gemeinde und den alten Gottesdienst einführen und zu praktizierenden Gemeindegliedern machen könnte. Jetzt wollte man wissen, woran es *wirklich* lag, daß trotz gewaltigen Anstrengungen der größte Teil der KonfirmandInnen aus der Kirche "hinauskonfirmiert wurde". Vermutet wurde, es könne nicht allein die "böse Säkularisierung" sein, welche zur endgültigen Distanzierung Jugendlicher von der Kirche führte. Waren nicht auch die aktuelle Repräsentanz des Glaubens im Unterricht und die Selbstdarstellung der Kirche in der Gesellschaft schuldig an der Misere? War nicht das Gemeindeleben, das den KonfirmandInnen erschlossen werden sollte, in seinen "zentralen Begehungen" nahezu ausschließlich auf das "Hören von sprachlichen Zusammenhängen" beschränkt, ohne Möglichkeit seine Meinung sagen zu können? Und wo waren die motivierenden Betätigungsfelder für Jugendliche, die Kirche als relevant für Leben, Denken und Handeln erleben lassen konnten? Offensichtlich waren die Gemeinden nicht mehr in der Lage, einen Lebenszusammenhang zu vermitteln, der auch

Jugendlichen Möglichkeiten bereitstellte, in ihnen heimisch zu werden und einen plausiblen Sinn zu finden. In besonderer Weise wurde das deutlich, wenn z.B. KonfirmandInnen mit ihren PfarrerInnen in ein Freizeitheim gehen mußten, um an einem Wochenende miteinander das Heilige Abendmahl nach selbstgewählten Formen zu feiern, die in ihrer konkreten Gemeinde nicht einmal den Hauch einer Chance hatten, akzeptiert zu werden. Und waren die KonfirmandInnen selbst in *"ihrem"* Unterricht nicht häufig bloße KonsumentInnen, die weder auf die Ziele noch auf die Inhalte einen mehr als "taktischen" Einfluß ausüben konnten?

Angesichts des Beschriebenen meinten gegen Ende der siebziger Jahre nicht wenige TheoretikerInnen und PraktikerInnen des KU damit Ernst machen zu müssen, im KU nicht zuerst eine lückenlose "Vermittlung christlicher Stoffe und Verhaltensweisen" gewährleisten zu sollen und in die bestehenden Gemeinden einzugliedern, sondern eher die Fragen zu erörtern, "woraufhin Inhalte der Tradition und des christlichen Glaubens ausgelegt werden müssen, damit junge Menschen ihren Anspruch vernehmen, und woraufhin junge Menschen angesprochen werden müssen, damit die Frage nach Gott ihre eigene Frage und Erfahrung werden kann" (Kaufmann 1976, 81). Ansonsten bleibe es beim Hinauskonfirmieren. Eine befriedigende Antwort auf die genannten Fragen scheint Kaufmann darin zu liegen, daß an die Stelle autoritärer, normativ-deduktiv vorgebrachter Lehre ein "induktives, genetisches Verfahren" tritt, dem gemäß "Lehre nicht einfach dargeboten werden kann, wenn sie als eigene Ansicht und Erkenntnis des Lernenden und als Schlüssel zu einer neuen Erfahrung angeeignet werden soll" (Kaufmann 1969, 242).

Der hier maßgebende theologische Ansatz konnte offensichtlich nicht mehr jener der Dialektischen Theologie sein mit seinem *deduktiven* Gefälle, sondern mußte ein *induktiver*, bei den KonfirmandenInnen und deren Lebenswelt ansetzender sein, dem es angelegen war, die gesellschaftlichen und bewußtseinsmäßigen Bedingungen, unter denen Theologie und Kirchlicher Unterricht "antreten" mußten, zu analysieren, um dann eine kontextuelle Theologie für die jeweiligen AdressatInnen und im Einvernehmen mit ihnen zu entwickeln, die diesen Bedingungen gerecht wurde. Nur so könnte es möglich werden, Glauben als plausiblen zu erweisen, oder zumindest Versuche in dieser Richtung zu unternehmen. Die induktive Methode bedient sich dabei in ihren verschiedenen Arbeitsgängen der Analyse und Konstruktion bekannter Methoden der Sozial- und Humanwissenschaften und setzt sowohl beim gesellschaftlichen Kontext von Religion und den Weisen von Organisation religiösen Wissens an, als auch bei der Reflexion eigener und fremder religiöser Erfahrung, wie sie z.B. in der Erinnerung an das eigene kindliche Gottesbild und seine Entwicklung und dann in Texten, Symbolen, Riten etc. vorliegen. Dabei vergißt sie nicht, daß religiöse Erfahrung als durchaus menschliche mit ihren Fragen nach gelungenem Leben im Rahmen einer sinnvollen Ordnung und nach einer die Situation übergreifenden Transzendenz menschliche und gesellschaftliche Realität intentional überschreitet, nach Gott fragt.

Der Glaube ist da nicht eine schon immer feststehende und verbindlich ausformulierte *Lehre*, *Haltung* oder *entsprechendes Verhalten*, sondern ein *Prozeß*, in dem es stets neue Aspekte zu beachten gilt, andere aber verschwinden. Der so je neu angesichts sich verändernder Bedingungen und Probleme zu bedenkende Glaube, seine Sprache und die in ihm aufgehobene Lebensorientierung stehen also mit der persönlichen Lebensgeschichte der Jugendlichen im Kontext der sie umgebenden Gesellschaft ebenso in einem funktionalen Zusammenhang, wie mit der Glaubenstradition und der diese repräsentierenden Kirche. *Kirche* im Kontext dieser als reformorientiert zu bezeichnenden Theorie des KU ist dann weder Heilsanstalt noch Kerngemeinde, in welche die nachwachsende Generation der KonfirmandInnen integriert werden sollte, sondern Ereignis, welches darin erfahren wird, daß Gott mit und unter geschichtlichen Erfahrungen mit Menschen auf dem Wege ist, auch in der "sichtbaren" volkskirchlichen Gemeinde mit ihren Problemen, Unzulänglichkeiten und Spannungen. *Funktional* verstanden ist Kirche Stätte der Darstellung eines orientierenden Wertsystems, Angebot eines sich dem Glauben an Jesus Christus verdankenden Verständnisses von Gott, Welt und Mensch und Trägerin helfender Begleitung von Jugendlichen in einer schwierigen Phase ihrer Entwicklung.

Der *Pfarrer*/die *Pfarrerin* als kirchliche MitarbeiterInnen verstehen sich als erwachsene BegleiterInnen der Jugendlichen, mit denen zusammen sie den Unterricht und andere Veranstaltungsformen (Freizeiten, Fahrten, Wochenenden, Praktika etc.) planen und durchführen. Sie repräsentieren die "Kirche für andere" im Namen Jesu Christi und hoffen, als exemplarische erwachsene Christen den Jugendlichen eine Hilfe zu sein auf dem Weg zu einem "eigenen" Glauben. Um dieser vielschichtigen und differenzierten Aufgabe gerecht werden zu können, bedarf es nicht nur einer sorgfältigen theologischen und didaktischen Ausbildung der Pfarrer und Pfarrerinnen in Theorie *und* Praxis, sondern wahrscheinlich auch einer Praxisberatung und -begleitung, die ablaufende Kommunikationsprozesse im Blick auf die Beziehungsebene von Zeit zu Zeit supervisioniert und so dabei behilflich ist, sich je neu zu orientieren.

Auf dem Hintergrund des beschriebenen Kirchen- und PfarrerInnenverständnisses können jetzt einige wesentliche Aufgaben dieses reformorientierten KU wenigstens noch genannt werden:
- die Jugendlichen auf dem in einer pluralistischen Gesellschaft gefährdeten Weg zu eigener Identität zu begleiten und dabei eine Gemeinschaft anzubieten in einer Gruppe, die trägt;
- ihnen im Rahmen ihrer Lebenswirklichkeit Zuwendung und Interesse entgegenzubringen und dabei die Beziehung zu Bibel und Glaube ebenso ernst zu nehmen wie ihre Erlebnisse des Scheiterns, ihre Angst und die gerade jetzt in Angriff zu nehmenden Aufgaben der Ablösung vom Elternhaus, der Abklärung des eigenen Normenverständnisses und einer entsprechenden Wertfindung, der Klärung des Berufswunsches und der vielleicht diesem nicht entsprechenden Möglichkeiten;
- die oft negative Einstellung zur Kirche und zur christlichen Tradition abzubauen durch Bewährung des christlichen Glaubens und seiner Tradition auf dem Feld der konkreten Probleme der Jugendlichen.

Dabei erscheint es wichtig, daß der Pfarrer/die Pfarrerin die Aussagen des Glaubens kritisch und erhellend mit anderen möglichen Problemlösungen konfrontiert. Erst dann wird deutlich werden können, daß der Glauben nicht irgendeine Ideologie ist, aber auch nicht immer schon Lösungen für alle Lebenslagen zur Verfügung hält, sondern erst nach einer Analyse des Problems und im Verbund mit dem Einsatz aller zur Verfügung stehenden Sachkenntnis dazu instand setzt, mit den "Augen der Liebe" und entsprechendem Einfühlungsvermögen nach Wegen für eine angemessene Problemlösung zu suchen.

Inhaltlich wird sich ein diesen Aufgaben verpflichteter Unterricht vom herkömmlichen Katechismusunterricht abwenden und eher Formen des Projektunterrichts oder aber des Wahlkursunterrichts wählen, die jeweils eine bestimmte Thematik aus dem persönlichen, gesellschaftlichen oder kirchlichen Leben bearbeiten und aus verschiedenen Perspektiven zu bedenken erlauben. So wird es möglich sein, daß der Jugendliche für eine selbständige und altersgemäße Beschäftigung mit sich selbst und mit dem Glauben angeleitet wird. Das Memorieren oder Einsprechen bestimmter Texte oder Lieder wird zwar nicht ganz verschwinden, aber keineswegs mehr im Mittelpunkt stehen oder gar Maßstab für einen gelungenen Unterricht sein. Eher wird die Bereitschaft der Jugendlichen zu einem situationsbezogenen Handeln in christlicher Verantwortung ein Kriterium für diesen Unterricht sein können. Die Einführung ins Abendmahl geschieht zuerst als Einübung in die Feier und dann als nachgängige Reflexion des Erlebten im Verbund der Erschließung biblischer Quellen und reformatorischer Texte. Der Unterricht ist offen für jugendarbeitliche Angebote im Zusammenhang mit oder im Anschluß an die Konfirmandenarbeit. Die Familie als primäre Sozialisationsagentur wird im Rahmen einer vielgestaltigen Elternarbeit (Elterngespräche, Glaubenskurse für Erwachsene, gemeinsame Wochenenden und Feste von Eltern und KonfirmandInnen etc.) ins konfirmierende Handeln der Kirche einbezogen. (Hennig 1982; KU-Praxis 12/13, 1980) Daß ein so verstandener KU methodisch differenziert sein muß, braucht nicht eigens gesagt zu werden.

Die *KonfirmandInnen* nehmen an einem solchen Unterricht in der Regel interessiert und engagiert teil. Das bedeutet, daß die Disziplinschwierigkeiten nach einer Eingewöhnungszeit rasch abnehmen. Wenn verschiedene Kursangebote zur Verfügung stehen, wählen Jugendliche mit achtbaren Gründen, zu denen auch solche der Sympathie zum Leiter oder zu anderen potentiellen Mitgliedern einer Gruppe gehören, aus. Die Interaktionen sind nach meiner Erfahrung vielfältig. Die *Eltern* der KonfirmandInnen reagieren auf Neuerungen der beschriebenen Art meist interessiert und lassen sich auch für Formen der Mitarbeit motivieren. Die Reaktionen der *Kerngemeinde* sind unterschiedlich. Einerseits ist manchen die Beschränkung der kognitiven Vermittlung der Glaubenslehre verdächtig, andererseits wird die neue Lebendigkeit des Unterrichts gesehen und von ihm ein Beitrag zum Gemeindeaufbau erwartet. Probleme gibt es bei *Pfarrern*, die für einen solchen Unterricht nicht ausgebildet sind und den Vorbereitungsaufwand und die zeitliche Belastung durch Unterricht angesichts anderer Verpflichtungen für zu groß halten. Dazu kommt das schwierige theologische Problem, heutige Lebensfragen Jugendlicher angemessen mit den Angeboten des Glaubens und seiner Tradition zu vermitteln. *H. Frickel* hat dieses Problem auf folgenden Nenner gebracht: "Die Vermittlung christlicher Tradition mit gegenwärtigen Lebenserfahrungen ist eine ständig zu bewältigende Aufgabe, die nur in permanenter Interdependenz von Theoriebildung und Praxiserfahrung lösbar ist." (Frickel 1983, 353)

Es scheint uns einiger Anstrengung wert, das Ziel dieses Unterrichts, das W. Neidhart überzeugend beschrieben hat, in Angriff zu nehmen: *"Junge Menschen ... sollen auf eine ihrer Altersstufe gemäße und sie interessierende Weise lernen, ihre eigenen Lebensfragen zu verstehen und sich mit möglichen Antworten darauf auseinanderzusetzen. Sie sollen auch Auswirkungen des christlichen Glaubens auf heutige Menschen und deren Antworten auf Lebensfragen kennenlernen. Der Konfirmandenunterricht soll ihnen helfen, verantwortungsvoller, toleranter und mit mehr innerem Gleichgewicht zu leben, auch wenn sie später eine distanzierte Volkskirchlichkeit praktizieren werden."* Die einen solchen Unterricht abschließende Konfirmation mündet nicht in ein Gelübde oder ein öffentliches Bekenntnis zur Kirche, sie wird jedoch die Sicht des christlichen Glaubens von verantwortlichem Erwachsenen-Sein in der Gesellschaft mit gebotenem Ernst darstellen und das Angebot der Kirche zu Gemeinschaft und Feier, zu Mitarbeit und Engagement überzeugend repräsentieren.

Zu diesem "reformorientierten KU" gehört auch die von *Wolfgang Konukiewitz* entwickelte Konzeption eines sog. "Handlungsorientierten KU" (Konukiewitz 1990). Sein didaktisches Konzept besteht in einer "sinnvollen Kombination von Handlungsorientiertem Unterricht, Symboldidaktik und einem didaktischen Ansatz, der die religiöse Entwicklung zum Ziel hat" (559). Folgende Grundsätze sind wesentlich:
- Die subjektiven Schülerinteressen sind der Bezugspunkt der Unterrichtsarbeit.
- Die SchülerInnen werden zu selbständigem Handeln ermuntert.
- Handlungsorientierter Unterricht öffnet Unterricht zu seinem Umfeld hin.
- Kopf- und Handarbeit, Denken und Handeln stehen in einem ausgewogenen Verhältnis zueinander.

Das Ziel heißt "Ganzheitliches Lernen".

Konukiewitz macht sich diese Grundsätze zu eigen, um mit ihrer Hilfe einen Unterricht zu entwickeln, in dem KonfirmandInnen "lernen, wie ich meinen eigenen Glauben finden kann" (561). Weitere Hilfen für sein Konzept erwartet Konukiewitz von der Symboldidaktik, wie sie Peter Biehl entwickelt hat. Sie setze "bei den Lebenserfahrungen und dem gesellschaftlichen Umfeld der Schüler" an, thematisiere "in einem eigenen Aufgabenfeld den spannungsvollen Umgang mit den Symbolen - der sich meist unbewusst vollzieht-" und leite darüber hinaus "zu einer ideologiekritischen Reflexion" an (573f). Konukiewitz denkt in diesem Zusammenhang an das Kreuzsymbol, das viele Jugendliche als Schmuck tragen und das gleichzeitig ein Kernsymbol des christlichen Glaubens ist.

Als entscheidendes Problem eines handlungsorientierten KU sieht Konukiewitz die Gottesfrage an, in deren Zusammenhang die engagiertesten Fragen von KonfirmandInnen zu erwarten seien. Hilfen meint er in solchen Zusammenhängen von den strukturgenetischen Arbeiten Fritz Osers und seiner MitarbeiterInnen zu erhalten, welche alle um die Entwicklung der Gottesbeziehung kreisten.

c) *Neuere Ideen:*
Ich schließe meine Skizze mit der Darstellung einiger neuerer Versuche, die Institution KU durch Vorverlegung ins erste oder vierte Schuljahr, eine Ausdehnung des Unterrichts auf mehrere Jahre, oder aber durch eine Neubesinnung auf das, was Kirche zur Kirche macht und deshalb in einem kirchlichen Unterricht erschlossen werden sollte, zu optimieren. Seit einiger Zeit gibt es ja wieder Stimmen, die sich z.B. gegen eine Indienstnahme von Erkenntnissen aus den Sozial- und Humanwissenschaften wenden und die extensive Beachtung der Situation der Jugendlichen und ihrer Fragen bei der Themenwahl ebenso wie das emanzipatorische Zielspektrum des KU für gefährlich erklären.

Hauptgrund für diesen Umschlag scheint der Tatbestand zu sein, daß die "neuen" Bemühungen des KU in den siebziger und achtziger Jahren offenbar nicht unter die Kanzel und auch nicht zu einem sichtbar veränderten Teilnahmeverhalten von Jugendlichen an kirchlichen Anlässen geführt haben. Daß das auch an den Strukturen landläufiger Gemeinden liegen könnte, die quer zu den neuen Aktivitäten im KU liegen, wird da offensichtlich nicht erwogen.

Wolfgang Konukiewitz meint die Wurzeln der beschriebenen "Reaktion" schon in den frühen Reformentwürfen der sechziger Jahre entdecken zu können (548ff). Diese hätten zwar darauf aufmerksam gemacht, "daß junge Menschen"... "nicht Adressaten und bloße Objekte pädagogischer Planung, sondern Partner und beteiligte Subjekte in gemeinsamen Lernprozessen" sein müßten (Kaufmann 1976, 80), hätten aber im gleichen Atemzug auch dazu aufgefordert, den KU in den Dienst einer nachzuliefernden religiösen Sozialisation zu stellen, und das vornehmlich im Zusammenhang überlieferter Lehre im Rahmen herkömmlicher, oft durchaus reformunfähiger Gemeinden und ohne mehr als marginal die Adressaten zu beachten. Die eigentlichen Fragen und Interessen der KonfirmandInnen mußten da nahezu notwendig auf der Strecke bleiben. Kurzum, "die Reformdebatte des KU hat sich im Kreise gedreht" und landete jetzt zwar nicht beim Memorieren von Texten der Tradition, aber doch beim vorbildlichen persönlichen Christenleben in seiner erfahrbaren Lebendigkeit, das offensichtlich der Pfarrer/die Pfarrerin oder ein anderer exemplarischer Christ zu repräsentieren hatte.

An die Stelle des "Wortes" ist der Gläubige als Vorbild getreten, an die Stelle der Fragen der Jugendlichen die Antwort der Wissenden. In diese Richtung zielen auch das sog. Hoyaer Modell (Meyer-Blanck 1993) und der "Neuaufbau der Kirchlichen Unterweisung in der bernischen Landeskirche" (Kuert 1990, Dähler u.a. 1992, 62-94). Beide und noch andere entsprechende Versuche gehen davon aus, daß zwischen Taufe und Beginn des kirchlichen Unterrichts im 7. Schuljahr kaum Hilfen für eine religiöse Erziehung angeboten werden und die Eltern sich aus verschiedensten Gründen außerstande fühlen, etwas für die religiöse Sozialisation ihrer Kinder zu tun. War es da nicht naheliegend, das "konfirmierende Handeln der Kirche" früher beginnen zu lassen, im 1., 3. oder 4. Schuljahr, und diese Arbeit nicht allein den theologischen Mitarbeiterinnen der Gemeinde zu überlassen, sondern daneben auch haupt- und nebenamtlich zu engagierende Gemeindeglieder (Eltern, junge Erwachsene) zu suchen, die ihren Glauben und ihre Erfahrungen in den Unterricht einbringen konnten. Als

Zielspektrum gilt, "gemeinsam leben und glauben zu lernen" oder, wie wir aus Hoya hören, die Kinder vertraut zu machen "mit den Grundaussagen der Bibel", und das am Lernort Gemeinde (so schon Reller/Grohmann 1985). Über die Kinder soll darüber hinaus ein Weg zu einer Neuintegration von Eltern und anderen Erwachsenen führen.

Die Auflösung des traditionellen christlichen Weltbildes, die Erfahrung von Multikulturalität ohne ordnende Zentren, die Unglaubwürdigkeit der installierten religiösen Sozialisation, die Frage nach dem Zugang des individuellen Menschen zur Religion sind die Probleme. Sie sollen jetzt durch Unterricht, durch "ein natürliches Hineinwachsen in die christliche Gemeinde" und "Ersterfahrungen mit dem Glauben" in den ersten Schuljahren, durch "grundlegende Informationen über die Bibel, die Entstehung und Geschichte der Kirche" in den Klassen 4 - 6 und durch Hilfen "zu einem an heutigem Wahrheitsbewußtsein geprüften Glauben", praktische Einsätze und seelsorgerliche Begleitung in den Klassen 7 - 9 gelöst werden (Dähler u.a. 1992, 74ff). Konstant bleibt in allen Phasen der Gottesdienst, gemeinsames Feiern und der Einbezug von Eltern und anderen Erwachsenen in den Lernprozeß. *Mit Herz, Kopf und Hand zurück in die Gemeinde und hin zum Glauben* heißt die Devise.

Christof Bizer (1993, 119ff) ist mit "Hoya" und "Bern" darin einig, daß es auch für ihn sehr verschiedene Zugänge und Gestaltungsformen zwischen Gemeindefest und Bastelgruppe sein dürfen, die KU strukturieren. Auch er hält die Gemeinde für einen wichtigen Lernort christlicher Religion. Probleme hat der Göttinger Praktologe jedoch mit den hohen Zielen, angefangen bei "der Begleitung Jugendlicher in einer schwierigen Phase" bis hin zur geforderten Vorbildfunktion exemplarischer "Gläubiger". Dagegen möchte er es gut lutherisch mit dem "Wort" halten, mit der Verheißung der Heiligen Schrift und mit den *vorgegebenen Formen christlicher Religion*, wie sie in der Liturgie, in Bekenntnissen, Gebeten und vielen anderen Manifestationen von Kirche begegnen. Diese Formen, von Menschen benutzt und je neu individuell im Mitvollzug gestaltet, haben es Bizer angetan. Überhaupt sei der Glaube auf solche "gemachte", angeeignete und gestaltete Formen und ihre Pflege angewiesen.

Das evangelische Christentum mit seinem Schriftprinzip lege deshalb allen Christen die Bibel, das Vaterunser, die Bekenntnisse in die Hand und fordere sie dazu auf, an die Auslegung zu gehen, für die sie als Teilhaber am allgemeinen Priestertum aufgerufen seien. In diesem Zusammenhang verwendet Bizer bemerkenswert häufig das Wort *Begehung*. Er versteht darunter eine Folge von Schritten, die eine vorgegebene Form, einen Gottesdienst, ein Gebet oder ein Lied "gangbar" machen. *"Indem ich mich auf den Weg der Begehung begebe, von einem bestimmten Anfang zu einem festgelegten Ende, also für eine bestimmte Weg- und Zeitspanne, schreite ich einen symbolische Zusammenhang ab, der mich durch den religiösen Gehalt der Formen mit Gott in Beziehung setzt, auf den hin ich mich und meine Welt transzendiere und mich von ihm umfangen lasse."* (126)

Er exemplifiziert dann solche Schritte am Beten des Vaterunsers, am Singen eines Liedes von Paul Gerhardt, am Mitvollzug eines Gottesdienstes. Immer stellten sich da Assoziationen ein, die wir reflektieren, die uns zu Fragen motivieren und Antworten

erahnen lassen. Religion ist in solchen Schritten für mich als Lernenden "im Werden". "Ich habe sie nicht, sondern ich baue sie auf und experimentiere mit ihr."(126)
Im Unterricht geschieht eine solche Begehung unter fachkundiger Anleitung. Wir machen uns bei einem Gebet unsere Gedanken bewußt und tauschen sie mit anderen Lernenden aus. Danach wird darüber zu handeln sein, was z.B. "Unser Vater" heißen könnte, und was "im Himmel". Bringt das Wort Vater eigentlich das noch zur Sprache, was es im Munde Jesu meint - in einer vaterlosen Gesellschaft? Müßte hier nicht versucht werden, etwas zu verändern? "Guter Unterricht", so Bizer, sorgt dafür, daß das Einlassen auf die Dinge die Lernenden nicht in die Dinge verstrickt, sondern dazu veranlaßt, sich mit den Unterrichtsinhalten zu befassen. Lernende "haben aber auch das Recht, sie für sich von sich abzuweisen" (127).

Distanz und Nähe, Sich-Einlassen, Gestalten und Verändern, Nachspüren, Nachfragen und Reflektieren, Überdenken und Kritisieren, in allem aber Sensibel-Werden für "Vorgaben", heißt die Devise. Dabei sind die KonfirmandInnen stets Subjekte ihres Lernens, auch und gerade insofern, als sie sich auf Vorgegebenes einlassen. Auf keinen Fall geht es bei solchen Begehungen um Vollständigkeit. Wahrscheinlich wird man sich sogar auf weniges konzentrieren müssen. Eine solche Konzentration könnte dazu beitragen, endlich das Mißverständnis auszuräumen, es ginge im Unterricht zuerst um die Aneignung von Stoff, biblischem und dogmatischem. In einem solchen Unterricht ist der/die LehrerIn nicht der/die Wissende, auch nicht der/die FührerIn oder ein Glaubensvorbild, sondern einer/eine, der/die eine Begehung initiiert, je neu motiviert, auf Entdeckungen auszugehen, das, was Kirche zur Kirche macht, zu suchen und zu verstehen. Nicht um seine/ihre Überzeugung geht es; er/sie wird sogar darauf achten, Distanz zu sich zu ermöglichen.

Im Zusammenhang mit einem so verstandenen Unterricht kann Bizer von einem sog. "Unterrichtsvertrag" unter allen Beteiligten reden (Bizer 1990, 543ff), der keinen Teil überfordert, sondern der jeweiligen Kompetenz gerecht wird. Zuerst gilt das für den Pfarrer/die Pfarrerin, dessen/deren Kompetenz in der Regel nicht die didaktische Analyse sei, die Kirche und Glauben vor allem "von außen", d.h. aus der Sicht der Jugendlichen in den Blick nehmen heißt, auch nicht das Unterrichten, für das die Universität und auch der Vorbereitungsdienst nur ungenügend ausgebildet hätten, sondern das Denken der Kirche "von innen", "das Gottesdiensthalten, christlich beerdigen, mit Kranken beten und bei Sterbenden aushalten" (544), dem "evangelischen Christentum in Situationen und Institution eine konkret zugängliche Gestalt geben" (ebd.).

Aber ist diese Form des Christentums nicht doch meistens eine Form für Insider, die z.B. für Jugendliche unzugänglich erscheint? Und was hat es mit der Kompetenz der Jugendlichen auf sich? Sie seien Experten in Sachen Welt. Sie können sagen, wie die Sache Kirche, Abendmahl, Gebet, Bibel etc. für sie läuft. Alles kommt jetzt darauf an, daß die Kooperation zwischen den "Kompetenzen" in symmetrischer Kommunikation geschieht. Eine solche Kooperation kann ja nur gelingen, wenn beide Teile den anderen nicht aus den Augen verlieren und vorbehaltlos offen sind für den anderen, d.h. den je anderen teilhaben lassen an ihrer Kompetenz. So werden KonfirmandInnen im nächsten

Gottesdienst Gebete übernehmen und sich im Predigen versuchen, ohne daß der Pfarrer/die Pfarrerin korrigieren würde; sie werden auch den Gottesdienst verändern. Hinterher wird die Gemeinde mit ihnen ins Gespräch kommen, und sie werden sagen, wie sie zu dem gekommen sind, was da zu sehen und zu hören war. Auf der anderen Seite wird der Pfarrer/die Pfarrerin von der Welterfahrung der Jugendlichen Kenntnis nehmen und versuchen, seine/ihre Innensicht mit der Außensicht von Kirche ins Benehmen zu setzen und dabei Lernfortschritte zu machen. In allen Teilen geht es um Veränderung und darin um Gestaltung oder, wie Bizer sagt, um Begehung.

Es wäre noch manches zu sagen zu diesem Konzept. Es ist auf jeden Fall *anders* und läßt auf-hören. Ob es Pfarrer und Pfarrerinnen gibt, die von ihrer Innensicht zu abstrahieren vermögen und die auf die "Welt" hören können, auf eine Welt, die nicht nur frägt und abwinkt, sondern auch Ideen hat, die zu lernen für die Kirche wesentlich erscheint?

4. Didaktisches und Methodisches

Es war *H.B. Kaufmann* (1969, 229-242), der als erster "didaktische Überlegungen zum Konfirmandenunterricht" angestellt hat, die über das bis dahin Übliche hinauswiesen. So forderte er dazu auf, vor allem anderen die vorunterrichtliche Motivation oder De-Motivation der Jugendlichen in den Blick zu nehmen und erst dann nach Wegen zu suchen, die zu einer "Fühlung mit der Sache" führen könnten. Von daher könnten Ziele und konkrete Stoffe des KU bestimmt werden. Er exemplifiziert an der elementaren Grunderfahrung von Transzendenz bei Jugendlichen und fordert Pfarrer und Pfarrerinnen dazu auf, in solchen Zusammenhängen nicht nur nach dem Gottesverständnis z.B. eines biblischen Autors zu forschen und dieses vorzustellen, sondern vor allem auch danach, in welcher Form die Frage nach Gott und entsprechende Erfahrungen im Jugendalter vorkommen. Erst dann biete sich unter Umständen die Möglichkeit zu einem Dialog, der vielleicht zu einem ganz neuen Denken führen könnte. Stets sei dabei davon auszugehen, daß auch die angemessenste unterrichtliche Verantwortung der Gottesfrage höchstens "indirekte Mitarbeit" sein könne, die nur dann zum "Erfolg" führe, wenn Gott selbst es wolle. Aber auch eine "indirekte Mitarbeit" müsse nachvollziehbar sein, weil nur Verständlichkeit ein Weg sei, den der Jugendliche zu gehen vermöge. Um die hier lauernden Vermittlungsprobleme angehen zu können, schlägt Kaufmann die Leitfrage vor: *"Wodurch werden junge Menschen eines bestimmten Alters und unter bestimmten volkskirchlichen Gegebenheiten mit einer gewissen Wahrscheinlichkeit vom Auftrag der Kirche und von der Frage nach Gott so berührt und bewegt, daß sie sich selbst zu fragen anfangen und - mit der notwendigen Unterstützung - bei der Sache bleiben."* (245)

Offensichtlich hat diese Frage bei manchen kirchlichen Gremien, die sich um den KU mühten, Folgen gezeigt, denn in den siebziger Jahren erschienen kurz hintereinander neue "Lehrpläne" für den KU, die nicht mehr allein "Katechismusthemen" zur Erschließung vorschlagen, sondern daneben auch Themen, die sich wenigstens vermeintlich einer neuen Schülerorientierung verdankten: "Träume sind Schäume - Zu Fragen der Traumdeutung Jugendlicher"; Die Frage nach möglichen Werten für

Jugendliche in einer pluralistischen Gesellschaft" und ähnliche (s. Schmitthenner 1977, 1978). Unklar bleibt bei solchen Themen allerdings, ob bei ihrer Bearbeitung eher Humanwissenschaften oder dann doch herkömmliche Tradition und die sie bearbeitende Theologie nachgefragt werden sollten. Da gibt es bis heute Streit zwischen Auffassungen, die "fundamentale Aussagen der Bibel", wie sie im Kleinen Katechismus Luthers elementarisiert vorliegen, noch immer für heutige Welt- und Selbsterfahrung konkretisierbar erachten, und solchen, die davon ausgehen, daß der Kleinen Katechismus seine Zeit gehabt habe, aber heute so fremd erscheine, daß es ausgeschlossen sei, "schlagende Antworten" von ihm zu erwarten.

Aus dem skizzierten Dilemma, das auch im Zusammenhang mit biblischen Inhalten möglich erscheint, führt nur ein konsequent verfolgter didaktischer Weg heraus, m.a.W. ein Versuch, Grunddaten jugendlichen Lebens und Denkens, jugendlicher Erfahrung und Problemstellung mit in der Tradition des Glaubens und heutiger Glaubenserfahrung sich zeitigendem Fragen und Denken so zu konfrontieren, daß es zu einer doppelseitigen Erschließung kommen kann. Hier haben sich ein verhältnismäßig einfach handzuhabende Planungsmodelle bewährt, die sowohl zum Adressaten als auch zum Glauben gestern und heute Schneisen zu schlagen ermöglichten. Besonders nützlich erscheint uns die sog. *"Spinne"*, die im Verbund mit Formen der "Didaktischen Analyse" Perspektiven aus der Erfahrungswelt der Adressaten und der Glaubenstradition und ihrer Wirkungsgeschichte einander zuordnen läßt. Das *"Spinnennetz"* (s.u. Abb. S. 103) hat verschiedene "Sektoren", denen ein "Thema" gemeinsam ist:
- Die Urkunden des Glaubens
- Die Praxis der Kirche der Gegenwart
- Heute zu verantwortendes Leben im persönlichen Bereich
- Das Leben in und mit der Welt
- Die Gemeinschaft

(Evangelisch-reformierte Kirche des Kantons Bern [Hg.], Kirchlicher Unterricht, Bern 1984, 18).

Wie deutlich sein mag, läßt die Spinne ein Thema von verschiedenen "Anfängen" her erschließen und bietet dem theologisch und pädagogisch nicht ganz Uninformierten eine ganze Palette von Möglichkeiten zur Strukturierung einer Einheit, die den Adressaten ebenso gerecht zu werden vermag, wie dem für wichtig gehaltenen Inhalt. Bevor aber der Unterricht beginnen kann, sollten folgende Fragen wirklich geklärt sein:
. Welche Ziele möchte ich mit meiner Gruppe in der Auseinandersetzung mit diesem Thema zu erreichen suchen?
. Wie erscheint es mir möglich, die Gruppe für eine Arbeit an diesem Thema zu motivieren?
. Welche Unterrichtshilfen zum Thema und welche andere Literatur will ich noch zu Rate ziehen?
. Wie soll der Lehrgang strukturiert sein?
. Welche Medien muß ich vorbestellen oder doch bereitstellen?

Das Vorgehen ist folgendes: Wenn ich in den Ferien Zeit habe oder sie mir nehme, um die eine oder andere Einheit wirklich sogfältig zu planen, analysiere ich ein Thema mit dem Instrumentarium der nach wie vor nützlichen "Didaktischen Analyse".

1. Schritt: Wahl des Themas aus dem Angebot des *Lehrplans* unter den Leitfragen:
- Stehen mir Vorarbeiten für das gewählte Thema zur Verfügung?
- Welches sind meine wichtigsten Motive zur Wahl des Themas?
- Liegt das Thema im Erfahrungs- und Verstehenshorizont der Lerngruppe?

2. Schritt:
- Welche Bedeutung hat das Thema im privaten und öffentlichen Leben des einzelnen, der verschiedenen gesellschaftlichen Gruppen und der konkreten Lerngruppe?
- Ist das Thema Gegenstand öffentlicher Diskussion?
- Gibt es im Blick auf das Thema Konflikte in der Gesellschaft?
- Ist das Thema wirklich aktuell und impliziert es grundlegende Fragen und Bedürfnisse des Schülers/der Schülerin?

3. Schritt: Erhebung der Schülerinteressen und -einstellungen:
- Welche Aspekte des gewählten Themas sind für SchülerInnen interessant?
- Für welche konkreten Lebenssituationen der SchülerInnen in Gesellschaft und Kirche hat das Thema Bedeutung?

- Welche emotionalen Einstellungen sind zu erwarten?
- Welche Motivationsmöglichkeit ist zu sichern?
- Welche Fähigkeiten und Fertigkeiten sind für eine Inangriffnahme des Themas vorauszusetzen?

4. Schritt: Bestimmung der inhaltlichen Struktur des Themas:
- Hat das Thema einen unmittelbaren Bezug zu Situationen, Problemen und Konflikten in den verschiedenen Lebensbereichen der Lerngruppe?
- Ist das Thema schwerpunktmäßig in der christlichen Tradition oder im Leben der christlichen Gemeinde zu orten? Müßte es deshalb vor allem anderen mit entsprechenden Erfahrungen "besetzt" werden, die eine Erschließung erst sinnvoll machen könnten?
- Handelt es sich bei dem gewählten Thema um einen Bereich des Lernens, der bestimmte individuelle Einstellungen und soziale Bedürfnisse in besonderem Masse betrifft (Anpassung, Protest etc.; Freiheit, Liebe, Frieden)?

Hier geht es vor allem darum, das Thema für den Unterricht zu strukturieren, indem dieses einem bestimmten Lebensbereich des Schülers/der Schülerin zugeordnet wird.

5. Schritt: Bestimmung und Abgrenzung der einzelnen Teile des Unterrichts:
- Hier geht es um eine erste Gliederung eines möglichen Lernprozesses vom Einfacheren zum Schwereren, vom Nahen zum Fernen etc. und um eine Abgrenzung des Gewollten vom zu Vermeidenden.

6. Schritt: Bestimmung der Rahmenziele der Unterrichtseinheit:
- Welche Kenntnisse sollen SchülerInnen am Ende des Unterrichts besitzen?
- Welche Einstellungen sollen die SchülerInnen erwerben?
- Welche Fähigkeiten und Fertigkeiten sollen die SchülerInnen erlernen?

Dieser Schritt geht über die "klassische" Didaktische Analyse hinaus, widerspricht ihr aber in keiner Weise.

7. Schritt: Entwurf der einzelnen Unterrichtsteile nach einem der üblichen Schemata: z.B.

Lernstufe	Unterrichtsform	Kommunikationstypen	Gegenstandsstruktur (Unterrichtsweisen)
Hinführung, Erarbeitung, Auswertung	Klassenunterricht, Partnerarbeit, Gruppenarbeit	Lehrervortrag mit fragend-erörterndem Gespräch, Gruppenbericht etc.	Text, Bild, Symbol = verschiedene Arten der Repräsentanz des Unterrichtsgegenstandes

8. Schritt: Evaluierungsziele im Horizont der intendierten Ziele festlegen.

Was nützliche Methoden anbetrifft für den KU, verweisen wir auf das jüngst erschienene Buch "Religionsdidaktik Sekundarstufe I" (Wegenast 1993, 121-138) und die dort angegebene Literatur. Hier nur noch wenige Bemerkungen zu möglichen Organisationsformen:
- Die wöchentliche *Lektion oder Doppellektion* ist die am weitesten verbreitete Organisationsform. Sie ist der schulischen Lektion zu vergleichen und zeitigt deshalb auch ähnliches Teilnahmeverhalten. Viele PfarrerInnen versuchen das "Schulische" durch den Einsatz von Spielelementen, von Methoden aus der Jugendarbeit und von kreativen Sequenzen innerhalb eher kognitiver Lernprozesse wenigstens aufzulockern. Hierher gehören auch gemeinsames Kaffeetrinken zu Beginn des Unterrichts und "offene" Schlußphasen.

- Das *Wochenende* versucht den Akzent auf die Gemeinschaft in der Gruppe zu legen. Nicht die Inhalte, etwa das Abendmahl oder die Taufe, sind das Wichtige bei dieser Organisationsform, sondern das Zusammenleben in der Gruppe, die Gestaltung des Abends, das gemeinsame Kochen und Essen, das Singen und Spielen, die Abendwanderung, das Miteinander-Sprechen und -Beten, kurzum das Klima. Hier entsteht eine Gruppe, die auch Konflikte zu ertragen und zu bearbeiten vermag. Die Jugendlichen und die MitarbeiterInnen beginnen einander zu "spüren". Ähnliches gilt auch für Wochenfreizeiten. Wichtig sind die gemeinsame Planung, die geregelte Verantwortlichkeit von vielen für vieles, die Qualität der Kommunikation und der Stil des Umgangs miteinander.
- Der *Kursunterricht* empfiehlt sich vor allem in größeren Gemeinden mit mehreren Klassen und vielen MitarbeiterInnen. Der dieser Veranstaltungsform zugrundeliegende Leitgedanke ist die Förderung der eigenverantwortlichen Planung des Lernprozesses durch den einzelnen Konfirmanden/die Konfirmandin und die Wahlfähigkeit im Blick auf verschiedene Angebote. Besonders geglückt scheint uns das sog. "Bieler Modell" (Zu beziehen bei: Katechetisches Zentrum, Kontrollstr. 22, CH-2503 Biel). Im Rahmen dieses Modells gibt es verbindliche Grundkurse, von denen eine bestimmte Anzahl gewählt werden müssen, Wochenende, freiwillige Wochenfreizeiten und Praktika, von denen nur eines verbindlich ist. Im Blick auf die Grundkurse (Schöpfung und Gottesglauben/Jesus Christus/Kirche) ist die Wahl der KonfirmandInnen nur im Blick auf die KursleiterInnen möglich. Das ist anders bei den Wahlkursen (Mehr leben, länger leben, überleben/Behinderte unter uns/Ökumene/Meditation - besser als Drogen/Du und ich - Frage von Liebe und Freundschaft/Gruppenspielkurs (Bibliodrama)/Komm sing mit!/Leben und Sterben/Kirche und Politik/Das Buch der Bücher/Krieg und Frieden/Ich habe Probleme). Alle genannten Wahlkursthemen werden mit Hilfe der "Spinne" präpariert und enthalten so "Stoff" aus verschiedenen Bereichen.

Alle Kurse werden in einem Programmheft vorgestellt. Der von SchülerInnen zusammengestellte Lehrplan eines Jahres wird in ein Formular eingetragen und an das Katechetische Zentrum gesandt. Dort werden die Gruppen zusammengestellt. "Häufungen" werden entweder durch mehrfach angebotene Kurse verarbeitet oder durch Indienstnahme von Zweitwahlen.

- *Praktika*. Sie sind dazu da, um die Einsicht zu ermöglichen, daß Glaube und Kirche mehr sind als Lehre, nämlich Handeln für andere. Ein Praktikum umfaßt gewöhnlich eine Vorbereitungsphase (ein oder zwei Abendveranstaltungen), eine Arbeitsphase von ca. 15 Stunden und eine Phase der Auswertung. Inhalt der Praktika sind unter anderen: Geburtstagsbesuche bei alten Menschen/Spielnachmittage in einem Seniorenheim/Basteln und Spielen mit Kindern im Kinderkreis/Gestaltung von zwei Krankenhausgottesdiensten/Einsatz bei Behinderten/Aktionen im Rahmen der Aktion "Brot für die Welt"/Aufgabenhilfe für ausländische Kinder/Einsatz im Jugendtreff etc.
- Der *Konfirmandengottesdienst*. Mit diesem Begriff kann ein Gottesdienst gemeint sein, den KonfirmandInnen für die Gemeinde gestalten, in dem sie z.B. davon berichten, wie sie die Gemeinde erleben, was ihnen fehlt, was ihnen Mühe macht, was sie gut finden

etc., oder in dem sie singen und spielen, beten und lesen, Collagen erläutern etc. Ein Konfirmandengottesdienst kann aber auch eine Veranstaltung von KonfirmandInnen für KonfirmandInnen sein.

Bei der Planung der Konfirmandenfreizeit gilt es, sich verschiedene Organisationsformen zunutze zu machen. Am Beispiel der zeitlichen Planung eines 2. Konfirmandenjahres aus der Kirchgemeinde Biel seien die sich eröffnenden Möglichkeiten der Strukturierung demonstriert.

Wichtig für alle beschriebenen Formen des KU ist es, daß sie stets auch im Blick auf andere Angebote christlicher Erziehung und Bildung (Religionsunterricht, Jugendarbeit) bedacht werden. Das bedeutet eine geplante Kooperation des Pfarrers mit Jugendleitern und Religionslehrern, aber auch die Beachtung des spezifischen Schwerpunktes der Konfirmandenarbeit. Geht es im Religionsunterricht der Schule zumindest schwerpunktmäßig um Sachkompetenz auf dem Feld von christlicher Tradition und Theologie, in der Jugendarbeit um ein eher gemeinschaftsbezogenes Zielspektrum mit dem Schwerpunkt "soziales Lernen", so nimmt der KU beide Zielperspektiven ernst, Lehre und Gemeinschaft, hat aber seinen eigentlichen Schwerpunkt im Emotionalen.

5. Rückblick und Ausblick

Wir haben in einem raschen Durchgang einige Grundfragen, die Geschichte, den heutigen Diskussionsstand des KU und Didaktisches Revue passieren lassen. Dabei waren wir uns dessen eingedenk, daß dieser Unterricht im pastoralen Feld einer Gemeinde nur *eine* Tätigkeit unter anderen darstellt, die für den *einen*/die *eine* kirchliche(n) MitarbeiterIn im *Zentrum* steht, für den/die *andere(n)* aber am äußersten Rand seiner/ihrer Tätigkeit. Was die aktuelle Gestalt (Organisationsform, Unterrichtsstil, Didaktik und Methodik) anbetrifft, ist der KU offensichtlich eine abhängige Variable nicht nur bestimmter erziehungswissenschaftlicher Entwicklungen, sondern auch je verschiedener Fähigkeiten und Einstellungen derer, die ihn erteilen. Dabei scheint es entscheidend, welcher der den *KU bestimmenden Faktoren* (Gemeinde, Jugendliche, Theologie, Pädagogik, Konfirmation) im Vordergrund steht.

Ist es die *Gemeinde*, wird im Unterricht besonderer Wert auf die Erschließung eben dieser Gemeinde und ihrer Aktivitäten und Gruppen gelegt werden und damit auf den Versuch, die KonfirmandInnen in diese Gemeinde hinein zu sozialisieren. a) Sind es die *Jugendlichen, die Mädchen und die Jungen,* werden es ihre Probleme sein, die im Rahmen von Organisationsformen bearbeitet werden, in denen sich die Jugendlichen frei entfalten können. Evangelium, Gottesdienst und Bekenntnis werden nur insofern eine Rolle spielen, als sie bei der Lösung anstehender Probleme hilfreich erscheinen. b) Ist es eine bestimmte *Theologie*, die einem Pfarrer/einer Pfarrerin besonders wichtig erscheint, werden es die dieser Theologie entsprechenden fundamenta ecclesiae sein, die trotz aller schon erlebten und noch zu erwartenden Mißerfolgen vornehmlich erschlossen werden. Dabei macht es einen Unterschied, ob der Pfarrer/die Pfarrerin oder ein anderer kirchlicher Mitarbeiter/eine andere Mitarbeiterin die entsprechenden Texte selbst sprechen läßt, Fragen animiert und andere Meinungen stehen zu lassen in der Lage ist, oder ob er/sie Wortbestände einhämmern möchte. Ist bei einem Pfarrer/einer

Pfarrerin die Einsicht virulent, daß ohne *Pädagogik* im Grunde nichts geht, ja, daß auch die wichtigsten Inhalte bedeutungslos sind, wenn Zugang und Verständnis der Adressaten unbekannt sind, wird besonders darauf geachtet werden, daß Inhalte, Ziele und Methoden des Unterrichts zusammenstimmen. Gerade da wird es sich herausstellen, ob ein Unterricht eine gedankenlos belehrende Kirche repräsentiert oder eine Lerngemeinschaft von Brüdern und Schwestern, die unterwegs ist und zur Kommunikation fähig.

Und da ist noch c) die *Konfirmation*, auf die hin der KU orientiert erscheint. Ist sie der Tag, an dem Jugendliche am Ende eines Lernprozesses in einem selbstgestalteten Gottesdienst zeigen, wie sie sich Kirche vorstellen und was diese Kirche für sie bedeutet oder nicht, oder ein wichtiger Aspekt im Lebenszyklus, der hinüberleitet in eine neue Phase des Lebens oder in eine kirchliche Aktivität Jugendlicher im Rahmen von selbst gestalteten Projekten, vielleicht auch eine Art Zwischenhalt und darin eine Aufforderung an die Erwachsenengemeinde, diese Jugendlichen ernst zu nehmen und ihnen die Freiheit zu gewähren, eigene Wege zu suchen auch in der Gemeinde? In diesem Zusammenhang nennen wir auch die sog. "Einsegnung" mit ihrer Wegverheißung: "Schutz und Schirm vor allem Argen, Stärke und Hilfe zu allem Guten." Auch die Handauflegung und der *gemeinsame* Empfang des Abendmahls als Akt der Vergewisserung und der Gemeinschaft mit Gott, als Symbol der Freiheit eines Christenmenschen, der sich je neue Identität schenken lassen darf und darin seine Verantwortung entdeckt, gehören hierher. Kurzum, wenn *Konfirmation* und nicht einfach Abschlußgottesdienst, dann eine lebensgeschichtlich, theologisch und pädagogisch reflektierte "Begehung", die Solidarität beweist mit den Jugendlichen, Probleme beim Namen nennt und neue Rollen anbietet für eine jetzt anhebende Zeit.

Wir brechen ab, obwohl wir uns bewußt sind, daß über die wenigen didaktischen und methodischen Bemerkungen hinaus jetzt eine Didaktik konfirmierenden Handelns folgen müßte, die unter anderem das *Verhältnis von Tradition, Lebensgeschichte, Gemeinde und gelebtem Glauben* zueinander in einem ausgeführten offenen Curriculum vorstellen müßte, *geschlechtstypische Aspekte* konfirmierenden Handelns bedenken und die heute übliche Koedukation problematisieren sollte (vgl. Elsenbast 1993), die Vorschläge bereitzustellen hätte für hilfreiche Organisationsformen und auch für eine mögliche und wünschbare Aus- und Weiterbildung von TheologInnen und NichttheologInnen für ihre unterrichtliche Tätigkeit mit und für Jugendliche in der Gemeinde (vgl. dazu Wegenast 1987, 336-352; Comenius-Institut 1985). Dabei müßten nicht nur Fragen, wie die folgenden zur Sprache kommen, sondern auch Lösungsmodelle. Hier allerdings nur *Fragen*, weil Lösungen - im Sinne des vorgestellten Ansatzes nur situativ und teilnehmerbezogen sein können:

- Wie helfe ich den mir anvertrauten Jugendlichen bei ihrer "Ablösung" vom Elternhaus?
- Wie helfe ich Eltern, die oft ohne Kenntnis der anstehenden Probleme und ohne Möglichkeiten, angemessen mit ihnen umzugehen, Katastrophen geradezu heraufbeschwören?

- Wie kann ich in meiner Rolle als lehrender Pfarrer/lehrende Pfarrerin im Bewußtsein meiner eigenen Ablösung Wege ins Offene zeigen?

Fragen gibt es auch im Blick auf mein LehrerIn-Sein:
- Wie gehe ich mit meinem eigenen offensichtlichen Scheitern um (Disziplinschwierigkeiten, Unfähigkeit zu motivieren, ein Gespräch in Gang zu bringen, zu selbsttätigem Lernen zu animieren, "dröhnende" Langeweile zu überwinden)?
- Wie bearbeite ich meine eigenen Identitätsprobleme, wenn ich etwa der Kirchenferne meiner KonfirmandInnen näher stehe als den von meiner Kirche für wünschbar gehaltenen Zielen?
- Wie bringe ich die Fragen meiner KonfirmandInnen in einen Dialog mit der Tradition in Richtung auf heutigen Glauben?

Und endlich Fragen zu den Inhalten:
- Welcher didaktische Weg empfiehlt sich? Der von SchülerInnen und ihren Erfahrungen zur Tradition als Niederschlag früherer Erfahrungen oder der von der Tradition zu heutigen Situationen, wie immer das auch möglich erscheint?
- In welchem Verhältnis sehe ich die Inhalte zu den Zielen, die der von mir bevorzugten Konzeption entsprechen?

Dazu kommen *Fragen nach Planungsformen und unterrichtlichen Arrangements, nach Arbeitsmitteln und Medien, nach Formen der Zusammenarbeit mit Kolleginnen und Kollegen, nach Supervision und Arbeitsgemeinschaften.*

Literaturempfehlung:

- *C. Bäumler/H. Luther (Hg.)*, Konfirmandenunterricht und Konfirmation. Texte zu einer Praxistheorie im 20. Jahrhundert, München 1982
- *Comenius-Institut (Hg.)*, Handbuch der Konfirmandenarbeit, Gütersloh 1995 (angezeigt Neuauflage)
- *Der Evangelische Erzieher* 42 (1990), Themenheft "Konfirmandenunterricht für die 90er Jahre", 511-688
- *W. Neidhart,* Konfirmandenunterricht in der Volkskirche, Zürich 1964

V. Jugendarbeit als "offenes" Angebot

Über die Geschichte der Jugendarbeit (vgl. Jürgensen 1980, Lämmermann 1982) soll hier nicht ausführlich gehandelt werden. Nur soviel ist - um der Klarheit der Positionen in der gegenwärtigen Diskussion willen - festzuhalten: Bereits vor der zeitweilig dominanten Tradition der *Verbandsjugendarbeit* gab es vielfältige Formen *gemeindebezogener Jugendarbeit,* die von der Jugendsozialarbeit am Beginn des Industriezeitalters bis zu erwecklichen Bibelkreisen des 19. Jahrhunderts reichten. Die heutige Situation ist gekennzeichnet durch ein Neben- und Gegeneinander von gemeindlicher, übergemeindlicher und bündischer Jugendarbeit.

Um die Zukunft aller drei Formen scheint es aus unterschiedlichen Gründen schlecht zu stehen: Die *Angebote kommerzieller Unternehmen* sind zumeist viel zielgruppenorientierter als es eine kirchliche Jugendarbeit je sein kann; ihre Unverbindlichkeit und scheinbare Ideologiefreiheit fordert keine Identifikation mit dem Veranstalter/der Veranstalterin. Jugendliche suchen ihre Selbstfindung heute weniger in Verbänden und Jugendorganisationen, sondern "vor allem in der Form von Distanz und Nähe zu bestimmten Angeboten der kommerzialisierten Jugendindustrie" (Fend 1991, 256). Diese Konkurrenz durch kommerzielle Jugendarbeit und Jugendkultur ist ein Bedrohungsmoment für alle traditionellen Formen von Jugendarbeit, insbesondere aber für die kirchliche.

Eine andere Bedrohung ist in den beschränkten, zur Zeit rapide zurückgehenden *finanziellen* Ressourcen von Kommunen, Kirchen und Staat zu sehen; sofern es sie je gab, sind Zeiten einer zureichenden öffentlichen Förderung für die kirchliche Jugendarbeit vorbei. Wenn Jugendarbeit zu teuer wird, dann steht sie zur Disposition; sofern sie aber als integriertes und unaufgebbares Moment im Selbstverständnis der christlichen Gemeinde gegründet ist, wird sie möglicherweise fortbestehen.

Ein drittes Bedrohungsmoment sind die *geänderten Einstellungen und Interessenlagen der Jugendlichen* selbst. Gelegentlich spricht man von einer "jugendkulturellen Pluralisierung und Differenzierung der Lebensformen und -stile" (Ferchhoff 1989, 143), die als Ausdruck postmoderner Zivilisation das Ende einer auf Verbindlichkeit beruhenden kirchlichen Jugendarbeit anzeigen könnten. Die sinkenden Teilnehmerzahlen in den kirchlichen Jugendgruppen (Fend 1991, 262) könnte eine Folge der Ausdifferenzierung und Plurifizierung jugendlicher Selbstdefinitionen sein (Lenz 1988), die durch das traditionelle und relativ uniforme Angebot nicht mehr angemessen erfaßt werden können. Jedenfalls scheint "die etablierte Jugendarbeit ... randständig geworden zu sein" (Giesecke, in: Pluskwa 1984, 111), weil Jugendliche ihre Probleme anders und woanders lösen. War noch vor etwa 20 Jahren die Jugendgruppe der einzige von den Eltern akzeptierte Ort für die Freizeitgestaltung ihrer Kinder, ist das heute ganz anders. Fragen wir also deshalb zunächst danach: Wer sind die Jugendlichen, was wollen sie, wie halten sie es mit der Religion?

1. Jugend als Lebensphase

Die Vorstellung von Jugend - so zeigt der geistesgeschichtliche Rekurs - ist engstens mit den Begriffen Individualität und Subjektivität verwoben. Denn die ideengeschichtliche Entdeckung der Jugend kann - wie die der Kindheit - als ein spezifisches Produkt der bürgerlichen Gesellschaft und der Aufklärungsphilosophie gelten (vgl. Schwab 1992, 32ff). Allerdings wurde der Begriff dann erst am Ende des 19. Jahrhunderts - durch die Jugendbewegung, aber auch durch bildende Kunst und Literatur - zu einem positiven Leit- und Kampfbegriff im bewußten Gegenüber zur Erwachsenenwelt und ihren Konventionen, bevor er dann in unserer Zeit werbestrategisch vermarktet wurde. Die ideengeschichtlichen Wurzeln des Jugendbegriffs reichen hingegen sicher bereits weit in die Reformation und die Renaissance zurück (Mollenhauer 1987), insofern hier erstmalig in der abendländischen Welt das Subjekt zum Thema seiner selbst wurde. Mit der Proklamation von "Jugend" und "Kindheit" war die erwachsenenorientierte Gleichmacherei der ständischen Gesellschaft beendet und der Blick frei für die Gesetzmäßigkeiten und Besonderheiten von Lebensphasen - zunächst jedoch als das theoretische Problem der aufkommenden Erziehungslehren, die den Jugendlichen rasch und geschlechtsneutral zum "Educandus", zum "Zögling", umformierten.

Seinen gesellschaftlichen Durchbruch erlebte der Jugendbegriff erst, als nach den biographischen Bedingungen der individuellen Leistungs- und Arbeitsfähigkeit (Kinder- und JungarbeiterInnenlohn) und nach den spezifischen Problemen des Übergangs in die Arbeitswelt (Lehre, Arbeitstauglichkeit usw.) gefragt wurde; insofern ist die Entwicklung des Verständnisses von Kindheit und Jugend eng mit dem Streit um ihre Produktivität und die Kinder- und Jugendschutzbestimmungen verbunden. Und schon damals galt: Jugend wird vor allem für Erwachsene zum Thema, wo sie Probleme (Jugendkriminalität, -verwahrlosung, -arbeitslosigkeit usw.) macht. Wurde der Jugendbegriff in seinem Kern einst aus dem Bürgertum geboren, dann dürfte er auch mit diesem nunmehr an sein Ende kommen. Zu den Kennzeichen der proklamierten *Postmoderne* gehört deshalb - so wird behauptet - das *Verschwinden der Jugend* als einer einheitlichen und relativ eindeutig definierbaren Lebensphase mit vergleichbaren Werten und Kulturen (vgl. Ferchhoff/Neubauer 1989, 143f). Spricht man heute in der Jugendforschung durchgängig von einer "Entstrukturierung bzw. De-Standardisierung von Lebensläufen" (Heitmeyer, in: Neubauer/Olk 1987, 16), so bedeutet das, daß es den typischen, durch das Alter vorgegebenen Verlauf von Jugend nicht mehr gibt.

1.1 Zur Eingrenzung von "Jugend"

Zu den klassischen Streitfragen der Jugendforschung gehört die nach dem Beginn und dem Ende der Jugendzeit. Dabei spielen Unterschiede in den Abgrenzungskriterien eine wesentliche Rolle. Unter *biologistischer Perspektive* muß man den Trend einer *stetigen Verfrühung der Jugend* konstatieren, denn die klassischen Anzeichen einer Pubertät (Wachstum, Reifung der Geschlechtsorgane, Menarche bei Mädchen, Stimmbruch beim Jungen usw.) treten in einem immer jüngeren biologischen Alter auf (vgl. Remschmidt 1992, 56ff). Ausgehend vom Pubertätsverlauf liegt es deshalb "nahe, den Beginn der Jugendzeit schon um das 11. Lebensjahr anzusetzen" (Bopp 1985, 24). Die *Abgrenzung der Jugendphase zum Erwachsenenalter* fällt unter dieser medizinisch-biologischen Perspektive allerdings schwer. Würde man z.B. das Längenwachstum zum Kriterium nehmen, dann wären 16jährige Mädchen bereits erwachsen, weil danach keine signifikanten Veränderungen mehr feststellbar sind. Auch die Entwicklung der Sexualorgane ist abgeschlossen, so daß aus biologischer Sicht die Jugendzeit mit dem 16. Lebensjahr endet.

Demgegenüber sprechen einige Jugendforscher aber gerade von der *Tendenz zur lebenszeitlichen Streckung der Jugendphase* auf etwa ein Dezennium oder darüber hinaus. Unter jugendsoziologischen Prämissen könnte man dabei die subjektive Selbsteinschätzung der Betroffenen zum Kriterium erheben. Dann würde sich allerdings der genannte Trend zur biographischen Vorverlagerung der Jugendzeit und zu ihrer Streckung nur partiell bestätigen. Zwar werden junge Menschen in unserer Gesellschaft immer später materiell unabhängig, und einige Indikatoren für den Übergang von der Kindheit in die Jugend haben sich in frühere Altersphasen verschoben, aber aufs Ganze gesehen bestätigt sich die bisherige Fixierung der Jugendzeit auf den Lebensabschnitt zwischen 14/15 und 24/25. Was das Ende der Jugendzeit anbelangt, so kann man gegenwärtig dabei einen interessanten *Unterschied zwischen Ost- und Westdeutschland* feststellen: Westdeutsche Jugendliche fühlen sich - lebensgeschichtlich - früher als Jugendliche, ostdeutsche Jugendliche sehen das Ende dieser Phase biographisch später angesiedelt: "im Westen liegt danach die durchschnittliche Obergrenze bei 21,8 Jahren, im Osten bei 24,8 Jahren. Schlüsseljahre, die am häufigsten angeführt werden, sind im Westen das 18. Lebensjahr (24%), im Osten das 25. Jahr (24%)" (Jugend '92, Bd. 1, 271).

Die Einsicht, daß Jugendliche nicht über einen Kamm geschoren werden dürfen, bestätigt sich auch hinsichtlich der subjektiv wie objektiv erlebten Länge der Jugendphase. Bei der theoretischen Abgrenzung der Jugendzeit spielen sozioökonomische, sozio-kulturelle, familiale und entwicklungspsychologische Faktoren ihre Rollen. Unter den ersten beiden Gesichtspunkten wird vor allem in soziologischen Studien das Ende der Jugendzeit mit *Statusübergängen* verbunden, die sich aus Familiengründung und Abschluß der Ausbildung ergeben. Dann endet die Jugendzeit für HauptschulabsolventInnen eindeutig früher als für Studierende. Sie schließen in der Regel mit 18 Jahren ihre Lehre ab und heiraten auch deutlich früher. Je nach sozialem Status kann die Jugendzeit dann zwischen 7 und 14 Jahre lang sein. Allerdings haben neuere Studien gezeigt, daß die "objektiven" Kriterien für das Ende der Jugend nicht vollständig mit der *subjektiven Selbsteinschätzung* übereinstimmen: "Dort, wo die Übergänge in den Berufs- und Familienstatus sich lebensgeschichtlich verzögern, verstehen die Betroffenen sich lebensgeschichtlich früher als erwachsen. Dort, wo man vergleichsweise früh in das Erwerbs- und Familienleben eintritt, tut man dies im Bewußtsein, gleichwohl noch länger ein Jugendlicher zu sein" (Jugend '92, Bd. 1, 270). Insgesamt haben die Statusveränderungen deutlich "weniger Bedeutung für das persönliche Erwachsenwerden ... als das Lebensalter" (Jugend '92, Bd. 2, 121).

Für diese "Scherenbewegung des Erwachsenwerdens" (Jugend '92, Bd. 1, 270) lassen sich Gründe vermuten: Psychodynamisch - so scheint uns - hat der frühe Eintritt in das Arbeits- und Familienleben eine gewisse Regressivität zur Folge, weil die jungen Menschen sich von den neuen Anforderungen überfordert fühlen. Ursächlich dafür ist, daß sie in ihrer relativ kurzen Jugendzeit nicht die Chance hatten, eine stabile Ich-Identität zu entwickeln, die sie mit derartigen Überforderungen fertig werden läßt. Regressiv flüchten sie in eine fetischisierte Jugendzeit. Für die mangelnde Identitätsentwicklung dürften nicht nur die lebensgeschichtlich verkürzte Jugend, sondern primär die familiären Strukturen ursächlich sein. HauptschülerInnen werden gegenüber GymnasiastInnen seltener die Chancen zur Selbständigkeit und zu einer angstfreien Ablösung aus der Ursprungsfamilie gewährt. Weil erstere sozusagen von einer Rolle (des Kindes) in andere (der Berufstätigen, der Ehepartner) schlüpfen und oftmals erlebte Verhaltensmuster reproduzieren, scheint ihnen das Festhalten am Jugendbild die einzige Freiheit zu bieten, sich von den eigenen Eltern zu unterscheiden. Dort, wo Jugendliche sich zu einer eigenständigen Person entwickeln konnten, fühlen sie sich auch dann als Erwachsene, wenn sie die sozial definierten Statusübergänge noch nicht vollzogen haben.

Das *Kriterium erlebter Selbständigkeit* ist demnach entscheidend für die subjektive Wahrnehmung des Beginns der eigenen Jugend. SozialpädagogInnen in Jugendzentren stellen fest, daß ihr Klientel jünger wird: Bereits 11- bis 12jährige besuchen die Einrichtungen und signalisieren damit ihre Selbsteinschätzung als Jugendliche. Dem frühzeitigen Besuch von Diskotheken stehen nur die rechtlichen Regeln des Jugendschutzes im Wege, die auszuhebeln, schon fast zum Standard früher Jugendkultur gehört. Die *eigenständige Wahl ihrer Bekleidung* zählt für viele zum Beginn ihrer Jugendzeit. Junge Menschen sind heute deutlich eher als früher in der Lage, eigene *politische Meinungen selbstbewußt zu vertreten,* und sehen darin zugleich ein Indiz für einen lebensgeschichtlichen Übergang. Die "politische Gesprächsfähigkeit und die Selbstbestimmung des Aussehens" (Jugend '92, Bd. 1, 219) stellen den erdrutschartigen "Wandel in den achtziger Jahren" dar. Im Unterschied zu allen politischen Jugendprotesten der Vergangenheit signalisierten die Demonstrationen gegen den Golfkrieg erstmalig für eine breite Öffentlichkeit die "Beschleunigung der politischen Sozialisation", denn Träger dieser Proteste waren nicht StudentInnen sondern SchülerInnen.

In neuerer Zeit wächst in der Jugendforschung die Einsicht in die verhaltensstrukturierende Kraft der biologischen Reifung: Jugendliche, deren Pubertät beschleunigt ist, haben auch (durchschnittlich 6 Monate) früher sexuellen Verkehr, gehen bereits in Diskotheken, trinken eher Alkohol usw. Als Beschleunigungsfaktoren müssen, neben der körperlichen Entwicklung gleichermaßen die Belastungen aus Kindheit und Familie gelten. Zwischen beiden Faktoren gibt es - zumindest bezüglich der Mädchen - eine Wechselwirkung; weibliche Jugendliche aus belasteten Familien reifen auch körperlich schneller (vgl. Jugend '92, Bd. 1, 283ff). Diese und andere Ergebnisse neuerer Jugendforschung machen deutlich, daß biologische, psychische und soziologische Aspekte zur Erklärung der Jugendphase herangezogen werden müssen und in den zu unterscheidenden Perioden innerhalb der Jugendphase von wechselndem Einfluß sind. Augenscheinlich wird die Jugendzeit durch biologische Reifung und hormonelle Umstrukturierungen eingeleitet. Für diese erste Phase hat man den Begriff der Pubertät gewählt; zu unterscheiden ist sie von der Adoleszenz, in der innerpsychische und soziale Prozesse die entscheidende Rolle spielen. "Der amerikanische Jugendpsychoanalytiker Peter Blos hat es zugespitzt formuliert: 'Die Pubertät ist ein Werk der Natur, die Adoleszenz aber ein Werk des Menschen.'" (Bopp 1985, 40) Die adoleszenten Aufgaben, die seelischen und sozialen Folgen der biologischen Reifung positiv zu bearbeiten, ist ein längerer Prozeß, der sich über unterscheidbare Etappen erstreckt. Hier wird deshalb zwischen Voradoleszenz, Frühadoleszenz, der eigentlichen Adoleszenz, der Spätadoleszenz und der Postadoleszenz unterschieden (vgl. Leuzinger/Bohleber/Mahler 1993, 25ff). Jede dieser Phasen hat ihr spezifisches Profil und setzt eine befriedigende Lösung auf der vorangegangenen Entwicklungsstufe voraus.

Noch ganz unter der Herrschaft der biologischen Veränderungen stehend, vollzieht sich in der Präadoleszenz vor allem eine Auseinandersetzung mit den eigenen körperlichen Veränderungen. Typisch für die Frühadoleszenz ist dann die kämpferische Konfrontation mit und die Ablöse vom Elternhaus; die bekannten Stimmungsschwankungen haben hier ebenso ihren biographischen Ort wie die oft mißverstandenen, homoerotischen Experimente und Phantasien. Die eigentliche Adoleszenz reaktiviert noch einmal das Narzißmusthema und damit zusammenhängend Omnipotenzvorstellungen; zugleich gewinnt das andere Geschlecht und die neuen Werte der "peer-groups" Bedeutung. In innerer und äußerer Perspektive dokumentieren sich die Jugendlichen als unverwechselbare Personen. In der Spätadoleszenz muß der/die Jugendliche die bisherigen Experimente mit sich und seinen - gelegentlich noch unrealistischen - Lebensentwürfen aufgeben und beginnen, sich festzulegen. Die Auseinandersetzung mit überindividuellen Fragen, mit Religion, Ideologien und Politik wird wichtig. Sie ist die Voraussetzung dafür, daß der Postadoleszent dann seinen Platz in der Gesellschaft einnehmen und zum Erwachsenen werden kann. Die in sich stabilisierte Persönlichkeit ringt jetzt um ihre gesellschaftliche Anerkennung. Soziologisch gesehen fällt diese psychische Entwicklung in die Zeit des Statusübergangs zu voller Berufstätigkeit und zur Familiengründung.

1.2 Jugend und ihre Kultur
Neben der Mode veraltet nur wenig so schnell wie jugendkulturelle Untersuchungen. Aussagen über gruppenspezifische Sprachspiele, über Mediengewohnheiten, individuelle wie soziale Ideale, Haß- und Hitlisten, die heute gelten, haben morgen, spätestens übermorgen schon einen langen Bart. Generell gilt, *daß sich die Jugendkultur etwa alle sieben Jahre grundlegend ändert*. Doch das "normale" Bild der Erwachsenen von den Jugendlichen ist - trotz gelegentlichen Erfahrungen mit eigenen Kindern - primär von den Idealen und Wirklichkeiten der selbsterlebten Jugendzeit geprägt. Die erste gemeindepädagogische Forderung an Erwachsene, die sich dem Handlungsfeld der Jugendarbeit zuwenden, wäre deshalb, sich die mehrere Generationen umspannende Distanz zwischen der eigenen und der "heutigen" Jugend bewußt zu machen und auf Projektionen zu verzichten, damit Täuschungen nicht zu Enttäuschungen werden. Selbst zwischen VikarInnen und Jugendlichen kann bereits eine ganze Generation liegen; die "Turnschuhgeneration" der achtziger Jahre ist längst abgelöst von neuen Lebensstilen.

Jugendliche vollziehen - jedenfalls zum Teil - weiterhin ihre Selbstdefinition in Abgrenzung gegenüber vorangegangenen Generationen; daraus speisten sich u.a. die basalen und radikalen Wertdifferenzen zwischen Erwachsenen und der "westdeutschen Jugend zu Beginn der achtziger Jahre" (Jugend '85, 27), die jetzt selbst das gleiche Schicksal erlebt. JugendleiterInnen dieser Generation erfahren Kommunikationsstörungen und -abbrüche, wenn sie ihre Werte und Normen, ihre Stile und Erwartungen an die Jugend der neunziger Jahre herantragen.

Es wurde bereits auf "die vielen Gesichter der Jugend" (Lenz 1988) verwiesen, die eine vereinheitlichende Betrachtung verbietet. Lenz konnte u.a. *vier unterschiedliche Verarbeitungsmuster von "Jugend"* empirisch nachweisen: a) den Typ "Jugend als Moratorium", der die Jugendzeit als einen Schonraum und eine Vorbereitungszeit für das Erwachsensein interpretiert. b) Die "Fiktion eines/einer partiell Erwachsenen", aus der heraus von Jugendlichen Erwachsenenrechte eingefordert und keine durch das Jugendalter gesetzten Grenzen anerkannt werden. c) Der Typ "Jugend als Sturm- und Drangphase", der die Jugend als notwendige Zeit für exaltiertes und experimentierendes Ausagieren ansieht, bevor unausweichlich die Gesetztheit des Erwachsenseins hereinbricht. d) Ein Interpretationsmuster, das "Erwachsensein als Negativkategorie" versteht, sich selbst von diesem Status ausgrenzt und ihn auch nicht erreichen möchte.

Diesen Bewältigungsstrategien für die eigene biographische Einordnung entsprechen vier unterschiedliche Handlungsstrategien von Jugendlichen: a) Der "familienorientierte Handlungstypus" lebt in deutlicher Unterordnung unter die elterliche Autorität; die Gruppe der Gleichaltrigen hat nur einen begrenzten und untergeordneten Stellenwert; die zentrale Aufgabe der eigenen Jugendzeit wird in der Vorbereitung auf die Berufstätigkeit gesehen. b) Der "hedonistisch-orientierte Handlungstyp" sucht Luxus und Lebensfreude; er umgibt sich mit einer großen Clique, wobei die gegengeschlechtlichen Bezugspersonen besonders wichtig sind; die Eltern werden als gleichberechtigte Partner gesehen, mit denen es allerdings auch zu gelegentlichen Konflikten kommen kann. c) Der "maskulin-orientierte Handlungstyp" stürzt seine Eltern wegen der Unnachgiebigkeit, mit der er seine eigenständigen Handlungsräume verteidigt, in machtlosen Protest oder Duldsamkeit; die grundlegende Suche nach Abenteuern führt zu exzessivem Alkoholkonsum; das hier vertretene Selbstbild als zukünftiger Erwachsener wird stark von traditionellen Rollenklischees geprägt: die Mädchen sehen sich als Mütter und Hausfrauen, die Jungen als Versorger und Vorsteher der Familie. d) Der "subjektorientierte Handlungstyp" lebt gegenkulturell und deshalb im ständigen Konflikt mit seinen Eltern, deren materielle Lebensorientierung und Wertvorstellungen er ablehnt. In der Gruppe der Gleichaltrigen und Gleichgesinnten sucht er seine Identität; die Kommunikation mit ihnen ist ihm wichtig (Lenz 1986; Lenz 1988, Lenz in: du Bois-Reymond/Oechsle 1990).

Die raschen Veränderungen der Jugendkultur sind u.a. Reflexe auf die durch den technologischen Wandel, durch kulturelle und politische Veränderungen bedingten Umstrukturierungen der jugendlichen Lebenswelt. Sah z.B. die Jugend '81 noch düster in die Zukunft, so macht sich bei der Jugend '91 ein Optimismus breit, der selbst die damalige pessimistische Jugend infiziert: Heute vertreten - trotz zunehmender Arbeitslosigkeit, trotz anhaltender Umweltbedrohung und anderer ungelöster, sozialer wie politischer Probleme - 71% der Jugendlichen einen gesellschaftlichen Optimismus, während dies zehn Jahre vorher nur 42% taten (vgl. Jugend '92, Bd. 1, 215ff). Ursächlich dafür ist ein Trend zur Zurücknahme des persönlichen Engagements. Zwar wird einerseits persönlich eine eigene politische Meinung vertreten, und andererseits haben die sogenannten sozialen Bewegungen weiterhin ein deutlich positives Image der Art, daß ihre positive Würdigung "Teil der Allgemeinkultur der Jüngeren ohne Differenzierungs- und Polarisierungseffekt" (a.a.O., 217) geworden ist, aber gleichwohl nimmt das praktische Engagement rapide - nach dem Motto "Ja, aber ohne mich" - ab und der Anteil der Gleichgültigen zu. Parallel steigert sich die "Entfremdung vom politischen System" (a.a.O., 221).

Es wäre kurzschlüssig, die jugendliche *Politikverdrossenheit* als bloße *"PolitikerInnenverdrossenheit"* zu bagatellisieren. Im Hintergrund steht vielmehr auch der unter Jugendlichen vertretene Hang zur Privatheit und zu einer gewissen hedonistischen Zukunftsplanung, die allerdings ihrerseits nicht - kulturskeptisch - diskreditiert werden darf, sondern auf ihre - möglicherweise resignativen - Gründe und ihre impliziten alternativen Wertvorstellungen hin befragt werden müßte. Politikverdrossenheit auf der einen und die hohe Akzeptanz sozialer Bewegungen auf der anderen Seite signalisieren eine Ambivalenz in der jugendlichen Wertewelt. Wie wenig ein abstrakter Solipsismus vorliegt, zeigt der Befund, daß der eigene innere Frieden mit 55% (West) bzw. 49% (Ost) weit hinter dem Wunsch nach Weltfrieden (77% im Westen; 84% im Osten) rangiert (vgl. a.a.O., 233). Weiterhin abgelehnt werden persönliches Machtstreben, Emigration aus der Verantwortung und Autoritätsgewinn.

Besonders deutlich wird der rasche strukturelle Wandel in der Jugendkultur an der hohen Anzahl jugendlicher *Computer-Freaks,* die den Computer selbst zum Medium von Jugendarbeit hat werden lassen. Computer sind mehr als Technospielzeuge oder Informationsverarbeitungsmaschinen; in der Computer-Kultur manifestiert sich die Überformung der Freizeit durch Techniken und Ideologien der Arbeitswelt, für die man an ihnen lernen kann. Zugleich sind sie Realisatoren der postmodernen Individualisierung, weil sie zu emotionsfreien, funktionierenden Partnern von vereinsamten Jugendlichen werden. Man geht davon aus, daß der "jugendliche Normaluser durchschnittlich" etwa "500 bis 1000 gecrackte Spiele auf Disketten besitzt" (Jänike, in: Neubauer/Olk 1987, 188).

Die *visuellen Medien* sind zentrale Bestandteile von Jugendkultur und jugendlicher Selbstbestimmung; in der Mediennutzung "schlagen sich Projektionen nieder, die Suche nach emotionalem Erleben und Sinnhaftigkeit, nach Echtheit und Authentizität, nach Rauscherleben und Kontrollerfahrungen. Medien dienen als Rückzugsfeld und der Bewältigung von Frustrationen. Sie bieten Abgrenzungsmöglichkeiten von der Erwachsenengesellschaft und signalisieren gleichermaßen die Zugehörigkeit zu bestimmten 'Szenen' wie Individualität" (Möller, in: Neubauer/Olk 1987, 163). Dabei gehen Jugendliche flexibler und zielorientierter mit Medien um als Erwachsene; anders als diese sind sie in einer bereits etablierten Medienwelt großgeworden. Für sie ist die mediale, "symbolisch vermittelte Wirklichkeit ... derart zum Bestandteil der

'Wirklichkeit aus erster Hand' geworden, daß sie zu dieser nicht hinzukommt, sondern genuiner Bestandteil von ihr geworden ist" (Baacke 1991, 263). Daraus ergibt sich eine *medienpädagogische Aufgabe,* die die Vermischung von Wirklichkeit und Schein, von Realität und Visualisierung, von Erlebnis und Konsum aufzulösen trachtet ohne spitznäsige Schulmeisterei und sauertöpfische Kulturkritik.

1.3 "Jugend" als psychische und soziale Aufgabe

Noch unter der die ganze Phase umfassenden Bezeichnung der Pubertät hat A. Freud als eine der ersten die besonderen psychodynamischen Probleme der Adoleszenz beschrieben. Sie sah sie darin, daß durch ein Wiedererstarken der Es-Impulse die in der Latenzperiode vollzogene Organisation des Ichs bewährt und neu gestaltet werden muß. Das gleichzeitige Wiederaufleben aller bisherigen Konflikte, die damit zusammenhängende Verstärkung von Ängsten, die gewachsene Fähigkeit, Reaktionen des Über-Ichs zu antizipieren u.v.m. bestimmen die pubertäre Dramatik mit ihren innerindividuellen und intrapersonalen Folgen. Die dadurch verursachten gelegentlichen Sprünge im Verhalten und in der Gefühlswelt der Pubertierenden läßt den Eindruck einer eruptiven Sturm-und-Drang-Phase entstehen, obwohl sich auch die adoleszente Entwicklung als ein kontinuierlicher und strukturierter Prozeß darstellt.

E. Erikson (1977, 1988) rückte dann diese Phase der menschlichen Biographie ins Zentrum tiefenpsychologischer Erklärungen: Die Adoleszens wird zur entscheidenden Reifungskrise im gesamten Entwicklungsgang des Menschen erklärt, weil sie zum einen die Frage nach der Ich-Identität auf den Lebensplan setzt und weil zum anderen dabei eine Reorganisation aller bisher gewonnenen Lösungen bzw. die Anbahnung möglicher späterer Krisenlösungen notwendig wird. Die *Konzeptualisierung von Ich-Identität* stellt den/die Jugendliche(n) vor die Aufgabe, die bisherige Selbstinterpretation über Identifikationen (vor allem mit den Eltern, insbesondere mit dem gleichgeschlechtlichen Elternteil) aufzugeben und sich aus den identifikatorischen Bindungen zu lösen (s.u.). Wesentliches Kennzeichen für das Gelingen dieser frühadoleszenten Neuorientierung ist, daß diese Identitätssuche sich auf dem Weg von Negation vollzieht. Das Ab- und Ausgrenzen nicht nur von Erwachsenen und Erwachsenenwerten, sondern auch von anderen Jugendlichen ist ein entwicklungspsychologisch notwendiger Schritt (vgl. Fend 1991, 257) zum "Aufbau einer flexiblen, prinzipiengeleiteten Ich-Identität" (Döbert/Nunner-Winkler 1975, 41); die gegen- oder subkulturelle Bewegung hat hier ihren lebenszyklischen Haftpunkt (vgl. Döbert/Nunner-Winkler 1975, 28f). Diese biographisch notwendige Negativität und scheinbare Destruktivität von Jugendlichen muß ausgelebt werden können; gerade Kirchengemeinden aber tun sich schwer, mit diesen Verhaltensweisen umzugehen: Indem sie primär Anpassung (z.B. an kerngemeindliche Vorgaben und bürgerliche Ordnungsvorstellungen) fordern, exkommunizieren sie die Heranwachsenden von vornherein, anstatt ihnen Hilfe bei einem lebensgeschichtlich höchst entscheidenden Entwicklungsschritt anzubieten.

Identität bildet sich nicht nur durch intrapsychische Entwicklungsprozesse, sondern in gleichem oder höherem Maße durch den Umgang mit anderen. Um den interpersonalen Aspekt zu betonen, sprechen andere Psychologen deshalb anstelle von Ich-

Identität vom *Selbstkonzept* (Neubauer 1976), das es in der Adoleszenz grundzulegen gilt. Im Begriff des Selbstkonzepts soll zum Ausdruck kommen, daß das Verhältnis des Adoleszenten zu sich selbst auch das Resultat von Interaktions- und Lernprozessen ist. Denn es zeigte sich, "daß der Prozeß der Identitätsentwicklung eng an äußere Chancen und Möglichkeiten der Entwicklung in der jeweiligen Lebenswelt und pädagogischen Erfahrungswelt gebunden ist". (Fend 1991, 329). Unter Selbstkonzept versteht man die Einstellungen eines Menschen zu sich selbst, mithin sein theoretisches Selbstbild, das aus einer realistischen Selbsteinschätzung aufgrund von reflektierter Selbstbeobachtung und aus Phantasien über die noch nicht verwirklichten Möglichkeiten der eigenen Person besteht. Der/die Jugendliche bringt sich zunehmend in die Lage, sagen zu können, wer er/sie ist und wer er/sie sein will. Basis des Selbstkonzepts ist das *Selbstwertgefühl,* also die Summe der im bisherigen Lebenslauf erfahrenen positiven und negativen Umweltreaktionen auf die eigene Person. Zahlreiche Untersuchungen zeigen, daß das schulische und familiäre Klima in unserer Gesellschaft nicht förderlich für die Selbstachtung der Heranwachsenden und deshalb negativ für die Entwicklung eines positiven Selbstkonzepts für Kinder und Jugendliche ist (vgl. Tausch/Tausch 1977, 55ff).

1.4 Familiendynamik und jugendliche Sexualität

Die Pubertät ist die Zeit der *Ablösung eines Kindes von den identifikatorischen Bindungen in der Ursprungsfamilie*. Demgemäß konnte die Konfirmation und der Konfirmandenunterricht als kirchliche Begleitung in diesem lebensgeschichtlich zentralen Prozeß interpretiert werden (Stoodt 1973). Sterlin hat diesen Prozeß näher beschrieben und dabei zwei verschiedenartige Extremmodi einer adoleszenten Ablöse unterschieden: die zentrifugale und die zentripedale. Im *zentripedalen Modell* ist die Orientierung des/der Jugendlichen an "peer-groups" sehr schwach; die alten, alle Mitglieder in ihrer ursprünglichen Position fixierenden Familienbindungen verzögern bzw. verhindern die Ablösung. Die - im Grunde ich-schwachen - "Eltern drohen dem Jugendlichen mit Sanktionen, wecken Schuldgefühle in ihm und suchen sein Selbstvertrauen zu schwächen" (Stierlin u.a., in: Döbert/Habermas/Nunner-Winkler 1977, 49). Um die Kinder ideologisch an sich zu binden, entwickeln die Familien eine Vorstellungs- und Gedankenwelt, die den Jugendlichen vorgaukelt, "daß die wesentlichen Befriedigungen und Sicherheiten nur innerhalb der Familie erlangt werden können, die Welt außerhalb feindlich und abschreckend aussieht" (Stierlin 1980, 50). Der/die Jugendliche seiner-/ihrerseits reagiert darauf mit einem infantilen und regressiven *Verwöhnungssyndrom,* sieht sein/ihr Überleben einzig durch die Symbiose mit der Familie bzw. einem Elternteil gesichert und verliert den Wunsch nach Ablöse. Da eine gewisse (innere und äußere) Distanzierung von den Eltern aber unausweichlich ist, wird diese nur scheinhaft vollzogen: Das Elternimago dominiert auch bei dem/der Jugendlichen, der/die bereits eine eigene Familie gegründet hat. Von der Gruppe der Gleichaltrigen sind diese Jugendlichen rasch enttäuscht, denn sie "verkörpern ... jene kindischen und regressiven Versuchungen, die diese bei sich selbst zu bekämpfen versuchen" (Stierlin 1980, 127).

Familiäre Voraussetzung für das *zentrifugale Ablösemodell* ist eine "offene und häufig feindselige Streitlust" und "vor allem die Zurückweisung und Vernachlässigung der

Kinder durch die Eltern" (Stierlin 1977, 55f). Den Jugendlichen erscheint die wahre Befriedigung ihrer Bedürfnisse nur außerhalb der Familie möglich. Die innerfamiliäre Beziehungslosigkeit wiederholt sich auch in den Außenbeziehungen: Kontakte werden rasch und intensiv aufgenommen, aber ebenso rasch wieder aufgegeben; sie bleiben letztlich unpersönlich. "Da ihm intime und liebevolle Erfahrungen mit seinen Eltern fehlen, brechen die libidinösen und aggressiven Triebwünsche dieses Jugendlichen ... abrupt und überraschend durch" (Stierlin 1980, 137). Die Jugendlichen benutzen ihre kognitiven Fähigkeiten dazu, andere "auszutricksen" und "niederzumachen", um eine mögliche Gefährdung durch die Stärken anderer zu vermeiden. Insgesamt ist der zentrifugale Typus das Kehrbild des zentripedalen. Allerdings gibt es auch Familienkonstellationen, in denen beide Kräfte gleichzeitig und stark wirken. Kinder, die in Konfliktsituationen von zu Hause ausreißen, unterliegen in der Regel einer derartigen Familiendynamik. Hier werden die Jugendlichen an die Familie gebunden und gleichzeitig abgestoßen; ihnen wird Autonomie eingeräumt, und eodem actu werden sie unter heteronome Ansprüche gestellt usw. In einer gelungenen Ablöse scheinen beide Modi momenthaft auf, wobei beide nach einem Ausgleich suchen, der Selbständigkeit und das Akzeptieren der Herkunftsfamilie ermöglicht.

In der pubertären Ablöse reaktiviert sich der ödipale Grundkonflikt. Bereits das macht den hohen Stellenwert der *Sexualität* bei der jugendlichen Selbst- und Ich-Findung deutlich. Demgegenüber gilt - mutatis mutandis - in der kirchlichen Jugendarbeit weiterhin das klassische Motto "reif werden und rein bleiben"; jedenfalls war die Sexualität ihrer Mitglieder eher ein Störfeld als eine Gestaltungsaufgabe. Die fehlende Sensibilität für das Thema verdankt sich möglicherweise einerseits der falschen Identifizierung von Sexualität mit Genitalität und andererseits der generellen Tabuisierung jener Komponenten, die für jugendliche Sexualität zunächst einmal typisch sind: Homoerotik, Selbstbefriedigung und eine scheinbare Promiskuität (Bopp 1985, 71ff). Psychodynamisch sind die homosexuellen Bindungen eine Folge des in der Ablöse wiederholten ödipalen Konflikts, der - wie bereits der vorpubertäre - der Findung der eigenen Geschlechtsrolle und deren Aufwertung dient. Zugleich ermöglichen sie erste Liebeserfahrungen ohne jene Ängste, die vom anderen Geschlecht noch ausgehen. Erst nachdem in scheinbar homoerotischen Beziehungen Sicherheit erworben wurde, können Jugendliche sich gegengeschlechtlichen Partnern zuwenden; in dieser Übergangsphase kann es zu "bisexuellen Verwirrungen" kommen.

Experimentellen und zugleich lustgewährenden Charakter hat auch die Selbstbefriedigung, die von immer mehr männlichen wie weiblichen Jugendlichen als selbstverständliche Form der eigenen Sexualität erlebt wird (Henken 1982). Die seit den siebziger Jahren einsetzende Liberalisierung hat dazu geführt, daß Sexualität den Jugendlichen "insgesamt als weniger bedrohlich" erscheint und daß sexuelle Verhaltensweisen "zunehmend selbstverständliche Bestandteile im Verhaltenshaushalt eines Jugendlichen" sind (Baake 1991, 144); "sexuelle Beziehungen werden früher aufgenommen" und dabei "nur selten mit Angst und Schuldgefühlen verbunden" (Remschmidt 1992, 121). Gleichwohl verknüpfen sich mit dem Thema Unsicherheiten, die es auch gemeindepädagogisch relevant werden läßt, denn die Entwicklung und Gestaltung einer befriedigenden Sexualität gehört ebenso untrennbar zur Selbstfindung von Jugendlichen wie die Befreiung von identifikatorischen Familienbezügen.

1.5 Zur jugendlichen Religiosität und Kirchlichkeit

Der jugendkulturelle Generationswechsel (1.2) macht sich primär an äußeren Verhaltensweisen, Aktivitätsprioritäten und an eher oberflächlichen Einstellungsunterschieden fest. In *grundlegenden Wertorientierungen* hingegen läßt sich eine gewisse *dauerhafte, jugendspezifische Wertorientierung* erkennen; hier sind Umschichtungen eher langfristiger Natur. Bereits bezüglich des sexuellen Verhaltens von Jugendlichen läßt sich - trotz Liberalisierungstendenzen - ein relativer Konservatismus unter Jugendlichen feststellen (Baacke 1991, 149), der Sexualität "an Liebe, Treue und Partnerschaft" (Remschmidt 1992, 121) orientieren läßt. Deshalb kann man auch vermuten, daß sich hinsichtlich der religiösen bzw. kirchlichen Einstellungen von Jugendlichen wenig geändert hat, zumal frühere Jugendstudien bereits zeigten, daß konfessionelle Orientierungen und religiöse Praktiken in nur sehr begrenztem Maße in anderen Bereichen (z.B. der Jugendkultur) verhaltensstrukturierend wirkten (Jugend '85, Bd. 1, 268). "Daß *religiös-kirchlich engagierte Jugendliche* im Durchschnitt *etwas konservativer* als andere sind und daß andererseits besonders kirchenferne verstärkt einem nonkonformistischen Alltagsflip an den Tag legen (vgl. Jugend '85, Bd. 1, 195ff), gilt weiterhin (vgl. Jugend '92, Bd. 2, 99f).

Allerdings ist nur in Deutschland-West dieser Trend nachweisbar; im Osten hingegen ergibt sich - bei aller sonstigen Angleichung jugendlicher Orientierung - ein gänzlich anderes Bild: "Hier ist nun die Kirchlichkeit eher ein Korrelat unkonventioneller Lebensstile und Einstellungen" (a.a.O., 100). Jugendliche "Kirchlichkeit Ost" ist (noch) gekennzeichnet von subkultureller Orientierung und vom Engagement in den neuen sozialen Bewegungen; die entsprechenden Jugendlichen kleiden sich eher unkonventionell und machen gerne einmal "verrückte Sachen". Während kirchennahe westdeutsche Jugendliche etwas konventioneller als ihre Altersgenossen sind, stellen sich die ostdeutschen progressiv und unkonventionell dar. Bei genauerem Hinsehen finden wir allerdings auch in Westdeutschland einen Ableger dieses Typs, dann nämlich, wenn zwischen den - von Fend so gezeichneten - "Fortschrittlich-Religiösen" und den "Traditional-Religiösen" unterschieden wird.

Aufgrund faktorenanalytischer Clusterbildung ergeben sich zwei deutlich unterschiedene Modelle jugendlicher Religiosität und Freizeitverhaltens: Die *"traditionell-religiösen Jugendlichen"* zeigen hohe Abstinenz beim Rauchen, Trinken, Flippern und allem, "was den Eindruck der Normverletzung" hervorruft (Fend 1991, 303), wobei "die Beschäftigung mit Haustieren, kirchliche Aktivitäten und Musik machen eine hervorragende Bedeutung haben" (295); insgesamt handelt es sich um eine "ausgesprochene Mädchenkultur". Die traditionell-religiösen Jugendlichen besitzen eine ausgeprägte Arbeitsmoral und Leistungsbereitschaft, andererseits sind sie eher einsam und von den Altersgenossen wenig geachtet; "sie schätzen sich selbst eher schüchtern ein" (303). Die *"Fortschrittlich-Religiösen"* vertreten eher ökologische und nonkonformistische Verhaltensweisen und politische Haltungen, ohne die - generell mit

Religiosität korrelierende - Leistungsbereitschaft aufzugeben; sie haben eine bessere Beziehung zu den Gleichaltrigen und einen deutlich höheren soziometrischen Status. Sie sind in sich gespalten, denn einerseits sind sie "in traditionellen sozialen Bindungen entsprechend ihrer Herkunft verhaftet ..., andererseits aber aus religiösen und ethischen Motiven gesellschaftskritisch eingestellt" (a.a.O., 305). Dieser Zwiespalt erklärt möglicherweise auch, daß sie mit sich selbst eher Probleme haben und "zu einem schlechten Selbstbild, geringer seelischer Stabilität, aber hoher Selbstaufmerksamkeit und Depressionen" (306) neigen. Während beide Gruppen hinsichtlich Leistung und Disziplin sowie sozialen Interessen und Fähigkeiten weitgehend gleichgerichtet sind, unterscheiden sie sich signifikant hinsichtlich der Anfälligkeit für rechtsradikale Gedanken und der Zustimmung bzw. Ablehnung egalitärer Werte (vgl. a.a.O., 357; 362).

Auch neuere Jugendstudien bestätigen, daß die graduellen bis prinzipiellen Selbstunterscheidungen der Jugend von der Erwachsenenwelt für religionsspezifische Verhalten und Wertungen keine signifikanten Folgen hat. Insofern stimmen die generellen Ergebnisse der empirischen Religionsforschung auch für Jugendliche: Je gebildeter, um so unkirchlicher, je kleiner der Wohnort, um so höher ist die Frequenz am Kirchgang und die Akzeptanz der Institution Kirche; weibliche Jugendliche sind kirchennäher als männliche usw. (vgl. Jugend '92, Bd. 2, 96ff). Bestätigt hat sich auch, daß ältere Jugendliche kirchlich-religiös weniger ansprechbar sind als jüngere, hierbei wirkt die verhaltenssteuernde Kraft der Ursprungsfamilie. Das generelle Profil der kirchlich orientierten Jugend gegenüber einer unkirchlichen faßt H. Fend - als Ergebnisse seiner empirischen Studie - folgendermaßen zusammen: "Kirchlich engagierte Jugendliche sind weniger für Konsumverführungen wie Alkohol und Nikotin anfällig, sie pflegen ein aktiveres Freizeitleben, machen mehr Musik und sind stärker bildungsorientiert" (Fend 1991, 248f); sie sind disziplinierter, etwas leistungsbereiter, familienbezogener und sozialer; sie sind eher weiblich als männlich und kommen stärker aus dem ländlichen Raum (Fend 1991, 280). Aber sie nehmen "genauso an der modernen Jugendkultur ... teil" (Fend, a.a.O., 249).

In der gegenwärtigen Diskussion um die *Postmoderne* ist umstritten, ob diese durch einen Verlust oder eine Überbetonung von Subjektivität gekennzeichnet ist; im Grunde jedoch sind beide Systeme nur verschiedene Seiten der gleichen Medaille, denn aufgrund dessen ist der "zur Schau gestellte Ekklektizismus" (Nonne, in: Baacke u.a. 1985, 36) des postmodernen Individuums ein Ausdruck von Selbstbewußtsein ohne Selbst; dies äußert sich als jene Patchwork-Identität, die differenzlos alles integrieren kann, weil sie das Ringen um ihren Ich-Kern preisgegeben hat (vgl. Tanner, in: Graf/Tanner 1992, 102). Der vermeintliche Individualisierungsprozeß erweist sich lebensgeschichtlich als ein Vereinsamungsprozeß, den Jugendliche und Alte besonders stark spüren. Die postmoderne Verabschiedung des Allgemeinen macht die *tiefgreifende Entinstitutionalisierung des Lebens zum eigentlichen Signum* der Postmoderne. Von dieser Tendenz ist auch die Religiosität der Jugendlichen betroffen (vgl. Ferchhoff/Neubauer 1989, 18f); bei ihnen wird die Schere zwischen kirchlicher und privater Religiosität immer weiter: "Persönliche Religiosität und transzendente Glaubensvorstellungen haben in den letzten

Jahren in Westdeutschland an Boden zurückgewonnen - ohne daß dies der Kirchlichkeit der jüngeren Generation zugute kommt" (Jugend '92, Bd. 1, 238).

Die Tatsache belegt erneut, daß Kirchlichkeit und Religiosität nicht deckungsgleich sind (Lämmermann 1987, 112ff). Nach wie vor sind Jugendliche *keine fleißigen Kirchgänger,* selbst diejenigen nicht, die sich mit der Kirche verbunden fühlen: 21% der westdeutschen und 10% der ostdeutschen Jugendlichen geben an, im letzten Monat einen Gottesdienst besucht zu haben (Jugend '92, Bd. 1, 237). Und dennoch gibt es weiterhin ein *beträchtliches Maß an jugendlicher Religiosität.* Selbst in der kirchenfeindlichen, atheistisch programmierten DDR gab es durchgängig ein Potential an Religiosität. So schwankte der Anteil der 16- bis 18jährigen Lehrlinge, die sich als religiös einstuften, in den Jahren 1975 bis 1989 zwischen 20% und 26% (vgl. Jugend '92, Bd. 3, 148), und nur 62% bis 69% teilten persönlich den staatlich erwünschten Atheismus. Aber die Jugendlichen kamen "mit ihren Fragen ... zur Kirche und nicht in die Kirche", "trotz verstärkter Suche nach religiöser Weltdeutung und Sinnvermittlung" blieb die "kirchen- und dogmenkritische Haltung bei vielen erhalten" (a.a.O., 147).

Nach wie vor gibt es in Ost und West eine relativ große Gruppe von Jugendlichen, die eindeutig religiöse Einstellungen und Lebenspraktiken aufweisen und die dennoch der Kirche gegenüber fremd bis indifferent sind. 1985 reagierten 32% der Jugendlichen positiv auf die Frage, ob der *Glaube ein wesentlicher Bestandteil ihres Lebens* sei (Emnid 1985, nach: Betram 1987, 76); im gleichen Jahr gaben 36% der Westjugendlichen an, regelmäßig oder gelegentlich zu *beten;* 1991 waren es sogar mehr, nämlich 39%. Während die 13- bis 16jährigen zu 63% "seltener als 1mal im Monat in die Kirche" gehen, beten sie zu 58% "1- bis 2mal die Woche" (Fend 1991, 272); das ist z.B. häufiger, als sie klassische Musik hören, und etwa so häufig, wie sie selbst ein Musikinstrument zur Hand nehmen (vgl. a.a.O., 268). Selbst unter Ostjugendlichen findet sich diese *persönliche Frömmigkeitspraxis;* von ihnen beten nach eigenen Angaben 17%. Diese Zahlen sind frappierend, wenn man an den fast vollständigen Ausfall der innerfamiliären religiösen Sozialisation in der DDR und an den empirischen Befund denkt, daß immerhin von den konfessionslosen Ostjugendlichen nur zu 86,6% eine absolute Ablehnung dieser religiösen Praxis vertreten wird; in Westdeutschland sind es nur 79,9% (Jugend '92, Bd. 2, 94). Augenscheinlich gibt es einen erheblichen Anteil (14% im Westen, 7,5% im Osten) konfessionsloser Beter; dieser Anteil steigt bei den distanzierten Volkskirchengliedern weiter an: Weniger als 50% lehnen das Gebet explizit ab.

Nach dem Beitritt der DDR zum Geltungsbereich des Grundgesetzes mutmaßte man, daß das nun entstandene ideologische Vakuum durch Jugendreligionen und okkulte Praktiken ausgefüllt werden würde. Pressemeldungen verhießen einen Run auf östliche Heilslehren und die *New-age-Bewegung* gen Osten, und tatsächlich investierte die organisierte Scheinreligiosität (z.B. Sientology-Church) nicht unerheblich in den Neuen Bundesländern. Doch wenn die sozialistische Erziehung überhaupt einen anhaltenden Effekt hatte, dann ist dies die bleibende Skepsis der Jugend gegenüber Ideologien (vgl. Barz III, 1993, 37; 210ff). Das mag am negativen Image der einstigen Staatsideologie liegen, könnte aber auch eine Folge religionskritischer Beeinflussung sein. Der befürchtete "Boom" des Okkulten im Osten blieb jedenfalls aus. Wenn überhaupt, dann sind westdeutsche Jugendliche diesbezüglich anfälliger: Immerhin 10% geben an, Mitglied okkulter Gruppen zu sein, wobei dies offensichtlich eher ein Phänomen der Mittelstufe zu sein scheint. Okkulte Praktiken gehören augenscheinlich in den Bereich eines allgemeinen pubertären Experimentierens mit Sinnentwürfen und -orientierungen.

Als solche können sie dann aber durchaus als Indikatoren für eine allgemeine religiöse Offenheit der Jugend verstanden werden. Denn in Abweichung von der anhaltenden Kirchenferne weist die heutige Jugend - wie schon ihre Vorgänger (vgl. Lukatis 1987) - eine möglicherweise *diffuse, gleichwohl gestaltbare "Religiosität"* auf, die man durchaus unter den Begriff der "neutralisierten Religion" subsummieren kann. Auch wenn zweifelhaft bleibt, ob der Jugendstudie der Deutschen Shell mit ihrem Item "Loslösung von weltlichen Belangen" tatsächlich eine valide Indizierung der Dimension des Transzendenten gelungen ist, so gibt die Beantwortung dieser Frage doch Hinweise auf mögliche religiöse Orientierung, zumal - zumindest im Osten - die Zustimmung zum Item mit dem Maß der Kirchlichkeit positiv korreliert. "23,4% der Jugendlichen 'West' und 19,6% der Jugendlichen 'Ost' ist die 'Loslösung von weltlichen Belangen' wichtig." Sieht man im Hinterfragen vorgegebener Plausibilitäten und der vermeintlichen Selbstreferenz von gesellschaftlichen wie ökonomischen Systemen eine wesentliche Dimension von Religion und Glauben, hat ein Fünftel bis ein Viertel der gegenwärtigen Jugend "Religiosität".

Eine theologisch sicher problematische, für die gelebte Religiosität aber wichtige Glaubensfrage ist die nach einem *Weiterleben nach dem Tod*. Die Mehrheit der westdeutschen Jugendlichen glaubt an ein Weiterleben (56%), und selbst im Osten sind es immerhin 22%, die diese alltagsreligiöse Aussage persönlich akzeptieren. Gegenüber der vorangegangenen Jugendgeneration ist eine erhebliche Steigerung bei der Zustimmung festzustellen. Wie immer man die Ergebnisse auch wertet, sicher ist, daß eine *gewisse Ansprechbarkeit für religiöse Fragen* bei Jugendlichen gegeben ist, allerdings unter der Voraussetzung, daß diese nicht zu ihrer kirchlichen Vereinnahmung mißbraucht wird.

2. Zur Begründung von Jugendarbeit

Kann kirchliche Jugendarbeit überhaupt ein anderes Ziel haben, als den Nachwuchs der Volkskirche zu suchen und zu sichern? Weshalb sollen Kirchengemeinden Jugendarbeit betreiben, wenn sie damit kein Rekrutierungsinteresse verbinden dürfen? Blickt man auf die Geschichte der kirchlichen Jugendarbeit, so waren jene Motive maßgebend, die sich auch im heutigen Fragen ausdrücken: "Die Theorie evangelischer Jugendarbeit hängt im 19. Jahrhundert implizit stets auch mit dem Bemühen kirchlicher Selbstbehauptung ... zusammen"; im 20. Jahrhundert wird die "Nachwuchspflege zum hervorstechenden Merkmal evangelischer Jugendarbeit deklariert" (Schwab 1992, 80). Dementsprechend klagen PfarrerInnen und Kirchenvorstände auch gegenwärtig und allerorts eine höhere Verbindlichkeit und stärkeren Gemeindebezug ihrer Jugendarbeit ein und müssen doch zugleich das dauerhafte Scheitern derartiger Versuche beklagen. Schuld daran sind dann die JugendleiterInnen und Diakone - vor allem aber die Jugendlichen selbst mit ihrem

Hedonismus, Narzißmus, Egoismus und wie die Ismen auch immer heißen mögen. Jedenfalls zeigen sich die, die in den Gemeinden das Sagen haben, von ihrem Nachwuchs regelmäßig enttäuscht; bestenfalls legt man eine Toleranz an den Tag, die auf langfristige Besserung hofft. Die Jugendlichen ihrerseits fühlen sich durch derartige Erwartungen überfremdet, funktionalisiert und vereinnahmt. Gespräche zwischen Gemeindeleitung und Jugendkreisen sind so nahezu immer Streitgespräche und Kampfszenarien. Das Pro und Kontra ist nicht nur ein Diskurs zwischen unterschiedlichen Konzeptionen von Jugendarbeit, sondern wird zum Feld der Auseinandersetzung zwischen den Generationen. Dies auch gerade dort, wo Jugendliche (von Erwachsenen) zu Hoffnungsträgern von Kirchen- und Gemeindereform erklärt werden, durch die die "Strukturen einer Betreuungs- und Versorgungspastorale" (Biensinger u.a. 1989, 114) überwunden werden sollen, ohne daß gefragt wird, ob diese das auch wollen. In beiden Fällen gilt die Vermutung: "Wer die Jugend hat, hat die Zukunft."

2.1 Zum Problem eines "Propriums" kirchlicher Jugendarbeit

Zu den leidigen Streitigkeiten innerhalb der kirchlichen Jugendarbeit gehört die Frage nach ihrem Proprium. Sicher gibt es ein unverwechselbares, unaufhebbares "Eigentliches" für evangelische Jugendarbeit, aber dieses kann nicht in einem Eigeninteresse der kirchlichen Institution gesehen werden, sondern es resultiert aus dem spezifischen christlichen Menschen- und Bildungsverständnis. In bezug auf ihren Träger liegt das Spezifische kirchlicher Jugendarbeit gerade darin, daß sie *zweck- und interessenfrei* ist; ihre Aufgabe ist es nicht, Jugendliche fremden Zwecken zuzuführen, sondern ihnen Gelegenheiten zur Subjektwerdung zu bieten. Gegenüber Verbindlichkeitsdoktrinen und Funktionalisierungsstrategien soll hier deshalb das *Konzept einer Offenen (Gemeinde-)Jugendarbeit* vertreten werden, wobei das Adjektiv "offen" nicht (nur) für eine besondere Methode unter anderen (Teestuben, Jugendklubs, Freizeitheime usw.) steht, sondern ein *theologisch begründetes, gemeindepädagogisches Programm* meint, das die Jugendlichen konstitutiv in Subjektstellung bringen will.

In einer Kirche, in der immer mehr von Verdichtung als der entscheidenden Methode des Gemeindeaufbaus gesprochen wird, verlieren offene Arbeitsformen rasch an Zugkraft. Je mehr an die Stelle sozialpädagogischer Überlegungen die mehr oder weniger abstrakte Forderung nach dem "Eigentlichen" zum Fetisch erhoben wird, schwindet die Lust an Offener Jugendarbeit, weil ihr das deutlich sichtbare Markenzeichen der Kirchlichkeit abgeht. Werbestrategisch nennt man das "Produktprofil". Der Rückzug auf das "Eigentliche" ist nicht nur eine Kapitulation an die Herausforderungen der modernen Welt, sondern er ist - in scheinbar widersprechender Weise - Anpassung an die Logik des Ideologiemarktes. *Die Angst, profillos zu wirken, ist diktiert von der Angst, vom Markt der Weltanschauungen verdrängt zu werden.* Seitdem Esoterik großgeschrieben und "Religion pur" scheinbar wieder gefragt ist, meint man, sich leichten Herzens wieder von einem ungeliebten, weil illegitimen Kind verabschieden zu können. Denn, wenn man ehrlich ist, so muß man sagen, daß die evangelische Kirche die Offene Jugendarbeit niemals wirklich akzeptiert und als notwendiges, legitimes Profil der eigenen Selbstdarstellung in der Öffentlichkeit verstanden hat.

Die Kirchen *betreiben* zwar Offene Jugendarbeit, *propagieren* sie jedoch nur selten, da sie niemals aus der Taufe einer gediegenen theologischen Begründung gehoben wurde. Als spezifisch kirchliche Form von Jugendarbeit galt und gilt die Jugendgruppe, die aus dem Grundmodell der Kirchengemeinde als überschaubare, verständliche Gemeinschaft abgeleitet ist. Die Offene Jugendarbeit wurde den Kirchen vielmehr von außen aufgedrängt; sie war zunächst ein jugendkulturelles Programm, mutierte dann zu einer politischen und sozialen Forderung mit öffentlicher Finanzierung. Ihr aktueller Ursprung liegt in der autonomen *Jugendzentrumsbewegung* Ende der siebziger Jahre. Um die Tendenz zur Selbstorganisation von Jugendlichen in den Griff und unter Kontrolle zu bekommen, wurde staatlicherseits die Offene Jugendarbeit propagiert. Im Zuge des Subsidiaritätsprinzips partizipierte die kirchliche Jugendarbeit an dieser Entwicklung. Dabei sah sie die offene Arbeit primär als eine sozialdiakonische Aufgabe, nicht aber als ein theologisch begründetes Profil spezifisch kirchlicher Jugendarbeit an. Demgegenüber wäre zu zeigen, daß *Offene Jugendarbeit der Kirche ein unmittelbarer Ausdruck evangelischer Verantwortung* darstellt, weil sie vom Zentrum des Glaubens her zu begründen ist.

Blickt man auf die Geschichte und Gegenwart der Theoriediskussion in der kirchlichen Jugendarbeit, so finden sich - neben einer rein pragmatischen Orientierung - immer wieder auch theologische Begründungsversuche, so z.B. in der sogenannten *Polarisierungsdebatte* (vgl. Affolderbach 1982, 121ff). Doch auch dort dienen - wie so häufig in der Jugendarbeit (vgl. Mollenhauer u.a. 1969, 238) - theologische Argumente nur zur sekundären Legitimierung einer - aus anderen Gründen entstandenen und anders motivierten - Praxis; an "die Stelle kritischer Theoriebildung" tritt dabei "die Zieldiskussion in legitimatorischer Absicht" (Bäumler 1977, 232). Grundsätzlich ist zu fragen, ob eine stringente und unbezweifelbare Begründung für Jugendarbeit - sei sie nun bündisch, gemeindlich oder offen - überhaupt möglich und wünschenswert ist. Geschlossene Theorien sind erfahrungsresistent, vereinnahmend und ideologisch und deshalb zumeist kontraproduktiv; das zeigt die Theoriediskussion in der Jugendarbeit deutlicher als die in anderen kirchlichen Handlungsfeldern. Andererseits darf kirchliche Jugendarbeit nicht kriterien- und profillos sein. Deshalb ist es notwendig und sinnvoll, einige leitende Gesichtspunkte ins Feld zu führen. Die Bezeichnung "Gesichtspunkte" meint dabei, daß keine in sich geschlossene systematische Theorie entwickelt, sondern nur regulative Kriterien für die Praxis entfaltet werden. Dabei sollen folgende Thesen plausibel gemacht werden:

1. Evangelische Jugendarbeit ist prinzipiell voraussetzungsfrei; sie verfolgt keine dem/der Jugendlichen von außen andemonstrierten Zwecke, insbesondere keine Vereinnahmungs- oder Disziplinierungsstrategien.
2. Evangelische Jugendarbeit nimmt Jugendliche so, wie sie sind, ernst.
3. Einziges Ziel evangelischer Jugendarbeit ist die Subjektwerdung des/der Jugendlichen, der/die alle Dimensionen einer ganzheitlichen Existenz verwirklicht.
4. Evangelische Jugendarbeit ist insofern bedürfnisorientiert; sie geht aber über die Befriedigungen unmittelbarer und scheinhafter Bedürfnisse hinaus, indem sie neue Sinn- und Handlungsperspektiven eröffnet.

5. Evangelische Jugendarbeit wird dabei insbesondere die Fähigkeit zu einer humanen, auf Freiheit und Gleichheit beruhenden Weltgestaltung sowie eine Beziehungsfähigkeit der Jugendlichen fördern.
6. Jede Form evangelischer Jugendarbeit ist an diesen Kriterien zu messen. Dabei zeigt sich, daß die offene Arbeit die angemessenste Form ist.

2.2 Zur Subjektstellung von Jugendlichen

Der Blick auf die Geschichte der Jugendarbeit zeigt, daß dort in der Regel *zwei Begründungsmodelle* vorherrschten: das *missionarische* und das *diakonische*. Diese Theorieansätze durchziehen die gesamte Geschichte der Jugendarbeit. Als Grundhaltungen bestimmen sie - verschleiert als Gegensatz zwischen einer jesuanischen und christologischen Begründung - selbst noch die letzte Generaldiskussion um eine theologische Grundlegung der kirchlichen Jugendarbeit, die sogenannte Polarisierungsdebatte (s.o.). Der missionarische Ansatz will Jugendlichen dazu verhelfen, einen persönlichen Glauben aufzubauen und sich in die Nachfolge Jesu zu stellen. Seinen Ursprung hat dieser Ansatz im Umkreis der - allerdings von Erwachsenen getragenen - Missionsvereine sowie in den Erbauungsstunden der Erweckungsbewegung.

Sucht man theologische Alternativen für die Begründung von Jugendarbeit, so stößt man auf eine Traditionslinie, die sich bis in die deutsche Mystik zurückverfolgen läßt. Es ist die *Tradition eines theologischen Bildungsbegriffes,* der sich - entgegen einer zur Gewohnheit gewordenen Optik - nicht auf - zumeist noch schulisch verstandene - Lernprozesse einschränken läßt. Vielmehr thematisiert sich im Bildungsbegriff ein ganzheitliches und umfassendes Programm für die Entwicklung von Menschen. Diese Bildungsvorstellung wurzelt in der biblischen Vorstellung von der Gottebenbildlichkeit des Menschen. Aus diesem theologischen Gedanken heraus, daß der Mensch das Ebenbild Gottes sein soll, erwächst die pädagogische Aufgabe, ihn zur Freiheit, Selbständigkeit, Solidarität, mithin zur Subjektwerdung zu befähigen. Diese Vorstellung finden wir bereits in der priesterschriftlichen Erzählung von der Schöpfung, an ihr kann exemplarisch der Grundgedanke entwickelt werden. Die Aussage von Gen 1,27 ist bekanntlich nicht ohne traditionsgeschichtliche Parallelen. So wurde in der ägyptischen und mesopotamischen Königsideologie der jeweilige König als Gottes Ebenbild verehrt. Diese Tradition steht im Hintergrund der alttestamentarischen Erzählung. Ihre besondere Zuspitzung liegt nun darin, daß sie die altorientalen Königsideologien demokratisiert hat: Nicht *ein* Mensch, sondern *alle* Menschen sind Ebenbilder Gottes, nicht *einem* Menschen, sondern *allen* gehört deshalb eine unverbrüchliche, besondere Würde an; eine Höher- und Unterbewertung einzelner Menschen im Vergleich zu anderen ist von hierher ausgeschlossen. Deshalb wurzelt die Forderung nach der *Gleichheit aller Menschen* in dieser alten theologischen Vorstellung von der Gottebenbildlichkeit des Menschen. Diese ist damit auch der erste Gesichtspunkt, der für eine theologische Zieldefinition und Begründung von Offener Jugendarbeit relevant ist.

Die sprachlich äußerst geballte Darstellung von Gen 1,27f macht weitere Aspekte augenscheinlich: Gott setzt den Menschen zum Herrscher über die ganze Natur ein. Sieht man einmal von der in der gegenwärtigen ökologischen Krise sich manifestierenden Fehlinterpretation einer uneingeschränkten Ausbeutung der Natur ab, so besagt diese Aussage, daß der Mensch zum *Herren* und nicht zum Sklaven berufen ist. Wenn der *aufrechte Gang* ihm wesentlich ist, dann ist der Mensch zur Freiheit und zur Subjekthaftigkeit aufgerufen. Nicht im erniedrigenden Gang desjenigen, der durch die gesellschaftlichen, politischen und ökonomischen Bedingungen geknechtet wird, liegt die Gottebenbildlichkeit des Menschen verwirklicht, sondern erst derjenige, der in der Lage ist, diese Bedingungen nach seinen Bedürfnissen und nach den Prinzipien humaner Weltgestaltung zu strukturieren, ist der Mensch, der dem Gedanken der Gottebenbildlichkeit entspricht. Insofern ruft die Schöpfungserzählung zur *Menschwerdung des Menschen* auf. In der Hinführung zur Freiheit und zur Selbstverwirklichung als Mensch liegt die zweite Zielbestimmung einer Arbeit, die in jedem Menschen ein Geschöpf Gottes sieht, dem potentiell Gottes Ebenbildlichkeit innewohnt.

Der dritte grundlegende Gesichtspunkt der Schöpfungserzählung ist darin zu sehen, daß der Mensch als ein *Gesellschaftswesen* bestimmt ist. Zunächst drückt sich dies in der durch die Schöpfung konstituierten Zweigeschlechtigkeit des Menschen aus. Diese selbst ist aber nur ein Anwendungsfall dafür, daß der Mensch grundsätzlich auf andere angewiesen ist und nicht als eine vereinzelte Monade leben kann. Menschen brauchen von ihrem Wesen her freie Kommunikation und Geselligkeit. Noch stärker als in der Zweigeschlechtigkeit des Menschen manifestiert sich dies im Schöpfungsakt selbst: Der Mensch ist nicht durch sich selbst geworden; indem er theologisch als Geschöpf bezeichnet wird, wird diese notwendige Bezogenheit des Menschen auf anderes elementar ausgesprochen. Die grundlegende Gottesbeziehung symbolisiert und begründet die generelle Umweltbezogenheit des Menschen. Wie das Geschöpf von seinem Schöpfer abhängig ist, so ist der Mensch von seinem Mitmenschen abhängig. Im Bild der Gottebenbildlichkeit des Menschen wird so die Notwendigkeit begründet, vernünftige Beziehungen mit anderen Menschen zu gestalten. Die *Einübung in eine Beziehungsfähigkeit* ist somit die dritte theologische Zielbestimmung offener Arbeit.

Gleichheit, Freiheit und Geselligkeit sind damit grundlegende Bestimmungen des Menschen, die in seiner Gottebenbildlichkeit begründet sind. Bekanntlich geht aber die Urgeschichte des Alten Testamentes weiter, der Schöpfung folgt der Sündenfall. Theologisch gesehen bedeutet Sünde nichts anderes als den Abfall des Menschen von seiner grundlegenden, schöpfungsgemäßen Bestimmung. *Sünde* ist einmal der Verlust des Bezugs auf Gott als den Schöpfer, zum anderen aber auch der Verlust der durch die Schöpfung gegebenen Gottebenbildlichkeit des Menschen durch diesen selbst. Sünde ist dann jener Zustand, in dem der Mensch nicht das geworden ist, was er eigentlich werden soll. Um die in der Urgeschichte erzählte Entwicklung der Selbstverlorenheit des Menschen wieder rückgängig zu machen, ruft das Alte Testament zur Selbstbesinnung und zur Umkehr auf, der sich selbst entfremdete Mensch soll wieder seiner wahren Bestimmung zugeführt werden. Pädagogisch folgt aus der *Spannung zwischen der Bestimmung des Menschen und seiner tatsächlichen Bestimmtheit,* daß der Mensch in die Lage versetzt wird, zu sich selbst zu finden. Zu sich selbst findet der Mensch aber nur dort, wo er nicht fremden Zwecken und Interessen unterworfen, d.h. entfremdet und funktionalisiert wird, sondern nur dort, wo ihm Raum zur freien Suche nach sich selbst gegeben wird.

2.3 Der gerechtfertigte Mensch als handlungsfähiges, freies Subjekt

Einen zweiten Zugang zu einer theologischen Begründung Offener Jugendarbeit bietet die *Rechtfertigungslehre*. Für Paulus ist durch Christus die verlorene Gottebenbildlichkeit des Menschen wiederhergestellt; ihre Verwirklichung wird damit zu einer realistischen und in Christus begründeten Möglichkeit für den Menschen. Nicht dank seiner Leistungen, sondern allein aus Gnade und aus freien Stücken hat Gott dem Menschen diese Perspektive wieder eröffnet und ihm damit die Hoffnung auf eine veränderte Praxis gegeben. Denn Gott hat sich rettend und befreiend dem Menschen zugewendet und ihn damit als unverwechselbare Subjektivität anerkannt. Diese Anerkennung durch Gott basiert nicht auf irgendwelchen, vom Menschen erbrachten Leistungen, sondern sie geht diesen immer voraus und wird so zur Vorgabe und Verheißung für ein gelingendes Leben. Zugleich wird sie dem Menschen zur Aufgabe, weil er seine neugewonnene Bestimmung ja auch realisieren muß. Gottes Gnade ist deshalb nicht "billig", weil sie unabdingbar den Menschen in eine gottgefällige, humane Lebenspraxis führt.

Dieser *Realisierungszusammenhang von Rechtfertigung* darf aber keinesfalls verwechselt werden mit ihrem *Begründungszusammenhang,* weil sonst das ethische Handeln des Menschen zu einer konstitutiven Vorleistung erklärt wird. Die Rechtfertigung durch Gott ist hingegen an keine Voraussetzung gebunden, auch nicht an die des Glaubens. Zudem gilt die Rechtfertigung der Sünder durch Christus uneingeschränkt für alle Menschen (Römer 5,18); sie sprengt damit alle exklusiven Definitionen des Mitmenschen. Dessen Anerkennung als unverwechselbare Person ist unabhängig von seinen Taten, seinen intellektuellen Fähigkeiten oder seiner sozialen Position (Gal 3,28; 1.Kor 12,13; Kol 3,11). Ein gewünschtes Eingangsverhalten zu fordern, ist nicht die Sache Gottes; es sollte auch nicht die Sache der kirchlichen Jugendarbeit sein. Diese ist deshalb prinzipiell voraussetzungslos. Die Voraussetzungslosigkeit des Anspruchs des Evangeliums hat es bekanntlich Paulus ermöglicht, von der Judenmission auf die Heidenmission ohne Umwege über das Judentum überzugehen.

Die Anerkennung durch Gott ermöglicht es den Menschen überhaupt erst, zu kompetenten, handlungsfähigen Personen zu werden. *Die Rechtfertigung aus Gnade konstituiert ihn als Subjekt und gibt ihm sein unverbrüchliches, durch keine Umstände, Menschen oder Strukturen aufhebbares Eigenrecht.* Die in der Rechtfertigung gegebene Subjektstellung des Menschen gilt es dann aber, lebensgeschichtlich einzuholen. Auf diesem Hintergrund stellt sich kirchliche Bildungsarbeit - mithin auch Jugendarbeit - als GeburtshelferIn im Prozeß der Subjektwerdung von Jugendlichen dar; sie hat der Selbstfindung des Menschen zu dienen. Bereits in der ganz frühen urchristlichen Gemeinde scheint es Tendenzen gegeben zu haben, gegenüber der Vorstellung von der Gnadengerechtigkeit Gottes wieder auf den Gedanken des Alten Testamentes von einer Lohn- und Leistungsgerechtigkeit zurückzugreifen. Gegen diese Entwicklung polemisiert z.B. der Evangelist Matthäus mit dem Gleichnis von den Arbeitern im Weinberg. Er verweist darauf, daß Gottes Gerechtigkeit in seiner Güte, Liebe und Gnade begründet ist und daß diese nicht nach Leistungen, sondern nach der *Bedürftigkeit* des Menschen fragt. Das Grundbedürfnis des in Schuld verstrickten, d.h. des noch nicht zu sich selbst gekommenen, Menschen ist seine Befreiung aus eben dieser Verstrickung und seine Hinführung zu einem neuen, kompetenten Leben. Pädagogisch würde man dieses Ziel als Ich-Identität bezeichnen, theologisch wäre es die potentielle Gottebenbildlichkeit des Menschen. Von der Rechtfertigungslehre her ist der Mensch also unter dem Kriterium seiner Bedürftigkeit zu betrachten, die sich innerhalb der offenen Arbeit zunächst als das subjektive Bedürfnis von Jugendlichen konkretisiert. Deshalb hat eine an der Rechtfertigungslehre theologisch orientierte Jugendarbeit von dem/der Jugendlichen selbst auszugehen. *Der Prozeß der Selbstentdeckung des/der Jugendlichen* nimmt insofern seinen *Ausgang bei den aktuellen und subjektiven Bedürfnissen* und hat unter der theologischen Perspektive der Rechtfertigungsbotschaft einen weitergehenden Anspruch als eine bloße bedürfnisorientierte Jugendarbeit.

Der Prozeß jugendlicher Selbstentdeckung ist nämlich nicht mit narzißtischer Selbstversenkung zu verwechseln, er hat vielmehr von der Rechtfertigungslehre her eine spezifische Struktur. Denn der gerechtfertigte Mensch lebt in zwei Beziehungsebenen: derjenigen zu Gott und derjenigen zum Mitmenschen. Die ursprünglichste Beziehung des Menschen ist seine Gottesbeziehung. Durch sie wird er als Subjekt überhaupt erst konstituiert. Gott ist somit "das ursprüngliche Gegenüber menschlicher Selbstbestimmung". In dieser Gottesbeziehung wird deutlich, daß der Mensch in seiner Selbstfindung auf den Bezug zu anderen angewiesen ist. Um Subjekt werden zu können, muß der Mensch seine unmittelbare Selbstbezogenheit aufgeben, das heißt, er muß über sich hinausgehen, muß mehr und anders werden, als er jeweils aktuell ist. *Nur durch Entäußerung wird Selbstentdeckung möglich.* Der Mensch findet sich überhaupt erst dort wirklich, wo er sich auf die Auseinandersetzung mit Personen, Inhalten und Wirklichkeiten einläßt, die zunächst außerhalb seiner unmittelbaren Bedürfnisperspektive liegen. Evangelische Jugendarbeit muß insofern den Jugendlichen über sich selbst hinausführen.

Dieser Struktur einer notwendigen Außenbeziehung entspricht in der Rechtfertigungslehre eine innere Differenzierung des Menschen selbst. Bekanntlich unterscheidet Luther zwischen dem *äußeren* und dem *inneren Menschen*. Es ist der innere, der glaubende Mensch, der seine Konstitution durch den rechtfertigenden Gott in Christus erkennt. Aber in dieser Innerlichkeit kann der Mensch nach Luther nicht aufgehen, denn er lebt immer auch in einer Umweltbeziehung: "Obwohl der Mensch inwendig nach der Seele und dem Glauben genügsam gerechtfertigt ist und alles hat, was er haben soll, ... so bleibt er doch noch in diesem leiblichen Leben auf Erden." In seiner Außenbeziehung erst verwirklicht sich die in der Gottesbeziehung gewonnene Selbständigkeit und Freiheit des Menschen. Der gerechtfertigte Mensch kann deshalb nicht passiv bleiben, er muß sich vielmehr aktiv für die Gestaltung und Veränderung seiner Welt einsetzen. Damit ist die Notwendigkeit einer verändernden Praxis gegeben. Sofern sich Offene Evangelische Jugendarbeit auf der Rechtfertigungslehre begründen will, muß sie die Perspektive des Handelns offenhalten. *Sie holt deshalb die Lebenswirklichkeit der Jugendlichen ein und befähigt diese, ihre Lebensbedingungen zu reflektieren und konstruktiv die eigene Situation zu verändern.* Offene Arbeit ist demgemäß handlungsorientiert und eminent politisch. Zugleich versucht sie, die verschütteten Fähigkeiten des/der Jugendlichen zu entdecken und zu entwickeln, damit er in allen seinen Lebensbereichen als kompetentes, selbstbestimmtes Subjekt aufzutreten vermag.

Es ist deshalb nicht zufällig, daß Paulus für das Resultat der Rechtfertigung den Begriff des "Friedens" verwendet (Röm 5,1). Dabei greift er bewußt auf den alttestamentarischen Friedensbegriff "Shalom" zurück, um diesen nunmehr christologisch zu begründen. "Shalom" bedeutet das Heilsein des Menschen, seine verwirklichte Ganzheitlichkeit, sein Befriedigtsein in allen Lebensdimensionen. Unfreiheit herrscht für das Alte Testament z.B. dort, wo der Mensch nicht in Übereinstimmung mit der Natur - auch mit seiner eigenen - lebt; das heißt, wo er nicht befriedigt ist. Die Übereinstimmung mit sich selbst umfaßt selbstverständlich nicht nur das Seelische, sondern auch die Körperlichkeit des Menschen. Exemplum für diese Ganzheitlichkeit kann insbesondere auch eine humane Gestaltung der Sexualität sein, aber ebenso auch das grundlegende Recht auf körperliche Unversehrtheit usw. Urbild des "Shaloms" ist das Paradies, mithin der Zustand, in dem der Mensch noch als Ebenbild Gottes lebte. Durch das Christusgeschehen ist der Friede wieder eine realistische Möglichkeit für den Menschen geworden. Als Konsequenz aus der Rechtfertigungslehre ergibt sich die Forderung, daß der Mensch sich ganzheitlich entfalten können muß.

Von der paulinisch-lutherischen Rechtfertigungslehre her ergeben sich für die Jugendarbeit insgesamt *vier grundlegende Kriterien:*
a) Ihr Ziel ist die Subjektwerdung der Jugendlichen.
b) Dazu orientiert sie sich an dessen Bedürfnissen und geht
c) darüber hinaus, indem sie Perspektiven des Handelns und der authentischen Selbstentdeckung eröffnet.
d) Diese Selbstentdeckung umfaßt alle Dimensionen menschlicher Existenz; sie ist realisierte Ganzheitlichkeit.

3. Methoden und Wege kirchlicher Jugendarbeit

Offene Jugendarbeit wurde als eine *konzeptionelle Grundhaltung* kirchlicher Jugendarbeit gegenüber den Jugendlichen beschrieben. Zugleich ist der Begriff aber auch ein Kennzeichen für eine spezifische Methode in der Jugendarbeit. Von der konzeptionellen Sicht aus wäre diese Methode aber durchaus als ambivalent zu werten. Offene Arbeit senkt die Schwellenangst und ermöglicht zögernden Jugendlichen, die sich nicht festlegen wollen, einen ersten Zugang und einen höheren Grad an Freiwilligkeit. Durch ihre Strukturen, bzw. durch das Fehlen derselben scheint sie offener für die spezifischen Interessen und Bedürfnisse des jeweils unterschiedlichen Klientels zu sein. Sie garantiert eher die Achtung vor den individuellen Besonderheiten der Jugendlichen, weil sie - im Wortsinn verstanden - *Räume zum selbstbestimmten Finden und Ausagieren eines Lebensstils und -gefühls* bietet. Aber die Methode hat auch ihre Nachteile. Zunächst den, daß sie - weniger als andere - innovative Impulse setzen kann: Sofern die Methode als Alibi für eine "laissez-faire-Haltung" von TrägerInnen und MitarbeiterInnen mißbraucht wird, besteht die Gefahr, daß Jugendliche in den offenen Einrichtungen nur die bisher erworbenen Spiel-, Verhaltens- und Kommunikationsmuster reproduzieren. Alkohol- und Gewaltprobleme in Jugendfreizeitheimen oder -zentren spiegeln die Gewalt- und Alkoholprobleme der jugendlichen Lebenswelt wider; sie bestätigen und verstärken diese, anstatt sie zu korrigieren.

Diese Einwände dürfen nicht im Sinne eines Erziehungskonzepts in der Jugendarbeit mißverstanden werden, denn das widerspräche den theologischen Grundannahmen und Begründungen für eine subjektbezogene Jugendarbeit. Zunächst ist Offene Jugendarbeit immer auch *akzeptierende Jugendarbeit,* die den/die Jugendliche(n) in seinem/ihrem So-und-nicht-anders-Sein an- und ernst nimmt. Die Forderung nach Subjektivitätsorientierung meint aber nicht, den/die Jugendliche(n) in seinem/ihrem unmittelbaren Hier und Jetzt kritiklos bereits als eine authentische, selbstbestimmungsfähige Subjektivität anzunehmen. Zwar ist ein jugendpädagogisches Defizitmodell abzulehnen, das in Jugendlichen per se immer nur ein unvollständiges, von diversen Süchten und Mächten gefährdetes, verführtes und noch unkompetentes Wesen sieht, das auf pädagogische "Glücksbringer" wartet. Es ist auch richtig, die vorhandenen Kompetenzen von Jugendlichen positiv und konstruktiv aufzunehmen. Aber das - im Grunde sympathische Vorhaben einer akzeptierenden Jugendarbeit - könnte sich auch als unkritisch und illusionär erweisen, wenn es übersieht, daß die Interessen, Bedürfnisse, Erkenntnisse, Erfahrungen, Hoffnungen und Wünsche von Menschen - mithin auch von Jugendlichen - *sozial präformiert* sind. Deshalb können Individuen nicht unbesehen als authentische Subjektivitäten betrachtet werden. In unserer gegenwärtigen Gesellschaft wird das Ideal der Individualität in Mode und Kultur, aber auch in der Pädagogik verherrlicht. Tatsächlich jedoch hatte das Subjekt geschichtlich noch keine Möglichkeit zum Werden. Die Äußerungen von Individualität und Subjektivität haben so etwas Scheinhaftes und Vorfabriziertes; sie sind Selbsttäuschungen von Individuen, die überhaupt noch keine sind. Die Vorstellung vom Kind als einem an sich perfekten oder zumindest doch aktuos authentischem Subjekt muß aus theologischen wie pädagogischen Gründen aufgegeben werden. Sollen sie wirklich zu Subjektivitäten werden, dann brauchen sie die *Fähigkeit zur reflexiven Selbstbestimmung und Selbstaufklärung*. Dieses ohne institutionelle Vorgaben, ohne pädagogische Bevormundung und Nachstellung und ohne kirchenamtliche Besserwisserei zu ermöglichen, hat als inhaltliche Bestimmung offener kirchlicher Jugendarbeit zu gelten.

Eine weitere Ambivalenz offener Arbeit ist darin zu sehen, daß sie die durch den postmodernen Individualisierungsprozeß gesetzte *Vereinsamung und Isolierung* des Menschen fördert. Die von der früheren Jugendforschung durchgängig beschriebene positive Bedeutung der "peer-groups" schwinden gegenwärtig immer mehr. Jugendlichen fehlen heute die Rückzugs- und Sicherheitsorte, die ihnen einstmals die Gruppe der Gleichaltrigen im pubertären Ablöseprozeß geboten hat. Jugenduntersuchungen belegen die niedrige Beliebtheit von Jugendzentren und den hohen Stellenwert von Straßengangs u.a. (vgl. Neubauer/Olk 1987) als Surrogate für Freundschaftsgruppen. Die Gruppen der Straßengangs, der Skins, Fußballfans usw. scheinen für viele Jugendliche beides zu verkörpern: autonome Selbstbestimmung und bergende Gemeinschaft, Individualität und Sozialität, Freiheit und Verantwortlichkeit. Gegen diesen Schein und gegen diese

Konkurrenz wird kirchliche Jugendarbeit keine Chance haben, solange sie nur "Räume" und "Einrichtungen" anbietet; zu ihnen ist vielen Jugendlichen der Weg nicht nur zu lang, sondern auch völlig fremd.

Offene kirchliche Jugendarbeit wird sich umstrukturieren und noch viel stärker zur *"nachgehenden" und "aufsuchenden"* Jugendarbeit werden müssen - und zwar nicht nur unter dem Gesichtspunkt von Jugendsozialarbeit und -betreuung. Nicht nur in Großstadtgemeinden dürfte die Anstellung eines "Street-workers" eine geeignetere Maßnahme sein als die Einrichtung einer Tee-Stube oder die Gründung einer Jungschargruppe. Zweifelsfrei bleiben dies legitime Formen, aber mit ihnen werden immer weniger Jugendliche wirklich erreicht. Allerdings ist der pragmatische Grund höherer Effizienz nicht ausschlaggebend; das Plädoyer für die "nachgehende" und "aufsuchende" Variante Offener Jugendarbeit entspricht seinerseits der Einsicht, daß diese unmittelbar der "Komm-Struktur" des Evangeliums selbst konvergiert. Andererseits ist die Forderung nach "akzeptierender" Jugendarbeit Ausfluß einer Begründung kirchlicher Arbeit aus der Rechtfertigungslehre (s.o. V.2.3). Polemisch formuliert könnte deshalb behauptet werden, daß die bloß als "alternativ" deklarierten Methoden der kirchlichen Jugendarbeit viel deutlicher als die traditionellen den theologischen Grundeinsichten entsprechen.

Diese Grundstruktur der *voraussetzungsfreien Annahme* von Jugendlichen hat Folgen für ein traditionelles Element kirchlicher Jugendarbeit, das für viele Außenstehende als fundamental gilt. Für die bündisch organisierte christliche Jugendarbeit galt die *Bibelarbeit* jahrzehntelang als unverzichtbarer Wesenskern; aber selbst sie konnte diese Fiktion langfristig nicht aufrechterhalten. Insgesamt muß für den Bereich der evangelischen Jugendarbeit ein Funktionswandel der Bibelarbeit diagnostiziert werden (Affolderbach 1977): Die formelle Bibelarbeit ging in die informelle über, und diese führte letztlich zu einer funktionalen Verwendung der Bibel in der Jugendarbeit. Diese allgemeine Tendenz vollzog sich in der gemeindlichen Jugendarbeit schneller als in der bündischen. Bibelstunden und längere Andachten bilden heute fast überall die Ausnahme. Diese Entwicklung bedeutet jedoch keinen grundlegenden Funktionsverlust der Bibel für kirchliche Jugendarbeit. Sie bedeutet aber, daß diese sich von anderer Jugendarbeit nicht mehr durch einen demonstrativen Bibelgebrauch unterscheidet. Die Bibel ist vielmehr zum Medium der theologischen Selbstreflexion für die Praxis geworden und insofern aus der Jugendgruppe in die MitarbeiterInnengruppe ausgewandert; sie wirkt über diese motivational und damit indirekt auf diese zurück. Wo sie es wollen, können und werden kirchliche Jugendgruppen auch explizit sich mit biblisch-theologischen Sachverhalten auseinandersetzen; es ostentativ von ihnen zu fordern, widerspräche aber dem Gedanken einer offenen kirchlichen Jugendarbeit.

Wer offene Arbeit fordert, der plädiert keinesfalls für die Abschaffung überkommener Formen für Jugendarbeit. *Trotz ihres konjunkturbedingten Nachfrageverlustes hat die kirchliche Jugendgruppe ihren sozial wie psychologisch relevanten Wert.* Sozial gesehen deshalb, weil sie ein Widerpart gegen die Vereinsamungstendenzen unter heutigen Jugendlichen bietet; psychologisch, weil die verläßliche, überschaubare und auf relativer Kontinuität basierende Jugendgruppe eine wesentliche Hilfe und Entlastung in der pubertären Ablöse vom Elternhaus (1.4) bietet (Schröder 1991). Neben politischen Ursachen dürften die unter Jugendlichen zunehmenden rechtsradikalen Tendenzen ein Symptom von Vereinsamung und Bindungslosigkeit sein, so daß die Sehnsucht nach Geborgenheit, Anerkennung und Intimität ein größeres Teilnahmemotiv ist als die ideologische Orientierung. Einer Theorie der Jugendarbeit sowie der Jugendforschung überhaupt wird oft vorgeworfen, daß sie nur die problematischen und gefährdeten, nicht aber die "normalen", unauffälligen Jugendlichen im Blick hätten. An den Jugendlichen, die der Gesellschaft "Probleme machen", wird aber nur das allgemeine Jugendproblem selbst deutlich. Viele der Gruppen, in denen sich Jugendliche heute selbst organisieren, bieten oft nur Ersatzbefriedigungen. Als Alternativen hätten kirchliche Jugendgruppen dann realistische Chancen, wenn sie sich den echten Bedürfnissen von Jugendlichen nach freier Geselligkeit, nach experimentierenden Beziehungen und nach nichtfestgelegtem Engagement öffnen würden. Dagegen sprechen allerdings nicht nur institutionelle Vorgaben und kirchenzentrierte Erwartungen, sondern auch die Struktur der Jugendgruppe selbst. Was sie machen müßte, wäre der realisierte, positive Selbstwiderspruch: verbindende Gruppe zu bleiben und offen zu sein.

Literaturempfehlung:

- *Affolderbach, M./Steinkamp, H.* (Hg.), Kirchliche Jugendarbeit in Grundbegriffen, München u.a. 1985
- *Baacke, D.*, Die 13- bis 18jährigen. Einführung in das Problem des Jugendalters, 5. überarb. u. ergänzte Aufl. Weinheim u.a. 1991
- *Damm, D./Schröder, A.*, Projekte und Aktionen in der Jugendarbeit. Ein Gruppenhandbuch, (2. Aufl.) München 1988
- *Hanusch, R./Lämmermann, G.* (Hg.), Jugend in der Kirche zur Sprache bringen. Anstöße zur Theorie und Praxis kirchlicher Jugendarbeit, München 1987

VI. Kirchliche Erwachsenenbildung in Gemeinde und Gesellschaft

1. Geschichtliches

Christliche Erwachsenenbildung (EB) ist bei genauerer Betrachtung so alt wie die Kirche selbst. Das zeigt schon der Tatbestand, daß im Neuen Testament Taufe und "Lehre" miteinander verbunden erscheinen. Wir denken etwa an Apg 8, 26-40, wo rechtes Verstehen der Schrift offensichtlich Voraussetzung für den Empfang der Taufe ist. Röm 6, 12f, Gal 5,25 und Kol 3,3ff sind es Ermahnungen in Fragen des Verhaltens, die im Zusammenhang mit der Taufe ihren Ort haben (vgl. G. Bornkamm 1952, 34-50). Daran änderte sich auch in der Alten Kirche nichts. So spricht Augustin in seiner berühmten Schrift "De catechizandibus rudibus" von einer mit der Taufe verbundenen Lehre, deren Inhalt die Heilsgeschichte vom Beginn der Welt an ist. Interessant dabei die differenzierte Reflexion des Bildungsstandes, der Sprache und der Motivation der Taufwilligen, die im Neuen Testament nirgends in ähnlicher Weise angestellt wird (W. Rebell 1993). Hinzuweisen ist auch auf Formen und Inhalte mittelalterlicher Beichterziehung und auf die Katechismen der Reformation, Gegenreformation und Orthodoxie, die sich bekanntlich ebenfalls an Erwachsene richteten. Ähnliches gilt für die Bibelbetrachtung der Collegia Pietatis des 17. - 19. Jahrhunderts.

Das alles sind aber nicht die Wurzeln dessen, was wir *heute* in Gesellschaft und Kirche mit EB zu bezeichnen pflegen. Mutterboden dafür sind nicht die Kirche und ihre Lehre, sondern die gesellschaftlichen Umbrüche des 19. Jahrhunderts mit dem Abbau ständischer Sozialordnungen und damit verbundenem Autoritätsverlust der bisher maßgebenden Institutionen von Staat und Kirche, die *Industrialisierung*, welche die bis dahin übliche Schulbildung als ungenügend erscheinen ließ, und nicht zuletzt der Wunsch vieler nach *politischer Beteiligung*. G. Strunk (1982, 175) umschreibt diese Wandlungsprozesse mit den Schlagworten *Industrialisierung, Urbanisierung,* und *Demokratisierung*. Der jetzt entstehende Lernbedarf war vom einzelnen autodidaktisch nicht mehr zu befriedigen. Aber nicht der Staat trat in die offensichtliche "Bildungslücke", sondern selbstorganisierte Vereine verschiedenen Zuschnitts, die nicht selten in kritischer Distanz zu Staat und Kirche z.B. auch sozialistischen Ideen nachlebten. Erst mit einiger Verzögerung traten auch Staat und Kirche auf den Plan, ohne allerdings die EB in das öffentliche Bildungssystem zu integrieren oder, was den Staat anbetrifft, für eine bestimmte politische oder weltanschaulich-religiöse Position zu optieren. So bestimmt seit dem Ende des 19. Jahrhunderts ein vielfältiges Spektrum verschiedener Organisationen und Verbände das äußere Bild der EB. Emanzipatorisches und Konservativ-Affirmatives, Ideologisches und Wissenschaftliches, Evangelisches und Katholisches stehen unmittelbar nebeneinander. Das änderte sich auch nicht, nachdem der Artikel 148 der Weimarer Reichsverfassung von 1919 die EB als förderungswürdigen Zweig des allgemeinen Bildungssystems anerkannt hatte und z.B. das Gutachten des Deutschen Ausschusses für das Erziehungs- und Bildungswesen vom 29.1.1960 mit Nachdruck die Bedeutung lebenslangen Lernens betonte. Staatliche Einflüsse auf die Erwachsenenbildung gelten auch jetzt noch als unangemessen, ja gefährlich. Erst die Empfehlungen der Bildungskommission beim Deutschen Bildungsrat von 1970 (Strukturplan für das Bildungswesen) bringen wirklich Neues, indem sie die EB nicht nur als notwendigen Bereich eines umfassenden Bildungssystems bezeichnen, sondern auch staatliche Aktivitäten in diesem Bereich für möglich und sinnvoll erklären. Von einer Verstaatlichung der EB kann aber auch 1970 keine Rede sein, höchstens von einer strukturellen Sicherung derselben durch den Staat.

2. Zum Begriff der Erwachsenenbildung

Aus der feudalen und bürgerlich-ständischen Gesellschaft stammt das Prinzip der unterschiedlichen Zuteilung von Lernmöglichkeiten an verschiedene Gruppen der Bevölkerung. Daran hat sich, was das allgemeine Bewußtsein anbetrifft, bis heute nichts Entscheidendes geändert. Kommt dazu, daß organisiertes Lernen im Grunde auch 1994 noch auf das Kindes- und Jugendalter konzentriert wird, muß man nicht nur von einer Bildungs-Klassengesellschaft reden, sondern angesichts rasch wachsender Wissensbestände der Gesellschaft auch von einer Benachteiligung der Erwachsenen im System des öffentlichen Bildungswesens, mag da auch in den jüngst-vergangenen Jahren manches zum Besseren tendieren (Bildungsurlaub, betriebliche Weiterbildung, Erwachsenenbildungsgesetze, Fort- und Weiterbildung in vielen Bereichen). Aber was ist eigentlich EB? Eine Antwort auf diese Frage kann nur im Horizont bestimmter gesellschaftlicher Verhältnisse gegeben werden. Seit der Reformation des 16. Jahrhunderts ergaben sich deshalb durchaus verschiedene Grundformen der EB, die heute nebeneinander begegnen (Schulenberg 1973, 64ff).

Zuerst ist die sog. *Transitorische EB* zu nennen, welche religiöse, politische und ökonomische Veränderungen im Rahmen einer Gesellschaft zu begleiten pflegt und die Funktion hat, eine noch anders erzogene Erwachsenengeneration an aktuelle Veränderungen anzupassen. Solche EB verschwindet gewöhnlich nach einem gewissen Zeitraum wieder. Beispiele aus der Geschichte für diese Art der EB finden sich im Rahmen der Reformation, bei der Einführung neuer Ackerbaumethoden im 18. Jahrhundert, im Zusammenhang mit Alphabetisierungsbemühungen in der Dritten Welt, bei politischen Umbrüchen und Revolutionen und nicht zuletzt in Verbindung mit dem Eintritt in das Computerzeitalter seit dem Beginn der siebziger Jahre.

"*Kompensatorische EB*" nennen wir dagegen die Bemühungen von Menschen, die während ihrer Jugend erlittene Bildungsbeeinträchtigungen auszugleichen versuchen. Ein besonders eindrückliches Beispiel dafür ist die Arbeit der sog. "Arbeiterbildungsvereine" des 19. Jahrhunderts und anderer Gruppen, welche es sich zur Aufgabe machten, die bildungsmäßig unterprivilegierten Schichten mit der Kultur und dem Wissen des aufgeklärten Bürgertums bekannt zu machen. Werden entsprechende Bemühungen für Benachteiligte zur Optimierung ihres Bildungsstandes auch von privilegierten Gruppen der Gesellschaft in Angriff genommen, ist anzunehmen, daß das Motiv nicht nur "Gerechtigkeit" gewesen ist, sondern zumindest auch Angst vor einer Bedrohung des in Geltung stehenden Gesellschaftssystems durch unzufriedene oder gar revolutionäre Bewegungen. Das schließt allerdings emanzipatorische Auswirkungen solcher Bemühungen nicht aus.

Die sog. "*Komplementäre EB*" gewinnt ihre Motivation vor allem aus der differenzierten und raschen Entwicklung aller Lebensbereiche der modernen Industriegesellschaft, in der sich die Verantwortung des einzelnen für immer mehr Bereiche rasch ausweitet. Hier bedarf es einer permanenten Weiterbildung zur Ergänzung und Erweiterung der in der Schule und Berufsbildung erworbenen Kenntnisse und Fähigkeiten.

Als vierten Typ der EB endlich nennen wir die oft vergessene *Politische Bildung*. Alle Forderungen nach Demokratisierung, politischer Gleichberechtigung und Ausweitung der Verantwortung des einzelnen für das Gemeinwesen bleiben Makulatur, wenn nicht dafür gesorgt ist, daß im Rahmen des Bildungswesens auch für Erwachsene Möglichkeiten zur Verfügung stehen, sich sorgfältig über soziale, ökonomische, ideologische, kulturelle und nicht zuletzt religiöse Entwicklungen zu informieren, *kommunikative Kompetenz* zu erwerben, sich eine eigene Meinung zu bilden und Strategien für eine qualifizierte Mitbestimmung und Mitwirkung zu entwickeln.

Hierher gehören jetzt neuere Gesamtdefinitionen von EB, wie sie sich z.B. im "Gutachten des Deutschen Ausschusses für das Erziehungs- und Bildungswesen zur Situation und Aufgabe der deutschen EB" aus dem Jahre 1960 und im "Strukturplan für das Bildungswesen" des Deutschen Bildungsrates von 1970 finden: "*Gebildet im Sinne der Erwachsenenbildung wird jeder, der in der ständigen Bemühung lebt, die Gesellschaft und die Welt zu verstehen und diesem Verständnis gemäß zu handeln.*" (Deutscher Ausschuß), und: "*Erwachsenenbildung ist Fortsetzung oder Wiederaufnahme früheren organisierten Lernens.*" (Deutscher Bildungsrat).

Hinter beiden Definitionen steht ein sich der Aufklärung und dem klassischen Humanismus verdankendes Denken mit Anklängen an die geisteswissenschaftliche Pädagogik aus der ersten Hälfte unseres Jahrhunderts und ihr personorientiertes Denken. "*Mündigkeit*" ist das Ziel, welches vor Augen steht. Wir werden darauf zurückkommen.

Was *alle* Formen der EB anbetrifft, erscheint es ihnen unabdingbar, daß sich die Beteiligten darüber Gedanken machen, was *Erwachsen-Sein* bedeutet. Dabei genügt es offenbar nicht, Informationen aus verschiedenen Schulen der Entwicklungspsychologie zur Kenntnis zu nehmen, sondern es ist darüber hinaus notwendig, sich auch darüber Gedanken zu machen, was Erwachsensein in einem Lehr-/Lernverhältnis im Rahmen bestimmter Strukturen heißen könnte.

Wir verstehen im Rahmen dieses Beitrages unter "erwachsen" *den* Menschen, der nach geltenden gesellschaftlichen Normen aus den spezifischen Fürsorge- und Schonungsmaßnahmen, die eine Gesellschaft ihrem Nachwuchs angedeihen läßt, entlassen ist und für sich und für seinen Anteil an den gesellschaftlichen Verpflichtungen selbst die Verantwortung trägt und entsprechende eigene Entscheidungen fällt. Um so "erwachsen" sein zu können, bedarf es im Rahmen der EB der Gelegenheit, bestimmte Erfahrungen der eigenen Lebensgeschichte, auch Lernerfahrungen, die ermutigt oder frustriert haben, aufzuarbeiten, eigene Interessen zu äußern, den Gang eines bestimmten Kurses mitzubestimmen, spezifische Erwartungen an die Lehrperson zu artikulieren, über Probleme der Beziehungen zwischen den Kursteilnehmern und der jeweiligen Lehrperson zu sprechen, die eigene Motivation zu klären etc.

Es ist hier nicht der Ort, breiter zu werden und z.B. über das *frühe Erwachsenenalter* bis hin zur *Familiengründung* und *beruflichen Konsolidierung*, das sog. *reife Erwachsenenalter* und das *Greisenalter* zu handeln, deutlich mag es aber geworden sein, daß sich Lehren und Lernen im Erwachsenenalter, was seine Organisation und seinen Stil anbelangt, *deutlich vom Lehren und Lernen im Kindes- und Jugendalter unterscheiden* muß. Wenn das so ist, müssen wir u.a. immer neu den Tatbestand der Fremdbestimmung durch Systeme, Ideologien und Bürokratien im Raum der Bildung thematisieren. Ansonsten droht die Gefahr, daß die EB, statt Agentin der Selbstbestimmung und Autonomie derer zu sein, die erwachsen werden wollen, Agentin der Manipulation und Unterdrückung wird. Was *Erwachsen-Sein im Glauben* bedeutet, ist ein weiteres Problem, das in den letzten zehn Jahren immer wieder angegangen worden ist (Oser 1984, Nipkow 1987, Fowler 1992, Böhnke/Reich/Ridez 1992 u.a.).

3. Erwachsenenbildung in kirchlicher Trägerschaft

3.1 Vorbemerkungen

K.E. Nipkow (1990, 37f) hat den Kirchen bescheinigt, daß sie stets in der Versuchung stehen, "das Bildungsproblem zugunsten erziehungspolitischer Überlegungen zu verkürzen. Zum einen drängt der Staat sie dazu, indem er von ihnen erhofft, daß sie seine Erziehungsanstrengungen unterstützen: 'christliche Werte' als eine Grundlage der 'Werterziehung'; ... Ferner können sie selbst von ihren Bestandssorgen gefangengenommen sein, daß sie auch aus innerkirchlichen Gründen das sperrige Bildungsproblem den für Stabilisierungsabsichten funktionaleren Erziehungsvorstellungen unterordnen." In diesem Zusammenhang muß auch von dem tiefen *Mißtrauen* nicht weniger TheologInnen und Kirchenleute gegen Begriffe wie *"Selbstverwirklichung"* oder *"Autonomie"* geredet werden und außerdem von einem Expertenbewußtsein von in der EB tätigen TheologInnen im Gegenüber von *bildungsbedürftigen Laien*, das entmündigend wirkt. Hier scheint neben dem Grundsatz des "allgemeinen Priestertums" auch die Einsicht in Vergessenheit geraten zu sein, daß es das Wesen des Glaubens ist, Bestimmung der Freiheit zur Verantwortung zu sein, und das im Gegensatz zu aller Fremdbestimmung (Röm 12,1f).

Im Blick auf solche Erscheinungen verstehen wir G. Strunks Abgrenzung (1988, 95) "echter" Erwachsenenbildung von kirchlicher Erwachsenenkatechese als Verkündigung oder Schulung: *"Mission, Propaganda und Schulung, die sonst zum Auftrag der betreffenden Träger gehören mögen, sind 'eindeutig' keine Bildung, die als öffentliche Aufgabe der EB unter öffentlicher Verantwortung zu rechtfertigen wäre."* (Strunk, 1988, 95) Dennoch möchten wir mit K.E. Nipkow (1990, 562) betonen, daß die Kirchen unbeschadet ihres Missions- und Zeugenauftrags innerhalb und außerhalb der Gemeinde "für den freiheitlichen Sinn von Bildung" freiwerden und ihn sich zu eigen machen können; und das auch dann, wenn sie mit Gründen beabsichtigen, EB aus den Wurzeln des eigenen Glaubens zu gestalten. Das Evangelium ist ja ein Zeichen, dem widersprochen werden darf. Es wird sich sogar im Feuer kontroverser Diskussion ebenso wie im Rahmen kritischer Auseinandersetzung mit der Überlieferung zu behaupten vermögen. Besonders wird das dann der Fall sein, wenn wir es unterlassen, EB in der

Kirche an dogmatischen Einheitsnormen zu messen "und den Mitarbeiter mit der Propriumsfrage an Stellen unter Legitimationszwang (zu) versetzen, wo jenen Frage nicht hingehört" (K.E. Nipkow, ebd.).

Wo die Kirchen in der EB allerdings nur ihre Organisationszwecke durchzusetzen versuchen, ist das für eine EB, die diesen Namen verdient, ebenso verhängnisvoll, wie der Versuch, den christlichen Glauben als bildungsfeindliche Ideologie gleichsam "vom Platz zu stellen". Wird im einen Fall ein selbständiger und selbstgewählter Glaube verhindert, so im anderen ein wesentlicher Part unserer Kultur und Geschichte von der öffentlichen EB ausgeschlossen, damit aber eine Fülle wichtiger Bildungsprozesse verunmöglicht. So können wir sagen: *EB in kirchlicher Trägerschaft ist nicht zuerst Arbeit zum Nutzen der Institution Kirche und Wahrung ihres Bestandes und darin ein Drängen auf eine religiös motivierte Lebenswende, sondern möchte vor anderem einen Beitrag leisten für ein Bestehen-Können der Gegenwart und Zukunft durch erwachsene Menschen mit Hilfe von Angeboten, die im Glauben und in der Liebe gründen.*

Das schließt nicht aus, daß in Veranstaltungen kirchlicher EB der Glaube Gegenstand der Arbeit ist und auch sonst etwas für Glauben und Kirche geleistet wird. Wir denken an die Stärkung des Gedankens vom allgemeinen Priestertums aller Glaubenden, an die Förderung mündigen Christ-Seins als Fähigkeit, den eigenen Glauben zu verantworten, und die Hilfe zur Entscheidungsfähigkeit im Feld gesellschaftlichen Handelns. Damit ist das Spezifische vor allem evangelischer EB schon genannt. Zu bedenken gilt es jedoch, daß es Rahmenbedingungen gibt (Bestimmungen staatlicher Bildungspolitik, Konkurrenzsituation zwischen den verschiedenen Trägern von EB in der Gesellschaft, Strukturen der evangelischen EB etc.), die zu beachten sind und dazu durchaus unterschiedliche Konzeptionen, denen wir im nächsten Abschnitt nach-denken wollen.

Seit 1970 gibt es einen staatlichen Gestaltungsauftrag für die Rahmenbedingungen einer weiteren Entwicklung der EB in Deutschland, die ernstgenommen werden müssen, und seit 1975 außerdem Ländergesetze, welche die Finanzierung ordnen und die Zuständigkeit festlegen. Das hat Konsequenzen:
- Will evangelische EB an den Zuschüssen für die EB partizipieren, muß sie ihre Veranstaltungen grundsätzlich *für alle* zugänglich machen.
- Die Organisation kirchlicher EB muß dazu überdies so strukturiert sein, daß rechtlich selbständige kirchliche Träger der EB, die ausschließlich diesem Metier verschrieben sind, als Partner der staatlichen Behörden auftreten können.
- Die auch heute noch kaum übersehbare Fülle verschiedenster evangelischer und katholischer Institutionen, die *unter anderem auch* EB betreiben, muß deshalb durch sinnvolle Formen der Kooperation und Koordination übersichtlicher werden, ohne daß ein Einheitsbrei entsteht. Die im Zusammenhang solcher Kooperations- und Koordinationsbemühungen immer wieder sichtbaren Kontroversen zwischen einer Position vorrangiger *Lebensweltorientierung* von EB und einer einseitigen *Traditionsorientierung* werden dann überflüssig, wenn entdeckt wird, daß das Evangelium und der Glaube nur dann für Leben und Handeln der Menschen bedeutsam werden können, wenn sie in verstandenen und geklärten Situationen verantwortet werden. Dabei ist vorausgesetzt, daß eine christliche Beantwortung anstehender Fragen und

Nöte nur in Aufnahme und gegenwartsbezogener Reflexion inhaltlicher Aussagen der Überlieferung sinnvoll geleistet werden kann.

3.2 Konzeptionen christlicher Erwachsenenbildung

Mit *R. Englert* (1992, 221) verstehen wir unter "Strategie" der EB Entscheidungen im Zusammenhang einer organisatorischen Gesamtausrichtung von EB in kirchlicher Trägerschaft und unter "*Konzept*" den "didaktischen Ansatz" konkreter Projekte und Maßnahmen. Dazu gehören das in den einzelnen Entwürfen wirksame Verständnis von Glauben, Religion, Christ-Sein, Kirche und religiöser Bildung und dann vor allem die Ziel- und Inhaltsvorstellungen sowie das empfohlene Arrangement von Methoden kirchlicher EB. Allen Konzeptionen ist es gemeinsam, daß sie einer *Verengung auf Beruf und Kenntnisvermittlung widerstehen* und z.B. Wissenschaft und Technik nicht nur *so* zum Inhalt machen, daß sie diese ein weiteres Mal zur Kenntnis bringen, erläutern und handhabbar machen, sondern so, daß sie zumindest *auch* danach fragen heißen, warum der Mensch z.B. das Weltall erobert und die Ressourcen ausbeutet, wo Grenzen zu beachten sind und welches die Verantwortung ist, die wahrgenommen werden muß. Dichtung und Kunst werden auch nicht nur zum ersten oder einem weiteren Mal zur Kenntnis gebracht und erläutert, sondern so bearbeitet, daß auch die zur Sprache kommenden Probleme bedacht und in der Auseinandersetzung mit der Überlieferung des Glaubens und ihrer heutigen theologischen Reflexionsgestalt erörtert werden. Unterhalb dieser Gemeinsamkeiten gibt es allerdings bemerkenswerte Unterschiede.

3.2.1 Herkömmliche Konzeptionen kirchlicher Erwachsenenbildung

Die sog. "*herkömmlichen*" Konzeptionen kirchlicher EB verdanken sich zuerst dem Bedürfnis kirchlicher Kreise des 19. Jahrhunderts, Zeichen gegen die aufklärerisch-antikirchliche Bildungsbewegung zu setzen. Weltanschauliche Gebundenheit, die Vermittlung spezifisch christlicher Werte und Normen und kirchliche Sozialisierung sind die Grundkategorien dieser meist in Vereinen organisierten EB (H.P. Veraguth 1976, K. Ahlheim 1982). Nach Ende des 2. Weltkrieges ist in diesem Zusammenhang auf Versuche hinzuweisen, die traditionelle "Bibelstunde", die "Frauenhilfe", volksmissionarische Veranstaltungen u.a., aber auch Formen der Erwachsenenkatechese (Dannenbaum 1956) als *EB* umzuetikettieren. Ihr Ziel ist jedoch nicht *Bildung*, sondern die missionarische Verbreitung des Evangeliums, zuweilen auch die Pflege christlich-theologischer Kultur und darin die Überwindung eines naiv-traditionsverhafteten Glaubensverständnisses. Zu denken ist in diesem Zusammenhang an Arbeiten wie die von *W. Bienert* (1967, 9-57) aus dem evangelischen und von *B. Dreher/K. Lang* (1969) aus dem katholischen Raum. Während es jedoch für Bienert um die Eingliederung "Gebildeter" in die christliche Gemeinde mit Hilfe eines sachgemäßen Verstehens des Evangeliums geht, um Hilfe zur Orientierung von Erwachsenen im christlichen Geistesleben und eine Neugestaltung der Kirche als Heimat auch für Gebildete, so betonen Dreher und Lang vor allem die Entwicklung des Glaubensbewußtseins Erwachsener durch eine informative, lebensbezogene und vor allem stufengemäße

Auslegung des Glaubens: "Es geht in der EB um den Gewinn der nächsten Glaubensstufe." (43)

Der Fortschritt zur *"Glaubensreife"* erwachsener Christen, die durchaus in verschiedenen Stufen glauben und denken, ist das *Ziel*. Der *Weg* dahin geht über Bemühungen mit verschiedenen Gruppen und Kreisen, die alle in je ihrem Horizont in Bewegung zu setzen seien.

Der Schwerpunkt aller genannten Autoren und Tendenzen liegt eindeutig auf den *Inhalten*. Der erwachsene Christ soll dazu instand gesetzt werden, seinen Glauben und die ihn ermöglichende Tradition besser zu verstehen. Die Alltags- und Lebensfragen der Menschen bleiben dagegen im Hintergrund. *Erich Feifel* (1973, 463f) hat im Blick darauf von einer unreflektierten Abhängigkeit von einem Denkmodell *dogmatisch-argumentierender Theologie* geredet, die sich in *katholischen* Kreisen als Auslegung feststehender Aussagen der Lehre begreift, in *evangelischen* als Auslegung biblischer Texte in Konfrontation mit dem Zeitgeist, dem man in der Regel mißtraut. In beiden Bereichen bleibt der Adressat mehr oder weniger Objekt der lehrenden Kirche, welche die Wahrheit immer schon kennt und über die richtige Auslegung verfügt. Intendiert ist nicht so etwas wie eine schöpferische Vermittlung zwischen Glaube und Mensch-Sein im Rahmen eines Dialogs, sondern eher die Überführung des Zeitgeistes und darin ein autoritatives Kenntlichmachen der Wahrheit, das zuweilen wenigstens auf die Glaubensstufe des einzelnen oder bestimmter Gruppen Rücksicht nimmt. Für Erich Feifel liegen gerade da die Hauptgründe für den akuten Wirklichkeitsverlust kirchlicher und theologischer Arbeit. Wer es nicht vermag, Glauben in Welt und d.h. im Dialog mit ihr in Erfahrung zu bringen, hat den Streit um die Wirklichkeit bereits verloren. Wenn EB aber wirklich auf die Menschen und ihr Sein in dieser Welt mit entsprechenden Fragen und Nöten, Hoffnungen und Erwartungen antworten möchte, muß sie gleichursprünglich nach Adressat *und* Überlieferung fragen. Dabei wird sie niemals ohne eine Thematisierung anthropologischer, gesellschaftlicher und didaktisch-methodischer Bedingungsfaktoren ans Werk gehen können.

Zu den traditionellen Konzepten zählen wir auch das sog. *"Zürcher Modell"* kirchlicher EB, das im Rahmen der Arbeitsgemeinschaft für Kirchliche Schulung (AKS) zu Beginn der siebziger Jahre entstanden ist (T. Vogt 1970). Zwar werden da "dialogisches Verstehen" und "gegenseitige Vermittlung von Wirklichkeit und Glaube" betont, aber bei genauerer Betrachtung läuft dann doch alles auf die wahrheitsverbürgenden und Wirklichkeit konstituierenden Instanzen von Bibel und Glauben hinaus. Das jedoch ist in unserer geistigen Situation durchaus keine Garantie für eine angemessene Repräsentanz des Glaubens und seine Relevanz für konkrete Situationen, zumal wenn wir bedenken, daß auch die Bibel ihre Bedeutung für Probleme je neu beweisen muß. Ein solcher "Beweis" ist aber nur dann möglich, wenn es sich im Verlauf eines "Dialogs" zwischen Glaube und Wirklichkeit herausstellt, daß die Argumente des Glaubens "gestochen haben". Demgegenüber muß, auch wenn ein(e) VeranstalterIn von EB überzeugt davon sein mag, in der Bibel Offenbarung vor sich zu haben, diese Überzeugung für andere plausibel gemacht werden. Das ist jedoch nur so möglich, daß er über Argumente verfügt, denen auch außerhalb seiner Glaubensgemeinschaft ein gewisses Maß an Vernünftigkeit und vor allem Handlungsrelevanz eingeräumt wird. Hier tritt die in kirchlichen Kreisen leider noch viel zu wenig beachtete Aufgabe in den Blick, die Bedingungen, unter denen Glaube und christliche Tradition sinnvoll in einen Kommunikationsprozeß über aktuelle Lebensfragen eingebracht werden können, sorgfältig zu beachten.

Immerhin ist im Blick auf das *Zürcher Modell* zu sagen, daß die Adressaten nicht mehr als bloße Objekte des Evangeliums und entsprechender Bildungsbemühungen gelten, sondern als Partner, welche in ihrer Situation ernstgenommen werden und ihre wesentlichen Fragen in den Dialog mit der Glaubenstradition einbringen können. Dieser Dialog hat dann die Aufgabe, Lebenssituationen und Traditionen in Konfrontation miteinander zu diskutieren, mit dem Ziel eines reflektierten und in den Entscheidungen des Lebens selbst verantworteten *Glaubens*.

Hierher gehören letzten Endes auch die Arbeiten von E. Feifel (1972) und A. Exeler (1970). Beiden Autoren geht es trotz z.T. unterschiedlicher Akzentsetzungen um Meinungs- und Willensbildung im Glauben "von unten". Theologische EB muß nach ihrer Meinung die Bedingungen dafür schaffen helfen, daß sich ein neuer Typus erfahrungs- und gemeindebezogener Theologie entwickelt. "Wenn sie ihre Arbeit... genügend entfalten würde, könnte sich so etwas entwickeln wie eine 'Gemeindetheologie', bei der die Gemeinde nicht Thema, sondern in ihren besten Vertretern Subjekt wäre." (Exeler 1968) Der *Schlüsselbegriff* dieses Konzepts ist *"Erfahrung"* als sinnhaft strukturiertes Erleben, das durchaus vielfältig sein kann, auch innerhalb derselben Gruppe. Der Interpretation R. Englerts (1992, 200) ist zuzustimmen, wenn er die von Feifel und Exeler repräsentierte Konzeption mit folgenden Worten kommentiert: "Aufgabe religiöser Bildung ist es nicht, diese Vielfalt von Glaubensvorstellungen an der Norm einer allein gültigen Form der Glaubensüberlieferung zu messen, sondern vielmehr, diese Vielfalt möglichst authentisch in den Prozeß kirchlicher Meinungs- und Willensbildung einbringen zu helfen. Einer auf Theologie aus Glaubenserfahrung abzielenden religiösen Bildung ist Vielfalt nicht Makel, sondern Reichtum."

Glaube ist für Feifel und Exeler also kein geschlossenes System mehr, das deduktiv in die Niederungen der Welt eingebracht werden müßte, sondern manifestiert sich in dialogisch strukturierten Lernprozessen im Horizont heutigen Lebens und im Kontext wechselnder Situationen und Anforderungen. EB ist im Horizont eines solchen Glaubensverständnisses das Werkzeug, das eine Wiederbegegnung zwischen Kirche und Welt in der Form einer Lerngemeinschaft von Subjekten ermöglicht. *Lernen* ist dabei "nicht schon gewährleistet durch das Vorhandensein manifest kirchlicher Inhalte, vielmehr erst durch einen didaktischen Prozeß der Integration von Erfahrungen in den Glauben, bei dem die Aufarbeitung der sich mit Tradition, Sozialisation, Sprache, Institution verbindenden Fragen zu je neuen Erfahrungen führt" (E. Feifel 1975, 355). *Kirchlich* ist diese EB deshalb, weil es zur Kommunikation der Glaubenden als Kirche gehört, gemeinsam darüber nachzudenken, "was Engagement für den Menschen und seine Welt und Verantwortung für die Zukunft des Glaubens bedeutet".

Hinter dieser Form von EB steht das theologisch-didaktische Prinzip der *Korrelation* und d.h. die gleichursprüngliche Beachtung der Menschen als Subjekt *und* der Tradition als Partner des Gesprächs mit eigenem Gewicht. Diese Korrelation zielt auf eine dialektische Bewegung zwischen der Frage, die der Mensch ist, und der Antwort, die Gott ist. Dabei liegen die Dinge durchaus nicht so, wie zuweilen behauptet wird, daß die menschliche Frage die göttliche Antwort determiniert oder umgekehrt, sondern so, daß ein Dialog entsteht, in dem eine *doppelseitige Erschließung* möglich werden kann. Das ist noch etwas anderes als der evangeliumslastige Dialog bei Vogt. EB hat bei Feifel und Exeler die Aufgabe, den *Zusammenhang zwischen den durch säkulare Welterfahrung keineswegs verstummten Fragen nach Sinn und rettenden Antworten des Glaubens aufzudecken.* Das bedeutet, daß EB bei jedem Glaubensinhalt, den sie in eine Problemkonstellation einbringt, gleichursprünglich die Heilsbedeutung dieses Inhalts und die konkrete Erfahrungswirklichkeit der Adressaten bedenkt. Erst dann kann es möglich erscheinen, daß nicht nur heutige Erfahrungen gedeutet und deshalb verstanden werden können, sondern auch, daß im Licht heutiger Erfahrungen *neue* Erkenntnisse des Glaubens aufzuscheinen vermögen.

Wenn wir diese Konzeption unter die "herkömmlichen" einordnen, dann nicht wegen ihrer Strategie, sondern wegen ihrer Beschränkung auf Themen, die im Horizont traditioneller Glaubensbestände abzuhandeln sind.

3.2.2 Erwachsenenbildung als "Sprachschule für die Freiheit"

1962 hatte *Paolo Freire* im Nordosten Brasiliens damit begonnen, der armen und unterdrückten Bevölkerung der indianischen Campesinos im Auftrag und mit der Unterstützung der linksbürgerlich-fortschrittlichen Regierung Goulart im Rahmen einer sog. "Alphabetisierungskampagne" das Lesen und Schreiben, vor allem aber auch das "Sprechen" beizubringen. Das Ziel war nicht nur eine Teilhabe an der Kultur, sondern auch das Wahlrecht für die Indios, das Analphabeten verwehrt war. Der Staatsstreich der brasilianischen Armee von 1964 beendete das erfolgreich angelaufene Projekt abrupt. Freire wurde verhaftet und bald darauf des Landes verwiesen, konnte aber mit Hilfe der UNESCO seine in Brasilien entwickelte Methode in Chile weiterentwickeln und evaluieren (Freire 1973). Das Interessante am Konzept Freires zur Alphabetisierung der indianischen Landbevölkerung ist, daß er Lesen und Schreiben nicht abstrakt aus einem Buchstabensystem heraus zu vermitteln versucht, sondern in einen unmittelbaren Zusammenhang mit dem kränkenden Alltag der Menschen, mit ihren Leiden und Freuden, ihren Ängsten und Hoffnungen, ihrer Arbeit und ihren Arbeitsverhältnissen. Alphabetisierung und Bewußtseinsbildung sind so für Freire nicht zwei verschiedene Dinge, sondern geschehen in einem als zwei zusammengehörige Weisen politischer und kultureller Entfaltung. "*Pädagogik der Unterdrückten*" nannte Freire sein Unternehmen.

Ernst Lange, der unmittelbar daran beteiligt war, Freire für eine Mitarbeit in der Erziehungsabteilung des Ökumenischen Rates in Genf zu gewinnen, war es dann, der das lateinamerikanische Alphabetisierungskonzept für Europa entdeckte und für einen europäischen Kontext fruchtbar zu machen versuchte. Dabei war er sich dessen eingedenk, daß die gesellschaftlichen und zivilisatorischen Umstände hier und da durchaus verschiedene waren. Besonders aufschlußreich sind für uns die beiden 1980 von Rüdiger Schloz in dem Sammelband *"Sprachschule für die Freiheit"* kommentiert herausgegebenen Vorträge "Freizeitgesellschaft. Mehr Freizeit - Chance für unsere Menschen" und "Konfliktorientierte Erwachsenenbildung als Funktion der Kirche", die Lange vor einem erwachsenenbildnerisch interessierten Publikum im Jahre 1972 in Bern erstmals gehalten hatte.

Es geht Lange um die "Kommunikation des Evangeliums" in der Gesellschaft als Geschehen zwischen Tradition und Situation, besser zwischen biblischer Überlieferung und konkreten Menschen als Subjekte im Rahmen gesellschaftlichen Lebens. Kirche versteht Lange in diesem Zusammenhang als *Anwältin* vor allem *der* Menschen, die keine eigene Stimme haben, als *Bewegung*, die dem Bedürftigen zu seinem Recht auf eine selbstbewußte und selbstbestimmte Personwerdung verhilft. Er denkt im europäischen Kontext an Frauen, Kinder, Alte, Randständige, Benachteiligte aller Art und an "Sprachlose", an Menschen also, die unter immer wieder neu produzierten Vorurteilen und Fatalismen leiden. Kirchliche Erwachsenenbildung sieht er da als Instrument zur Korrektur des Herkommens und kränkender Gegenwart. Sie soll sich in Anspruch nehmen lassen, auf die Desavouierten einzugehen, sie in ihrem Ringen um ein würdiges Leben als Ebenbilder Gottes zu unterstützen und Orte der Überwindung inhumaner Zustände zu entwickeln. Zuerst gelte es zu entdecken, wer in der Gesellschaft niedergehalten wird. Ein weiterer Schritt sei es, den Betroffenen ihre Lage bewußt zu machen und Wege zu imaginieren, die ins Freie führen.

Um im Verlauf ihrer bisherigen Lebensgeschichte lernunfähig gewordenen Menschen "die Wiederherstellung ihrer intellektuellen, affektiven und sozialen Kräfte, ihre Chance menschlichen Wachstums" (1980, 123) zu erleichtern, wird es nach Lange in der evangelischen Erwachsenenbildung darum zu tun sein müssen, den unterdrückten Konflikt und seine Folgen zu thematisieren und zum eigentlichen Lernfeld zu machen in der Absicht, die Sprache ganz neu entdecken zu lassen und damit Konflikte konstruktiv austragbar zu machen. Versöhnungsmodelle zu Lasten der Unterdrückten sieht Lange nur noch als untaugliche Mittel an, um Freiheit zu eröffnen.

Kurzgefaßt sind es drei Ziele, die eine EB als Einübung christlicher Freiheit charakterisieren:
- Die Herstellung von Transparenz als Voraussetzung für das Verstehen ökonomischer und politischer Zusammenhänge in der Gesellschaft und für eine angestrebte Mitarbeit an einer aktiven Veränderung.
- Die Ausbildung von Freisinn als Wille zur Wahrnehmung der eigenen Interessen in Richtung auf Befreiung und Mitbestimmung
- Die Erprobung als Freiheit in Aktionen.
- "Eingeschüchterte Menschen lernen nur im Konflikt und am Konflikt. Das gilt vor allem für die, die scheinbar 'ausgelernt' haben: die Erwachsenen." (1980, 123)

Damit sind die wichtigsten Aspekte des Modells beschrieben. Nachzutragen ist nur, daß Lange die Kirche, welche er als Avantgarde der Freiheit in Anspruch nehmen möchte, ebenfalls als Herrschaftssystem erlebt. Deshalb müsse sie, wie andere Systeme durch Konflikte aufgebrochen werden, um wirklich "Kirche für andere" werden zu können. Das bedeutet für Lange die Notwendigkeit, auch die religiöse Dimension des Problems zu bearbeiten, die sich etwa darin zeitigt, daß Theologie und Kirche traditionell etwas gegen Selbstverwirklichung, Autonomie, Glück und Kreativität zu haben scheinen. Das *tertium comparationis* der kirchlichen EB in allen ihren Formen ist für Lange also nicht die Vermittlung theologischen Wissens, sondern der Freiheitsgewinn durch Erwerb von Verhaltenssicherheit, Selbst- und Seinsvertrauen. Traditionelle Inhalte christlicher Tradition treten eher in den Hintergrund. Wichtiger sind Intentionen des Glaubens, wie Gerechtigkeit und Freiheit, und das in gesellschaftlichem Kontext.

Theologie gerät hier unversehens zu einem integrierenden Bestandteil einer emanzipatorischen Gesellschaftstheorie und darin zugleich zur Vollstreckerin der Aufklärung mit den Mitteln christlicher Religion und ihren durchaus uneingelösten Verheißungen der Freiheit.

Ist damit die kränkende Kluft zwischen christlichem Dogma, evangelischer Verkündigung und Erfahrung, die etwa die herkömmliche kirchliche EB charakterisierte, geschlossen? Wir neigen zur Skepsis, und das nicht zuerst im Blick auf das vorgestellte Konzept Langes, sondern eher angesichts von Versuchen einzelner kirchlicher Gruppen, EB im Gegenüber zum kleinbürgerlichen Zuschnitt vieler Gemeinden zu strukturieren. Natürlich ist es richtig, daß Christentum und Kirche im Kontext gesellschaftlicher Gegebenheiten arbeiten und für die kämpfen müssen, die keine Stimme haben, fraglich erscheint es jedoch, wenn die jeweilige Gesellschaft zum *alles* umfassenden Horizont der Wirklichkeit erklärt wird, und Gott bzw. das Evangelium mit gesellschaftlicher Befreiung verrechnet werden. Oder wie anders sollte man Lange verstehen, wenn er die "Bezeugung der Christusverheißung in Wort, Tat und Kirchengestalt" (1980, 129) als Einspruch "gegen des Menschen Selbstzerstörung" (1980, 177) bezeichnet und die Aufdeckung personalen und strukturellen Unrechts als wesentliche Aufgabe von Kirche und Theologie herausstellt. Immerhin weiß Lange, daß gesellschaftliche Freiheit, die erkämpft worden ist, nicht gleich das Heil ist, sondern unter einem eschatologischen Vorbehalt steht. Mit unseren kritischen Feststellungen und Rückfragen möchten wir durchaus keinem politischen Quietismus das Wort reden, weil es ja einfach wahr ist, daß christlicher Glaube ohne gesellschaftliche Praxis für Gerechtigkeit und Freiheit zur Ideologie verkommen würde, aber bessere Verhältnisse sind noch nicht Freiheit im Sinne des Neuen Testaments - wir denken da etwa an Gal 5,1 und 13ff.

Die konfliktorientierte EB hat die Tür aufgestoßen zu einem neuen Verständnis von *Bildung* in der Kirche und von *Erwachsen-Sein* als Fähigkeit von Christen, der Freiheit eine Gasse zu öffnen. Lange ist mit seiner Konzeption kirchlicher EB nicht allein geblieben. In der katholischen Religionspädagogik ist es *B. Uphoff* (1991) gewesen, der EB als Praxis der Befreiung unter den Bedingungen der Postmoderne weiterentwickelte, und *G. Orth* (1990) hat aus ökumenischer und evangelischer Sicht versucht, im Sinne Langes weiterzudenken.

3.2.3 Erwachsenenbildung als theologische Information im Horizont heutiger Erfahrung

Schon zu Beginn der siebziger Jahre hat *R. Leuenberger* davor gewarnt, evangelische EB als einen theologischen Fachbetrieb mit reduziertem und vereinfachten Pensum zu organisieren. So werde nur der "Grund zu einem theologischen Bildungsphilistertum" gelegt (in: Ziegel 1972, 13ff), notwendig sei es aber für den Theologen/die Theologin in der EB, selbst danach zu fragen, was theologische Arbeit zu einer lebensnotwendigen macht. Eine zureichende Antwort auf diese Frage wäre nur dann möglich, wenn der Theologe sich als Partner des Nichtfachmanns erweist und sich mit ihm ganz neu auf den Weg macht, um aus *seiner* Perspektive z.B. die Frage nach Entmythologisierung biblischer Texte ganz neu zu bedenken, weil es in ihr recht eigentlich um die Verstehbarkeit und darin die Möglichkeit des Glaubens überhaupt geht.

EB ist hier bei genauer Betrachtung *Information über grundlegende Tradition* im Horizont heutigen Denkens und Fragens mit dem Ziel, die Relevanz des Evangeliums für heute zu entdecken. In solchem Zusammenhang ist auch von *Franz-Josef Hungs* zu reden (1976), der EB zwischen Katechese als Verkündigung und populärwissenschaftlich-informativer Orientierung ansiedelt. Ziel ist für ihn dabei wie für Leuenberger nicht sogleich der Glaube des Adressaten, sondern seine Erfahrung, die bisherige und die neu zu machende:

"Theologische EB in kirchlicher Trägerschaft ist das religionspädagogische Bemühen, Erwachsene, mögen sie sich nun ausdrücklich zur Kirche bekennen oder nicht- unter Berücksichtigung der alters- und lernspezifischen Eigenart ihrer Erfahrung zu einer christlichen Glaubensreflexion und zu kirchlicher Mitverantwortung bzw. Mitwirkung zu führen." (11) Nicht Theologie im Kleinformat ist hier Intention, sondern eben ein sachliches Bemühen, die je eigene Lebenssituation religiös zu klären. Dabei erhofft sich der Autor weniger Hilfe von der wissenschaftlichen Theologie als direkt von biblischen Zeugnissen.

Das ist alles sehr sympathisch, läßt aber doch danach fragen, wie es z.B. in einer Gruppe von Erwachsenen, die aus ganz verschiedenen Lebens- und Glaubensgeschichten herkommen, möglich wird, zwischen den hier sichtbaren perspektivischen Differenzen und der Aufgabe, neue Erfahrung zu stiften, zu vermitteln. Deutlich ist: EB will für Hungs nicht theologische Information für Neugierige bereitstellen, sondern einen Dialog inszenieren, in dem Theologie und Erfahrung die Partner sind, Theologie und Glaube darüber hinaus auch die Bereitschaft signalisieren, sich aufs Spiel zu setzen. Damit wird EB in kirchlicher Trägerschaft nicht nur grundlegenden Anforderungen aller EB gerecht, sondern auch dem theologischen Grundsatz, daß Wahrheit nicht für immer feststeht, sondern sich im Prozeß konstituiert, in welchem Glaube und Erfahrung miteinander kommunizieren. Darum stehen Evangelium und Glaube nicht gleich zur Disposition, fungieren aber auch nicht als immer schon unbefragbare Wahrheit. Wir stimmen *Christoph Meier* zu, der hier Züge entdeckt, in deren Richtung "weitergedacht werden muß, wenn die EB der Kirche in der Kontinuität ihrer Geschichte und auf der Grundlage des Bestehenden auch für die Gegenwart theologisch wie gesellschaftstheoretisch überzeugend begründet werden soll" (Meier 1979, 69).

3.2.4 Kirchliche Erwachsenenbildung und Gesellschaft - Das Konzept Christoph Meiers
In einer gewissen Nähe zur konfliktorientierten EB Langes, aber auch mit nicht zu übersehenden Unterschieden unternimmt es Christoph Meier, ein Konzept kirchlicher EB zu entwerfen, das vor allem auf die gesellschaftliche Bedeutung eines solchen Unternehmens abhebt. Wichtig erscheint dem Autor vor anderem eine deutliche Distanzierung

vom "differenztheologischen Denkmodell" (1979, 75ff) der Dialektischen Theologie, das Kirche und Theologie auf bemerkenswerte Weise auseinanderdividiert habe. Meiers Gegenthese lautet deshalb, daß kirchliches Handeln in und nicht etwa neben oder über die theologische Begründung hinaus funktional auf die Anforderungen der Gesellschaft bezogen werden. Also nicht *gegen* die Gesellschaft, sondern *in* der Gesellschaft hat kirchliche EB ihren Ort als Form kritischer Solidarität mit der Gesellschaft und ihren Fragen und Nöten, ihren Ungerechtigkeiten und Mißbräuchen und das als "die Darstellung und Vermittlung grundlegender christlicher Werte in kritischer Absicht" (112).

"Funktional" bedeutet für Meier nicht Aufgehen des Christlichen in gesellschaftlichen Verwertungszusammenhängen, sondern die kritische Auseinandersetzung mit diesen. Was die "Methodik" kirchlicher EB angeht, denkt Meier an eine Beteiligung am Zeitgespräch der modernen Bildungsgesellschaft im Rahmen eines kommunikativen Suchprozesses verschiedener Gruppen und Weltanschauungen.

Also keine autoritative Verkündigung und auch keine Einordnung in das gesellschaftliche Selbstverständnis, sondern offenes Gespräch mit den anderen ist kirchliche EB. Das läßt durchaus sich hören, veranlaßt aber dennoch zu Fragen:
- Ist es denn ausgemacht, was das christlich-kirchliche Sinn- und Wertangebot ist?
- Und wie soll das zugehen mit der argumentativen Verantwortung des Christlichen im Kontext einer pluralistischen Gesellschaft?

3.2.5 Jürgen Lott und Henning Luther als Theoretiker kirchlich-theologischer Erwachsenenbildung

Beide Autoren sind Schüler von *Gert Otto* und überdies seiner Formel von der Praktischen Theologie als "Kritische Theorie religiös vermittelter Praxis in der Gesellschaft" verpflichtet. So lenken sie die Aufmerksamkeit der Theologie auf Fragen, die weit über das pfarramtliche und binnenkirchliche Handeln hinausweisen und vor allem jenseits kirchlicher Normvorstellungen von Christsein situiert erscheinen. Nicht direktive Praxis der Vermittlung bekannter Wahrheit heißt die Devise. "Anstatt daß die einzelnen Subjekte aus der Perspektive des Ganzen betrachtet werden, soll Praktische Theologie das Ganze aus der Perspektive der Subjekte wahrnehmen." (Luther 1984, 295) Hier wird mit dem vielbesprochenen Phänomen der sog. "Individualisierung", ja Atomisierung der Gesellschaft (Beck 1986, Schulze 1992) ernstgemacht. Denkt man den Ansatz vor allem *H. Luthers* weiter, muß man von einem wahrhaftigen "Paradigmenwechsel" praktisch-theologischer Arbeit weg von einer deduktiven Vermittlung von "Wahrheit" und hin zum "Subjekt" als Ausgangspunkt der Theorie einer Praxis des Evangeliums in der Gesellschaft reden. Er veranlaßt Luther und Lott zu einer Option für eine "offene Kommunikation" des Glaubens anstelle normativ-deduktiver Vermittlung von Feststehendem und damit für eine Kirche, die von subjektiver Religion her bedacht werden muß.

Für die EB bringt das bemerkenswerte Konsequenzen mit sich. Religion und Glaube sind nicht mehr immer schon in Geltung stehende heilige Tradition *qua deposita fidei*, sondern stets in einem geschichtlich und gesellschaftlich bedingten Prozeß befindliche, gerade jetzt bedeutsame Entwürfe. EB kann folglich nicht die "Übertragung eines bestimmten Kanons religiöser Inhalte" sein, sondern die "Ermöglichung der Teilnahme von Erwachsenen am religiösen Prozeß" (Luther, 60). *Wahrheit im Werden* heißt die Devise. Wie das Evangelium als Depositum zur Disposition steht, so auch die Gemeinde als Lerngemeinschaft im Rahmen eines Überlieferungsprozesses. Im Zentrum der Überlegung steht der einzelne im Zusammenhang einer spezifischen Lebens- und Lerngeschichte und das im Blick auf Kommendes.

Jürgen Lott legt im Zusammenhang mit solchen Überlegungen den Akzent eher auf eine Analyse von Wirkungen der Religion in konkreten Lebensgeschichten (1984, 137), die bewußt gemacht und aufgearbeitet werden müssen im Rahmen einer kirchlichen EB, während Luther seinen Blick eher nach vorne richtet, nach dem, was Glaube und Religion für heute und morgen bedeuten können und sollen.

Es ist deutlich: Streit gibt es bei den genannten Autoren nicht wegen verschiedener positioneller Deutungen von Glauben und Lehre, sondern eher im Blick auf verschiedene Gestaltungen von und Erfahrungen mit Religion, die sich einem bestimmten Entwicklungsstand des religiösen Urteils (Fowler 1992 u.a.) verdanken mögen, bestimmt aber "unterschiedlichen geologische(n) Schichten der Religion, Ablagerungen ungleichzeitiger Entwicklungen" (Luther, 136). Das Ziel der hier ansetzenden Bemühungen ist für Luther aber nicht die Entwicklung des jeweiligen religiösen Bewußtseins hin zu einer inhaltlich definierten Identität zu führen, sondern eine "autonome religiöse Subjektivität". So steht am Ende eines wünschbaren Lernprozesses nicht die gemeinsam das Gleiche denkende und bekennende Gemeinde, sondern die Möglichkeit verschiedener Formen der Realisation von Religion im Kontext bestimmter Lebensgeschichten.

Auch hier erheben sich durchaus Rückfragen wie: Wenn es wahr ist, daß Symbole des Glaubens im Grunde nur dann "leben", wenn sie in größeren sozialen Zusammenhängen akzeptiert werden, fragt es sich, ob es sinnvoll und tunlich ist, einseitig den Akzent auf subjektive Religion zu setzen. Müßte nicht eine Balance zwischen Subjektivität und "Tradition" gesucht werden, die auf der einen Seite davon ausgeht, daß Glaube je geschichtlich und in steter Veränderung befindlich ist, auf der anderen Seite aber auch als christlicher identifizierbar bleibt, weil er sich einer bestimmten Tradition verdankt, die immer auch mehr ist als das Zeugnis vergangenen Glaubens.

3.3 Resümee und Ausblick oder Zur Strategie kirchlicher Erwachsenenbildung
Wir hörten von kirchlicher EB
a) als Bemühung zur Bekehrung im Sinne einer religiös motivierten Lebenswende,
b) von einer Ausrichtung der EB am Lebenslauf und dem sichtbaren Bedürfnis nach Aufklärung der positiven und negativen Bedeutung von Religion,
c) von Versuchen, die Relevanz des Glaubens für verschiedenste Situationen im Dialog zu erweisen,
d) von EB im Sinne engagierten Einsatzes gegen menschenfeindliche Lebensbedingungen in Kirche und Gesellschaft und endlich
e) von EB als Entwicklung religiöser Autonomie.

Unser Rückblick auf einige Entwürfe kirchlicher, bzw. theologischer EB zeigt, daß es durchaus Verschiedenes ist, was da unter EB verstanden wird. Das gilt offensichtlich nicht nur für die *Inhalte*, sondern ebenso für die *Arbeitsformen* und *Zielvorstellungen*.

Was die *Ziele* anbetrifft, denken herkömmliche Entwürfe wie die von Bienert und Dreher/Lang an eine Hebung des Niveaus christlicher Bildung und theologischen Wissens oder an eine Entwicklung der Glaubensreife der Adressaten. Das "Zürcher Modell" von Th. Vogt und V. Weymann, aber auch die Entwürfe von E. Feifel und A. Exeler zielen dagegen auf eine gegenseitige Vermittlung von Glaube und Wirklichkeit bzw. Tradition und Situation im Horizont von Erfahrung. Hinter diesem Begriff von Vermittlung steht das Korrelationsmodell von Paul Tillich. Bei Feifel liegt der Akzent dialogischen Verstehens im Vergleich zu "Zürich" jedoch weniger auf dem Verstehen des einzelnen als auf einer Kirche als *Lerngemeinschaft*. Wesentlich ist es aber für "Zürich" und Feifel, daß nicht auf ein einheitliches und verbindliches Verstehen abgehoben wird, sondern eine Vielfalt von Deuteweisen für möglich, ja sogar für einen Vorteil gehalten wird. Von hier ist der Weg nicht allzuweit zu einer Betonung des autonomen religiösen Subjekts, wie wir es als Zielvorstellung bei H. Luther und J. Lott entdeckt haben. Um die Kommunikation des Evangeliums in der Gesellschaft zwischen Tradition und Situation mit dem Ziel der Befreiung der Unterdrückten und Sprachlosen geht es *E. Lange*. Dabei ist zu beachten, daß sein Kommunikationsbegriff nicht der von J. Habermas ist, der Kommunikation als auf Konsens zielenden Diskurs in einem herrschaftsfreien Raum versteht. Bei Lange steht die Wahrheit vor dem Dialog fest und ist im Grunde nur angemessen bekanntzumachen.

F.J. Hungs und viele andere Autoren, denen es um Information und die Stiftung von weiterführenden Erfahrungen geht, zielen mit ihrer Konzeption auf eine neue Erfahrung erschließende christliche Glaubensreflexion, die im Horizont verschiedener alters- und lernspezifischer Eigenarten ermöglicht werden soll. Am Ende erwartet er sich Mitverantwortung in der Kirche. C. Meier endlich möchte mit Hilfe kirchlicher EB einen verschiedenen Weltanschauungen umfassenden Polylog motivieren, der zu einem gesellschaftlichen Grundkonsens führen soll. Deutlich stehen eher traditions- bzw. institutionszentrierten Entwürfen gesellschaftsbezogene und dann subjektorientierte gegenüber.

Was die *Inhalte* anbetrifft, gilt es zwischen solchen Konzeptionen zu unterscheiden, denen es in erster Linie um eine normativ-deduktive Vermittlung christlicher Tradition zu tun ist, und das in volksmissionarischer Absicht und ohne ausdrückliche Reflexion auf den gesellschaftlichen und lebensgeschichtlichen Kontext, und solchen, für die Tradition und Situation als gleichursprünglich zu bedenkende Inhalte kirchlicher EB gelten, die zu erschließen sind. Unterschiede gibt es aufgrund verschieden akzentuierter Zielvorstellungen. Hierher gehören auch die einem kompensatorischen Verständnis von EB zuzurechnenden Entwürfe von Hungs und R. Leuenberger, welche lebensgeschichtlich bedingte Deutungsmuster zusammen mit wissenschaftsgeleiteten Interpretationen von Tradition als Inhalte der EB beachten. Auch bei Luther, Lott und vielen anderen ist die Tradition irgendwo Inhalt, aber im Zentrum stehen die lebensgeschichtlichen Erfahrungen des einzelnen, die mit Religion in Verbindung stehen und im Horizont einer kritischen Theorie des Subjekts, der Gesellschaft und der

Religion aufgearbeitet, ja abgearbeitet werden sollen. Bei C. Meier liegen die Dinge noch anders. Christliche Tradition im Aggregatzustand individueller und gesellschaftlicher Deutungsmuster sind zusammen mit anders geprägten Verstehensweisen von Religion und Leben Inhalte kirchlicher EB. Schwer fällt es uns bei Ernst Lange, das Interpretationsspektrum zu nennen. Sprachschule für Freiheit fordert einerseits augenscheinlich das Leben unterdrückter Menschen zu thematisieren, dann aber auch eine Kommunikation des Evangeliums.

Es ist an der Zeit, selbst zu optieren, d.h. eine Antwort darauf zu versuchen, welche Konzeptionen kirchlicher EB dem Problemkomplex *Glauben, als Christ in dieser Welt leben, Kirche* unter den Voraussetzungen und Bedingungen einer sog. nachmodernen Gesellschaft am ehesten gerecht werden. Dabei werden wir dessen eingedenk sein müssen, daß es nicht *eine* Konzeption sein wird, die für alle möglichen Adressaten die beste ist.

Wie wir gesehen haben, ist die EB zu einem bevorzugten Thema der religionspädagogischen Bemühung geworden. Sie gilt als Möglichkeit und Vorgang der Bildung im Glauben, als Ort des Glauben-Lernens, als Weg zur Mitverantwortung in Kirche und Gesellschaft, als Ermöglichungsgrund für eine autonome subjektive Religiosität, als Hilfe bei der eigenen Deutung und Bewältigung des Lebens im Licht des Glaubens, als Eröffnung von religiöser Erfahrung und nicht zuletzt als Sprachschule für die Freiheit. Man will in der kirchlichen EB *"vermitteln"*, *"befähigen"*, *"entwickeln"*, *"transformieren"* und *"motivieren"*.

Fast alle vorliegenden Entwürfe haben in irgendeiner Weise auch Anteil an der außertheologischen Diskussion der EB und an dort propagierten Prinzipien der *Freiwilligkeit*, der *Partnerschaft zwischen Lehrenden und Lernenden*, der *Eigenverantwortung* der TeilnehmerInnen bei der Themenwahl, der *Freiheit von allen normativen Zwängen* und der *Subjektorientierung*. So kann z.B. K.E. Nipkow christliche EB als einen Prozeß der Glaubensentwicklung verständlich machen, in dem das "Prinzip der freien Wahrheitsprüfung" beachtet wird und der "das Recht der Sache *und* das Moment der Selbstbildung als Kategorie des Subjekts umfaßt" (1990, 108ff). Im Hintergrund solcher Feststellungen steht der Wille, *theologischen und erziehungswissenschaftlich-anthropologischen* Überlegungen in gleicher Weise Beachtung zu schenken. EB in der Kirche wird folglich zunehmend nicht mehr als eine Art Volksmission mit anderen Mitteln begriffen, sondern als Prozeß, der sich auf "die Wechselwirkung von Glaube-Gesellschaft-Wirklichkeit einläßt" und "deshalb ein reflexiver, dialogischer Vorgang ist, selbstverantwortliches Denken und Handeln voraussetzend und ermöglichend, abzielend auf Selbstbestimmung, Mündigkeit und Identität, Freiheit und Bindung auf dem Weg zur Selbstverwirklichung und zur gesellschaftlichen wie kirchlichen Verantwortung bejahend" (Schlüter 1992, 117).

Angesichts des Gesagten möchten wir auf die beliebte Alternative, hie Tradition und Institution, hie subjektiv verantworteter Glaube verzichten und mich *zwischen* den Fronten ansiedeln. Im Blick auf unsere postmodernen Verhältnisse mit ihrem "Zwang zur Häresie" und umfassenden Individualisierungstendenzen werden wir zwar aufmerksam darüber wachen müssen, daß die autonome religiöse Subjektivität im

Rahmen der EB gewährleistet bleibt *und* angestrebt wird, aber wir werden auch darauf achten sollen, daß kirchliche EB als solche kenntlich bleibt; das auch dann, wenn über vermeintlich dem Evangelium ferne Gegenstände gehandelt wird. Kenntlichkeit wird allerdings nicht am Einsatz bestimmter Texte und normativer Lehren gemessen werden können, sondern eher daran, wie Lehrende und Lernende zusammenarbeiten, ob es jedem möglich ist, seinen Glauben öffentlich zu machen, ohne angefeindet zu werden, und wie versucht wird, das Christliche, die Botschaft von der rechtfertigenden Liebe Gottes, neu und konkret im Frage- und Verstehenshorizont der Adressaten und im Zusammenhang mit einer bestimmten Thematik zu verantworten.

Wichtig in diesem Zusammenhang erscheint uns auch, auf was vor allem R. Englert hingewiesen hat: "So ist es wahrscheinlich, daß eine kirchlich, politisch und von der persönlichen Lebensauffassung her traditionalistisch eingestellte Zielgruppe durch ein Vorgehen, wie es das Entwicklungsmodell von Dreher/Lang vorschlägt, eher eingeladen fühlt, als etwa durch das auf die Transzendierung eingeschliffener Lebensmuster abzielenden Befähigungsmodell von Lott", das vielleicht bei einer Kirche und Glauben entfremdeten Teilnehmergruppe oder im Rahmen von Veranstaltungen, die fragwürdige Folgen kirchlicher Verkündigung aufarbeiten möchten (Gottesvergiftung), angemessen erscheint. Wie immer, kirchliche EB zwischen Tradition und subjektivem Glauben-Können wird darauf aus sein müssen, je die andere Seite, die anderen Zielvorstellungen, Inhalte und Verfahren wenigstens ansatzweise zu integrieren, wenn anders es wahr ist, daß Gemeinde Gemeinschaft von Glaubenden sein möchte, die um ihren Glauben wissen und die sich als Mündige in der Kirche zu Wort melden und handeln können. Jede Einseitigkeit ist deshalb zu vermeiden. Was jeweils zu tun ist, läßt sich nur in konkreter Situation schlüssig bestimmen.

4. Aktionsfelder und Organisationsformen kirchlicher Erwachsenenbildung in Gemeinde, Region und Gesellschaft

Kirchliche EB repräsentiert sich nicht nur in sehr verschiedenen Konzeptionen, sondern geschieht auch in sehr unterschiedlichen Institutionen (Kirchliche Werke, Verbände, Kirchenkreise, Akademien, Ortsgemeinden etc.) und Aktionsfeldern (theologische Bildung/Eltern- und Familienarbeit/Gemeinwesenarbeit/Politische Bildung/Berufliche Qualifizierung, Fort- und Weiterbildung/Seminararbeit an Akademien/Randgruppenarbeit in Strafanstalten/Volkshochschule in der Sparte Religion etc.). Diese verschiedenen Aktionsbereiche bedingen nicht nur wegen der durchaus unterschiedlichen Zielgruppen mit ihren je spezifischen Bedürfnissen und Erwartungshaltungen, sondern auch wegen der Vorstellungen der einzelnen Träger erwachsenenbildnerischer Aktivität eine sorgfältige Auswahl der Thematik und eine ebenso differenzierte Wahl von Arbeitsformen, Arbeitsmitteln und Typen der Vor- und Nacharbeit.

Für alle Aktivitäten gilt das, was das Positionspapier der Deutschen Evangelischen Arbeitsgemeinschaft für Erwachsenenbildung (DEAE) aus dem Jahr 1983 "Evangelische Erwachsenenbildung - ein Auftrag der Kirche" in folgende Worte gefaßt hat: "Im Dienst persönlicher Lebensgestaltung und gemeinsamer Weltverantwortung sucht evangelische

Erwachsenenbildung die Verbindung von Glauben und Wissen, ausgehend vom Alltag, der Lebenswelt und Lebensgeschichte ihrer Teilnehmer." Vielleicht sollten wir noch ergänzen "und mit dem Ziel, ihre Adressaten auf dem Weg zu religiöser und sozialer Mündigkeit zu fördern und je neu zu motivieren".

4.1 "Theologische Bildung"

In diesem von allen Trägern in irgendeiner Weise bedachten Bereich kirchlicher EB geht es in der Regel um ein Kennen- und Verstehenlernen christlicher Tradition und um Reflexion des Glaubens im Horizont heutiger Lebenswelt. Dabei konkurrieren nach wie vor *normativ-deduktive* Formen, die lehrhaft und im Grunde "hierarchisch" mit Ausschließungstendenzen und kritikresistent daherkommen, mit solchen, die sich einem Interdependenz- und Dialogmodell verschrieben haben, in dem heutige Welterfahrung und christliche Tradition im Horizont wissenschaftlicher Forschung oder aber bestimmter Glaubensformen gleichursprünglich bedacht und füreinander erschlossen werden.

Werden Bibel und Glaubenslehre in deduktiver EB als sich in "Sätzen" repräsentierende unveränderliche Offenbarung verstanden, mit denen der Mensch "von außen" konfrontiert wird und die es zu akzeptieren gilt, so bestimmt das Interdependenzmodell das Verhältnis von Tradition und Glaube als einen offenen Prozeß, an dessen Ende erst Wahrheit für heute ausformuliert wird, und das als Wahrheit je für "mich". Deduktiven Entwürfen gegenüber geben Vertreter des Prozeßmodells zu bedenken, daß durch ihr statisches Verständnis von Offenbarung der Glaube in einem unbilligen Positivismus erstarre und im Grunde zur Ideologie ohne Relevanz verkomme. Nicht um "richtige" Darstellung von Lehre oder wissenschaftlichen Ergebnissen gehe es, sondern um die Eröffnung eines Dialogs zwischen einem von einer Gruppe für wichtig erachteten Inhalt christlichen Glaubens und bestimmten Erwachsenen im Horizont bestimmter Situationen, in dem es ein lebendiges Hin und Her von Fragen und Antworten in beiden Richtungen gibt. Alle TeilnehmerInnen an solchen Veranstaltungen tragen eine wesentliche Verantwortung nicht nur für den Prozeßverlauf, sondern auch für die in Frage stehende Bedeutung eines Inhalts für Leben und Denken in einem bestimmten gesellschaftlichen und lebensgeschichtlichen Kontext. Das ist so, weil die TeilnehmerInnen nicht nur zum "Hören" in eine Veranstaltung kirchlicher EB kommen, sondern auch darum, weil sie ihre Erfahrungen mit Welt und Gott, ihr Wahrheits- und Wirklichkeitsverständnis, ihre Erwartungen und Befürchtungen einbringen wollen und sollen. Der so aktiv mitarbeitende Erwachsene ist kein unmündiger und zu belehrender Zeitgenosse, sondern "eine Größe eigener Art, unauswechselbar und unentbehrlich" (Vogt 1985, 26). *Themen und Texte der Tradition* gewinnen ihre Bedeutung nicht aus einer ewigen "Systematik", sondern müssen sich im offenen Gespräch bewähren, wenn sie Bedeutung gewinnen wollen für "eigenen" Glauben und eigenes Handeln. Neben Texten der Bibel und Sätzen der Glaubenstradition spielt im Aktionsfeld theologische Bildung auch *Theologie* eine Rolle, wie sie sich in der Universität, an Fachhochschulen und in der Arbeit theologischer Gesellschaften zeitigt. Zu denken ist in diesem Zusammenhang an "Kurse für Nichttheologen" über exegetische, historische, systematische und praktische

Probleme theologischer Arbeit. Auch hier kann es sich nicht um bloße Information von oben nach unten handeln, sondern um Versuche, Theologie "in statu nascendi" vorzustellen und im kritischen Dialog mit Rückfragen und Relevanzkritik zu bewähren.

4.2 "Eltern- und Familienarbeit"

Die Familie hat in der modernen Gesellschaft seit der Industrialisierung im 19. Jahrhundert eine Funktion nach der anderen verloren. Wir denken an die Berufsausbildung, die Partnerwahl für die nachwachsende Generation, die soziale Vorsorge, die Fürsorge für die Alten, die politische Sozialisation, die Einführung in die angestammte Religion etc.; geblieben ist der Familie allerdings eine wichtige Aufgabe: Die Ausbildung der soziokulturellen Persönlichkeit der Kinder. Gerade hier gibt es aber Probleme, die nicht nur aus der Ahnungslosigkeit und Unsicherheit vieler junger Eltern resultieren, sondern auch aus dem Tatbestand der Berufstätigkeit beider Elternteile und aus dem Fehlen jeglicher Anleitung während des eigenen Heranwachsens.

Mitte der sechziger Jahre traten sog. Familienbildungsstätten, "Mütterschulen" und Veranstaltungen der Elternbildung in der Trägerschaft von Kirchenkreisen oder Regionalverbänden auf den Plan und versuchten Angebote zu generieren, welche in Möglichkeiten frühkindlicher Erziehung im Kontext psychologischer und sozialer Voraussetzungen einführten, zu Fragen religiöser Kindererziehung Stellung nahmen, aber auch praktisch-handwerkliche, pflegerische, hygienische und ernährungswissenschaftliche Themen aufgriffen. Die meisten TeilnehmerInnen bei solchen Kursen sind Frauen. Das gilt auch für Angebote eher religiösen Inhalts z.B. für Konfirmandeneltern (Materialien zur Elternbildung 1-3, 1974ff). In diesen Zusammenhang gehören auch Bemerkungen zu dem, was W.E. Failing (1987, 219ff) als "Familienoffene Gemeindekultur" bezeichnet hat. Er denkt an Feste und Feiern in noch tragenden Sozialgemeinschaften, zu denen auch die eine oder andere Kirchengemeinde zählt, die es vermag, den Rahmen der Kleinfamilie zu sprengen. Anlässe zu einer neuen Festkultur gibt es sowohl im jahreszeitlichen Rhythmus (Erntedankfest, Advent, Ostern ...), als auch im Zusammenhang mit "familienbiographischen Knoten- und Übergangspunkten" wie Taufe, Aufnahme in den Kindergarten, Schulanfang, Konfirmation. Könnte es nicht möglich sein, familienzentrierte Bedürfnisse und kirchliche Sinngebung miteinander zu verschränken?

Und wie steht es mit der Gestaltung des Sonntags in und mit der ganzen Gemeinde? Zu denken ist in diesem Zusammenhang an thematische Spiel- und Lerneinheiten mit integrierter Elternarbeit, wie sie z.B. W. Longardt beschreibt (1978, 33ff). Zu beachten sein wird es dabei, daß unsere volkskirchlichen Gemeinden nicht aus einem Guß sind (Matthes 1975), sondern neben einer sog. Kerngemeinde, die für viele andere Gruppen nicht selten wenig anziehend erscheint, kirchlich distanzierte Familien und solche, welche die Kirche wie einen Verein betrachten, von dem sie gemeinschaftsstiftende und erzieherische Aktivitäten erwarten, umfaßt. Die Letztgenannten kommen z.B. zu Veranstaltungen, bei denen ihre Kinder teilnehmen. Zu denken ist an Spielplatzaktionen, Kinderfeste, Familiengottesdienste. Von hier kann der Weg zu einer teilnehmernahen Eltern- und Familienbildung führen mit Themen wie "Erziehung unserer Kinder - nur

Erziehung zur Leistung?", "Die Rolle des Vaters in der Erziehung", "Ängste unserer Kinder", "Was glauben wir eigentlich?" und ähnliche. Denkbar sind auch gemeinsame Veranstaltungen mit Jugendlichen und Eltern zum Thema "Meine Kinder sollen es besser haben ... wie Jugendliche und Erwachsenen darüber denken."

Es ist wohl kaum notwendig, darauf hinzuweisen, daß für alle solche Vorhaben nicht nur eine kreative und lebendige Gemeinde gehört, sondern auch einiges an professionellem Wissen, das in der Regel Pfarrern und Pfarrerinnen fehlt. Dabei denken wir nicht an eine separierte Fachlichkeit in dem und dem Gebiet (religiöse Kindererziehung, Entwicklungspsychologie, Familiensoziologie, Glaubenswissen für Eltern etc.), sondern an eine Arbeit, die begleitenden Angebotscharakter für konkrete Gruppen bei sich hat und "frei (ist) von unmittelbaren Rekrutierungsabsichten" (Failing, 220). Ziel solcher Veranstaltungen ist nicht Werbung, sondern Begleitung laufender Prozesse, z.B. in den Bereichen religiöses Lernen von Kindern und Jugendlichen, Beratung, Anregung und nicht zuletzt Bewußtseinsbildung in einem auch heute noch oft tabuisierten Bereich des Lebens und Denkens: im Bereich des Glaubens.

Bei all dem sollten wir nicht vergessen, daß der jahrhundertealte Bund zwischen Familie und Kirche nicht mehr besteht, aber dennoch Erwartungen auch kirchenferner Menschen bestehen im Blick auf Kirche und auf Kinder.

4.3 "Politische Bildung - Gemeinwesenarbeit"

Politische Tagesprobleme und gesellschaftliche Verhältnisse sind ein Feld kirchlicher EB nicht deshalb, weil auch die Kirchen eine politisch-gesellschaftliche Dimension besitzen, ja sogar als eine abhängige Variable gesellschaftlicher Verhältnisse verstanden werden können, sondern deshalb, weil der christliche Glaube sich nicht zuletzt in den Bereichen des Politischen und Sozialen bewähren muß. Das gilt nicht nur für das eine oder andere Industriepfarramt, das in Zusammenarbeit mit Gewerkschaften oder Arbeitgebern versucht, vom Evangelium her Kriterien und Perspektiven, Handlungsmotivation und Strategien zum Wohl von Menschen zu entwickeln, auch nicht allein für eine kirchliche Sozialakademie oder für die Lehrlingsarbeit im Rahmen evangelischer Akademien, sondern im Grunde für jede Gemeinde, die ihren Ort in einem bestimmten Dorf oder einem bestimmten Stadtquartier hat und dort mit bestimmten Problemen der Menschen konfrontiert ist. Ausgangspunkt für entsprechende Angebote im Rahmen der EB sind nicht bestimmte politische Programme oder Gesellschaftstheorien, sondern die Alltagserfahrungen, "die als problematisch erlebt werden und deshalb manifeste oder latente, artikulierte oder verschwiegene Klärungsbedürfnisse erzeugen." (Buttler 1980, 13f; Lott 1984, 49ff) Wir denken in diesem Zusammenhang zum Beispiel
- an Bedürfnisse nach Orientierung angesichts sozialer Ereignisse wie Massenarbeitslosigkeit, Tarifverhandlungen, Rationalisierung, Strukturprobleme bestimmter Wirtschaftszweige, Frauenlöhne im Zusammenhang mit mangelhafter Transparenz des Geschehens und unzureichender Fähigkeit, Informationen ökonomischen und gesellschaftspolitischen Inhalts selbst zu verarbeiten;
- an das Bedürfnis selbstverantwortlich zu handeln angesichts vielfältiger Erfahrung der Entmündigung und offensichtlicher Ohnmacht;

- an das Bedürfnis nach authentischer Erfahrung von Solidarität und Gemeinschaft im Gegenüber erlittener Vereinsamung und Isolation;
- an Konflikte im gesellschaftlichen Kontext von Betrieb und Verwaltung, die ohne eine Möglichkeit, die eigenen Interessen angemessen wahrzunehmen, "gelöst" wurden;
- an das Verhältnis junger und alter Menschen zueinander angesichts eines Konkurrenzverhältnisses im Blick auf Wohnung und Lebensstil.

Ziele, die in solchen Zusammenhängen zu erstreben sind, wären:
- politische und soziale Verhältnisse durchschauen und verarbeiten können;
- Haltungen, Einstellungen und Verhaltensmuster erwerben, die es erlauben, Konflikte zu bewältigen, eigene und fremde Interessen zu verstehen und zu vertreten;
- "Kommunikative Kompetenz" erlangen;
- Handlungsformen kennen und erproben.

Ausdrücklich ist in solchen Zusammenhängen darauf hinzuweisen, daß Handlungskompetenz nicht dadurch erlangt werden kann, daß wir z.B. biblische Tradition und gesellschaftliche Situation "kurzschließen". Vor einer theologischen Reflexion bedarf es hier einer kritischen Analyse des in Frage stehenden Problems mit Hilfe von Fachleuten, die sich eines sozialwissenschaftlichen Instrumentariums bedienen können. Dann erst kommt die theologische Reflexion mit Hilfe sozialethischer Kategorien mit dem Ziel der Entwicklung von Strategien für eine Veränderung z.B. gesellschaftlichen Leidens.

Nach wie vor wichtig erscheinen uns in diesem Feld Beispiele, die H.E. Bahr und R. Gronemeyer (1974) vorgelegt haben. Solche EB kann auch politische Aktion bei sich haben und nicht zuletzt Projektarbeit mit dem Ziel konkreter Abhilfe. Hauptziel ist in allem die Fähigkeit der TeilnehmerInnen, zu erkennen und dann auch zu verwirklichen, was Verantwortung von Christen im Kontext gesellschaftlich-politischer Wirklichkeit bedeutet.

4.4 "Berufliche Qualifizierung, Fort- und Weiterbildung für haupt- und nebenamtliche MitarbeiterInnen der Kirche"

Die Ausbildung von GemeindepädagogInnen stellt ein Feld kirchlicher EB dar und gehört deshalb in den hier zu verhandelnden Zusammenhang. Schon in unseren Beiträgen zur *Gemeinde* und zur *Gemeindepädagogik* in diesem Band ist deutlich geworden, daß unsere Gemeinden in Stadt und Land zwar der Ort mannigfacher religionspädagogisch zu verantwortender Aktivitäten sind, die Arbeit aber in der Regel von Professionellen geleistet wird, die Erwartungen der Gemeinde zu erfüllen versuchen. *Gemeindepädagogik* scheint deshalb je länger je mehr in erster Linie die Arbeitstheorie eines neuen Berufsstandes in der Kirche zu sein oder doch zu werden: des Gemeindepädagogen/der -pädagogin, der/die für die pädagogischen Aufgaben im Rahmen des Pfarramtes zuständig ist. Wer die Entwicklung dieses Berufsstandes und des entsprechenden Berufsbildes, angefangen bei der von der Arbeitsgruppe für Bildung, Erziehung und Ausbildung für die EKD-Synode Frankfurt 1971 vorgenommene Neuvermessung des kirchlichen Ausbildungswesens (Hessler 1972) über Erhebungen des

Fachausschusses 2 des Bildungspolitischen Ausschusses der EKD (1977) und die "Empfehlungen zur Neuordnung des Verhältnisses der Dienste in der Gemeinde" (Gemeinsame Kommission von Arnoldshainer Konferenz und VELKD 1977) bis hin zu den kritischen und weiterführenden Beiträgen im "Forum Gemeindepädagogik" (Gossmann/Kaufmann 1987) aufmerksam betrachtet, kann nicht nur von einem auffälligen Trend zur Professionalisierung der pädagogischen Bereiche der Gemeindearbeit vor allem in den siebziger und frühen achtziger Jahren reden, sondern auch von einer zunehmenden Angst der Kirchenleitungen, die Fülle der TheologiekandidatInnen nicht mehr unterbringen zu können. Wie immer, zuerst wurden aus Höheren Fachschulen für Sozialarbeit und Sozialpädagogik und Seminaren für die Gemeindearbeit *Fachhochschulen* mit religionspädagogischen Fachbereichen, die für Kirche und Schule KatechetInnen ausbildeten. Daneben entstanden Fernstudiengänge für EB und für Religionspädagogik, die ebenfalls von Männern und Frauen in Anspruch genommen wurden, die Arbeit im pädagogischen Feld der Kirchen im Auge hatten. Gottfried Buttler hat diese Entwicklung zuverlässig dargestellt (Kratzert 1978, 194ff). Die Quintessenz ist die Feststellung, daß die beschriebene Entwicklung die Reaktion auf neue Aufgaben in der Gemeinde darstellen, die im nachhinein durch neuartige Ausbildungsgänge und ein neues kirchliches Beschäftigungssystem die Erfordernisse der Praxis des Evangeliums einzuholen versuchte. Dabei ist nicht zu übersehen, daß der Pfarrermangel der siebziger Jahre und die durchaus mangelhafte Ausbildung der TheologInnen in Sachen Religionspädagogik eine hohe Motivation für Neues darstellte. Inzwischen ist an der Stelle des Mangels ein Überfluß von TheologInnen zu verzeichnen, welcher die in den achtziger Jahren hervorgehobene notwendige Differenzierung der kirchlichen Dienste wieder in Vergessenheit geraten läßt und nur noch eine bessere religionspädagogische Ausbildung der TheologInnen fordern heißt.

M.E. bleibt es aber wahr, was G. Buttler (a.a.O., 201) im Blick auf eine notwendige Differenzierung der Dienste in der Gemeinde ausgeführt hat: "Wenn Kirche differenziert qualifizierte Mitarbeiter will, muß sie selbst eine differenzierte Mitarbeiterausbildung betreiben und die Konzeption einer solchen erarbeiten." Wahr bleibt auch, daß die Konzeption einer Ausbildung als Gemeindepädagoge/-pädagogin nur dann sinnvoll ist, wenn eine auf eine bestimmte Berufstätigkeit hinführenden Grundausbildung und eine auf erfahrene Berufspraxis sich zurückbeziehende Fort- und Weiterbildung aufeinander bezogen und einander zugeordnet werden. Dabei wird zu beachten sein, daß auch im Rahmen der Grundausbildung begleitete Praktika den Bezug zur Praxis gewährleisten. Nach Abschluß der Grundausbildung mit ihren theologischen, pädagogischen, humanwissenschaftlichen und praktischen Ausbildungsteilen sollten nicht nur die praxisfähigen "MitarbeiterInnen" des Pfarrers/der Pfarrerin stehen, die weisungsgebunden ihren Dienst in der Gemeinde aufnehmen, sondern die TeammitarbeiterInnen mit eigenen Kompetenzen und eigenen Verantwortungsbereichen, die sie in Zusammenarbeit mit anderen Diensten (PfarrerIn, Diakon, OrganistIn, etc.) und mit den gewählten Gremien, die andere Bereiche der Gemeindearbeit bedienen, bearbeiten.

Der Bereich der GemeindepädagogInnen umfaßt dabei zumindest Teile des kirchlichen Unterrichts, die Jugendarbeit, klar abzugrenzende Bereiche der Erwachsenen- und Elternbildung, die Erziehungsberatung, die MitarbeiterInnenschulung für nebenamtliche MitarbeiterInnen, um nur die wichtigsten Aufgaben zu nennen.

Es wäre nun noch Näheres über die MitarbeiterInnen-Fort- und -Weiterbildung und zu Weisen der Teamarbeit auszuführen. Wir lassen das aus Platzgründen weg.

4.5 "Akademiearbeit"

"Akzeptiert sich die Kirche als Teil der Gesellschaft, bedarf sie entsprechender Strukturen und Institutionen. Sie kann nicht auf dem Ausschließlichkeitsanspruch der Parochie bestehen" (Nüchtern 1991, 71). Zu den Institutionen der Kirche, die spezifisch "gesellschaftlich" wirken wollen, gehören die Akademien, die es als ihre Aufgabe sehen, Begegnungen zwischen Gruppen in der Gesellschaft zu ermöglichen, die sich fremd oder gar feindlich gegenüberstehen. Darüber hinaus wird in der Arbeit der Akademien auch eine Möglichkeit gesehen, Kirche und Gesellschaft auf einem gleichsam "neutralen" Boden miteinander ins Gespräch zu bringen. Der Stil solcher Begegnungen ist in der Regel nicht die Belehrung oder gar Bekehrung, sondern die gemeinsame Suche nach Maßstäben und Perspektiven für heute und morgen. Dazu kommen die Möglichkeiten mehrtägigen Zusammenseins unter einem Dach, des persönlichen informellen Gesprächs, der Auseinandersetzung zwischen sehr verschiedenen Standpunkten und das Klima gemeinsamen Gast-Seins. Nicht zu vergessen sind Angebote spirituellen Lebens.

Wichtige Gegenstände der zielgruppenorientierten Akademiearbeit sind aktuelle Probleme der Gesellschaft (das Verhältnis zwischen den Generationen; die ökologische Frage; das Verhältnis von Kapital und Arbeit; die Arbeitslosigkeit - ihre Gründe und ihre Bewältigung; die Demokratie zwischen Anspruch und Wirklichkeit; die Medien, ihre Möglichkeiten, Gefahren und Grenzen; die Krise der politischen Parteien; die Fremdenfeindlichkeit; der Neonazismus in der Gesellschaft; Europa und seine Völker; das Verhältnis von Staat und Kirche; die Bildungsmisere etc.), Fragen von Berufsständen (Polizei, BerufsbeamtInnentum, LehrerInnen, Berufe des Rechts), Schwierigkeiten bestimmter Problemgruppen in der Gesellschaft etc. Dabei geht es den Akademien nicht nur um gediegene Information, sondern auch um sorgfältige Analyse aktueller Konfliktbereiche und um offene Diskussion auch unter Gegnern bei jeweiliger Ernstnahme aller Kontrahenten. Das geschieht in den Akademien in der Überzeugung, daß die christliche Tradition und die sie reflektierende Theologie für die jeweils anstehenden Probleme im Streit um die Wirklichkeit etwas beizutragen haben.

Wie immer, im Zentrum der Tagungsarbeit der Akademien steht die Lebenswirklichkeit des Menschen, die immer wieder dazu beiträgt, daß die christliche Verkündigung Nähe zu Alltagsfragen gewinnt, und dazu zwingt, sich je neu auf die anwesenden Menschen und ihre Sprache einzulassen, um gerade so Orientierung und Vergewisserung aus den Quellen des Glaubens anbieten zu können. M. Nüchtern legitimiert die Arbeit der Akademien auf eine doppelte Weise:

Einmal zeigt er, daß die "Gelegenheiten der Welt" "das Spielfeld der christlichen Wahrheit" sind, auf dem, wenn überhaupt, ihre Relevanz sichtbar werden kann, und zum anderen macht er darauf aufmerksam, daß nur dann, wenn die Kirche sich entsprechende Strukturen und Instrumentarien schafft, Gelegenheiten, welche zum Dienst an der Gesellschaft zu entdecken befähigen, auf diesem Feld angemessen gearbeitet werden kann.

Nicht vergessen dürfen wir, daß die Akademien nicht bei sich selbst blieben, sondern schon in den sechziger Jahren auch außerhalb ihrer Mauern Aktivitäten von EB motivierten: Hauskreise, Akademiearbeit in Kirchengemeinden und Kirchenkreisen, der es um eine Vertiefung von Gelerntem geht, Planungsgruppen für neue Aktivitäten etc. So kann man sagen, daß die Akademiearbeit den Kirchen den Zugang zu gesellschaftlichen Gruppen erschloß, die dem Glauben und dem Christentum längst entfremdet waren. Auf diese Weise gewannen die Kirchen auch wieder Anschluß an gesellschaftliche Probleme, die ihr in der langen Geschichte gesellschaftlicher Entfremdung fernlagen.

4.6 Mitarbeit an örtlichen Volkshochschulen

Die Volkshochschulen sind nach ihrem Selbstverständnis politisch und religiös "neutral". Eine Mitarbeit ist dennoch an vielen Orten möglich, ja sogar erwünscht. Inhaltlich handelt es sich bei dieser Mitarbeit in der Regel um die Behandlung historischer Themen z.B. der Orts- oder der Landesgeschichte im Zusammenhang mit Kirche und Religion oder um die Darstellung allgemein-interessanter Probleme z.B. der Bibelauslegung, des Verhältnisses von Christentum und Religionen oder der Diakonie. Auch religionspädagogische Themen werden gewünscht: Religiöse Kindererziehung in der Familie; Religionsunterricht in der Schule; Was Kinder fragen etc. Ziel solcher und ähnlicher Veranstaltungen ist nicht Bekehrung oder Glaubenslehre, sondern Urteilsfähigkeit der Teilnehmer in Sachen Religion als Voraussetzung einer angemessenen Wahrnehmung des Grundrechts auf Religionsfreiheit und darin Bildung (Iber 1983, 418ff).

In den Zusammenhang der Volkshochschularbeit gehören auch Bemühungen der sog. Heimvolkshochschulen in kirchlicher Trägerschaft, die sich an Menschen richten, welche ihre Schul- oder Berufsausbildung ergänzen oder erweitern möchten oder sich auf eine bestimmte Aufgabe in Kirche und Gesellschaft vorbereiten wollen. Das Christliche ist hier in der Regel nicht definierbar, sondern betrifft die Gestaltung des Zusammenlebens, Gesprächs- und Aktionsangebote, die Gestaltung der Freizeit und nicht zuletzt das "Klima" des Hauses.

5. Zur Didaktik und Methodik kirchlicher Erwachsenenbildung

5.1 Zu didaktischen Grundstrukturen

Für lange Zeit war es allein die *Praxis*, welche kirchliche EB prägte. Theorie folgte erst in den siebziger Jahren unseres Jahrhunderts. Das besagt allerdings nicht, daß die VeranstalterInnen nicht doch bestimmte Vorstellungen von dem gehabt hätten, was zu tun war. Theologisch und pädagogisch reflektierte Bemühungen gibt es jedoch in der Praktischen Theologie erst im Zuge der Entwicklung staatlicher Bildungspolitik, welche dazu führte, die EB als wichtige Aufgabe staatlicher Daseinsfürsorge zu entdecken. Jetzt war man in Kirche und Theologie dazu gezwungen, wollte man an den zur Verfügung stehenden Subventionen teilhaben, nicht nur über die Themenwahl für ausgewählte Gruppen der Gemeinde klar zu werden, sondern es wurde Zeit, sich für weitere Kreise von Ansprechpartnern zu interessieren und danach zu fragen, was Erwachsene angesichts der aktuellen gesellschaftlichen Verhältnisse fragten und meinten. Problematisch wurden auch der Arbeitsstil, die Organisationsform, das Bildungsverständnis und nicht zuletzt das Ausbildungsprofil derer, die in der EB der Kirche tätig waren.

Auf keinen Fall konnte man einfach im Stil volksmissionarischer Veranstaltungen des Herkommens weitermachen. Zumindest bedurfte es jetzt neben einer traditionellen Männer- und Frauenarbeit und neben den herkömmlichen Bibelstunden einer gesellschaftsbezogenen kirchlichen EB, die sich als Beitrag der Kirche *für alle* verstehen wollte. Wie das Verhältnis dieser beiden Formen von "EB" bestimmt werden sollte, blieb noch lange unklar.

Beim Versuch, dieses Problem zu lösen, haben sich, wie G. Strunk (1982, 180) gezeigt hat und wie die DEAE in ihrem Grundsatzpapier aus dem Jahr 1983 "EB - ein Auftrag der Kirche" bestätigt, vier Prinzipien herauskristallisiert, die für alle Formen kirchlicher Arbeit für und mit Erwachsenen hinfort verpflichtenden Charakter besitzen:
- Inhaltlich-thematische Fragestellungen sind aus der Alltagswelt der jeweiligen Adressatengruppe zu gewinnen.
- EB jeder Art steht in der Pflicht, mehrdimensionales Lernen zu fördern, das neben orientierender Aufklärung Erfahrungsverarbeitung, Formen sozialen Lernens und nicht zuletzt pragmatisches Lernen in Richtung auf Handlungsfähigkeit umfaßt.
- Kirchliche EB gibt es in verschiedenen Ausformungen, die aber in einem System ihren Ort haben müssen, schon um unfruchtbare Konkurrenz zu vermeiden.
- Kirchliche EB ist Teil eines plural verfaßten Systems. Das bedeutet nicht den Verzicht auf kritische Durchmusterung dieses Systems, aber doch wohl eine kritische Solidarität.

Folgt die kirchliche EB diesen Prinzipien und ist sie von dem Interesse bestimmt, "das Evangelium als helfende und befreiende Botschaft in die Bearbeitung alltäglicher Problemstellungen einzubringen", bedeutet das eine Option sowohl für die Adressaten und ihre Lebenswelt als auch dafür, die Erfahrungen der TeilnehmerInnen an kirchlicher EB in ihrem gesellschaftlichen und lebensgeschichtlichen Kontext mit dem, was sie mit Gott und dem Glauben erlebt und erfahren haben angemessen zu konfrontieren. Das wird zur Folge haben, daß die Inhalte kirchlicher EB im Grunde in doppelter Weise durch die TeilnehmerInnen konstituiert werden: durch ihr Leben im Alltag und ihren Glauben oder Unglauben, der diesen Alltag deuten läßt. Erst so kann es sinnvoll und möglich erscheinen, eine AdressatInnengruppe noch mit anderen Deutungen von Welt, Mensch und Gott zu konfrontieren und damit ein Angebot zu machen für neue Erfahrung mit der Erfahrung, eine Neuklärung von vermeintlich schon Gewußtem.

Was die *Lebensweltorientierung* und die verschiedenen denkbaren Zielgruppen anbelangt, bedarf es jetzt noch einiger Klärungen: Lebensweltorientierung bedingt eine Didaktik, die *gleichursprünglich* und gleich intensiv sowohl die Inhalte und die mit ihnen verbundenen Intentionen und Methoden als auch die Adressaten mit ihren

speziellen Erfahrungen, Erwartungen und nicht zuletzt Motivationen bedenkt. Eine lebensweltorientierte Didaktik wird also Abschied nehmen müssen von Modellen, die immer schon wissen, was gelehrt werden muß, und im Grunde nur noch danach fragen, *wie* das an Mann und Frau gebracht werden kann. D.h. grundsätzlich: Didaktische Arbeit beginnt so mit der Zielgruppe und ihren bildungsrelevanten Merkmalen (Lebens- und Lerngeschichte, Motivation, Fragen; kognitive und kommunikative Kompetenz; Glaubensverständnis, Frömmigkeitstyp etc.). Mögliche *Zielgruppen* sind:
- Gruppen mit religiösen Bedürfnissen.
- Gruppen von Männern und Frauen, die theologische Information suchen.
- Gruppen, die Fragen haben, welche berufs- bzw. gesellschaftspolitischen Bereichen des Lebens entstammen.
- Gruppen von Menschen in besonderer Lebenslage (alleinerziehende Väter und Mütter, Arbeitslose, Eltern mit kleinen Kindern, Menschen aus Sanierungsquartieren etc.).
- Gruppen von Menschen, die einer bestimmten Lebensphase angehören oder geschlechtsspezifische Probleme haben.
- Gruppen, die in der Gemeinde Verantwortung tragen wollen.

In jedem Fall gilt es da, die jeweilige Thematik einer Veranstaltung oder einer Reihe von Unternehmungen unter Beachtung des gesellschaftlichen und lebensgeschichtlichen Kontextes und der bekannten Bedürfnisse der Gruppe sorgfältig zu eruieren, zu strukturieren und für Lernprozesse zu reflektieren. Dann erst wird es möglich sein, mit einer konkreten Gruppe bestimmte Inhalte, Ziele und Lehr-/Lernverfahren auszuhandeln.

Hinter dieser Abfolge der Vorbereitung von EB-Veranstaltungen steht die theologische Einsicht, daß Glaubensaussagen in bestimmten Situationen entstanden sind und deshalb am besten auf entsprechende Situationen hin neu zur Sprache gebracht werden können, und die pädagogische Erkenntnis, daß ein Lernerfolg im Grunde nur dann möglich erscheint, wenn eine lebensgeschichtlich begründete Lernmotivation vorliegt. Das wird aber am ehesten dann der Fall sein, wenn wir "jene Erfahrungen, Anforderungen und Schwierigkeiten der Erwachsenen zum Gegenstand des Lernens ... machen, mit denen sie aufgrund ihrer propädeutischen Bildung und Lebenserfahrung nicht oder nur unzulänglich fertig wurden" (Strunk 1980, 35f). Das bedeutet für die Planung und Durchführung von EB ein Fünffaches:
- Die Übersetzung in Erfahrung gebrachter Probleme in Lernimpulse, Lernaufgaben und Problemstellungen im Zusammenhang eines Reduktionsprozesses, der auf Lernen bezogen ist;
- die Schaffung einer Lernsituation unter Beachtung der institutionellen und strukturellen (Zusammensetzung der Gruppe, Lerndauer, Ziele des Veranstalters/der Veranstalterin und der TrägerInnen) Bedingungen;
- Motivation für eine Beteiligung aller an allen Teilprozessen;
- Vermittlung von Verwendungssituationen für zu Lernendes;
- Sorge für eine Integration der Gruppe und ein gutes Gruppenklima.

5.2 Zum Stil kirchlicher Erwachsenenbildung und zu wichtigen Methoden

Organisationsstrukturen, Lehr-/Lernstile und Methoden sind integrierende Faktoren didaktischer Arbeit. Nicht selten sind sie es gerade, die über Erfolg und Mißerfolg einer Veranstaltung der EB entscheiden (vgl. zum Problem DEAE 1980, 68-82; Grom 1976; Fiederle 1975; Ev. Arbeitsstelle Fernstudium für kirchliche Dienste; Vogt 1985). Es kann hier nicht unsere Aufgabe sein, die verschiedenen Möglichkeiten methodischer Gestaltung von EB hier breiter auszuführen, möglich ist aber ein Hinweis darauf, daß wir vor allem solche Verfahren genauer ansehen sollten, die TeilnehmerInnen zu aktivieren erlauben und ihnen ein hohes Maß an Selbstbestimmung gewähren. Wir denken z.B. an Gesprächsmodelle "Themenzentrierter Interaktion" (TZI) (Pfeiffer/Jones 1974/1976; Ammann u.a. 1985), an Formen des Interaktionsspiels, des kreativen Gestaltens und auch der Konfliktbearbeitung, wie sie z.B. bei H. Meyer (2 Bde. 1991) beschrieben werden. Ein m.E. gelungenes Beispiel angemessener Methodenwahl hat Jörg Knoll (DEAE 1980, 77ff) im Zusammenhang mit einem Projekt unter dem Titel "Normen und Glauben" vorgelegt. Bei der Planung reflektiert er neben der Situation des LeiterInnenteams (Wo gibt es Normen? Wie gehen wir mit ihnen um? Wo werden Fragen und Bedürfnisse vermutet?) auch die Zielgruppe; entwickelt dann einen Vorentwurf mit Inhalten und Zielen, um dann nach den angemessenen Methoden zu fragen. Das Ergebnis der Methodenreflexion ist ein Arrangement mit ausformulierten Fallbeispielen, die bearbeitet werden können, Arbeitspapiere für Gruppenarbeit, Textauszüge mit Erschließungsfragen, Vorschläge für Fragestellungen und Impulse. Überall spürt der/die LeserIn das Bemühen des Verfassers/der Verfasserin, den potentiellen TeilnehmerInnen die Möglichkeit zuzuspielen, ihre Erfahrungen und Probleme in den Lernprozeß einzubringen.

Was den *Umgangsstil* und die *Organisationsformen* anbetrifft, ist nur soviel zu sagen: Traditionellen Formen kirchlicher EB entsprach mehrheitlich ein sog. patronales Verhältnis zwischen LeiterIn und TeilnehmerIn, das schulische Muster perennierte. Dabei konnte es durchaus jovial zugehen. Hier ganz in der Nähe liegt ein sog. *missionarisches Verhältnis*, in dem einer geschlossenen Lehre ein Lehrer/eine Lehrerin entspricht, der/die diese Lehre als immer schon gültige "verkündet". Bei erfolgreicher "Unterweisung" nimmt das Gefälle zwischen Lehrenden und Belehrten ab. In neueren Entwürfen kirchlicher EB entdeckt man neben einem sog. *Sachkompetenzverhältnis*, das durch bestimmte Kenntnisse und Fähigkeiten auf seiten des/der Lehrenden und bestimmte Interessen auf der Seite der Lernenden gekennzeichnet erscheint und nur eine partielle Überlegenheit der Lehrperson beinhaltet, das sog. *GruppenpartnerIn-Verhältnis*, dem gemäß eine Gruppe von Erwachsenen verschiedenen Kenntnisstandes gemeinsam daran arbeitet, bestimmte Erfahrungen und Einsichten zu gewinnen, zu überprüfen und auch auszutauschen. Ziel ist nicht allein die Lösung bestimmter Problemkonstellationen, sondern vor allem die Kommunikation in der Gruppe, die sich um bestimmte Probleme herum entwickelt und dabei auch in bestimmter Weise die Selbsterfahrung der Gruppenmitglieder fördert. Selbstredend sind die skizzierten Stile des Lehrens und Lernens in der EB nirgends "rein" anzutreffen, prägen aber doch schwerpunktmäßig die Veranstaltungen.

Was die *Organisation des Lernens* anbetrifft, trifft man im Rahmen kirchlicher EB nach wie vor den Vortrag als Form der Informationsvermittlung an mit einem anschließenden Frageteil. Daneben sind aber doch auch modernere Veranstaltungsformen im Vormarsch, die den TeilnehmerInnen erlaubten, sich selbst schon im Rahmen der Vorbereitung einzubringen und selbststrukturierte Lernprozesse zu entwickeln.

6. Zum Verhältnis von Theologie und Andragogik in kirchlicher EB

Für das Bewußtsein vieler TheologInnen, aber auch von TeilnehmerInnen an kirchlicher EB ist das Verhältnis der Theologie zur 'Praxis des Evangeliums in der Gesellschaft' das einer zielbestimmenden Theorie, die sich in der Regel ihre Voraussetzungen in der Praxis und der sie umgebenden Gesellschaft nicht ausdrücklich bewußt macht. Die Praxis wird so fremdbestimmt, indem sie zum Anwendungshandeln übergeordneter Glaubens-, Denk- und Verhaltensnormen denaturiert. Es ist gerade die EB, die in den vergangenen zehn Jahren Zwischenrufe produziert hat, die ein rasches Ende des hier Urstände feiernden Deduktionsmodells fordern und die sorgfältige Beachtung der Sachgesetzlichkeiten z.B. der verschiedenen Einsatzebenen christlicher EB für unabdingbar erklären. Das bedeutet eine Kenntnisnahme und Indienstnahme analytischer Instrumentarien der Sozial- und Humanwissenschaften. Erst sie ermöglichen es, eine adressatenkonforme Praxis zu gestalten. In diesem Zusammenhang entsteht die Frage, wie eine Theologie aussehen müßte, welche sozialwissenschaftliche Analysen integrieren und in Richtung auf eine theologisch zu verantwortende Praxis bedenken kann.

Mit *Peter Biehl* (1973, 66f; vgl. Schmidt 1991, 248ff) bin ich der Ansicht, daß eine solche Theologie
- einen vorgängigen Bezug auf Wirklichkeit repräsentieren muß, d.h. auf die gesellschaftliche Entwicklung, das allgemeine Lebensgefühl, die drängenden Fragen des Alltags, die gängigen Sinnentwürfe, die Grundkonflikte etc.;
- produktiv sein muß für Weltverstehen und entsprechendes gesellschaftliches Handeln in möglichst vielen Bereichen;
- ihren Einsatz gleichursprünglich bei der christlichen Tradition und heutiger gesellschaftlicher Praxis nehmen muß, um so die Möglichkeit zu haben, mit Gründen nach der Relevanz des Glaubens für Gegenwart und Zukunft zu fragen und nach kontextgerechten Antworten zu suchen;
- auf eine strikte Unterscheidung zwischen ihrem Entdeckungszusammenhang (Tradition und gegenwärtige Praxis des Glaubens) und ihrem Begründungszusammenhang, in dem es um die Erarbeitung hypothetischer Aussagen zur Bedeutung dieses Glaubens für die Probleme heutiger Welt und Gesellschaft geht;
- endlich auf jeglichen allgemeinen und vorgängigen Wahrheitsanspruch, etwa unter dem Hinweis auf die Offenbartheit der Tradition, verzichtet und es wagt, im Vertrauen auf die Kraft des Geistes argumentativ und im Ringen mit anderen Weltentwürfen Wahrheit erweisen zu können.

Dieser Katalog, den man erweitern könnte, zeigt, daß eine Theologie für die Praxis z.B. der EB sich nicht damit begnügen kann, Tradition mit den Instrumentarien einer Texthermeneutik als damaliges Wort damaligen Glaubens verständlich zu machen, sondern daß sie darüber hinaus Bemühungen anstellen sollte, im Rahmen eines Arrangements anderer wissenschaftlicher Fragehinsichten (entwicklungspsychologischen, soziologischen, biographiewissenschaftlichen etc.) wichtige Elemente der Tradition mit heutigen Grundfragen menschlichen Daseins in der Gesellschaft "ins Gespräch" zu bringen, zu verantworten und in ihrer Bedeutung zu bewähren. Zu denken ist in diesem Zusammenhang z.B.

- an den Gedanken der *Freiheit*, die der Glaube stets als Geschenk versteht, für das Heute des einzelnen und der Gesellschaft in Anspruch nimmt und weitergeben möchte;
- an den in der *Gottebenbildlichkeit* des Menschen gründenden Gedanken unveräußerlicher Würde, die immer schon und stets größer ist als die vom je einzelnen erreichbare Personalität:
- an die von Gott gesetzte *Begrenzung des Menschen*, die als *Selbstbegrenzung* des einzelnen Zeichen seiner Freiheit zur Liebe sein oder doch werden kann;
- an die Annahme von Situationen des Leidens im eigenen und fremden Leben und ihre Umgestaltung in der Kraft der *Hoffnung*;
- an die *Rechtfertigung* des Ungenügenden als *Versöhnung* und
- an die *Entfremdung* des Menschen von seinem Ursprung, die nur durch Gottes Barmherzigkeit "geheilt" werden kann.

Solche sich christlicher Tradition verdankende "Grundsätze des Glaubens" sind nicht so etwas wie zu wiederholende oder zu lernende Lehrinhalte, sondern je neu in Anspruch zu nehmende Hilfen, um den gesellschaftlich und lebensgeschichtlich bedingten Ort des Menschen zu erkennen und nach Wegen zu suchen, die Gottes Wege werden können.

Wir brechen ab und plädieren für eine Entwicklung einer so "angelegten" Theologie für die Praxis, die unter anderem eine kirchliche EB dazu instand setzen könnte,
- die TeilnehmerInnen an Veranstaltungen zu *eigenem* Denken und Sprechen in Fragen des Glaubens und des Lebens zu verhelfen;
- den Glauben im Horizont heutigen Lebens in der Gesellschaft zu bedenken und für heutiges Handeln fruchtbar zu machen;
- Anwalt zu sein für die Befreiung von Menschen in bestimmten Lebenslagen und -umständen, d.h. HelferIn zu sein bei der Verteidigung der Würde des einzelnen und von Gruppen in den Bereichen des Wohnens, der Bildung, der Mitbestimmung etc.

Überall wird es der Glaube sein, der fragt *und* der antwortet, der aber auch angefragt und geprüft wird; überall wird es auch um den Menschen gehen, wie er heute lebt, resigniert, verzweifelt und darin Hilfe braucht. Vielleicht steht dann am Ende der Lobpreis derer, die Ihn rühmen, "der alles so herrlich regieret".

Literaturempfehlung:

- *R. Englert,* Religiöse Erwachsenenbildung. Situation-Probleme-Handlungsorientierung (PTh 7), Stuttgart 1992
- *E. Lange,* Sprachschule für die Freiheit. Bildung als Problem und Funktion der Kirche, hrsg. v. R. Schloz, München und Gelnhausen 1980

- *C. Meier,* Kirchliche Erwachsenenbildung. Ein Beitrag zu ihrer Begründung, Stuttgart 1979
- *E. Schiller,* Theoriediskussion in der evangelischen Erwachsenenbildung in der Bundesrepublik Deutschland, Frankfurt/Main 1984
- *H. Tietgens,* Erwachsenenbildung als Suchbewegung. Annäherung an eine Wissenschaft von der Erwachsenenbildung, Bad Heilbrunn 1986

VII. Kirchliche Bildungsarbeit mit alten Menschen

1. Die Altersrevolution als sozialer Umbruch

Ganz Europa ist auf dem besten Wege, eine Gesellschaft von *alten* und *sehr alten* Menschen zu werden. Zuletzt hat die öffentliche und sehr kontroverse Diskussion um die Zukunft und Absicherung der Renten und um die politische Durchsetzung der Pflegeversicherung auch dem/der letzten BürgerIn deutlich werden lassen, daß das bisherige soziale Absicherungssystem für ältere MitbürgerInnen endgültig und unumkehrbar zusammengebrochen ist und die traditionelle Altersstruktur unserer Gesellschaft sich grundlegend geändert hat. Augenscheinlich wird der Trend bereits durch einen flüchtigen Blick auf die graphische Darstellung der "Altersverteilung" in unserer Gesellschaft: Während sich bisher die Verteilungskurve nach oben verschlankte, zeigt sie heute und wohl auch auf Dauer eine sogenannte "Pilsstruktur": Auf der Basis von wenigen jungen ruht die Masse der älteren Menschen, deren finanzielle Zukunft immer unsicherer wird. Folge der Veränderung ist u.a. die Diskussion um die Verlängerung der Lebensarbeitszeit, aber auch die sozial- und medizinethische um die Grenzen einer ungehemmten Ausweitung der absoluten Lebenszeit, wobei - wie es scheint - jeder stets nur das Altern der anderen, nicht aber das eigene im Blick hat.

Die Ursache für diese demoskopische Revolution liegt nicht allein im Rückgang der Geburten, sondern in der relativen wie absoluten Zunahme des Anteils alter und sehr alter Menschen. 1871 betrug der Anteil der Alten an der Gesamtbevölkerung weniger als 5%; 1980 waren es bereits über 15% (Hinschützer/Momber 1982, 9); im Jahre 2015 dürften bereits fast 1/3 der Bevölkerung über 65 Jahre alt sein. Gleichzeitig steigt die Lebenserwartung kontinuierlich: 1875 lag die Lebenserwartung eines Neugeborenen bei 35 Jahren (Frank 1991, 262); heute hingegen kann ein männliches Neugeborenes mit einer durchschnittlichen Lebenserwartung von 72,1 und ein weibliches mit 78,7 Jahren (Stat. Jahrbuch 1990, 700) rechnen. Parallel dazu vergrößert sich der Anteil der sogenannten "Hochbetagten" rapide: Von 1950 auf 1985 hat z.B. die Anzahl der 80-85jährigen um 250% zugenommen, das der über 95jährigen gar um 2.140% (Zeman 1988, 155).

Die Menschen leben heute nicht nur länger, sondern sie rutschen auch eher in die Gruppe der Alten hinein. Denn in der Regel läßt man das Alter mit dem Ende des Arbeitslebens beginnen, und dieses setzt lebensgeschichtlich immer früher an. Aufgrund der 1972 vollzogenen *Flexibilisierung des Rentenalters* hat der Anteil der älteren Arbeitnehmerinnen und Arbeitnehmer kontinuierlich abgenommen. Menschen, die ihr Leben lang nicht nur arbeiten wollten, sondern auch arbeiten mußten, reklamieren verständlicherweise immer mehr ihr Recht auf Müßiggang; der Anteil der Berufstätigen bei den über 60jährigen lag 1987 nur noch bei 28,8% der Männer und 8,8% der Frauen (Ältere Menschen in Nordrhein-Westfalen 1989, 51). An diesem mittlerweile zum Standard gewordenen frühzeitigen Ausscheiden aus dem Erwerbsleben wird vermutlich auch die Forderung nach Wiederverlängerung der Lebensarbeitszeit nichts ändern; sofern überhaupt, wird sie sich wohl nur auf freiwilliger Basis durchsetzen, schon allein deshalb, weil bei anhaltender genereller Verknappung von Arbeit diese wohl kaum zu Ungunsten der Jüngeren verschoben werden kann, zumal das nur eine zusätzliche Bedrohung des Renten- und Pflegeversicherungssystems mit sich bringen würde.

Die absolute Anzahl der Alten wächst nicht nur beständig, vielmehr schlägt die *quantitative Veränderung* um in eine *qualitative*: Wir sind auf dem revolutionären Weg zu einer Altersgesellschaft, in der "Alterswerte" zunehmend an Renommee gewinnen. Diese Entwicklung bringt es mit sich, daß - im Gegensatz zu früheren Epochen unserer Geschichte - Alter als solches nicht mehr stigmatisiert. Negativ gewertet wird nicht das abstrakte Altern, sondern gelegentliche oder häufiger damit verbundene negative Lebensereignisse, wie Vereinsamung, Erkrankung, Immobilität usw. Allerdings versucht die Altersgesellschaft auch mit derartigen Phänomenen fertig zu werden. Die Tatsache, daß Altern nicht mehr ein "Largo" in "moll" sein muß, scheint vor allen anderen die Werbung als Trend erkannt und in ihre Strategie eingerechnet zu haben. Die eindeutige Übermacht des Jung-Dynamischen ist dort längst gebrochen, seitdem die Wirtschaft die "neuen Alten" als "neue Konsumenten" entdeckt hat. Ursprünglich unter Produktivitätsgesichtspunkten als leistungsgeminderte Kräfte ausgegrenzt, werden "die Alten" als zentraler Faktor der Konsumptionssphäre, in der Profite überhaupt erst realisiert werden, zwischenzeitlich hochgeschätzt. Die Älteren verfügen "erstaunlicherweise über ein hohes Pro-Kopf-Einkommen im Vergleich zu allen Altersgruppen" (Landesregierung Baden-Württemberg 1988, 78); sie sind damit die neue Zielgruppe der Absatzstrategen.

Die hohe Kaufkraft der älteren Bevölkerung verdankt sich nicht nur der Höhe des Altersruhegeldes, sondern auch den - relativ gesehen - niedrigen Mieten in ihren älteren, langbewohnten Wohnungen, dem Wegfall der Ausgaben für einkommenslose Familienmitglieder (Kinder) und dem Vorhandensein der wichtigsten Wohn- und Haushaltsgeräte. In jungen Familien hingegen wird ein Großteil des Familieneinkommens für Mieten, Neuanschaffungen und Kinderversorgung ausgegeben; die "neuen Alten" hingegen haben Ressourcen für "Luxus-Konsum". Die Freizeitindustrie hat die "neuen Alten" längst entdeckt: neben dem klassischen Angebot der südländischen Seniorenresidenzen bietet sie längst kommerzialisierte "Seniorenpartys" und andere Lustbarkeiten an (Kunz/Lehnig 1979, 13). Die als Kaffeefahrten getarnten Werbeveranstaltungen zielen eindeutig nur auf die Schicht der älteren Konsumenten. Angesichts der verlängerten Lebenserwartungen ist auch die alte Vorstellung weniger virulent, daß sich Neuanschaffungen angesichts des zu erwartenden Todes "nicht mehr lohnen". Stärker als die Gesamtbevölkerung ist das Alter allerdings durch eine *"Vermögensschere"* gekennzeichnet: Den reichen stehen die armen Alten gegenüber. Von der Altersarmut bedroht sind zunächst vor allem Frauen. Es gibt bei uns eine nicht unbeachtliche Anzahl von alten und älteren Frauen, die von ihrer kärglichen Rente nicht leben können und daher auf Sozialhilfe angewiesen sind; im Jahre 1986 betraf das z.B. nur in Baden-Württemberg etwa 40 000 Frauen.

Die SozialpolitikerInnen betrachten die Umkehrung der traditionellen Altersstruktur unserer Gesellschaft mit ambivalenten Gefühlen: Einerseits rechnen sie sich die Erhöhung der Lebenserwartung als Erfolg ihrer Arbeits- und Gesundheitspolitik an, andererseits gelten die Alten und deren Versorgung als kaum lösbares Problem. An den Universitäten und Fachschulen etablieren sich neue Wissenschaften, die - unter dem Präfix "Geronto" - das Alter als unbearbeitetes Forschungs- und Profilierungsfeld okkupieren und versuchen, das *Altern theoretisch wie praktisch in den Griff zu nehmen.* Abgesehen von der lobenswerten Ausnahme der *Diakonie* hat die *Kirche* auf diese Entwicklung bisher nicht oder kaum reagiert. Nur in den Modellrechnungen der Kirchenkanzlei der EKD wird die sich vollziehende Umkehrung der Alterspyramide berücksichtigt. Allerdings primär als Gefährdung der eigenen finanziellen Ressourcen, mithin als Bedrohung. Als Chance und als Herausforderung an eine geänderte kirchliche Praxis hingegen ist die Altersgesellschaft selten im Blick. Mehr noch als in anderen gemeindepädagogischen Handlungsfeldern meint die Kirche in ihrer Altenarbeit bei traditionellen Formen und Inhalten bleiben zu können, wobei die Motive für diese Altenarbeit zumeist in einem diakonischen Ansatz zu sehen sind, der das Alter von vornherein als eine mit Defiziten ausgestattete, beschwerliche Lebensphase umdefiniert.

2. Das Defizitmodell in der Altenbetreuung der Kirche

Sieht man einmal - mit Einschränkungen - von der schweren und ernsthaften Arbeit z.B. in den Sozialstationen und kirchlichen Pflegeeinrichtungen ab, so steht zu befürchten, daß alte Menschen in der kirchlichen Praxis - jenseits subjektiv ehrenhafter Motive bei den MitarbeiterInnen - allzuoft für dumm gehalten und für dumm verkauft werden. Etwa dort, wo man immer noch glaubt, alte Menschen in den zumeist nur monatlich stattfindenden Seniorennachmittagen durch mehr oder weniger kindische Spiele oder Diavorträge bei Laune halten zu können. In den Köpfen vieler MitarbeiterInnen hat sich das Bild von den infantilen Alten festgesetzt und verstellt den Blick auf die tatsächlichen Bedürfnisse und spezifischen Lernfähigkeiten (s.u.) alternder Frauen und Männer. Ist schon diese Praxis als Skandal zu werten, so gilt die Inadäquanz derartiger Praxis erst recht auf dem Hintergrund des dargestellten sozialen Wandels.

Die eigentliche Dramatik der Entwicklung zur Altersgesellschaft ist vor allem darin zu sehen, daß aus ihr Anforderungen erwachsen, die nicht allein den *quantitativen* Bereich einer Erweiterung von Angeboten betreffen, sondern auch einen *tiefgreifenden qualitativen* Umbruch darstellen: Es gibt *nicht nur mehr,* sondern es gibt vor allem zunehmend auch *andere Alte.* Zwar muß man sich vor neuen, falschen Verallgemeinerungen hüten, aber als Trend gesehen muß man festhalten, daß die alten Klischees vom Alter überhaupt mehr nicht oder zumindest nicht mehr ganz stimmen und daß das bisher für typisch gehaltene Bild zusehends zur Karikatur verkommt. Angesichts der signifikant gestiegenen Lebenserwartung darf das Alter nicht länger als eine bloße Übergangsphase zum Tod betrachtet werden. Das nachberufliche Leben ist vielmehr als eine eigenständige, langfristige Phase im Leben eines Menschen zu charakterisieren, die als Rest- und Übergangszeit unterbestimmt wäre. Deshalb kann es nicht nur um eine rein quantitative Erweiterung der bisherigen Praxis gehen, sondern es muß nach qualitativ ganz anderen Wegen für eine angemessene kirchliche Altenarbeit gesucht werden. Die Zeiten, in denen das Alter unterschwellig oder uneingestanden als "geschenkte Zeit" und als Wartehalle zum Tode verstanden wurde, sind vorbei.

Abschied zu nehmen wäre von der Vorstellung, kirchliche Altenarbeit dürfe sich in der *reinen Betreuung und Versorgung älterer Mitmenschen* erschöpfen. Die Umwälzung in der Altersstruktur unserer Gesellschaft ist vielmehr auch als eine Bildungsherausforderung zu begreifen. Aber gerade darin besteht in Theorie und Praxis ein zentrales Desiderat. So wurde z.B. auf einem vielbesuchten "Kirchlich-diakonischen Kongreß zu Fragen des Alters und des Altwerdens", der vom 3. bis 5. Mai 1990 in Stuttgart stattfand, viel von Hospizbewegung, vom Altersheim, vom Kranksein, von Pflege und Sterben gesprochen, von kirchlicher Bildungsarbeit mit alten Menschen hingegen war nicht die Rede (Roos 1990). Ursächlich dafür ist möglicherweise, daß selbst in den Äußerungen der dort vertretenen kirchlichen ExpertInnen in Sachen Altersgesellschaft der *(Un-)Geist eines Defizitmodells des Alterns* weht, das die Bildungsfrage als weniger dringend erscheinen läßt.

Obwohl kaum eine andere gesellschaftliche Institution so enge Kontakte mit den Alten hat wie die Kirche, die demgemäß in der Perspektive distanzierter Volkskirchlichkeit geradezu als die Institution für Alte sui generis gilt, blieb und bleibt in ihr das Defizitmodell das vorherrschende Interpretationsmuster. An der Altenbildung lassen sich deshalb - exemplarisch für andere gemeindepädagogische Bereiche - die Defizite des Defizitmodells erfassen. H. Luther (Luther 1992, 224ff) hat insgesamt vier derartige Defizite aufgezeigt (Lämmermann 1992):

Das erste besteht darin, daß die HelferInnen - trotz eines modern gewordenen Betroffenheitspathos - die Hilfesuchenden *zu Objekten ihrer Hilfe degradieren* und sie in ihrer eigenständigen Subjektivität negieren. Hilfe, an Objekten statt an als authentisch anerkannten Subjekten vollzogen, ist - wie die bekannte These Schmidbauers (Schmidbauer 1977) von den hilflosen HelferInnen besagt - eigennützige, egoistische Hilfe. In dieser Hilfe helfen die HelferInnen primär sich und ihrem psychischen Wohlbefinden oder ihrem religiösen Profil, nicht aber denjenigen, denen ihre Fürsorge gilt. Eine Revision dieses Defizits ist erst in einer nicht-vereinnahmenden Perspektive möglich, weil nur sie tatsächlich erfährt, was der/die andere *wirklich* will, meint und erfordert.

Ein zweites Defizit hängt mit dem erstgenannten zusammen; es besteht darin, daß im Defizitmodell stets von einem *Zentrum aus gedacht und andere nur als am Rand stehend* gesehen werden. Das störende Andersartige, A-Normale, Beängstigende wird ausgegrenzt und als unwesentlich, ja wesensfremd, mithin als defizitär, d.h. krank erklärt. Gesellschaftliches Ziel derartiger Ausgrenzungen ist es, die "Illusion einer 'heilen' Welt" zu produzieren. Zu diesem sozialhygienischen Zweck wird das störend andere personalisiert, delegiert und nach außen projiziert: Das Alter betrifft die anderen und nicht die eigene Person. Damit wird die Möglichkeit des eigenen Alterns geleugnet. Die diakonische Hilfe, die die/der vermeintlich Starke dem/der Schwachen gewähren, bekommt den *Geruch der Herablassung.* Gönnerisch gebend, neigt das autonome Subjekt sich dem/der anderen zu, ohne daß es sich von diesem/dieser wirklich tangieren und beeindrucken ließe. Der Begriff der Liebe, in Seelsorge und Diakonie zum Schibboleth erhoben, schrumpft zur *Bezug nehmenden Beziehungslosigkeit;* als solche schert sie ihre Objekte über den gleichen Kamm.

Ein drittes Defizit des Defizitmodells besteht darin, daß der Adressat als mangelhaft und defizitär gilt, während der *kompetente, defizit- und mangelfreie Helfer* in die Position des Stärkeren und des Wissenden rückt. Der mögliche Rückblick auf eigene Defizite wird von vornherein unterbunden und nur der Hilfebedürftige gilt als schwach. Durch die um sich greifende "therapeutische Expertenkultur" wird diese Tendenz verstärkt, denn der/die professionelle HelferIn kennt scheinbar die Ursachen, Gesetze, Erscheinungen und Lösungsmöglichkeiten jener Leiden, auf die er sich helfend spezialisiert hat. Das *Expertenwissen* hilft nur sekundär dem/der Betroffenen, primär soll es das tatsächliche Angerührtsein durch die Not des/der anderen bannen; es soll die Fremdartigkeit und Widerspenstigkeit kontingenter Ereignisse zähmen. Die Regeln, Diagnosen und Maßnahmenkataloge, die der 'Profi' aufstellt, sind gesellschaftlich erwünschte Pufferleistungen und Immunisierungsstrategien; sie nützen einzig der Allgemeinheit, nicht aber dem/der besonderen Betroffenen. Die Professionalisierung kirchlicher Altenarbeit könnte (s.u.) eine derartige Tendenz verstärken.

Der hier wirksame Mechanismus erklärt darüber hinaus den *allgemeinen gesellschaftlichen Hang zur Infantilisierung des Alters,* der sich auch sprachlich ausdrückt: wie "das Kind" sind auch "die Alten" durch "Pluralisierung" quasi Neutren geworden. Hier liegen möglicherweise zusätzliche Gründe für die Infantilisierung der kirchlichen Praxis mit Alten (s.o.). Die Einstellung vieler MitarbeiterInnen ist unterbewußt durch deren Angst vor dem Alter geprägt. In der Abwehr derartiger Ängste ist ein Motiv für das Engagement gerade in der Altenarbeit zu sehen (Reaktionsbildung). Bei aller scheinbarer Ehrfurcht vor dem Altern und den Alten erscheint den Jungen das Alter als keine erstrebens- und lebenswerte Lebensphase. Die Tatsache, daß sich hier unbesehen gesellschaftliche und ökonomische Wertvorstellungen auch in unseren Köpfen festgesetzt haben, ist augenscheinlich. Die vorgeschobene Heiterkeit vieler Seniorennachmittage hat etwas von einem ritualisierten Bann an sich: Durch ein eingespieltes Unterhaltungsrepertoire sollen die eigentlichen Probleme des Alterns und der Alten "überspielt" werden; fraglich ist, wem dies nützt. Mutmaßlich ist es eher eine psychohygienische Schutzmaßnahme der zum größten Teil jüngeren MitarbeiterInnen vor dem introjizierten Problem des Alterns.

Ein viertes, grundlegendes Defizit des Defizitmodells liegt darin, daß es durch eine *asymmetrische Kommunikationsstruktur* charakterisiert ist. So besteht auch ein wesentlicher Mangel in der kirchlichen Altenarbeit darin, daß in ihr die älteren Menschen zu wenig oder überhaupt nicht ernstgenommen, sondern zu Objekten von Betreuung gemacht werden: "Der Betreuungscharakter mancher kirchlicher Angebote unterdrückt die Möglichkeit der Selbstdarstellung und Selbstverwirklichung des älteren Menschen" (Fraas 1990, 299). Die Selbstthematisierung der Betroffenen ist im Betreuungsmodell nicht vorgesehen; deshalb kommen sie auch nicht "zu Wort". Wo ein Mensch zum

Objekt des Handelns anderer gemacht wird, dort wird er nicht nur - im Wortsinn - stets ent-mündigt, er wird auch in seinem aktuellen "So-Sein" fixiert und von jeder Selbst-Veränderung ausgeschlossen. Die Besonderheiten der je eigenen Lebensgeschichte, die individuellen Bedürfnisse und Fähigkeiten, die verschiedenartigen Lebenssichten und -perspektiven werden über den uniformierenden Kamm einer auf Klischees beruhenden "Seniorenarbeit" geschoren, die ihre Inhalte, Methoden und Medien aus der Tradition klassischer Altenbetreuung bezieht. Es liegt in der Struktur von "Für-Sorge", daß es - trotz subjektiv edler Motive - dem diakonischen Ansatz nicht gelingt, "den Subjektstatus der Betroffenen" wirklich ernst zu nehmen.

Über dieses Defizit kommt man nur hinaus, wenn man *"Für-Sorge"* durch - wie H. Luther es nennt - *"Mit-Sorge"* ersetzt. Das bedeutet aber grundsätzlich, die Betroffenen in Subjektstellung zu bringen, sie "in ihrer relativen Subjektivität anzuerkennen und sie nicht länger zu passiven Objekten zu erniedrigen" (Moltmann 1990, 410). Wo Altenarbeit sich vom Modell der Betreuung letztlich zur Passivität verurteilter Menschen befreit, wird sie zu einer gemeinsamen Suchbewegung zwischen den Generationen, wird sie zur *Grenzüberschreitung* zwischen der Aktualität und Potentialität von Menschen, zum Griff von Subjekten nach sich selbst in ihrer besonderen Lebenslage und Lebenszeit. Subjektivität entsteht, wo der Mensch nicht bei sich selbst bleibt, sondern die Unmittelbarkeit seiner Person, seiner Lebensgeschichte und Lebenswelt, seines Handelns, Denkens und Fühlens überwindet und ins Neue vorstößt. Doch "Neues" scheint mit dem "Alter" inkompatibel; ältere Menschen werden oft auf das Bisherige festgelegt und vom Neuen ausgeschlossen. Gesellschaftlich nennt man das dann "die Würde des Alters", die bereits B. Brecht in seiner Erzählung von der unwürdigen Greisin karikierte. Nicht selten wird diese soziale Einschränkung des alten Menschen zu dessen Selbsteingrenzung: Der Rückzug in die eigene Geschichte, auf den bisherigen Lebensraum, die bekannten Gesichter scheint der Stabilität des Subjekts zu dienen. Doch in Wirklichkeit gibt sich das Subjekt durch seine Umgrenzung preis; deshalb wollen sich immer weniger alte Menschen in die vermeintlichen Grenzen ihres Alters zurückziehen. Im Versuch der Grenzüberschreitung und *Entgrenzung* ist aber das klassische Thema von Bildung und damit die neue Perspektive für kirchliche Altenarbeit angesprochen.

3. Zur Neubestimmung kirchlicher Altenarbeit: Bildung statt Betreuung

Während an fast allen Universitäten Seniorenstudiengänge eingerichtet werden (Veelken 1988, 191f) und die Veranstaltungen der Volkshochschulen für ältere Menschen "boomen", speist die Kirche ihre Alten immer noch mit Kaffee und Kuchen ab und setzt so - nolens volens - die Infantilisierung der Alten fort. Dabei sind alte Menschen durchaus auf Bildung aus: 80% von ihnen geben an, sich in irgendeiner Weise fortzubilden (Kade 1992, 17). Statt geistiger Betätigung bieten die Kirchengemeinden bestenfalls geistliche Betreuung, denn das Alter - so meint man - sei nicht die Zeit für intellektuelles Larifari, sondern geschenkte Rest-Zeit zur Vorbereitung auf das Sterben. Kirchliche Arbeit mit Alten wird, wo sie nicht Verkündigung und Seelsorge ist, zum Zeitvertreib bis aufs selige Ende hin. Dementsprechend verkommt kirchliche Praxis mit Alten gelegentlich zur aufheiternden Passagebetreuung vom Erwerbsleben zur Bahre. Zwar ist Langeweile für viele Alte eines der bedrückendsten Lebensprobleme, durch derartige "Kurzweile" kann sie aber nicht wirklich aufgehoben werden. Statt momentaner Aufheiterung wäre eine *Ermutigung zur Erneuerung des Lebenssinns, zum Engagement und zur Sozialität* ein für kirchliche Bildungsarbeit angemessenes Bildungsziel. Bereits S. de Beauvoir wies darauf hin, daß, wenn "das Alter nicht zu einer spöttischen Parodie" werden soll, es nur eine Lösung gibt, "nämlich weiterhin Ziele zu verfolgen, die unserem Leben einen Sinn verleihen; das hingebungsvolle Tätigsein für einzelne, für Gruppen und für eine Sache, Sozialarbeit, politische, geistige oder schöpferische Arbeit" (de Beauvoir 1972, 464). Altenarbeit als Volksbelustigung ist weder den alten Menschen noch der Kirche angemessen und würdig.

Aus gemeindepädagogischer Perspektive wäre gegen die gängige Praxis einer unterhaltenden, aber belanglosen Altenarbeit die Forderung nach *Altenbildung anstelle von Altenbetreuung* zu erheben. Altenarbeit vorrangig unter Bildungsgesichtspunkten zu betrachten, ist allerdings durchaus nicht neu. Der Gedanke weist vielmehr weit hinter die ersten Ansätze einer Sozialpädagogik und einer expliziten kirchlichen Altenarbeit zurück. Sein Anfang liegt dort, wo auch die Grundzüge einer theologischen Bildungslehre entwickelt wurden: bei A. Comenius. Er verstand Bildung als einen lebenslangen, prinzipiell unabschließbaren Prozeß und das Alter als eine ganz eigene Lebens- und Entwicklungsphase. In seiner Pampaedia heißt es, daß "das ganze irdische Leben eine ... Schule" sei und "daß auch für den Greis das weitere Leben ein Fortschreiten bedeute(n)" (Comenius 1960, 421) muß. Das Alter stellt "die letzte und daher höchste aller Schulen" (Comenius 1960, 423) dar; hier stößt Bildung nahe zum unerreichbaren Ziel vor, denn Bildung will - im Sinne von Comenius - "dem Menschen als dem Ebenbild Gottes dazu verhelfen, die höchste Vollkommenheit, die auf Erden möglich ist, zu gewinnen" (Comenius 1960, 15). Ebenbild Gottes ist der Mensch, wenn er sich als authentische Subjektivität erfaßt und als solche lebt.

Für Comenius stellte das Alter damit die Probe auf ein gelungenes Leben dar: "Nur dann ist etwas gut, wenn sein Ausgang gut ist" (Comenius 1960, 423). Im Alter vollendet sich lebenslange Bildung darin, daß sie nicht nur zu ihrem Ziel kommt, sondern auch eine andere Qualität erreicht. In der Bildung des Alters erweist sich, ob die bisherige Biographie eines Menschen tatsächlich als Bildungsweg bezeichnet werden kann. Die besonderen Bildungschancen des Alters sieht Comenius darin, daß *ältere Menschen von verzweckten Bildungsanstrengungen befreit* sind: "Zur Altersweisheit gehört ein nüchternes Denken. Was man nur des irdischen Lebens wegen wissen mußte, kann beiseite gelassen werden" (Comenius 1960, 439). Wissen vollendet sich im Alter zur Weisheit, die nicht von alleine kommt, sondern durch Bildung und Lernen erworben werden muß. Insofern besteht auch im Alter eine Bildungsnotwendigkeit. Diese durch eine Schöpfungstheologie begründete anthropologische Einsicht in die unabdingbare Notwendigkeit von Altenbildung ging nicht nur in der säkularisierten (Sozial-)Pädagogik, sondern auch in der kirchlichen Altenarbeit verloren.

Das Postulat der Altenbildung kann allerdings im Sinne eines erweiterten Betreuungsmodells mißverstanden werden, indem nun auch noch der geistig-kulturelle Aspekt menschlicher Existenz einer Betreuung zugeführt wird. Zu Recht verweist deshalb R.

Gronemeyer auf die Tendenz einer Verschulung des Alters und darauf, daß "die Verschulung des Alters ... ein Aspekt der Kolonisierung des letzten Lebensabschnittes" (Gronemeyer 1988, 351) ist oder sein könnte. Gegen derartige Nachstellungen sperrt sich der Bildungsbegriff, weil Bildung - jenseits aller pädagogisch notwendigen Maßnahmen - nur Selbstbildung sein kann. Mit diesem Gedanken ist aber jeder pädagogischen Allmachtsphantasie der Boden entzogen. Bildung zielt auf *Entfaltung von Subjektivität*; sie kann deshalb letztendlich nur ein *Akt des Subjekts* sein. Alles andere, wie z.B. die Aneignung gewisse Bildung vorgaukelnder Fähigkeiten und Kenntnisse, kann zu - auf Attitüden beruhender - Halbbildung verkommen. Scheinhafte Halbbildung ist aber das typische "Produkt" einer Gesellschaft, in der nicht der Gebrauchs-, sondern der Tauschwert zählt, und in der deshalb - im Sinne E. Fromms - "Haben" seliger denn "Sein" ist.

Alte Menschen, die nicht mehr als "Ware Arbeitskraft" auf dem "Arbeitsmarkt" gehandelt werden, können sich - zumindest tendentiell - der Umformung des Subjekts zu einem Tauschwert entziehen und versuchen, jenseits der durch die Ökonomie bedingten Verzweckung von Bildung, diese wieder - ganz im Sinne von Comenius - als Selbstbildung zu Subjektivität zu begreifen. So verstanden, widerspräche aber eine Kolonialisierung und Verschulung des Alters durch Bildung deren eigenen Prinzipien. Verschulungstendenzen gingen überdies an den ureigensten Ansprüchen der Betroffenen vorbei, denn empirisch läßt sich feststellen, daß "die Lernbereitschaft im Alter ... mit dem Verschulungsgrad der Bildungsveranstaltung" (Kade 1992, 18) sinkt. Das wird dann aber den Alten angelastet und nicht den Veranstaltungen und VeranstalterInnen.

Die gängige Praxis jedenfalls unterstellt überdies, daß ältere Menschen in der Regel *weder bildungswillig noch bildungsfähig* sind; nicht nur für das Alltagsbewußtsein gilt so die eindeutige und unumstößliche Gleichung: älter sein heißt dümmer sein; die vielzitierte Weisheit des Alters bleibt als rare Ausnahmeerscheinung außerhalb des Kalküls.

4. Das "dumme" Vorurteil von der Dummheit des Alters

Das übliche Bild von der allgemein nachlassenden Geisteskraft im Alter weist zu seiner Begründung nicht selten auf den Altersstarrsinn und vor allem auf Fälle von sogenannter "Altersverwirrtheit" hin. Nur weil derartige Phänomene im Alter auftreten, werden sie zu charakteristischen Grundmerkmalen von Altern überhaupt stilisiert. Verstärkt wird diese Auffassung, wenn z.B. vom 65. Jahrestag der Bayrischen Nervenärzte unter der Überschrift "Schwachsinn im Alter nimmt rasant zu" berichtet wird, daß in Deutschland mit einem Anteil von 800.000 SeniorInnen, die das Krankheitsbild Demenz aufweisen, zu rechnen ist. Bestätigung findet das Vorurteil auch dadurch, daß "seit Einführung der Intelligenztests (etwa seit dem ersten Weltkrieg) ... immer wieder beobachtet wurde, daß die durchschnittlichen Leistungswerte der Altersgruppe mit zunehmenden Alter abnehmen" (Urban 1986, 49).

Auch für die Gerontologie war das *kognitive Defizitmodell des Alters* jahrzehntelang ein Zentraldogma, wobei der Verfall als bereits im 3. Lebensjahrzehnt beginnend betrachtet wurde. Allerdings lagen den einschlägigen empirischen Untersuchungen auf

Handlungsintelligenz bezogene Testverfahren zugrunde. Nachdem man den eindimenionalen durch einen mehrdimensionalen Begriff von Intelligenz ersetzt hatte, zeigte sich, daß "erst ab der achten Lebensdekade ein dimensions- und individuumsübergreifender, defizitärer Entwicklungsverlauf" (Fleischmann 1990, 112) empirisch nachgewiesen werden kann (Schaie 1991, 231). *Bis mindestens 20 Jahre über die Pensionierungsgrenze hinaus* kann ein Erwachsener in der Regel damit rechnen, daß seine *geistigen Fähigkeiten ungemindert fortbestehen.* Deshalb erklärte Baltes (Baltes/Schaie 1974, 61-65) bereits 1974 die Rede vom Intelligenz-Abbau bei älteren Menschen zu einem Märchen. Zwischenzeitlich hat die Psychogerontologie ein differenzierteres Bild von den kognitiven Fähigkeiten älterer Menschen entworfen; ein Bild, das radikale Rückfragen an die bisherige kirchliche Arbeit mit älteren Menschen stellt.

Der *scheinbare Intelligenzabbau im Alter* ist - zumindest in der Regel - beim Gesunden keine biologische Notwendigkeit, sondern entweder die Folge eines akuten geistig-nicht-mehr-gefordert-Seins im Alter oder die Nachwirkung einer mangelnden geistigen Betätigung bereits im Berufsleben. Die von den genannten Nervenärzten diagnostizierte Zunahme eines intellektuellen Defizits bei älteren Menschen könnte deshalb jenseits eines medizinischen, auf die Biologie verkürzten Weltbilds auch ganz anders erklärt werden: Altersdebilität muß zugleich als ein sozial verursachtes Phänomen gelten. Vielleicht ist sie eben gerade nicht Folge einer zunehmenden Geistlosigkeit des Alters, sondern vielmehr - sozusagen als Kohortenphänomen - eine Folge der Geistlosigkeit der früheren Berufstätigkeit und der damaligen wie aktuellen Lebenswelt. Lebens- und Arbeitsbedingungen, die das Selbstwertgefühl von Menschen negativ beeinflussen, die zu Vereinzelung führen, die das Interesse des Menschen einseitig kanalisieren und die ihn unzufrieden machen produzieren genau jene Bedingungen, die mit einer Verminderung der intellektuellen Leistungsfähigkeit korrelieren (Fleischmann 1990, 114f). Intelligenzabbau jedenfalls ist durch ganz andere Faktoren verursacht als durch bloßes biologisches Altern - einer von ihnen ist mangelnde Bildung.

Es steht heute außer Zweifel, daß ältere und alte Menschen über die Fähigkeit zur Bildung verfügen; so ist z.B. "die Annahme keinesfalls gerechtfertigt, daß ältere Menschen generell über schlechtere Lernstrategien verfügen als jüngere Menschen" (Kruse 1988, 200). Im Alter können durchaus noch "kognitive Funktionen gefördert ... und neue Lernstrategien erworben werden" (Kruse/Lehr 1989, 319). In der Intelligenzforschung ist man heute der allgemeinen Auffassung, daß es nur zwei unabhängige Dimensionen der kognitiven Fähigkeiten von Menschen gibt: die *"kristallisierte"* und die *"flüssige" Intelligenz.* "Gemeint sind einerseits übungs- und bildungsabhängige Leistungen, andererseits jene Grundfunktionen, die für eine flexible Informationsverarbeitung wesentlich sind" (Gunzmann/Oswald 1990, 27). Nur diese letzte, zeitabhängige ("speed"-)Dimension nimmt im Alter ab, die "power"-Leistungen hingegen bleiben erhalten bzw. nehmen altersabhängig sogar zu. Durch entsprechendes Training kann allerdings auch die flüssige Intelligenz, also die Fähigkeit zu rascher Informationsverarbeitung, bis ins hohe Alter positiv beeinflußt werden (Gunzmann/Oswald 1990, 29). Entgegen dem in der Laienpsychologie unterstellten Trend zum allgemeinen Altersstarrsinn konnte empirisch gezeigt werden, "daß ältere Menschen ein hohes Maß an 'Plastizität' (im Sinne der 'Lernfähigkeit') besitzen" (Kruse/Lehr 1989, 63). Ältere haben zweifelsfrei im Vergleich mit Jüngeren gleichwertige Fähigkeiten zum Lernen und zur Bildung; nur wo diese nicht genutzt werden, verkümmern sie und produzieren so das Bild von den dummen Alten.

Die Gerontopsychologie zeigt, daß konstitutionell gesehen alte Menschen keinesfalls dümmer sind als junge. Allerdings hatte die ältere Generation schlechtere Bildungschancen als die jüngere; so erhielten von den heute 85jährigen "70 Prozent keine Möglichkeit, einen Beruf zu erlernen" (Schweitzer 1990, 264). Daraus ergibt sich ein *relatives Bildungsdefizit als Kohortenphänomen*. Es begründet aber zugleich die Bildungswilligkeit alter Menschen, die "verpaßte Bildungschancen" - wie z.B. mangelnde Fremdsprachenkenntnisse, künstlerische oder handwerkliche Fertigkeiten - nachholen wollen. Derartige Interessen sind berechtigt; sie werden durch kommerzielle Anbieter und durch staatliche Bildungsinstitutionen weitgehend befriedigt; den Schwerpunkt kirchlicher Bildungsarbeit jedenfalls können sie - obwohl grundsätzlich sinnvoll - kaum darstellen. Dies allein schon deshalb, weil erstens derartige Programme formal in der Regel am Lernbegriff orientiert und inhaltlich-normativ Spiegelbilder der an Produktivität sowie an Kosten-Nutzen-Kalkulationen angepaßten, klassischen Weiterbildungskonzepte sind. Zum zweiten richten sich diese "Bildungs"-Angebote nur an eine begrenzte Zahl von TeilnehmerInnen mit entsprechenden Motivationen und Interessen; sie selektieren mithin. Nachweislich läßt drittens ab einem bestimmten Lebensalter generell das Interesse an dieser Art des Lernens nach. Derartige Fortbildungsmaßnahmen sollten die Gemeinden deshalb den Volkshochschulen überlassen und sich statt dessen auf die ihnen *eigenen Möglichkeiten und Chancen für eine nichtverschulte, nichtvereinnahmende Bildung für alle* besinnen.

5. Profile kirchlicher Altenbildung

Geht man aber über Weiterbildung hinaus auf tatsächliche Bildung aus, dann kommt - wie gezeigt - das Subjekt selbst mit seinem individuellen Profil ins Spiel. Dieser im Bildungsdenken vorgegebene *Subjektbezug* entspricht den auch bei älteren Menschen immer stärker festzustellenden *Individualisierungstendenzen,* die sich als individuelle Befreiung von falschen Verallgemeinerungen des "Alters" und von der Subsumierung des einzelnen unter vermeintlich altersspezifischen Determinationen artikuliert. Kirchliche Modelle der Altenbildung müssen deshalb die Besonderheit des/der je einzelnen, d.h. die Subjektstellung der Alten konzeptionell, intentional, inhaltlich und methodisch realisieren und nicht das Individuum mit den Kriterien festliegender Altersstereotypen eingrenzen. Symptomatischerweise hat sich das in der kirchlichen Erwachsenenbildung gängige Prinzip der *TeilnehmerInnenorientierung* gerade in der kirchlichen Altenarbeit nicht durchgesetzt, und zwar deshalb, weil es in dieser primär um Betreuung und nicht um Bildung gehen sollte. Betreuung und Bildung schließen sich aber aus (s.o.), weil Bildung stets Entgrenzung, Betreuung hingegen Grenzziehung meint. Unter der Prämisse einer Subjektorientierung ergibt sich die Aufgabe kirchlicher Altenbildung aus der jeweiligen *Biographie der älteren TeilnehmerInnen* selbst. Grundsätzlich geht es dann darum, die *Gestaltung des Alters als eine eigene Phase des Lebens,* mit neuen Herausforderungen, Möglichkeiten und Bedingungen, zu unterstützen - und zwar unabhängig vom jeweiligen Bildungsstand, Alter, Gesundheitszustand und anderen äußerlichen Faktoren, die nicht als Voraussetzung von Bildung, sondern als mögliche Themen derselben aufzufassen sind.

Wer in diesem Sinne Altenbildung betreiben will, der muß von der Vorstellung Abschied nehmen, Bildungsvorgänge müßten notwendigerweise auf Lernen und Unterricht beruhen; dies gilt grundsätzlich nicht, vor allem aber nicht im Alter. So kann z.B. bereits *Geselligkeit zur Bildungsmacht werden,* wenn dabei die einzelnen selbst ihre sozialen Bedürfnisse befriedigen und ihre kommunikativen Kompetenzen fördern können. Alle Untersuchungen ergeben, daß die *Vereinsamung* eines der basalen Probleme des Alters ist, auf die andere zurückzuführen sind. Angesichts der unterschiedlichen Lebenserwartungen von Männern und Frauen zum einem und des generellen Rückgangs von Verheiratungen zum anderen ist mit immer mehr einsamen älteren Menschen zu rechnen, die ein Bedürfnis nach Geselligkeit haben. Dieses Bedürfnis ist als *Recht dieser Menschen auf autonome Lebensgestaltung* zu betrachten und darf nicht dazu mißbraucht werden, fremde Interessen zu transportieren. Dieses Recht auf Geselligkeit schließt auch das Recht auf *Sexualität* ein. Die Sexualität von alten Menschen ist weiterhin eines der großen sozialen Tabus unserer Zeit. Die Entsexualisierung der Alten spiegelt sich z.B. darin, daß ihnen in Altenheimen die Privat- und Intimsphäre systematisch entzogen wird. Kinder leiten gelegentlich Entmündigungsverfahren ein, wenn sich ein verwitwetes Elternteil einen neuen Sexual- und Ehepartner sucht. Demgegenüber gehört die Gestaltung einer veränderten, dennoch befriedigenden Sexualität (Schneider 1990, 61ff) zu den Entwicklungs- und damit Bildungsaufgaben der Lebensepoche "Alter"; auch hier wäre ein kirchliches Angebot denkbar, sinnvoll und notwendig.

Das möglicherweise als peripher erscheinende Beispiel soll zweierlei deutlich machen: zum einen, daß gerade die kirchliche Arbeit mit Menschen er- und beweisen könnte, daß *Bildung ein "ganzheitliches" Phänomen* ist, das - entgegen landläufiger, selbst wieder auf Halbbildung beruhender Vorurteile - nicht die restringierende und pervertierte Verkopfung des Menschen betreibt. Bildung als ganzheitliche Angelegenheit bezieht dann eben auch die selbstbewußte Gestaltung von Sexualität ein. Gleiches gilt für die Entwicklung individueller Spiritualität, Kreativität u.v.a.m. Zum anderen zeigt sich am Beispiel der "Geselligkeit als Bildungsprozeß", daß Bildung ihr Ziel und ihren Genuß in sich selbst haben muß. Die Aufschiebung von Befriedigungen ist nicht Sache von Bildung - gerade nicht im Alter. Im genannten Beispiel erfüllt sich Bildung bereits im Vollzug des "Bildungs"-Prozesses.

Aber Bildung ist nicht einzig als Prozeß, sondern stets auch als - zumindest momenthaftes - Resultat zu verstehen (Lämmermann 1992, 167ff). Alle, die Bildungsprozesse durchlaufen haben, sind bereits "gebildet", mag ihre Bildung auch noch so rudimentär und vollendungsbedürftig erscheinen. Gibt man die Defizit- und Disengagement-Vorstellungen vom Alter auf, dann eröffnet sich der Blick für bereits *vorhandene Kompetenzen* als Ergebnis und Basis von Selbstbildung. Ältere Menschen verfügen - mehr oder weniger - über ein "hohes Maß an Erfahrungswissen" (Kruse/Lehr 1989, 330). Dieses Wissen sozial nutzbar machen zu können, stellt ein entscheidendes Moment für das

Selbstwertgefühl von älteren Menschen dar, die unter der Vorstellung leiden, "nicht mehr gebraucht zu werden". Vor allem aber, wenn Bildung nach Vollzug strebt, dürfen vorhandene Kompetenzen nicht brach liegen. Die (Re-)Aktivierung von Bildung ist selbst ein Bildungsgebot. Kirchliche Bildungsarbeit wird deshalb nach Formen suchen müssen, in denen ältere Menschen ihr *Erfahrungswissen* produktiv einsetzen können.

Subjektorientierte, lebensbegleitende und erneuernde Bildung (Nipkow 1990, 37ff u. 572ff) ist stets auch *(Selbst-)Hilfe zur Krisenbewältigung*. Kritische Lebensereignisse (Fooken 1991, 243ff) häufen sich im Alter, wie Pensionierung, Verlust von Ehepartnern und Freunden, schwere Erkrankungen, Funktionseinschränkungen oder -einbußen, Veränderung der Wohnsituation (z.B. Übersiedlung ins Altersheim) u.ä.m. Kirchliche Altenbildung müßte zur Bewältigung dieser Lebenskrisen spezifische, problemzentrierte Angebote machen. Wie die Mitgliedschaftsbefragungen zeigten, liegt hier ein hohes Erwartungspotential über alle Gesellschafts- und Altersgruppen hinweg, auch wenn dieses - dem von den Kirchen selbst profilierten Image entsprechend - unter diakonischen Vorzeichen interpretiert wird. Aber selbst Krankheit, Funktionsminderung oder der Verlust der eigenen Wohnung sind mehr als nur "für-sorglich" zu bewältigende Herausforderungen; auch hinter ihnen verbergen sich Aufgabenstellungen, die mit dem Stichwort "Bildung" programmatisch umschrieben werden können: Auf mögliche Krankheiten und Mobilitätseinschränkungen kann man sich nicht nur rechtzeitig vorbereiten, sondern auch bei deren Eintreten einen besseren, selbstbewußteren Umgang mit ihnen "erlernen".

Die Bereitschaft älterer Menschen, derartige, von Kirchengemeinden getragene Bildungsangebote zu akzeptieren, dürfte vorhanden sein. Dies nicht nur, weil die Kirche unter älteren Menschen weiterhin eine hohe Wertschätzung genießt, sondern auch, weil eine gemeindepädagogische Altenarbeit - im Unterschied zu Seniorenstudiengängen oder Volkshochschulen - am ehesten das nicht auf Lernen restringierte, ganzheitliche und unabhängig von vorhandenen Fähigkeiten begründete Bildungsverständnis akzeptieren und realisieren kann. Hinderungsgründe für die Teilnahme an kirchlichen Veranstaltungen ist nicht so sehr die kirchliche Trägerschaft als vielmehr die den Bildungsgedanken persiflierende und pervertierende Praxis der gemeindlichen SeniorInnennachmittage (s.o.). Das hier verfehlte Ziel, alte Menschen als Personen in ihrer spezifischen Lebenslage "ganzheitlich" anzusprechen, kann als "religiöses Anliegen" qualifiziert werden. Für derartige Anliegen sind ältere Menschen offen; sie sind für religiöse Fragen durchaus aufgeschlossen.

Die Alterspsychologie hat diesbezüglich nachgewiesen, daß die *Religion* eine unter Alten *dominante "coping-Strategie"* ist. "Unter dem aus der Streß-, Krisen und Lifeevent-Forschung stammenden Konzept 'choping' werden die kognitiven, emotionalen und behavioralen Reaktionen und Anstrengungen einer Person im Rahmen der Konfrontation und unmittelbaren Auseinandersetzung mit Alltagskümmernissen, Dauerbelastungen und kritischen Lebensereignissen subsumiert" (Saup 1991, 55). Bezogen auf die lebensgeschichtliche Relevanz der Religion als Krisenmanagement konnte z.B. in einer größeren gerontologischen Längsschnittstudie nachgewiesen werden, daß "bei jedem 3. belastenden Ereignis und bei 45% der Stichproben ... religiöse Verhaltensweisen ... als Reaktionen auf Belastungen" (Mayring/Saup 1990, 194) vorkommen. Daraus ergibt sich - entgegen landläufiger kirchlicher Meinung - allerdings nicht, daß Ältere zwangsläufig und regelmäßig frommer werden. Die beobachtbare Erhöhung der *Teilnahme am kirchlichen Leben* (Blasberg-Kuhnke 1987, 55ff) beruht möglicherweise auf einem Kohorteneffekt einer noch relativ geschlossen religiös sozialisierten Generation und nicht auf einer quasi naturgegebenen Affinität des Alters gegenüber Glauben und Religion. Die zumindest gegenwärtig noch mit signifikanter Häufigkeit beobachtbare Wendung zur Religion bei älteren Menschen (Dittmann-Kohli 1990, 160) bedeutet eine erhöhte Möglichkeit der Kirchen, ihren Beitrag zur Krisenbewältigung zu leisten, und zwar nicht als individualisierte Seelsorge, sondern als Bildungsherausforderung.

Freilich darf die kirchliche Altenarbeit dabei nicht einer naheliegenden Fehlinterpretation der Betroffenen und ihrer Bedürfnisse aufsitzen. Der Mensch thematisiert seine krisenhafte Verfassung subjektiv zumeist als *Sinnfrage*. Allzuleicht wird diese Sinnfrage durch den professionellen Sinnvermittler mißinterpretiert. Die vermeintlich religiös aufgeladene Frage nach dem Sinn meint oft anderes: Sie zielt nicht auf eine - wie auch immer zu qualifizierende - religiöse Tiefendimension, sondern auf die Neuvermessung des bisherigen und zukünftigen Lebens des Betroffenen (Legwie 1988, 35f). "Das Sinnsystem ist also das Netzwerk von Vorstellungen über die eigene Person und das Leben" (Dittmann-Kohli 1990, 147); die Sinnfrage ist die nach den *tragenden, identitätsgarantierenden Lebensereignissen und sozialen Bezugsgrößen,* angesichts einer krisenhaften Erschütterung bisheriger Plausibilitäten und Sicherheiten. In der durch krisenhafte Lebensereignisse ausgelösten Frage nach dem Sinn sucht der Mensch in der Regel nur sich selbst. Damit hängt die Sinnfrage und ihre Beantwortung stets von den konkreten Lebensereignissen und Lebensgeschichten ab.

Angesichts eines *Partnerverlustes* könnte die Sinnfrage z.B. etwa lauten: Unter welchen verläßlichen Perspektiven kann ich jetzt noch meine eigene Lebensgeschichte rekonstruieren und strukturieren, die bisher eine gemeinsame war, unabhängig davon, ob ich dieses gemeinsame Leben primär als positiv oder als negativ erfahren habe? Welche Geschehnisse meines Lebens werden mir jetzt und in Zukunft zu identitätsstiftenden und kontinuitätsgarantierenden Erfahrungen? Der Trauernde sucht sich den tragfähigen Grund für sein Leben zunächst in diesem selbst und nicht woanders. Oder angesichts des sogenannten *"Pensionierungschocks"* geht es um nicht weniger als eine vollständig neue Sinninterpretation des eigenen Lebens und der eigenen Identität. Die vollständige Bestimmtheit des Menschen durch seine Arbeit hatte zur Folge, daß der Mensch sich selbst von der Arbeit her definierte. Demgemäß galten und gelten die Alten als unproduktiv und nutzlos. Das Alter war die Zeit nachlassender Arbeitskraft und gesellschaftlichen Verwertungswerts. Diese gesellschaftliche Geringschätzung hat das Individuum internalisiert. Angesichts der Aufgabe des Berufslebens ist damit das bisherige Selbstwertgefühl obsolet geworden (Grewel 1990, 100). Daraus resultiert u.a. der Hang vieler Älterer zur *Lebensbilanzierung*. E. Erikson hat die zugrunde liegende Krise die zwischen Integration und Verzweiflung genannt (Erikson 1977, 118ff).

Zu den alterstypischen Sinnfragen und Entwicklungsaufgaben gehört selbstverständlich auch die *Antizipation des eigenen Sterbens* als Integration dieser Möglichkeit in den subjektiv akzeptierten Lebensplan. Darin allerdings - wie etwa H. Faber (Faber 1983, 100ff) - die Hauptaufgabe zu sehen, wäre falsch, weil die Gerontopsychologie gezeigt hat, daß ältere Menschen durchaus "nicht kontinuierlich und andauernd (sozusagen von innen gesteuert) von Todesgedanken erfüllt sind" (Baltes 1984, 246), sondern nur punktuell und angesichts spezifischer Situationen, die die bisherige Ich-Integration in Frage stellen; dazu gehören vor allem: eigene Krankheit, Tod eines Nahestehenden und Unfälle. Insofern ist die Frage nach dem Tod nicht per se eine religiöse nach Ewigkeit, Gericht und Auferstehung, sondern zunächst und vor allem die nach der *Bejahung des eigenen, bisherigen Lebens* (Urban 1986, 60ff). Selbst hinter und in der Thematisierung des eigenen Todes steckt die Frage, nach der sinnhaften und würdigen Gestaltung des Alters als eines eigenständigen, befriedigenden Lebensabschnitts. Kirchliche Bildungsarbeit mit älteren und alten Menschen darf sich nicht erbaulich und beschaulich auf Glaubensfragen selbst beschränken; sie muß vielmehr konkrete Lebens-(selbst-)hilfe leisten.

Neben den bereits erwähnten Problemen des Partnerverlustes und der Pensionierung stellen sich Fragen wie: Wo und wie kann ich mich meinen Fähigkeiten und Interessen gemäß engagieren? Wo und wie kann ich mein Selbstwertgefühl, meine Kompetenzen sowie meine soziale und persönliche Identität bewahren und ausbauen? Wie kann ich die Schwierigkeiten des Alltagslebens im Alter meistern? Welche Aktivitäten gewähren mir "erfüllte Zeit"? Wie kann ich Einsamkeit, Langeweile und Unterfordertheit überwinden? Derartige *Hilfe fürs Leben* aber ist zweifelsfrei ein *Grundanliegen von Religion und Glaube* und ein gelungenes Leben bleibt die beste Vorbereitung aufs Sterben. Altenbildung hilft Menschen, dem (sozialen und psychischen) Tod, der noch vor dem leiblichen Sterben liegt, zu entgehen. Wer im Alter Bildung will, der sucht die noch nicht realisierten Möglichkeiten seines Lebens - wie bedeutend oder unbedeutend sie auch unter Verwertungsperspektiven erscheinen mögen. Derartige Selbstverwirklichung durch Bildung ist mehr als Freizeitbeschäftigung und Unterhaltung - auch wenn beide mögliche Formen dazu sind.

6. Zur Methodik kirchlicher Altenbildung

Der Überblick über mögliche Themenfelder macht bereits deutlich, daß die Grenze zwischen gemeindepädagogischer und seelsorgerlich-diakonischer Praxis fließend ist und beides ineinander übergehen kann, weil aufgrund des Prinzips der TeilnehmerInnen-Orientierung jeweils lebensgeschichtliche Anlässe die Motive zum Engagement abgeben können. In bezug auf das Feld *diakonischer Altenhilfe* wurde bereits darauf verwiesen, daß diese sich nicht nur in Pflege und Versorgung erschöpfen kann. Vielmehr gilt auch für sie das Motto "Bildung statt Betreuung", wobei beides allerdings nicht als sich ausschließend betrachtet werden darf. Wer aber den Menschen nur in seiner einseitigen Option auf fürsorgerische Nächstenliebe betreut, der übersieht das, was Bildung will: den einzelnen als Subjekt anerkennen und in seiner Subjekthaftigkeit fördern. Diakonische Hilfe hat oftmals den Hang zur Entmündigung der Betroffenen; unter Bildungsaspekten betrachtet würde ihr die Aufgabe zuwachsen, die vorhandenen Kompetenzen der Leidenden und scheinbar Hilflosen weiterzuentwickeln, neben die Grundsorge um den Leib, die Sorge für die Seele zu setzen und die Betroffenen aus ihrer - selbstgewählten oder vermeintlich unausweichlichen - Isolation herauszuholen, indem sie Gleichbetroffene sowie Nichtbetroffene - im Sinne einer Bildung als Geselligkeit (s.o.) - zusammenführt. So wichtig und sinnvoll "mobile Pflege", "Essen auf Rädern" u.a. auch sind, sie stehen in der Gefahr, Vereinzelung zu fördern und vorhandene Kompetenzen versiegen zu lassen.

Was das Handlungsfeld *"Seelsorge"* anbelangt, so sind gemeindepädagogische Initiativen möglicherweise geeignet, Defizite in der seelsorgerlichen Betreuung aufzuheben, wobei "Defizite" nicht nur die fehlende Zeit und gelegentlich die mangelhaften Kompetenzen des Seelsorgers meint, sondern auch das zugrundeliegende Betreuungsmodell als solches (vgl. VII.2). Das erstgenannte Defizit versuchen viele PfarrerInnen und Gemeinden durch die - immer unzureichend bleibende - Ausbildung von Laien zu "Hausbesuchern" zu kompensieren. In der Regel verstehen sich die *gemeindlichen Besuchskreise* als *Seelsorge durch Laien*. Allerdings überwindet man durch die Rekrutierung zusätzlicher Laienbetreuer nicht den Grundmangel des Betreuungskonzepts, sondern verschärft diesen. Denn viele der ehrenamtlichen MitarbeiterInnen der Besuchsdienste weisen das genannte "Helfersyndrom" (s.o.) auf: Sie leiten aus ihrer Tätigkeit ein höheres Selbstwertgefühl ab und setzen sich damit zugleich von denen ab, die sie betreuen. Gleichzeitig macht man diese zu Projektionsorten der eigenen Vorstellungen, Gedanken und Probleme und tappt - fast regelmäßig - in die jeden seelsorgerlichen Prozeß begleitenden Fallen von Übertragungen und Gegenübertragungen. Das Scheitern des Konzepts "Laienseelsorge durch Hausbesuchskreise" ist unvermeidlich. Deshalb wäre zu überlegen, ob dieses und andere Themen und Felder der klassischen Seelsorge nicht in pädagogische Handlungsvollzüge überführt werden sollten.

Am Beispiel der *kirchlichen Hilfe bei Verwitwung* sei dies exemplarisch verdeutlicht, auch wenn dabei die Gefahr besteht, Alter schon wieder primär mit Leiden und Tod, statt mit Leben und Kompetenzen zu verbinden und damit einem verhängnisvollen Bild von Alter zuzuarbeiten. Doch das Problem des Partnerverlustes gilt - auch wenn es sich später konzentriert - genauso für andere Altersgruppen, insofern ist dieses Beispiel geeignet, den *generationsübergreifenden Aspekt kirchlicher Altenbildung* exemplarisch anzudeuten. Perspektivisch gilt, daß gemeinsame Problemzusammenhänge wichtiger als Altersgrenzen werden sollten. Themenbezogene, altersübergreifende Angebote entsprechen überdies den besonderen Wünschen der alten Menschen selbst. So "gaben beispielsweise 80% der Älteren in einer Befragung an, altersgemischte Weiterbildungsangebote zu bevorzugen" (Kade 1992, 40f). *Altersinhomogene Gruppen von Gleichbetroffenen und -interessierten* haben viele Vorteile: Sie verhindern - im Sinne der Entgrenzung - die Abkapselung der älteren gegenüber den jüngeren Menschen und erschweren professionelle Entmündigung sowie asymmetrische Kommunikation, weil jede(r) *TeilnehmerIn gleichzeitig Subjekt und Objekt des Geschehens* ist, und sie gewährleisten "Mit-Sorge" anstelle von "Für-Sorge".

Die seelsorgerliche Betreuung von Hinterbliebenen gilt allgemein als das spezifische und konkurrenzlose pastorale Handlungsfeld, dem selbst kirchenferne Geister nicht die bleibende Relevanz absprechen; zugleich ist es - so steht zu befürchten - aber auch das Feld regelmäßigen Scheiterns. Auf ihre Zeit unmittelbar nach dem Tod ihres Mannes zurückblickend, äußert beispielsweise eine mit 35 Jahren verwitwete Frau folgende Erinnerung: "Von religiösen Vorstellungen ist mir eigentlich kaum Hilfe gekommen, im Gegenteil, ich habe mich damals von der Kirche abgesetzt. Damals besuchten mich zwei verschiedene Pfarrer öfters ... Aber das klang mit so - das ging so an mir vorbei, es hat mir gar nichts bedeutet. Wenn ich mit diesen Pfarrern über meine Situation sprach, merkte ich, daß sie gar kein Verständnis dafür hatten, daß wir vollkommen aneinander vorbeiredeten. Sie wußten einfach zu wenig über das, was in dieser Situation in einem vorgeht, und konnten darum gar keinen Trost spenden. Meine Reaktion richtete sich damals wohl vor allem gegen menschliches Versagen der Kirche." (Werner 1982, 31f)

Die Unfähigkeit dieser professionellen Seelsorger zu trösten, mag verschiedenste Gründe haben. Sei es, daß sie dem Verkündigungsmodell in der Seelsorge anhingen und von daher die Situation als eine missionarische Möglichkeit fehlinterpretierten, oder sie darauf lauerten - trotz vorgeblichem Interesse an der individuellen Lebensgeschichte der Trauernden -, letztlich doch an "die erinnerte Biographie ... mit dem biblischen Zuspruchswort" (Seitz 1990, 139) anzuknüpfen, um die Lebenshilfe zu einer Glaubenshilfe werden zu lassen, die hier weder erwartet noch hilfreich gewesen wäre. Sei es, daß ihnen die notwendige Empathie abging, um mehr als nur ein oberflächliches Gespräch zu initiieren. Wie die Gründe für das Defizit bei einer "flächendeckenden" kirchlichen Trauerbegleitung auch sein mögen, auffällig ist jedenfalls, wie wenig Pfarrer jenen nachgehen, denen sie bei der Bestattung Trost zugesprochen haben. Dabei weiß jeder Bestatter, daß dort, wo wirklich und ernsthaft getrauert wird, Trostworte bei der Bestattung im Ablauf und in der Wirkung des Ritus verebben. Und auch der Hausbesuch vor der Bestattung ist in seiner Wirkung äußerst beschränkt. Wirkliche Trauerarbeit beginnt erst Tage später, wenn der Trauernde die sogenannte "kontrollierte Phase" der Trauerarbeit (Spiegel 1973, 63ff) hin auf neue Lebensperspektiven versucht zu überwinden. Doch gerade in dieser sensiblen, besonders krisenhaften Phase einer Neuorientierung fällt die kirchliche Begleitung - von wenigen Ausnahmen abgesehen - nahezu vollständig aus.

Eine *Selbsthilfegruppe* von Menschen, die entweder selbst in diesem Trauerprozeß stehen oder aber selbst bereits zu positiven Lösungen gekommen sind, könnte eine stabilisierende Funktion für die Betroffenen bieten, weil durch die Vergleichbarkeit von Erfahrungen Empathie sichergestellt ist. Zugleich können Selbsthilfegruppen pädagogische Angebote sein, die einem weitgefaßten Bildungsverständnis entsprechen. Denn die Methode der Selbsthilfegruppe gewährleistet ein hohes Maß an Selbstbildung. Sie zielt auf die Handlungs- und Lebensfähigkeit des Subjekts, indem sie dieses zu stärken sucht. In der Gruppe von Gleichbetroffenen ist auch eher eine symmetrische Kommunikation möglich und die Entmündigung durch Profis ausgeschlossen, so daß die Selbsthilfegruppe die genannten Defizite des Defizitmodells überwinden könnte.

Kirchliche Altenbildung müßte - so wurde generell angedeutet - zur Bewältigung von alterstypischen Lebenskrisen und -problemen entsprechende Angebote machen, die nunmehr als Selbsthilfegruppen zu qualifizieren sind. Wegen ihres vorübergehenden, weil auf Bewältigung der Krise abzielenden Ansatzes, sind solche Gruppen *flexibel und temporär* anzulegen. Generell wird sich die kirchliche Altenarbeit - wie gemeindepädagogisches Handeln überhaupt - von der Vorstellung langfristiger, kontinuierlicher und verbindlicher Gruppenarbeit emanzipieren. Auch ältere Menschen wählen heute kritischer aus, und sie scheuen eine zu hohe Identifikation und Vereinnahmung durch festliegende Aktivitäten. Für die Methode der kirchlichen Altenarbeit hat das zur generellen Konsequenz, daß sie stark *projektbezogen* arbeiten muß. Die Überschaubarkeit von Zeit, Engagement und Effektivität dürfte für die Motivierung von TeilnehmerInnen bedeutsam sein. Bloßer Zeitvertreib ist unattraktiv.

Nicht Zeitvertreib, sondern Ausbildung neuer und Ausübung bereits vorhandener Kompetenzen wurde von uns als Ziel kirchlicher Altenbildung bezeichnet. Die Gleichzeitigkeit beider Momente wäre ein anzustrebendes Ideal, weil nur der- und diejenige, die nicht völlig inkompetent erscheinen, zur Bildung intrinsisch motiviert ist. Grundsätzlich gilt, daß Bildungsprozesse nur gelingen können, wenn diese Art der von innen kommenden, subjektiv veranlaßten Motivation - im Unterschied zur äußerlichen extrinsischen - vorliegt; für Altenbildung gilt dies besonders. Wo kirchliche Altenarbeit nur auf Belehrung abzielt, dekretiert sie bereits von vornherein ihr Scheitern. Diese lerntheoretische Einsicht bestätigt noch einmal die geforderte Subjektorientierung. Aus ihr resultiert die Ganzheitlichkeit von Bildung, die alle Lebensdimensionen des Menschen einschließen muß. Sucht man von daher nach Formen und Inhalten kirchlicher Bildungsarbeit mit älteren Menschen, so wäre dabei an ökologische Projekte, an soziales Engagement, an musische oder literarische Werkstätten u.v.m. zu denken. Bildung vollzieht sich hier darin, daß vorhandenes Wissen angewendet und gefördert wird, sowie darin, daß in der Verhinderung potentieller Vereinsamung die soziale Dimension von Bildung aktiviert und durch Akzeptanz der Wertigkeit einer Person deren Selbstwertgefühl gestärkt wird. Dies sind wesentliche Elemente eines nicht-verzweckten, subjektbezogenen Bildungsverständnisses, die zudem weitgehend dem Selbstverständnis einer christlichen Gemeinde (vgl. Kap. I) entsprechen.

"Altenbildung" erschöpft sich *nicht* in den klassisch gewordenen Feldern von Bildung (Sprache, Literatur, Musik, Kunst, Bewegung etc.) und beruht auch *nicht* immer auf Lernprozessen. Besonders wenn es um die Aktivierung bereits erworbener Kompetenzen (vgl. VII.4) geht, muß nach neuen Formen gesucht werden, die scheinbar so gar nichts mit den überkommenen Ritualen von Bildungsveranstaltungen zu tun haben. So gibt es zum Beispiel bereits Kirchengemeinden, die Werkstätten unterhalten, in denen erfahrene, pensionierte Handwerker Jugendlichen helfen, ihre Fahr- und Motorräder zu reparieren, Elektrogeräte auszuschlachten und aufzubereiten, zu tischlern u.v.a.m. In anderen Gemeinden organisieren ältere Frauen einen fast professionell wirkenden "Baby-Sitter-Dienst", andere Frauen bieten einen "Party-Service" inklusive eigener Dekoration, Backwaren etc. an. In gleicher Weise werden mancherorts "Nachhilfen" für SchülerInnen offeriert sowie Weiterbildungsmöglichkeiten für Jugendliche durch

Ältere usw. In solchen Angeboten vollzieht sich ein Doppeltes: (1.) Die Isolation der "Alten" und der Altenarbeit wird durchbrochen, weil diese mit anderen (kirchlichen) Aktionsräumen vernetzt wird. (2.) Ältere Menschen machen die positive Erfahrung von Kompetenz und Nützlichkeit, die ihrerseits dazu führt, daß zwischen dem Lebensabschnitt des Ruhestandes und der Arbeitszeit ein Kontinuum hergestellt wird, das zugleich ein Indiz für eine bruchlose und sinnhafte Biographie beinhaltet.

Literaturempfehlung:

- *Deutsches Zentrum für Altenfragen* (Hg.), Hilfsbedürftigkeit und Autonomie - Zur Flankierung von Altenproblemen durch kooperationsorientierte Hilfe, Berlin 1988
- *Hildemann, Klaus D.*, Altenarbeit in der Kirchengemeinde, Heidelberg 1978
- *Joss-Dubach, B.*, Das Alter - eine Herausforderung an die Kirche, 1987
- *Sporken, Paul* (Hg.), Was alte Menschen brauchen, Freiburg 1986

Literaturverzeichnis

Adam, G.: (1974) Religion und Sache Jesu, in: zB 12, S. 175ff
Adam, G.: (1978) Gemeindepädagogik. Erwägungen zu einem Defizit Praktischer Theologie, in: WPKG 67, S. 332-334
Adam, G.: (1984) Der Unterricht der Kirche. Studien zur Konfirmandenarbeit, in: GTA 15, Göttingen, 3. Aufl.
Adam, G./Fähndrich, G./Nicol, M./Ulrich, H.G.: (1986) Kirche in der Gegenwart des Geistes, Arbeiten zum Konfirmandenunterricht 2, Hannover
Adam, G./Lachmann, R.: (1987) Gemeindepädagogisches Kompendium, Göttingen, Offene Jugendarbeit, Studientexte Stuttgart 2, S. 3-60
Adam, G.: (1988) Gegenwärtige Herausforderungen der Gemeindepädagogik, in: ChL 41, S. 338ff.
Affolderbach, M. (Hg.): (1977) Kirchliche Jugendarbeit im Wandel. Analysen zur Bibelfrömmigkeit, München
Affolderbach, M.: (1978) Praxisfeld: Kirchliche Jugendarbeit. Soziales Umfeld, Arbeits- und Lebensformen, Gütersloh
Affolderbach, M. (Hg.): (1980) Evangelische Jugendarbeit. Ziele, Arbeitsfelder, Strukturen, Stuttgart
Affolderbach, M. (Hg.): (1982) Grundsatztexte zur Evangelischen Jugendarbeit, Gelnhausen, 2. Aufl.
Affolderbach, M./Steinkamp, H. (Hg.): (1985) Kirchliche Jugendarbeit in Grundbegriffen, München u.a.
Affolderbach, M. u.a. (Hg.): (1990) Was wird aus der Jugendarbeit? Zu den Perspektiven eines kirchlichen Arbeitsfeldes, Stuttgart
Ahlheim, K.: (1982) Zwischen Arbeiterbildung und Mission. Beispiele und Probleme protestantischer Erwachsenenbildung in der Weimarer Republik und nach 1945, Stuttgart
Albrecht, H.: (1982) Arbeit und Symbol. Soziale Homiletik im Zeitalter des Fernsehens, München
Albrecht, H.: (1988) Gemeindeaufbau in der Großstadt. Erfahrungen und Orientierungen, in: ThPr 23, S. 18-33
Ältere Menschen in Nordrhein-Westfalen: (1989) Gutachten zur Lage älterer Menschen und zur Altenpolitik in NRW
Amery, J.: (1971) Über das Altern. Revolution und Resignation, Stuttgart
Ammann, I. u.a.: (1985) Erfahrungen lebendigen Lernens, Mainz
Anhelm, F.E.: (1988) Diskursives und konziliares Lernen. Politische Grenzerfahrungen, Volkskirche und Evangelische Akademien, Frankfurt/M.
Aries, P.: (1975) Geschichte der Kindheit, hg. v. H. v. Hentig, München u.a.
Aschenbrenner, D./Buttler, G.: (1970) Die Kirche braucht andere Mitarbeiter, Stuttgart
Aschenbrenner, D./Foitzik, K. (Hg.): (1981) Plädoyer für theologisch-pädagogische Mitarbeiter in der Kirche, München
Baacke, D.: (1990) Die stillen Ekstasen der Jugend. Zu Wandlungen des religiösen Bezugs, in: P. Biehl u.a. (Hg.), Jahrbuch der Religionspädagogik. Bd. 6, Neukirchen-Vluyn, S. 3-25
Baacke, D.: (1991) Die 13 bis 18jährigen. Einführung in das Problem des Jugendalters, Weinheim u.a., 5. überarb. u. ergänzte Aufl.
Baethge, M. u.a. (Mitarb.): (1988) Jugend: Arbeit und Identität. Lebensperspektive und Interessenorientierungen von Jugendlichen, Eine Studie des soziologischen Forschungsinstituts Göttingen, Opladen
Bäumler, C.: (1971) Der Nachwuchs der Volkskirche. Zur gegenwärtigen Problematik des Konfirmandenunterrichts, in: ThPr 8, S. 230-242
Bäumler, C./Luther, H. (Hg.): (1982) Konfirmandenunterricht und Konfirmation. Texte zu einer Praxistheorie im 20. Jahrhundert, in: ThB 71, München
Bäumler, C.: (1984) Kommunikative Gemeindepraxis. Eine Untersuchung über ihre Bedingungen und Möglichkeiten, München
Bäumler, C./Mette, N. (Hg.): (1987) Gemeindepraxis in Grundbegriffen. Ökumenische Orientierungen und Perspektiven, München u.a.
Bäumler, C.: (1990) Kommunikation, in TRE 19, Berlin u.a., S. 384-402

Bäumler, C.: (1993) Menschlich leben in der verstädterten Gesellschaft. Kirchliche Praxis zwischen Öffentlichkeit und Privatheit, München
Bahr, H.E./Gronemeyer, R. (Hg.): (1974) Konfliktorientierte Gemeinwesenarbeit, Darmstadt
Baldermann, I.: (1990) Ich werde nicht sterben sondern leben, WdL 7, Neukirchen-Vluyn
Baldermann, I.: (1991a) Gottes Reich - Hoffnung für Kinder, WdL 8, Neukirchen-Vluyn
Baldermann, I.: (1991b) Der Himmel ist offen. Eine Hoffnung für heute, Neukirchen-Vluyn/München
Baltes, M.M.: (1984) Altern und Tod in der psychologischen Forschung, in: H.P. Rosemeier/R. Winau, R. (Hg.), Tod und Sterben, Berlin
Baltes, M.M. u.a.: (1989) Erfolgreiches Altern. Bedingungen und Variationen, Bern u.a.
Baltes, P.B./Schaie, K.: (1984) Das Märchen vom Intelligenz-Abbau bei älteren Menschen, in: Psychologie heute 9, S. 61-65
Bargheer, F.W.: (1984) Ganzheitliche Gemeindepädagogik - praktisch-theologische Alternative zur herkömmlichen Gemeindepraxis, in: D. Zillessen/H.G. Heimbrock (Hg.), Religionspädagogisches Symposion, S. 112-126
Bargheer, F.W.: (1991) Kindergarten mit Profil und die Gemeinde, die ihn möglich macht, in: Theorie und Praxis der Sozialpädagogik, H. 4, S. 195-198
Bargheer, F.W.: (1992) Nicht-theologische Handlungswissenschaften und Gemeindepädagogik, in: EvErz 44, S. 478-488
Barié, H.: (1988) Predigt braucht Konfirmanden. Wege zu einer einheitlichen Verkündigung an Jugendliche und Erwachsene, Stuttgart
Barth, F. (Hg.): (1989) Gemeindepädagogik im Widerstreit der Meinungen. Ringvorlesung der Evangelischen Fachhochschule Darmstadt im Sommersemester 1989, Darmstadt
Barz, H.: (1992/93) Jugend und Religion, 3. Bde., Opladen
Beck, U.: (1986) Risikogesellschaft. Auf dem Weg in eine andere Moderne, Frankfurt/M.
Becker, K.F. u.a.: (1978) Kirche und ältere Generation, Stuttgart u.a.
Becker, J. u.a.: (1987) Die Anfänge des Christentums, Stuttgart u.a.
Behnken, I. u.a.: (1991a) Jugendliche Zukunftsorientierungen in Ost- und Westdeutschland, in: deutsche jugend 39/3, S. 121-129
Behnken, I. u.a.: (1991b) Schülerstudien '90. Jugendliche im Prozeß der Vereinigung, Weinheim u.a.
Behnken, I./Zinnecker, J.: (1993) Kirchlich-religiöse Sozialisation in der Familie: Fallstudien zum Wandel von Kindheit und Kirchengemeinde in den letzten drei Generationen, in: G. Hilger/G. Reilly (Hg.), Religionsunterricht im Abseits? München, S. 147-170
Benedict, H.-J./Barwitz, K.W. (Hg.): (1975) Christliche Existenz und kirchliche Praxis heute, Freiburg i. Br.
Berg, H.G. u.a.: (1972) Konfirmandenunterricht und Jugendarbeit, in: WPKG 61, S. 245-258
Berg, H.G.: (1992) Ein Wort wie Feuer. Wege lebendiger Bibelauslegung, München/Stuttgart, 2. Aufl.
Berger, P.L.: (1979) Der Zwang zur Häresie. Religion in der pluralistischen Gesellschaft, Frankfurt/M.
Bertram, H.: (1987) Jugend heute. Die Einstellungen der Jugend zu Familie, Beruf und Gesellschaft, München
Bertram, H. u.a. (Hg.): (1989) Blickpunkt Jugend und Familie. Internationale Beiträge zum Wandel der Generationen, München u.a.
Bertram, H./Gille, M.: (1990) Datenhandbuch. Zur Situation von Familien, Kindern und Jugendlichen in der Bundesrepublik Deutschland, München
Betz, O. (Hg.): (1969) Gemeinde von morgen, München
Biehl, P.: (1973) Zur Funktion der Theologie in einem themenorientierten Religionsunterricht, in: H.B. Kaufmann (Hg.), Streit um den problemorientierten Religionsunterricht, Frankfurt/M., S. 64-79
Biehl, P.: (1991) Die Gottebenbildlichkeit des Menschen und das Problem der Bildung, in: Ders., Erfahrung, Glaube und Bildung, Gütersloh, S. 124-223
Biehl, P.: (1993) Symbole geben zu lernen I und II, WdL 6 und 9, Neukirchen-Vluyn 1989 und 1993
Bielefelder Jugendring (Hg.): (1990) Jugendkulturen und jugendliche Lebensstile, Red.: P. Klausch, Bielefeld

Biemer, G. u.a. (Hg.): (1988) Jugend der Kirche. Selbstdarstellung von Verbänden und Initiativen, Freiburg u.a.
Bienert, W. (Hg.): (1967) Evangelische Erwachsenenbildung, Arbeiten der Melanchthonakademie Köln 2, Weiden
Biesinger, A. u.a. (Hg.): (1989) Jugend verändert Kirche. Wege aus der Resignation, München
Bischöfliches Generalvikariat Aachen (Hg.): (1990) Kinder und Gemeinde. Ein Werkbuch Hauptabteilung Gemeindearbeit, Düsseldorf
Bitter, W. (Hg.): (1967) Einsamkeit in medizinisch-psychologischer, theologischer und soziologischer Sicht, Stuttgart
Bizer, C.: (1972) Unterricht und Predigt, Gütersloh
Bizer, C.: (1984) Facetten der Diskussion zum Konfirmandenunterricht, in: JRP 1, Neukirchen-Vluyn, S. 137-247
Bizer, C.: (1987) Konfirmandenunterricht, in: W. Böcker u.a., Handbuch religiöser Erziehung II, Düsseldorf, S. 391-402
Bizer, C.: (1988a) Katechetik, in: TRE 17, Berlin u.a., S. 686-710
Bizer, C.: (1988b) Katechetische Memorabilien. Vorüberlegungen vor einer Rezeption der evangelischen Katechetik, in: JRP 4, Neukirchen-Vluyn, S. 77-97
Bizer, C.: (1989) Liturgik und Didaktik, in: JRP 5, Neukirchen-Vluyn, S. 83-111
Bizer, C.: (1990) Kirche-Katechismus-Unterrichtsvertrag. Perspektiven einer Theorie des kirchlichen Unterrichts, in: EvErz 42, S. 533-546
Blasberg-Kuhnke, M.: (1987) Alte, in: Gemeindepraxis in Grundbegriffen, hg. v. Chr. Bäumler/N. Mette, München, S. 55ff.
Blasberg-Kuhnke, M.: (1990) Gemeinde und Frauen, in: Katechetische Blätter 115/2, S. 132-134
Blasberg-Kuhnke, M.: (1991a) Die Alten in der Kirche. Zur Subjektoption im Alter, in: Concilium 27/3, S. 229-233
Blasberg-Kuhnke, M.: (1991b) Ökumene am Ort. Der konziliare Prozeß als Lernprozeß christlicher Gemeinden, Religionspädagogische Beiträge, H. 27, S. 46-59
Bloth, P.C. (Hg.): (1975) Christenlehre und Katechumenat in der DDR. Grundlagen - Versuche - Modelle, Gütersloh
Bloth, P.C. u.a. (Hg.): (1981-94) Handbuch der Praktischen Theologie, Bd. 2, 1981, Bd. 3, 1983, Bd. 4, 1987 (Bd. 1 erscheint 1994), Gütersloh
Bloth, P.C.: (1989) Kommt die "pädagogische Gemeinde"? Über Sachtendenz und Konjunkturtrend einer praktisch-theologischen Entwicklung, in: Theologische Rundschau 54/1, S. 69-108
Blühm, R. u.a.: (1993) Kirchliche Handlungsfelder, Stuttgart u.a.
Bode, J. u.a. (Hg.): (1985) Konfirmandenunterricht von 11-15? Praxisberichte - Modelle - Perspektiven, Gütersloh
Boff, L.: (1990) Kleine Trinitätslehre, Düsseldorf
Böhnisch, L./Funk, H.: (1989) Jugend im Abseits? Zur Lebenslage Jugendlicher im ländlichen Raum, München
Böhnisch, L./Münchmeier, R.: (1990) Pädagogik des Jugendraums. Zur Begründung und Praxis einer sozialräumlichen Jugendpädagogik, Weinheim u.a.
Böhnisch, L.: (1991) Jugendverbandsarbeit im kirchlichen Raum, in: L. Böhnisch u.a. (Hg.), Handbuch Jugendverbände, Weinheim u.a., S. 366-372
Böhnke, M./Reich, K./Ridez, L. (Hg.): (1992) Erwachsen im Glauben. Beiträge zum Verhältnis von Entwicklungspsychologie und religiöser Erwachsenenbildung, Stuttgart
Bohren, R.: (1986) Predigtlehre, München, 5. Aufl.
Bonhoeffer, D.: (1959) Der Führer und der einzelne in der jungen Generation, in: Gesammelte Schriften, Bd. 2, 1933, S. 22-38
Bonhoeffer, D.: (1969) Sanctorium Comunio. Eine dogmatische Untersuchung zur Soziologie der Kirche, hg. v. E. Bethge, München, 4. erw. Aufl.
Boos-Nünning, U.: (1972) Dimension der Religiosität, Frankfurt/M.
Bopp, J.: (1985) Jugend. Umworben und doch unverstanden, Frankfurt/M.

Bornkamm, G.: (1952) Taufe und neues Leben bei Paulus, in: Ders., Das Ende des Gesetzes, BEvTh 16, München, S. 34-50
Bowlby, J.: (1974) Bindung. Eine Analyse der Mutter-Kind-Beziehung, München
Bubolz-Lutz, E.: (1984) Bildung im Alter. Eine Analyse geragogischer und psychologisch-therapeutischer Grundmodelle, Freiburg i. Br.
Bucher, A.A.: (1993) Jugendokkultismus: Medienspektakel oder tödliche Gefahr? Kurzbericht über eine empirische Untersuchung im Kanton Luzern, in: Christlich-pädagogische Blätter 106/2, S. 98-100
Busslinger, H./Merz, V./Oser, G.: (1982) Mit dem Kleinkind Gott erfahren. Anregungen und Gespräche zur christlichen Erziehung von 3-6 jährigen, Olten
Bußmann, M.: (1988) Christlich-distanzierte Religiosität - Hinweis zum Problem: Alltagsreligiosität bei Frauen, in: Religionspädagogische Beiträge 22, S. 81-91
Butenuth, U. u.a.: (1974) Lernen mit Konfirmanden, Gelnhausen/Berlin
Buttler, G.: (1972) Theologisch-praktische Fachbereiche an Fachhochschulen in kirchlicher Trägerschaft, in: ThP 7, S. 290-301
Buttler, G./Failing, W.E.: (1979) Didaktik der Mitarbeiterbildung, Beiträge zur Gemeindepädagogik I, Gelnhausen/Zürich
Buttler, G. u.a. (Hg.): (1980) Lernen und Handeln. Bausteine zu einer Konzeption evangelischer Erwachsenenbildung, Gelnhausen
Caspary, H.N.: (1974) Konfirmandenarbeit zwischen schulischem Religionsunterricht und kirchlicher Jugendarbeit, in: EvErz 26, S. 11-25
Colberg-Schrader, H. u.a.: (1991) Soziales Lernen im Kindergarten, München
Comenius, J.A.: (1960) Pampaedia, hg. v. H. Geissler/K. Schaller, Heidelberg
Comenius-Institut (Hg.): (1974-1978) Materialien zur Elternbildung, 3 Bde., Münster
Comenius-Institut (Hg.): (1985a) Handbuch der Konfirmandenarbeit, Gütersloh, 2. Aufl.
Comenius-Institut (Hg.): (1985b) Bildung und Kirche. Herausforderungen des gesellschaftlichen Wandels für das pädagogische Handeln der Kirche, Münster
Cordier, L.: (1925) Evangelische Jugendkunde, Bd. 1, Schwerin
Cordier, L.: (1926) Evangelische Jugendkunde, Bd. 2, Schwerin
Cornehl, P.: (1975) Frömmigkeit - Alltagswelt - Lebenszyklus, in: WPKG 64, S. 338-402
Dähler, M./Henning, P./Meyer-Blanck, M./Schröer, H.: (1992) Treffpunkt Konfirmandenunterricht. Konfirmandenunterricht vor neuen Herausforderungen, Arbeiten zum Konfirmandenunterricht 3, Hannover
Daelahaine, S.: (1989) Die Kunst des Sterbens. Eine Streitschrift für das Recht auf einen selbstbestimmten Tod, Frankfurt/M.
Daiber, K.-F.: (1973) Volkskirche im Wandel. Organisationsplanung der Kirche als Aufgabe der Praktischen Theologie, Methodik und Ergebnisse der Projektstudie, Stuttgart
Daiber, K.-F.: (1989) Funktion und Leistungsfähigkeit von Konzepten und Strategieüberlegungen für den Gemeindeaufbau, in: Pastoraltheologie 78/9, S. 362-380
Damm, D./Schröder, A.: (1988) Projekte und Aktionen in der Jugendarbeit. Ein Gruppenhandbuch, Deutsches Jugendinstitut, München, 2. Aufl.
Dannebaum, H.: (1956) Katechismusstunden für Erwachsene, Wuppertal
DEAE (Deutsche Evangelische Arbeitsgemeinschaft für Erwachsenenbildung) (Hg.): (1979) Die Erwachsenenbildung als evangelische Aufgabe, Gelnhausen, 2. Aufl.
DEAE (Hg.): (1980a) Lernen und Handeln. Bausteine zu einer Konzeption Evangelischer Erwachsenenbildung, Gelnhausen
DEAE (Hg.): (1980b) Bestand und Perspektiven der Erwachsenenbildung in kirchlicher Trägerschaft, Gelnhausen
DEAE (Hg.): (1983) Evangelische Erwachsenenbildung - ein Auftrag der Kirche, Karlsruhe
de Beauvoir, S.: (1972) Das Alter, Reinbek b. Hamburg
Degen, R.: (1989) In der Gemeinde Leben lernen. Gemeindeaufbau als gemeindepädagogische Aufgabe, Theologische Studienabteilung beim Bund der Evangelischen Kirchen, Berlin
Degen, R.: (1990) Gemeindepädagogik und Bildungsverantwortung der Kirche, in: R. Schulze (Hg.), Nach der Wende. Wandlungen in Kirche und Gesellschaft, Berlin, S. 90-106

Degen, R.: (1991) Gemeinde als Lernbewegung. Überlegungen zu Gemeindeaufbau und Gemeindepädagogik, in: E. Schwerin (Hg.), Gemeindepädagogik. Lernwege der Kirche in einer sozialistischen Gesellschaft, Münster

Degen, R.: (1992) Gemeindeerneuerung als gemeindepädagogische Aufgabe. Entwicklungen in den evangelischen Kirchen Ostdeutschlands, Münster/Berlin

Deinet, U.: (1989) Kein Grund zur Panik, aber genug zu tun! Problemskizze zur Situation der offenen Kinder und Jugendarbeit in der evangelischen Kirche, in: Studientexte, H. 2, S. 3-14

de Mause, L.: (1977) Hört ihr die Kinder weinen. Eine psychogenetische Geschichte der Kindheit, Frankfurt/M.

Dennig, W./Kramer, H. (Hg.): (1974) Gemeinwesenarbeit in christlichen Gemeinden. Berichte - Analysen - Forderungen, Freiburg i. Br.

Dettbarn-Reggetin, J./Reggentin H., (Hg.): (1992) Neue Wege in der Bildung Älterer, Bd. 2, Freiburg i. Br.

Deutsches Jugendinstitut (Hg.): (1988) Wie geht´s der Familie? Ein Handbuch zur Situation der Familie heute, München

Deutsches Zentrum für Altenfragen (Hg.): (1987) Die ergraute Gesellschaft, Berlin

Deutsches Zentrum für Altenfragen (Hg.): (1988) Hilfsbedürftigkeit und Autonomie - Zur Flankierung von Altenproblemen durch kooperationsorientierte Hilfe, Berlin

Deutscher Ausschuß für das Erziehungs- und Bildungswesen: (1960) Zur Situation und Aufgabe der deutschen Erwachsenenbildung, Stuttgart

Deutscher Bildungsrat: (1970) Empfehlungen der Bildungskommission: Strukturplan für das Bildungswesen, Stuttgart

Deresch, W.: (1973) Handbuch für kirchliche Erwachsenenbildung, Hamburg

Dienst, K.: (1973a) Moderne Formen des Konfirmandenunterrichts, Gütersloh

Dienst, K. u.a. (Hg.): (1973b) KU-Praxis 1-29, Gütersloh

Dienst, K.: (1981) Konfirmandenunterricht, in: D. v. Heymann (Hg.), Handwörterbuch des Pfarramts, Landsberg a. L., (Sonderdruck), S. 1-45

Dienst, K.: (1992) Konfirmandenarbeit zwischen Kasualie und Gemeindepädagogik, in: EvErz 44, S. 494-502

Dittmann-Kohli, F.: (1990) Sinngebung im Alter, in: Ph. Mayring/W. Saup (Hg.), Entwicklungsprozesse im Alter, Stuttgart u.a.

Döbert, R./Nunner-Winkler, G.: (1975) Adoleszenzkrise und Identitätsbildung. Frankfurt/M.

Döbert, R./Habermas, J./Nunner-Winkler, G. (Hg.): (1977) Entwicklung des Ichs, Köln

Doerne, M.: (1936) Neubau der Konfirmation, Gütersloh

Dreher, B./Lang, K.: (1969) Theologische Erwachsenenbildung. Didaktisch-methodische Einführung, Graz

du Bois-Reymond, M./Oechle, M., (Hg.): (1990) Neue Jugendbiographie? Zum Strukturwandel der Jugendphase, Opladen

Eckert, R./Drieseberg, Th./Willems, H.: (1990) Sinnwelt Freizeit. Jugendliche zwischen Märkten und Verbänden, Opladen

Eckert, R. u.a.: (1990) Lebensverhältnisse Jugendlicher. Zur Pluralisierung und Individualisierung der Jugendphase, München

Einsiedler, W.: (1991) Das Spiel der Kinder. Zur Pädagogik und Psychologie des Kinderspiels, Bad Heilbrunn

EKD-Kirchenkanzlei (Hg.): (1979) Leben und Erziehen - wozu?, Gütersloh

EKU - Religionspädagogische Studiengruppe: (1983) Leitlinien für das pädagogische Handeln der Kirche, in: EvErz 35, S. 169-181

Englert, R.: (1992) Religiöse Erwachsenenbildung. Situation-Problem-Handlungsorientierung, PTh 7, Stuttgart

Entwicklungsland Kindergarten: (1991) in: Welt des Kindes, H. 3, S. 1-64

Erikson, E.H.: (1977a) Identität und Lebenszyklus. Drei Aufsätze, Frankfurt/M., 4. Aufl.

Erikson, E.H.: (1977b) Lebensgeschichte und historischer Augenblick, Frankfurt/M.

Erikson, E.H.: (1988) Der vollständige Lebenszyklus, Frankfurt/M.

Erziehung in Familie und Kindertagesstätte: (1990) in: Diakonie, H. 1, S. 2-59
Ewert, O.: (1983) Entwicklungspsychologie im Jugendalter, Stuttgart u.a.
Exeler, A.: (1968) Die angemessene Vermittlung neuer theologischer Erkenntnisse in der Erwachsenenbildung, in: KatBl 93, S. 449-464
Exeler, A./Emeis, D.: (1970) Reflektierter Glaube. Perspektiven, Methoden und Modelle der theologischen Erwachsenenbildung, Freiburg i. Br.
Faber, H.: (1983) Älterwerden können. Anstöße für neue Erfahrungen, München
Fähndrich, G./Traube, G.: (1985) Bedingungen des Lernens im Konfirmandenunterricht, Arbeiten zum Konfirmandenunterricht 1, Hannover
Failing, W.E.: (1987) Religiöse Erziehung in der Familie, in: G. Adam/R. Lachmann (Hg.), Gemeindepädagogisches Kompendium, Göttingen, S. 199-232, insbes. 221ff.
Failing, W.E.: (1989) Gemeindepädagogik am Anfang ihrer Selbsterklärung, in: F. Barth (Hg.), Gemeindepädagogik im Widerstreit der Meinungen, Darmstadt, S. 200-257
Feifel, E.: (1970) Glaube und Erziehung, in: J. Speck/G. Wehle, Handbuch Pädagogischer Grundbegriffe I, München, S. 537-598
Feifel, E.: (1972) Erwachsenenbildung, Glaubenssinn und theologischer Lernprozeß, Zürich
Feifel, E.: (1973) Die Bedeutung theologischer Denkmodelle für ein Konzept theologischer Erwachsenenbildung, in: KatBl 98, S. 461-476
Feifel, E.: (1975) Konzeptionen kirchlicher Erwachsenenbildung, in: Ders. u.a. (Hg.), Handbuch der Religionspädagogik, Bd. 3, Gütersloh/Zürich, S. 347-360
Feifel, E.: (1978) Die Funktion der Gemeinde für Bildung und Erziehung, in: E. Feifel u.a. (Hg.), Handbuch der Religionspädagogik, Bd. 3, Gütersloh/Zürich, 2. Aufl., S. 42-55
Feifel, E.: (1991) Jugendliche und Kirche, in: Lebendige Seelsorge, 42/3+4, S. 153-160
Feige, A.: (1982) Erfahrungen mit der Kirche. Daten und Analysen einer empirischen Untersuchung über Beziehungen und Einstellungen junger Erwachsener zur Kirche, Hannover
Feige, A.: (1990) Kirchenmitgliedschaft in der Bundesrepublik Deutschland. Zentrale Perspektiven empirischer Forschungsarbeit im problemgeschichtlichen Kontext der deutschen Religions- und Kirchensoziologie nach 1945, Gütersloh
Fend, H.: (1976) Schulsystem und Gesellschaft, in: J. Speck (Hg.), Problemgeschichte der neueren Pädagogik, Bd. 1, Stuttgart, S. 108-149
Fend, H.: (1991a) Entwicklungspsychologie der Adoleszenz in der Moderne, Bern u.a.
Fend, H.: (1991b) Identitätsentwicklung in der Adoleszenz. Lebensentwürfe, Selbstfindung und Weltaneignung in beruflichen, familiären und politisch-weltanschaulichen Bereichen, Bern u.a.
Ferchhoff, W. (Hg.): (1988) Jugend im internationalen Vergleich. Sozialhistorische und sozialkulturelle Perspektiven, Weinheim u.a.
Ferchhoff, W./Neubauer, G.: (1989) Jugend und Postmoderne. Analysen und Reflexionen über die Suche nach neuen Lebensorientierungen, München u.a.
Ferchhoff, W.: (1990) Jugendkulturen im 20. Jahrhundert. Von den sozialmilieuspezifischen Jugendsubkulturen zu den individualitätsbezogenen Jugendkulturen, Frankfurt/M. u.a.
Fiederle, X.: (1975) Kursbuch zur Arbeit mit Erwachsenen, Gelnhausen/Freiburg i. Br.
Fleischmann, U.M.: (1990) Intelligenz im Alter, in: P. Mayring/W. Saup (Hg.), Entwicklungsprozesse im Alter, Stuttgart u.a.
Foitzik, K.: (1974) Gemeindepädagoge - ein Beruf mit Zukunft, in: ThPr 19, S. 36-42
Foitzik, K./Goßmann, E.: (1986) Gemeinde leben. Zusammenarbeit pädagogischer und theologischer Mitarbeiter, Gütersloh
Foitzik, K.: (1987) Gemeindepädagogik/Gemeindekatechese, in: C. Bäumler/N. Mette (Hg.), Gemeindepraxis in Grundbegriffen, München/Düsseldorf, S. 186-195
Foitzik, K./Goßmann, E.: (1989) Arbeitsplatz Gemeinde. Lerngemeinschaft zwischen Verwaltung und Verheißung, Gütersloh
Foitzik, K.: (1992a) Gemeindepädagogik - Praxistheorie einer Berufsgruppe und Dimension kirchlicher Ausbildung, in: EvErz 44, S. 435-445
Foitzik, K.: (1992b) Gemeindepädagogik. Problemgeschichte eines umstrittenen Begriffs, Gütersloh

Fooken, I.: (1991) Kritische Lebensereignisse, in: Gerontologie, hg. v. W.D. Oswald/W.H. Hermann, Stuttgart u.a.
Förster, U.: (1993) Weisheit und Alter. Konzeptionen der Lebensklugheit in Antike und Gegenwart, Frankfurt/M. u.a.
Fowler, J.W.: (1981) Stages of Faith. The Psychology of Human Development and the Quest for Meaning, San Francisco u.a.
Fowler, J.W.: (1991) Stufen des Glaubens. Die Psychologie der menschlichen Entwicklung und die Suche nach Sinn, Gütersloh
Fraas, H.-J.: (1975) Religiöse Erziehung und Sozialisation im Kindesalter, Göttingen
Fraas, H.-J.: (1983) Glaube und Identität. Grundlegung einer Didaktik religiöser Lernprozesse, Göttingen
Fraas, H.-J.: (1990) Die Religiosität des Menschen. Ein Grundriß der Religionspsychologie, Göttingen
Frank, H.: (1991) Langlebigkeit, in: Gerontologie, hg. v. W.D. Oswald/W.H. Hermann, Stuttgart u.a.
Freire, P.: (1973) Pädagogik der Unterdrückten. Bildung als Praxis der Freiheit, Stuttgart, (TB-Reinbek 1975)
Freud, A.: (o.J.) Das Ich und die Abwehrmechanismen, München
Freud, S.: (1961) Drei Abhandlungen zur Sexualtheorie und verwandte Schriften, Frankfurt/M.
Frickel, H.: (1974) Communio - Communicatio - Communitas im Konfirmandenunterricht. Untersuchung zum Theorie-Praxis-Vollzug von Konfirmandenunterricht und Konfirmation (Diss. KH Berlin), Berlin
Frickel, H.: (1982) Unterwegs zur Lerngemeinschaft, in: R. Henkys (Hg.), Die evangelische Kirche in der DDR, Berlin, S. 284-327
Frickel, H.: (1983a) Gemeindepädagogische Aufgaben in der missionarischen Gemeinde, in: ChL 36, S. 207-213
Frickel, H.: (1983b) Präparanden- und Konfirmandenunterricht, in: P.C. Bloth u.a. (Hg.), Handbuch der praktischen Theologie, Bd. 3, Gütersloh, S. 349-360
Frickel, H.: (1992) Gemeindepädagogik aus der Sicht der Kirchenleitung, in: EvErz 44, S. 489-494
Friedberger, W.: (1988) Gemeindearbeit im Umbruch. Ein Werkbuch für die Praxis, Freiburg i. Br.
Frisch, H.-J.: (1990) Leitfaden Gemeindekatechese, Düsseldorf
Frisch, H./Köttenheinrich, M.: (1986) Volkskirche ohne Kirchenvolk. Wie bedient die Kirche ihre 'Kunden'?, Frankfurt/M.
Fritz, J.: (1986) Vom Verständnis des Spiels zum Spielen mit Gruppen, Mainz
Frör, K. (Hg.): (1959) Confirmatio. Forschungen zur Geschichte und Praxis der Konfirmation, München
Frör, K. (Hg.): (1962) Zur Geschichte und Ordnung der Konfirmation in den lutherischen Kirchen, München
Früchtel, H.: (1985) Auf dem Weg. Kurs für zwei Jahre Konfirmandenunterricht, Göttingen
Gernert, W.: (1990) Zur Situation der Jugend und Perspektiven der Jugendarbeit in den 90er Jahren, in: Soziale Arbeit 39/2, S. 47-52
Geulen, D. (Hg.): (1989) Kindheit. Neue Realitäten und Aspekte, Weinheim
Giesecke, H.: (1971) Die Jugendarbeit, München
Glaser, H./Röbke, T. (Hg.): (1992) Dem Alter einen Sinn geben. Wie Senioren kulturell aktiv sein können, Heidelberg
Glatzel, N.: (1976) Gemeindebildung und Gemeindestruktur, München u.a.
Goldstein, J. u.a. (Mitarb.): (1988) Das Wohl des Kindes. Grenzen professionellen Handelns, Frankfurt/M.
Goßmann, E./Kaufmann, H.B. (Hg.): (1987) Forum Gemeindepädagogik, Münster
Goßmann, E./Kaufmann, H.B.: (1989) Gemeindepädagogik, in: EKL II, Göttingen, S. 73-77
Goßmann, K.: (1988) Evangelische Gemeindepädagogik, in: JRP 4, Neukirchen-Vluyn, S. 137-154
Goßmann, K.: (1989) Lernprozesse in der Gemeinde. Der gemeindepädagogische Ansatz des Comenius-Instituts, in: Pastoraltheologie 78/12, S. 525-534
Goßmann, K./Pithan, A.: (1992) Schritte der Hoffnung gehen. Ökumenisches Lernen zwischen Basisgruppen und Kirchengemeinden, Gütersloh
Gräb, W./Korsch, D.: (1985) Selbsttätiger Glaube. Die Einheit der Praktischen Theologie in der Rechtfertigungslehre, Neukirchen-Vluyn

Gräb, W.: (1988) Liturgie des Lebens. Überlegungen zur Darstellung von Religion im Konfirmandenunterricht, in: PTh 77, S. 319-334
Graf, F.W./Tanner, K.: (1992) Protestantische Identität heute, Gütersloh
Grewel, H.: (1990) Recht auf Leben, Göttingen
Grözinger, A.: (1991) Die Sprache des Menschen: Ein Handbuch. Grundwissen für Theologinnen und Theologen, München
Grom, B.: (1992) Methoden für Religionsunterricht, Jugendarbeit und Erwachsenenbildung, Düsseldorf/Göttingen, 9. Aufl.
Gronemeyer, R.: (1988) Elemente sozialer Infantilisierung alter Menschen, in: SKAV 50
Groothoff, H.H.: (1976) Erwachsenenbildung und Industriegesellschaft. Eine Einführung in Geschichte, Theorie und Praxis der Erwachsenenbildung in der Bundesrepublik Deutschland, Paderborn
Gunzmann, T./Oswald, W.D.: (1990) Aspekte der Erhaltung von Kompetenzen im Alter, in: Zeitschrift für Gerontopsychologie und -psychiatrie 3
Habermas, J.: (1968) Technik und Wissenschaft als 'Ideologie', Frankfurt/M.
Habermas, J.: (1981) Theorie des kommunikativen Handelns, Bd. 1: Handlungsrationalität und gesellschaftliche Rationalisierung; Bd. 2: Zur Kritik der funktionalistischen Vernunft, Frankfurt/M.
Haendler, G.: (1979) Amt und Gemeinde bei Luther im Kontext der Kirchengeschichte, Arbeiten zur Theologie 63, Stuttgart
Halbfas, H.: (1992) Was ist ein religiöses Kinder- und Jugendbuch? Zur Fragwürdigkeit einer fälschlich eindeutigen Kategorie, in: Buch und Bibliothek 44/2, S. 164-174
Hanselmann, J. u.a. (Hg.): (1984) Was wird aus der Kirche? Ergebnisse der zweiten EKD-Umfrage über Kirchenmitgliedschaft, Gütersloh
Hanusch, R./Lämmermann, G. (Hg.): (1987) Jugend in der Kirche zur Sprache bringen. Anstöße zur Theorie und Praxis kirchlicher Jugendarbeit, München
Hanusch, R.: (1990) Haben sich die Ziele der evangelischen Jugendarbeit gewandelt? Eine aktuelle Ortsbestimmung, in: M. Affolderbach u.a. (Hg.), Was wird aus der Jugendarbeit?, Stuttgart, S. 6-17
Härle, W./Herms, E.: (1980) Rechtfertigung. Das Wirklichkeitsverständnis des christlichen Glaubens, Göttingen u.a.
Hareide, B.: (1971) Die Konfirmation in der Reformationszeit. Eine Untersuchung der lutherischen Konfirmation in Deutschland, Göttingen
Hartmann, G.: (1980) Christliche Basisgruppen und ihre befreiende Praxis, München u.a.
Heide, Chr.: (1981) Kind in Deutschland, Hamburg
Helsper, W.: (1989) Selbstkrise und Individuationsprozeß. Subjekt- und sozialisationstheoretische Entwürfe zum imaginären Selbst der Moderne, Opladen
Helsper, W.: (1992) Okkultismus - die neue Jugendreligion? Opladen
Henkys, J./Kehnscherper, G.: (1978a) "Unterweisung", in: H. Ammer u.a. (Hg.), Handbuch der praktischen Theologie, Bd. 3, Berlin, S. 7-139
Henkys, J.: (1978b) Die pädagogischen Dienste der Kirche im Rahmen ihres Gesamtauftrags, in: HBPTH III, Berlin, S. 12-65
Henkys, J.: (1980) Was ist Gemeindepädagogik? in: Kirche im Sozialismus 5/6, 1978, 15-24 = ChL 33, S. 285-293
Henkys, J.: (1987) Gemeindepädagogik in der DDR, in: G. Adam/R. Lachmann (Hg.), Gemeindepädagogisches Kompendium, Göttingen, S. 55-86
Henkys, J.: (1991) Warum Gemeindepädagogik? in: E. Schwerin, Gemeindepädagogik. Lernwege der Kirche in einer sozialistischen Gesellschaft, Münster, S. 13-30
Hennig, P.: (1982) Konfirmandenelternarbeit, Stuttgart
Hessler, E.: (1973) Zeitgemässe Gedanken über das Verhältnis von Theologie und Pädagogik, o.O., (Hektographie)
Hessler, E.: (1975) Die Gemeinde und ihre Erziehung, (Vervielfältigung)
Hessler, E.: (1989) Warum Gemeindepädagogik?, in: H. Schultze u.a. (Hg.), "... das tiefe Wort erneuern" (FS J. Henkys), Münster, S. 75-88
Hild, H. (Hg.): (1974) Wie stabil ist die Kirche? Bestand und Erneuerung, Gelnhausen

Hildemann, K.D.: (1978) Altenarbeit in der Kirchengemeinde, Heidelberg
Hilse, J.: (1990) Von allen guten Geistern verlassen? Jugendliche und Okkultismus. Eine Problemeinschätzung aus der Sicht von Jugendschutz und Jugendhilfe, Landesarbeitsstelle Aktion Jugendschutz (AJS) Nordrhein-Westfalen, Köln
Hinschützer, U./Momber, H.: (1982) Basisdaten über ältere Menschen in der BRD, Berlin
Hoenen, R.: (1990) Weiter "konfirmierendes Handeln in der Gemeinde", in: F. Johannsen u.a. (Hg.), Lernen für eine bewohnbare Erde. Bildung und Erneuerung im ökumenischen Horizont, Gütersloh, S. 281-290
Hoffmann, I.: (1984) "Gemeinde" in Gemeinde. Ein Phänomen in der Sozialstruktur des Wohnviertels, Frankfurt/M. u.a.
Hofmeier, J.: (1987) Religiöse Erziehung im Elementarbereich. Ein Leitfaden, München
Holzapfel, I.: (1990) Auf weiten Raum gestellt. Bericht über die Lage der jungen Generation und die evangelische Jugendarbeit, Stuttgart
Holzschuher, H.: (1984) "Mir fällt die Decke auf den Kopf". Über die Erfahrung von Einsamkeit im Alter, Berlin
Hornstein, W.: (1990) Aufwachsen mit Widersprüchen - Jugendsituation und Schule heute. Rahmenbedingungen - Problemkonstellationen - Zukunftsperspektiven, Stuttgart
Huber, W.: (1979) Kirche, Stuttgart/Berlin
Hunger, H.: (1960) Evangelische Jugend und evangelische Kirche, Gütersloh
Hungs, F.-J.: (1976) Theologische Erwachsenenbildung als Lernprozeß, Mainz
Hungs, F.-J.: (1991) Handbuch der theologischen Erwachsenenbildung, München
Hurrelmann, K.: (1975) Erziehungssystem und Gesellschaft, Reinbek b. Hamburg
Iber, G.: (1983) Örtliche Volkshochschularbeit, in: P.C. Bloth u.a. (Hg.), Handbuch der Praktischen Theologie, Bd. 3, Gütersloh, S. 418ff.
Imhof, A.E.: (1981) Die gewonnenen Jahre. Von der Zunahme unserer Lebensspanne seit dreihundert Jahren oder von der Notwendigkeit einer neuen Einstellung zu Leben und Sterben, München
Jetter, W.: (1968) Was wird aus der Kirche? Beobachtungen - Fragen - Vorschläge, Berlin
Johannsen, F. u.a. (Hg.): (1990) Lernen für eine bewohnbare Welt. Bildung und Erneuerung im ökumenischen Horizont. Ulrich Becker zum 60. Geburtstag, Gütersloh
Jörns, K.-P.: (1988) Der Lebensbezug des Gottesdienstes. Studien zu seinem kirchlichen und kulturellen Kontext, München
Joss-Dubach, B.: (1987) Das Alter - eine Herausforderung an die Kirche, Zürich
Jugend und Religion: (1989) in: das baugerüst 41/4, S. 274-355
Jugendarbeit ist Gemeindearbeit: (1990) in: Nachrichten der Evangelisch-Lutherischen Kirche in Bayern 45/17, S. 327-329
Jugendwerk der Deutschen Shell (Hg.): (1992) Jugend' 92. Lebenslagen, Orientierungen und Entwicklungsperspektiven im vereinigten Deutschland, 4 Bde., Opladen, (zit.: Jugend 1 - 4)
Jüngel, E.: (1977) Gott als Geheimnis der Welt, Tübingen
Jüngel, E.: (1980) Entsprechungen: Gott - Wahrheit - Mensch, München
Jürgensen, J.: (1980) Vom Jünglingsverein zur Aktionsgruppe. Kleine Geschichte der evangelischen Jugendarbeit, Gütersloh
Jung, H.-G. (Hg.): (1977) Gemeinde im Bildungsprozeß. Konzepte und Modelle kirchlicher Erwachsenenbildung, München
Kade, S.: (1992) Arbeitsplananalyse: Altenbildung, Frankfurt/M.
Kammer, O.: (1966) Erneuerung der Konfirmation nach dem Scheitern der großen Reformpläne, in: MPTh 55, S. 447-459
Kammer, O.: (1993) Konfirmation, in: TRT, Bd. 2, Göttingen, 4. Aufl., S. 126ff.
Karg, H.H.: (1987) Gerontopädagogik. Erziehung und Alter: grundsätzliche Überlegungen, Frankfurt/M.
Karrer, L. (Hg.): (1990) Handbuch der Praktischen Gemeindearbeit, Freiburg i. Br. u.a.
Kaufmann, H.B.: (1969) Didaktische Überlegungen zu einer Theorie des Konfirmandenunterrichts, in: K. Wegenast (Hg.), Theologie und Unterricht, Gütersloh, S. 229-242

Kaufmann, H.B.: (1976) Theologische und pädagogische Kriterien für die Planung des Konfirmandenunterrichts, in: KU-Praxis 6, Gütersloh, S. 80-85
Kaufmann, H.B.: (1982) Elternverantwortung und Elternbeteiligung im Konfirmandenunterricht, in: EvErz 42 (1990), S. 572-606
Kaufmann, H.B.: (1987) Zum Verhältnis pädagogischen und theologischen Denkens, in: E. Goßmann/H.B. Kaufmann, (Hg.), Forum Gemeindepädagogik, Münster, S. 14-41
Kindergartenreform der 90er Jahre (1990) in: Theorie und Praxis der Sozialpädagogik 98/1, S. 3-43
Kindt, W.: (1963) Grundschriften der deutschen Jugendbewegung, Düsseldorf
Kirchenamt der EKD (Hg.): (1983) Erwachsenenbildung als Aufgabe der Evangelischen Kirche, Gütersloh
Kirchenamt der EKD (Hg.): (1986) Christsein gestalten. Eine Studie zum Weg der Kirche, Gütersloh
Kirchenamt der EKD (Hg.): (1983) Zusammenhang von Leben, Glauben und Lernen. Empfehlungen zur Gemeindepädagogik, Gütersloh, 2. Aufl.
Kirchliches Jahrbuch der EKD 1987: (1990), Gütersloh
Klawe, W.: (1991) Arbeit mit Jugendlichen. Einführung in Bedingungen, Ziele, Methoden und Sozialformen der Jugendarbeit, Weinheim u.a., 2. überarb. Aufl.
Klees, R./Marburger, H./Schumacher, M.: (1989) Praxishandbuch für die Jugendarbeit. Bd. 1: Mädchenarbeit, Weinheim u.a.
Kleger, H./Müller, A. (Hg.): (1986) Religion der Bürger. Zivilreligion in Amerika und Europa, München
Klessmann, M.: (1980) Identität und Glaube, München u.a.
Kliemann, P.: (1983) Ehrenamtliche Mitarbeiter. Zur Identität von Gruppenleitern in der kirchlichen Jugendarbeit, Stuttgart
Klostermann, F.: (1974) Gemeinde - Kirche der Zukunft. Bd. 1, Freiburg i. Br.
Knoll, J.: (1980) Zum Methodenverständnis in der evangelischen Erwachsenenbildung, in: DEAE (Hg.), Lernen und Handeln, Gelnhausen, S. 68-82
Köcher, R.: (1988) Wandel des religiösen Bewußtseins in der Bundesrepublik Deutschland, in: Gegenwartskunde SH 5, S. 145-158
Konukiewitz, W.: (1990) Lernen, wie ich meinen eigenen Glauben finden kann. Zur Konzeption eines handlungsorientierten Konfirmandenunterrichts, in: EvErz 42, S. 547-564
Konukiewitz, W.: (1991) Selbstbestimmtes Lernen im Konfirmandenunterricht? Bericht über Versuche in der Praxis, in: JRP 7, Neukirchen-Vluyn, S. 245-262
Krauß-Siemann, J.: (1989) Von der Freizeit zur Muße. Grundlagen und Perspektiven freizeitbewußter kirchlicher Praxis, Neukirchen-Vluyn
Kratzert, H. (Red.): (1978) Leben und Erziehen durch Glauben, Gütersloh
Krise der Jugendarbeit!?: (1989) in: das baugerüst 41/2, S. 90-168
Krotz, F.: (1988) Was Konfirmanden lernen, in: PTh 77, S. 335-345
Krug, M.: (1991) Mehr Familie im Gemeindekindergarten. Ein Plädoyer für die Anerkennung von Familienrealität, in: Theorie und Praxis der Sozialpädagogik, H. 4, S. 204-205
Kruse, A./Lehr, U.: (1989) Altenbildung - theoretische und empirische Beiträge der Gerontologie, in: H. Röhrs/H. Scheuerl (Hg.), Richtungsstreit in der Erziehungswissenschaft und pädagogischen Verständigung, Frankfurt/M.
Kruse, A./Lehr, U.: (1988a) Psychologische Aspekte des Alterns, in: Landesregierung Baden-Württemberg (Hg.), Alter als Chance und Herausforderung
Kruse, A.: (1988) Bildung im Alter, in: Zeitschrift für Gerontologie 21
Kunz, E./Lehnig, W.: (1991) Seniorenarbeit alternativ. Die Entwicklung eines Modells, Heidelberg
Kuert, S.: (1990) Ein Pilotprojekt für den Neuaufbau der Kirchlichen Unterweisung, in: EvErz 42, S. 614-627
Kürzdörfer, K. (Hg.): (1981) Grundprobleme und Perspektiven in der Erwachsenenbildung, Bad Heilbrunn
Küstenmacher, W./Foitzik, K./Goßmann, E.: (1989) Arbeitsplatz Gemeinde. Lerngemeinschaft zwischen Verwaltung und Verheißung, Gütersloh
Lachmann, R.: (1988) Kind, in: TRE 18, Berlin, S. 156-175
Lämmermann, G.: (1982) Kirche - Arbeit - Arbeiterjugend. Plädoyer für eine Offene Arbeit mit jungen Arbeitern (aej-Studienband 4), Stuttgart

Lämmermann, G. (Hg.): (1987) Zur theologischen Begründung offener Arbeit, in: Amt für Jugendarbeit, Handbuch offene Arbeit, Villigst, S. 91-106
Lämmermann, G.: (1988a) Zur Elementarisierung des Elementarisierungsproblems. Vorbereitende Bemerkungen zu einer kritischen Religionspädagogik, in: EvErz 6, S. 551-567
Lämmermann, G.: (1988b) Überlegungen zu Gemeindeprinzip, Volkskirche und Pfarrerrolle, in: ThPr 1, S. 33-49
Lämmermann, G.: (1991a) Der Pfarrer - elementarer Repräsentant von Subjektivität? Zum Widerspruch von Individuum und Institution, in: ZEE 35, S. 21-33
Lämmermann, G.: (1991b) Religionsdidaktik, Praktische Theologie heute 1, Stuttgart
Lämmermann, G.: (1992) Wider "die gesellschaftliche Verdrängung von Schwäche". Zu H. Luthers Verständnis von Seelsorge und Diakonie, in: ThPr 27, S. 218-231
Landesregierung Baden-Württemberg (Hg.): (1988) Alter als Chance und Herausforderung, Frankfurt/M.
Lange, E.: (1980) Sprachschule für die Freiheit. Bildung als Problem und Funktion der Kirche, München/Gelnhausen
Lange, E.: (1981) Kirche für die Welt, München
Laub, P. u.a. (Mitarb.): (1990) Handbuch für Teenagerarbeit. Grundlagen, Ideen, Programme, Gießen u.a.
Lee, J.A.: (1985) Kindheit: drei begriffliche Modelle, in: Jahrbuch der Kindheit, hg. v. C. Büttner/A. Ende, Bd. 2, Weinheim u.a., S. 237-249
Legwie, H.: (1988) Sinnkrise und Sinnfindung bei Verlust der Selbständigkeit, in: P. Zeman (Hg.), Hilfsbedürftigkeit und Autonomie, Berlin
Leiprecht, R.: (1991) Rassismus und Ethnozentrismus bei Jugendlichen. Zu den unterschiedlichen Formen dieser ausgrenzenden und diskriminierenden Orientierungen und Praxen und zur Notwendigkeit einer mehrdimensionalen Pädagogik, Dortmund
Lenz, K.: (1988) Die vielen Gesichter der Jugend. Jugendliche Handlungstypen in biographischen Portraits, Frankfurt/M. u.a.
Lenzen, K.-D.: (1978) Kinderkultur - die sanfte Anpassung, Frankfurt/M.
Leuenberger, R.: (1972) Der evangelische Beitrag zur Erwachsenenbildung, in: F. Ziegel (Hg.), Chancen des Lernens. Evangelische Beiträge zur Erwachsenenbildung, München, S. 13-25
Leuenberger, R.: (1978) Konfirmation und Konfirmandenunterricht, in: E. Feifel u.a. (Hg.), Handbuch der Religionspädagogik 3, Gütersloh/Zürich, 2. Aufl., S. 153-159
Leuzinger-Bohleber, M./Mahler, E. (Hg.): (1993) Phantasie und Realität in der Spätadoleszenz. Opladen
Lingscheid, R./Wegner, G. (Hg.): (1990) Aktivierende Gemeindearbeit, Stuttgart
Linz, J./Puzberg, G.: (1988) Konfirmanden-Eltern. Ansätze zur Erwachsenenbildung in der Ortsgemeinde. Materialien zur Elternbildung 3 (Comenius-Institut), Münster
Loch, W.: (1964) Die Verleugnung des Kindes in der evangelischen Pädagogik (Neue pädagogische Bemühungen), Essen
Longardt, W. (Hg.): (1978) Im Kreislauf des Jahres, Gütersloh
Lott, J. (Hg.): (1977) Kirchliche Erwachsenenarbeit, Stuttgart
Lott, J.: (1984) Handbuch Religion II. Erwachsenenbildung, Stuttgart
Lott, J.: (1991) Erfahrung - Religion - Glaube. Probleme, Konzepte und Perspektiven religionspädagogischen Handelns in Schule und Gemeinde, Ein Handbuch, Weinheim
v. Lowtzow, C./Kremer, J.W.: (1980) Neue Formen des Kirchlichen Unterrichts, Gütersloh
Lück, W.: (1978) Praxis: Kirchengemeinde, Stuttgart
Lück, W.: (1980) Volkskirche. Kirchenverständnis als Norm kirchlichen Handelns, Stuttgart
Luhmann, N.: (1977) Funktion der Religion, Frankfurt/M.
Lukatis, I. u. W.: (1987) Jugend und Religion in der BRD, in: U. Nembach (Hg.), Jugend und Religion in Europa, Frankfurt/M.
Luther, H.: (1984a) Grenze als Thema und Problem der Praktischen Theologie, in: ThPr 19, S. 221ff.
Luther, H.: (1984b) Religion, Subjekt, Erziehung. Grundbegriffe der Erwachsenenbildung am Bsp. der praktischen Theologie F. Niebergalls, München
Luther, H.: (1985) Identität und Fragment. Praktisch-theologische Überlegungen zur Unabschließbarkeit von Bildungsprozessen, in: ThPr 20, S. 317-338

Luther, H.: (1991) "Ich ist ein anderer". Die Bedeutung von Subjektivitätstheorien für die Praktische Theologie, in: Praktisch-theologische Hermeneutik. Ansätze, Anregungen, Aufgaben (FS. H. Schröer), Reinbach-Merzbach
Luther, H.: (1992a) Theologie der Konfirmation. Henning Luthers letzte Thesen und Fragen, kommentiert von C. Bäumler und W. Neidhart, in: ThP 27, S. 196ff.
Luther, H.: (1992b) Religion und Alltag. Bausteine zu einer Praktischen Theologie des Subjekts, Stuttgart
Manderscheid, H.: (1989) Kirchliche und gesellschaftliche Interessen im Kindergarten. Ein pastoraltheologischer Beitrag zur Frage nach dem katholischen Profil, Freiburg i. Br. u.a.
Marcea, J.T. (Hg.): (1986) Das späte Alter und seine häufigsten Erkrankungen. Praktische Geriatrie, Heidelberg u.a.
Maser, H.G./Reimer, H.: (1985) Lebendige Konfirmandenarbeit. Planen - Anregen - Unterrichten mit dem Konfirmandenbuch "Leben entdecken", Gütersloh
Matthes, J. (Hg.): (1975a) Erneuerung der Kirche, Gelnhausen/Berlin
Matthes, J.: (1975b) Volkskirchliche Amtshandlungen, Lebenszyklus und Lebensgeschichte, in: Ders. (Hg.), Erneuerung der Kirche. Stabilität als Chance? Gelnhausen/Berlin, S. 90ff.
Matthes, J. (Hg.): (1990) Kirchenmitgliedschaft im Wandel. Untersuchungen zur Realität der Volkskirche, Gütersloh
Meier, C.: (1979) Kirchliche Erwachsenenbildung. Ein Beitrag zu ihrer Begründung, Stuttgart
Mette, N. (Hg.): (1982) Wie wir Gemeinde wurden. Lernerfahrungen und Erneuerungsprozesse in der Volkskirche, München/Mainz
Mette, N.: (1983) Voraussetzungen christlicher Elementarerziehung, Düsseldorf
Metzinger, A.: (1990) Der Beruf des Erziehers, Fellbach-Oeffingen
Meyer, H.: (1991) Unterrichtsmethoden. 2 Bde., Frankfurt/M.
Meyer zu Utrup, K.: (1978) Konfirmandenunterricht - aber wie? Grundriß einer Methodik mit praktischen Beispielen, Gütersloh
Meyer-Blanck, M. (Hg.): (1993) Zwischenbilanz Hoyaer Modell. Erfahrungen-Impulse-Perspektiven, Arbeiten zum Konfirmandenunterricht 4, Hannover
Mollenhauer, K./Kasakos, G./Ortmann, H./Bathke, U.: (1969) Evangelische Jugendarbeit in Deutschland. Materialien und Analysen, München
Möller, C.: (1987) Lehre vom Gemeindeaufbau I. Konzepte - Programme - Wege, Göttingen
Möller, C.: (1990) Lehre vom Gemeindeaufbau II. Durchblicke - Einblicke - Ausblicke, Göttingen
Moltmann, J.: (1975) Kirche in der Kraft des Geistes, München
Moltmann, J.: (1990) Die Entdeckung der Anderen. Zur Theorie des kommunikativen Erkennens, in: EvTh 50, S. 400-413
Müller, C.W./Kentler, H./Mollenhauer, K./Giesecke, H.: (1964) Was ist Jugendarbeit? München
Müller, W.: (1989) Gemeinsam wachsen in Gruppen, Mainz
Neidhart, W.: (1964) Konfirmandenunterricht in der Volkskirche, Zürich
Neubauer, G./Olk, T. (Hg.): (1987) Clique, Mädchen, Arbeit. Jugend im Brennpunkt von Jugendarbeit und Jugendforschung, München u.a.
Neubauer, G.: (1990) Jugendphase und Sexualität. Eine empirische Überprüfung eines sozialisationstheoretischen Modells, Stuttgart
Neubauer, W.F.: (1976) Selbstkonzept und Identität im Kindes- und Jugendalter, München
Niegl, A.: (1989) Kindergarten, in: E. Fahlbusch u.a. (Hg.), Evangelisches Kirchenlexikon. Bd 2, Göttingen, 3. Aufl., S. 1040ff.
Nies, H./Munnichs, J.: (1986) Sinngebung im Alter, Berlin
Nipkow, K.E.: (1982) Erziehung, in: TRE 10, Berlin, S. 232-254
Nipkow, K.E.: (1987a) Religionspädagogik und Religionsdidaktik im Spannungsfeld theologischer und erziehungswissenschaftlicher Entwicklungslinien, in: K. Goßmann (Hg.), Glaube im Dialog, (FS H.B. Kaufmann), Gütersloh, S. 51-62
Nipkow, K.E.: (1987b) Erwachsenwerden ohne Gott? Gotteserfahrung im Lebenslauf, München
Nipkow, K.E.: (1990) Grundfragen der Religionspädagogik 2 - Das pädagogische Handeln der Kirche, Gütersloh, 4. Aufl.

Nipkow, K.E.: (1992a) Bildung als Lebensbegleitung und Erneuerung. Kirchliche Bildungsverantwortung in Gemeinde, Schule und Gesellschaft, Gütersloh, 2. Aufl.

Nipkow, K.E.: (1992b) Grundfragen der Religionspädagogik 3 - Gemeinsam leben und glauben lernen, Gütersloh, 3. Aufl.

Nipkow, K.E.: (1992c) Gemeindeaufbau - bitte mit Kindern! in: Christenlehre 45/2, S. 51-60

Nittel, D.: (1989) Report: Altersforschung. Pädagogische Arbeitsstelle Deutscher Volkshochschul-Verband, Bonn

Nüchtern, M.: (1991) Kirche bei Gelegenheit. Kausalien - Akademiearbeit - Erwachsenenbildung, in: PTh 4, Stuttgart, S. 14-28

Oelkers, J.: (1989) Die große Aspiration. Zur Herausbildung der Erziehungswissenschaft im 19. Jahrhundert, Darmstadt

Ohlemacher, J./Schmidt, H. (Hg): (1988) Grundlagen der evangelischen Religionspädagogik, Göttingen

Orth, G.: (1990) Erwachsenenbildung zwischen Parteilichkeit und Verständigung. Zur Theorie theologischer Erwachsenenbildung, Göttingen

Oser, F./Gmünder, D.: (1984) Der Mensch - Stufen seiner religiösen Entwicklung (Reihe: Religion und Entwicklung, Bd. 1), Zürich u.a.

Oser, F.: (1992) Wieviel Religion braucht der Mensch? Studien zur Entwicklung religiöser Autonomie, Gütersloh, 3. Aufl.

Oswald, W.D./Hermann, W.H. (Hg.): (1991) Gerontologie, Stuttgart

Otto, G.: (1967) Konfirmation und Konfirmandenunterricht, in: ThPr 2, S. 133-142

Otto, G.: (1975) Konfirmation und Konfirmandenunterricht, in: Ders., Praktisch-theologisches Handbuch, Hamburg, 2. Aufl., S. 333ff.

Otto, G.: (1988a) Handlungsfelder der praktischen Theologie, München

Otto, G.: (1988b) Zur Konfirmationsproblematik, in: ThPr 23, S. 123-129

Pannenberg, W.: (1974) Thesen zur Theologie der Kirche, München, 2. Aufl.

Pannenberg, W.: (1983) Anthropologie in theologischer Perspektive, Göttingen

Parkes, C.M.: (1974) Vereinsamung. Die Lebenskrise bei Partnerverlust. Psychologisch-soziologische Untersuchungen des Trauerverhaltens, Reinbek b. Hamburg

Pestalozzi-Fröbel-Verband (Hg.): (1989) Geteilte Zeiten - Zerteilte Welten. Kinder, Eltern, Institutionen ... im Interessenkonflikt, München

Peukert, D.J.K. u.a.: (1990) Jugendhilfe - Historischer Rückblick und neuere Entwicklungen, München

Pfeiffer, J.W./Jones, J.E.: (1974/1976) Arbeitsmaterial zur Gruppendynamik, 2 Bde., Gelnhausen u.a.

Piaget, J.: (1972) Theorien und Modelle der modernen Erziehung, Wien u.a.

Piaget, J.: (1981) Jean Piaget über Jean Piaget. Sein Werk aus seiner Sicht, München

Preul, R.: (1980) Religion - Bildung - Sozialisation, Gütersloh

Preul, R. (Hg.): (1989) Bildung, Glaube, Aufklärung (FS K.E. Nipkow), Gütersloh

Radebold, H. u.a.: (1984) Therapeutische Arbeit mit älteren Menschen, Freiburg i. Br., 2. Aufl.

Rahner, C.-M.: (1992) Der evangelische Kindergarten als gemeindepädagogisches Handlungsfeld, in: Christenlehre 45/4, S. 153-158

Rebell, W.: (1993) Urchristentum und Pädagogik, Stuttgart

Rechts und Orientierungslos?: (1990) Jugend und Jugendarbeit in beiden deutschen Staaten. Tagung vom 25. bis 27. Juni 1990 in der Evangelischen Akademie Bad Boll, Bad Boll

Reich, H.: (1991) Besonderheiten des Jugendalters in der religiösen Entwicklung, in: Lebendige Katechese 13/1, S. 25-30

Reiher, D.: (1979) Der katechetische Dienst und die gemeindepädagogische Dimension, in: ChL 32, S. 98-112

Reiher, D.(Hg.): (1992) Kirchlicher Unterricht in der DDR 1949-1990, Göttingen

Religionspädagogisches Institut Loccum (Hg.): (1982) Konfirmandenunterricht im Gespräch - Eine Dokumentation, Rehburg/Loccum

Reller, H./Grohmann, R.: (1985) Lernen um zu lehren. Eltern geben Vorkonfirmandenunterricht, Gütersloh

Remschmidt, H.: (1992) Adoleszenz. Entwicklung und Entwicklungskrisen im Jugendalter, Stuttgart u.a.

Rendtorff, T.: (1959) Die soziale Struktur der Gemeinde. Kirchliche Lebensformen im gesellschaftlichen Wandel der Gegenwart, Hamburg
Rendtorff, T.: (1970) Das Problem der Institution in der neueren Christentumsgeschichte, in: H. Schelsky (Hg.), Zur Theorie der Institution, Düsseldorf, S. 142-153
Rendtorff, T.: (1972) Theorie des Christentums. Historisch-theologische Studien zu seiner neuzeitlichen Verfassung, Gütersloh
Richter, G.: (1972) Der evangelische Kindergarten - Erwartungen und Chancen aus der Sicht eines Gemeindepfarrers, in: Theorie und Praxis der Sozialpädagogik, S. 100-105
Risiko! (1990) Evangelische Jugend auf dem Weg in eine andere Moderne, in: Studientexte, H. 3, S. 1-69
Rolff, H.-G./Zimmermann, P.: (1985) Kindheit im Wandel. Eine Einführung in die Sozialisation im Kindesalter, Weinheim u.a.
Roos, A. (Hg.): (1990) Miteinander älter werden. Dokumente des Kongresses, Stuttgart
Rosenboom, E.: (1974) "Gemeindepädagogik", in: EvErz 26, S. 25-40
Rosenboom, E.: (1978) Gemeindepädagogik - eine Herausforderung an die Kirche, in: H. Kratzert (Red.), Leben und Erziehen durch Glauben, Gütersloh, S. 55-71
Rosenboom, E.: (1987) Gemeindepädagogik und Religionspädagogik, in: K. Goßmann (Hg.), Glaube im Dialog (FS H.B. Kaufmann), Gütersloh, S. 193-202
Rosenmayr, L. (Hg.): (1978) Die menschlichen Lebensalter. Kontinuität und Krisen, München u.a.
Rössler, D.: (1986) Grundriß der Praktischen Theologie, Berlin u.a.
Ruddat, G.: (1992) Inventur der Gemeindepädagogik, in: EvErz 44, S. 445-465
Sandmann, J. (Hg.): (1989) Innovation statt Resignation. Stichworte, Suchbewegungen, aktuelle Trends professioneller Jugendarbeit, München
Saup, W.: (1991a) Formen der Lebensbewältigung im Alter, in: P. Mayring/W. Saup, Entwicklungsprozesse im Alter, Stuttgart, S. 185-200
Saup, W.: (1991b) Konstruktives Altern. Ein Beitrag zum Altern von Frauen aus entwicklungspsychologischer Sicht, Göttingen u.a.
Sauter, G.: (1986) Zur theologischen Revision religionspädagogischer Theorien, in: EvTh 46, S. 127-148
Scarbarth, H./Tewes, B. (Hg.): (1982) Sexualerziehung und Persönlichkeitsentwicklung, München u.a.
Schachtner, C.: (1988) Störfall Alter. Für das Recht auf Eigen-Sinn, Frankfurt/M.
Schaie, K.: (1991) Intelligenz, in: Gerontologie, hg. v. W.D. Oswald/W.H. Hermann, Stuttgart
Schibilsky, M.: (1983) Alltagswelt und Sonntagskirche. Sozialethisch orientierte Gemeindearbeit im Industriegebiet, München u.a.
Schicketanz, P.: (1989) Gemeindepädagogik in der DDR, in: F. Barth (Hg.), Gemeindepädagogik im Widerstreit der Meinungen, Darmstadt, S. 24-31
Schicketanz, P.: (1991) Gemeindepädagogische Ausbildung in Potsdam, in: E. Schwerin (Hg.), Gemeindepädagogik. Lernwege der Kirche in einer sozialistischen Gesellschaft, Münster
Schieder, R.: (1987) Civil Religion. Die religiöse Dimension der politischen Kultur, Gütersloh
Schildmann, J./Wolf, B.: (1979) Konfirmandenarbeit, Stuttgart u.a.
Schiller, E.: (1984) Theoriediskussion in der Evangelischen Erwachsenenbildung in der Bundesrepublik Deutschland, Frankfurt/M.
Schipperges, H.: (1986) Sein Alter leben. Wege zu erfüllten späten Jahren, Freiburg i. Br.
Schlüter, R.: (1992) Erwachsenenkatechese nach neueren kirchlichen Dokumenten. Eine theologische Problemanzeige, in: Religionspädagogische Beiträge, S. 116-131
Schmidbauer, W.: (1977) Die hilflosen Helfer. Über die seelische Problematik der helfenden Berufe, Reinbek b. Hamburg
Schmidt, H.: (1991) Leitfaden Religionspädagogik, Stuttgart u.a.
Schmidt, R. (Hg.): (1990) Offene Jugendarbeit, München
Schmitthenner, F. (Red.): (1977) Neue Rahmenordnungen, Leitlinien und Rahmenpläne zum Konfirmandenunterricht, Bd. 1: Konfirmandenunterricht in der Volkskirche, Bd. 2: Kommentarband, Münster
Schneemelcher, W.: (1981) Das Urchristentum, Stuttgart
Schneider, H.D.: (1990) Von der Genitalität zur Zärtlichkeit, in: Geriatriepraxis 2

Schneider, G.: (1982) Grundbedürfnisse und Gemeindebildung. Soziale Aspekte für eine menschliche Kirche, München u.a.
Schnell, H.: (1965) Die überschaubare Gemeinde, Weinheim, 2. Aufl.
Schneller, H.: (1990a) Das religiöse Kinderbuch. Teil II, in: Lernort Gemeinde. H. 1, S. 34-44
Schneller, H.: (1990b) Das religiöse Kinderbuch. Teil III, in: Lernort Gemeinde, H. 2, S. 51-59
Schnider, A. u.a. (Hg.): (1988) Treue zu Gott - Treue zum Menschen. Diakonia, Liturgia, Martyria; Festgabe zum 60. Geburtstag von Edgar Josef Korherr, Graz u.a.
Schobel, P.: (1981) Dem Fließband ausgeliefert. Ein Seelsorger erfährt die Arbeitswelt, München
Schröder, A.: (1991) Jugendgruppe und Kulturwandel. Die Bedeutung von Gruppenarbeit in der Adoleszenz, Frankfurt/M.
Schröer, H.: (1988) Die Taufe als religionsdidaktischer Fundus, in: EvErz 40, S. 167-184
Schröer, H.: (1990) Konfirmandenunterricht der 90er Jahre, in: EvErz 42, S. 569ff.
Schubert, W.C.: (1991) Jugend und Religion - Ein Forschungsprojekt der aej, in: Studientexte, H. 1, S. 29-36
Schulenberg, W.: (1973) Erwachsenenbildung, in: H.H. Groothoff (Hg.), Pädagogik, Frankfurt/M., S. 64-72
Schulenberg, W. u.a. (Hg.): (1975) Strukturplan für den Aufbau des öffentlichen Weiterbildungssystems in der Bundesrepublik Deutschland, Stuttgart
Schultze, H.: (1969) Konfirmation heute und morgen, Stuttgart
Schulze, G.: (1992) Die Erlebnisgesellschaft. Kultursoziologie der Gegenwart, Frankfurt/M./New York, 2. Aufl.
Schulze-Berndt, H.: (1991) Wie hältst Du's mit der Jugend? Die Gretchenfrage für die Zukunft der Kirche, Bad Boll
Schwab, U.: (1992) Evangelische Jugendarbeit in Bayern 1800-1933, München
Schwarz, F.: (1980a) Überschaubare Gemeinde, Bd. 1, Gladbeck, 2. Aufl.
Schwarz, F./Sudbrack, R.: (1980b) Überschaubare Gemeinde, Bd. 2, Gladbeck
Schwarz, F./Schwarz, C.A.: (1982) Überschaubare Gemeinde, Bd. 3, Gladbeck
Schwarz, F./Schwarz, C.A.: (1984) Theologie des Gemeindeaufbaus. Ein Versuch, Neukirchen-Vluyn
Schweitzer, F.: (1990) Sinnsuche Jugendlicher in Distanz oder Nähe zur Kirche, in: M. Affolderbach u.a. (Hg.), Was wird aus der Jugendarbeit? Stuttgart, S. 81-103
Schweitzer, F.: (1992) Die Religion des Kindes. Zur Problemgeschichte einer religionspädagogischen Grundfrage, Gütersloh
Schweitzer, F.: (1993) Wer sind die Konfirmanden? Neuere Forschungsergebnisse zur Persönlichkeitsentwicklung und zur religiösen Entwicklung im Konfirmandenalter, in: PTh 82, S. 113-136
Schweitzer, K.-P.: (1990) Altenreport 1990, in: Blätter der Wohlfahrtspflege 137
Schweizerischer Evangelischer Kirchenbund: (1974) Zum Problem von Konfirmandenunterricht und Konfirmation, in: ThPr 9, S. 194-211
Schweizerisches Pastoralsoziologisches Institut (Hg.): (1989) Religiöse Lebenswelt junger Eltern. Ergebnisse einer schriftlichen Befragung in der Deutschschweiz, Zürich
Schwerin, E. (Hg.): (1978) Christliche Unterweisung und Gemeinde, Berlin
Schwerin, E.: (1989) Evangelische Kinder- und Konfirmandenarbeit. Eine problemgeschichtliche Untersuchung der Entwicklungen auf der Ebene des Bundes der Evangelischen Kirchen in der DDR von 1970-1980, Würzburg
Schwerin, E. (Hg.): (1991) Gemeindepädagogik. Lernwege der Kirche in einer sozialistischen Gesellschaft. Gemeindepädagogische Ansätze, Spuren, Erträge, Münster
Seitz, M./Herbst, M./Becker, F.: (1986) Gemeindeaufbau in der Volkskirche, in: R. Werth (Hg.), Diskussion zur "Theologie des Gemeindeaufbaus", Neukirchen-Vluyn
Seitz, M.: (1990) Biologisches Altern und Wachsen im Glauben, in: Diakonie 3, S. 133-143
Seitz, M.: (1992) Reduzierte Kirchlichkeit und bewegliche Gemeinde, in: G. Schmidtchen (Hg.), Ethik und Protest, Opladen, S. 313-354
Sielert, U.: (1989) Praxishandbuch für die Jugendarbeit, Bd. 2: Jungenarbeit, Weinheim

Smidt, U. (Hg.): (1975) Dokumente evangelischer Jugendbünde. Wandlungen zwischen zwei Weltkriegen, Stuttgart
Spiegel, Y. (Hg.): (1974) Kirche und Klassenbindung, Frankfurt/M.
Sporken, P. (Hg.): (1986) Was alte Menschen brauchen, Freiburg i. Br. u.a.
Stappen, B.: (1988) Formen der Auseinandersetzung mit Verwitwung im höheren Alter, Regensburg
Steinkamp, H.: (1977) Jugendarbeit als soziales Lernen, München/Mainz
Stierlin, H.: (1980) Eltern und Kinder. Das Drama von Trennung und Versöhnung im Jugendalter, Frankfurt/M., erw. Aufl.
Stoller, D.: (1980) Anspruch und Wirklichkeit kirchlicher Erziehung. Analysen und Folgerungen für die Kindergartenarbeit, München
Stoodt, D.: (1973) Kirchliche Begleitung Jugendlicher in der puberalen Ablösungsphase durch den Konfirmandenunterricht, in: WPKG 62, S. 375-389
Stroebe, W. u. M.S./Gergen, K. u. M.: (1980) Der Kummer-Effekt: Psychologische Aspekte der Sterblichkeit der Verwitweten, in: Pyschologische Beiträge 22, Berlin, S. 1-26
Strunk, G.: (1980) Lebensorientierung. Überlegungen zu Ansatz und Didaktik der Erwachsenenbildung, in: DEAE (Hg.), Lernen und Handeln. Bausteine zu einer Konzeption Evangelischer Erwachsenenbildung, Gelnhausen
Strunk, G.: (1982) Erwachsenenbildung, in: TRE 10, Berlin, S. 175-181
Strunk, G.: (1988) Bildung zwischen Qualifizierung und Aufklärung. Zur Rolle der Erwachsenenbildung im Prozeß gesellschaftlichen Umbaus, Bad Heilbrunn
Sunnus, S.: (1979) Bauplatz Gemeinde. Leitung, Pfarrerrolle, Konfirmandenarbeit, München
Synowzik, S.: (1989) Erziehung und Gesellschaft. Auf dem Weg, das Mensch-Sein praktizieren, Frankfurt/M.
Tausch, R./Tausch, A.-M.: (1977) Erziehungspsychologie. Psychologische Prozesse in Erziehung und Unterricht, Göttingen u.a., 8. gänzl. neugestalt. Aufl.
Theißen, G.: (1977) Soziologie der Jesusbewegung. Ein Beitrag zur Entstehungsgeschichte des Urchristentums, in: ThEx 194, München
Tietgens, H.: (1986) Erwachsenenbildung als Suchbewegung. Annäherung an eine Wissenschaft von der Erwachsenenbildung, Bad Heilbrunn
Uphoff, B.: (1991) Kirchliche Erwachsenenbildung. Befreiung und Mündigkeit im Spannungsfeld von Kirche und Welt, in: PTh 3, Stuttgart
Urban, M.: (1986) Zum psychologischen Verständnis des Alterns, in: J.T. Marcea (Hg.), Das späte Alter und seine häufigsten Erkrankungen, Heidelberg u.a.
Veelken, L.: (1990) Neues Lernen im Alter. Bildungs- und Kulturarbeit mit "jungen Alten", Heidelberg
Veelken, L.: (1988) Seniorenstudium - ein Modell nachberuflicher wissenschaftlicher Weiterbildung für ältere Erwachsene, in: Zeitschrift für Gerontologie 21/4, S. 198-205
Veraguth, H.P.: (1976) Erwachsenenbildung zwischen Religion und Politik. Die protestantische Erwachsenenbildungsarbeit in und außerhalb der freien Volksbildung in Deutschland von 1919-1948, Stuttgart
Vischer, L.: (1958) Die Geschichte der Konfirmation, Zollikofen
Vogler, H.U.: (1992) Qualifizierung kirchlicher Mitarbeiter zu Gemeindepädagogen, in: ChL 45, S. 60-66
Vogt, T.: (1970) Herausforderung zum Gespräch, Zürich
Vogt, T.: (1983) Zielgruppen in der Evangelischen Erwachsenenbildung, in: P.C. Bloth u.a. (Hg.), Handbuch der Praktischen Theologie 3, Gütersloh, S. 421-417
Vogt, T.: (1985) Bibelarbeit. Grundlegung und Praxismodelle einer biblisch orientierten Erwachsenenbildung, Stuttgart
Wagner, F.: (1989) Was ist Theologie? Studien zu ihrem Begriff und Thema in der Neuzeit, Gütersloh
Watzlawick, P. u.a.: (1969) Menschliche Kommunikation. Formen, Störungen, Paradoxien, Stuttgart u.a.
Wegenast, K.: (1962) Das Verständnis der Tradition bei Paulus und in den Deuteropaulinen, WMANT 8, Neukirchen-Vluyn
Wegenast, K.: (1977) Kirche auf dem Prüfstand, Konzeptionen für den Konfirmandenunterricht, in: EvKomm 10, S. 288 und 293-295

Wegenast, K.: (1978a) Das Problem des Konfirmandenunterrichts in einer säkularen Welt, in: E. Feifel u.a. (Hg.), Handbuch der Religionspädagogik 3, Gütersloh/Zürich, 2. Aufl., S. 159-168.
Wegenast, K.: (1978b) Evangelische Erwachsenenbildung, in: G. Adam/R. Lachmann (Hg.), Gemeindepädagogisches Kompendium, Göttingen, S. 379-413
Wegenast, K.: (1981) Gemeindepädagogik - Schwerpunkt kirchlicher Arbeit, in: ChL 34, S. 294-304
Wegenast, K.: (1987) Konfirmandenunterricht und Konfirmation, in: G. Adam/R. Lachmann (Hg.), Gemeindepädagogisches Kompendium, Göttingen, S. 314-354
Wegenast, K.: (1990) Noch einmal: Glaube und Lernen, in: EvErz 42, S. 514-519
Wegenast, K.: (1991) Wie man erwachsen wird. Initiationsriten in der Religion gestern und heute, in: G. Klosinski (Hg.), Pubertätsriten. Äquivalente und Defizite in unserer Gesellschaft, Bern u.a., S. 40-49
Wegenast, K./Wegenast, P.: (1993) Religionsdidaktik Sekundarstufe I, Stuttgart
Weisser, E.: (1963) Freiheit und Bindung. Beiträge zur Situation der evangelischen Jugendarbeit in Deutschland, München
Welker, M.: (1987) Kirche ohne Kurs? Aus Anlaß der EKD-Studie "Christsein gestalten", Neukirchen-Vluyn
Wenz, G.: (1988) Einführung in die evangelische Sakramentenlehre, Darmstadt
Werbick, J.: (1984) Die 'organische Ganzheit' des Glaubens, und das 'Glauben lernen', in: ThQ 164, S. 268-281
Werner, R.: (1982) Frauen nach dem Tod des Partners, in: M. Lohner, Plötzlich allein, Frankfurt/M.
Weymann, V.: (1983) Evangelische Erwachsenenbildung, Stuttgart
Winnicott, D.W.: (1973) Vom Spiel zur Kreativität, Stuttgart
Witt, K.: (1959) Konfirmandenunterricht. Neue Wege der Katechetik in Kirche und Schule, Göttingen
Wunsch, A.: (1991) Kirchliche Jugendarbeit und das Thema Sexualität in einer pluralistischen Gesellschaft. Eine Situationsskizze, in: H.-G. Ziebertz (Hg.), Sexualität im Wertpluralismus, Mainz, S. 127-147
Zeman, P.: (1988) Hilfebedürftigkeit und Autonomie - Zur Flankierung von Altersproblemen durch kooperative Hilfe, Berlin
Ziebertz, H.-G. (Hg.): (1991) Sexualität im Wertpluralismus. Perspektiven zur Überwindung der Krise in der ethischen Bildung, Mainz
Ziegel, F. (Hg.): (1972) Chancen des Lernens. Evangelische Beiträge zur Erwachsenenbildung, München
Zusammenhang von Leben, Glauben und Lernen: (1982) in: Empfehlungen zur Gemeindepädagogik, Gütersloh